中國文化通史

民國卷·下冊

目錄
CONTENTS

總序

緒言

第一章　民國社會與民國文化

第二章　民國文化的時代精神

第三章　文化道路的抉擇與論爭

第四章　國際國內的文化交流

第五章　邁向現代的哲學

第六章　走向世俗：民國的宗教世界

第七章　舊儀已失，新軌未立：倫理道德的變革

第八章　多元體制下的民國教育

第九章　別開生面的史學和初生的考古學

第十章　現代新文學及語言文字的變革

第十一章　藝術領域裡的拓展

第十二章　現代自然科學的奠基

第十三章　人文社會科學新學科的建設

第十四章　文化傳播業和體育事業的發展

第八章

多元體制下
的民國教育

　　民國時期的教育，首先包括民國各屆政府直接管轄下的正規學校教育事業。北洋
政府是封建軍閥政府，它積極推行封建復古教育，具有極明顯的封建性；國民政府是
大地主大資產階級政府，它大力推行所謂「三民主義」教育，具有較強的封建買辦
性。與此同時，中國的資產階級教育家也積極為建立本階級新教育體制而努力，並進
行了卓有成效的教育改革實驗，顯示出自身的活力，在當時產生了很大影響；中國共
產黨在革命根據地和解放區則大力發展新民主主義教育；英美教會勢力，在中國也建
立了大批學校，推行教會教育；一九三一年後，日本帝國主義還在中國東北、在中國
淪陷區集中而野蠻地推行奴化教育。這樣，整個民國時期的教育就呈現出十分明顯的

多元化特色。其中，中國共產黨領導下的新民主主義教育，是最有生命力的教育，隨著新中國的建立，它最終在全國居於主導地位。

資產階級教育
體制的確立

一、「壬子癸丑」學制與資產階級新教育體制的初步形成

一九一二年一月，南京臨時政府成立，蔡元培為教育總長。在極端困難的條件下，他採取了一些必要措施，改革封建教育制度，革新教育內容，促使各級學校走上正規化。一月十九日，教育部頒發了《普通教育暫行辦法》十四條和《普通教育暫行課程標準》十一條，進行教育制度的改革。

《普通教育暫行辦法》對普通學校的名稱、教育內容和教育要求作了具體規定。其主要內容是：（1）從前的學堂，改稱學校，監督、堂長一律改稱校長；（2）新學制未頒布前，每年仍分二學期：陰曆三月開學至暑假為第一學期，暑假開學至來年二月底為第二學期；（3）凡各類教科書，務必合乎共和民國宗旨，禁用清政府頒布的教科書；（4）廢除小學讀經科和舊時獎勵出身。《普通教育暫行課程標準》規定了小學、中學和師範學校開設的課程，並制定了統一的課程表。如初等小學開設修身、語文、算術、遊戲、體操；高等小學開設修身、國文、算術、中華歷史、地理、博物、理化、圖畫、手工、體操。各級學校開設的

外語課以英、法、德、俄四國為限。

　　臨時政府採取的這些教育措施，在課程設置上加強了自然科學的課程，增加了農工商業、法制、經濟等新課，取消了讀經課；在學校制度上，提倡男女平等，初等小學可以男女同校；在學校管理上，廢除了清朝畢業生獎勵出身的辦法，取消了晚清文、實分科的制度。這些都具有極大的進步意義。正是由於採取了這些進步的革新措施，新式學校迅速恢復並有所發展。據統計，一九一二年全國學校總數達八七二七二所，學生總數為二九三三三八七人。

　　一九一二年四月，臨時政府遷北京後，在教育界進步力量支持下，蔡元培進行了大膽的改革。七月十日，教育部在北京召開「臨時教育會議」。九月初，依據臨時教育會議的決定，教育部重新制定並頒布了中華民國教育宗旨，公布了《學校系統令》，初步確立了一套資產階級的新教育體制。

　　新體制規定的教育宗旨為：「注重道德教育，以實利教育、軍國民教育輔之，更以美感教育完成其道德」。這個教育宗旨是在蔡元培提出的五種教育（軍國民教育、實利主義教育、公民道德教育、美感教育及世界觀教育）的基礎上提出的。所謂「道德教育」，是為了培養學生具有自由、平等、博愛的道德觀念；「實利教育」，是為了進行生產和知識技能的教育；「軍國民教育」就是後來的體育，是為了培養學生健全的體魄；「美感教育」包括美術和音樂，是為了培養學生的思想修養。

　　頒布新學制是新教育體制的另一個重要內容。一九一二年九月三日，教育部公布了《學校系統令》，因該年是壬子年，史稱壬子學制；次年，又陸續頒布了《學校令》，後經過調整和綜合，制定了一個統一的學制系統，稱為「壬子癸丑」學制。

　　從縱向上看，這個學制，將整個教育期限規定為十七年或十八年，分為三段四級。初等教育二級，初等小學四年，為義務教育，畢業後入高等小學或實業學校；高等小學三年，畢業後入中學或師範學校或實業學校；中學教育四年，畢業後入大學或專門學校或高等師範學校；大學六至七年，即預科三年，本科三至四

年。從橫向上看，該學制也分成三個系統：普通教育、師範教育和實業教育系統。師範教育分為師範學校和高等師範學校兩級，相當於中等和高等教育階段；實業教育分乙種和甲種實業學校，相當於高小和中等教育階段，專門學校則相當於高等教育階段。

一九一二年九月，教育部又頒布《小學校令》、《中學校令》、《大學令》、《專門學校令》和《師範學校令》及各種施行規則，對各級學校的教育宗旨、入學資格、年齡、課程和修業年限也都作了明確規定和具體要求。

第一，小學教育以留意兒童身心發育、培養國民道德之基礎並授以生活所必需知識技能為宗旨；分初等和高等小學兩級，初等小學的科目為修身、國文、算術、手工、圖畫、唱歌和體操；高等小學的科目為修身、國文、算術、本國歷史、地理、理科、手工、圖畫、唱歌和體操；擔任小學教員者須有許可證，不得對學生進行體罰。

第二，中學教育以完成普通教育、造成健全國民為宗旨；以省立為原則，經費由省款支付；主要科目為修身、國文、外國語、歷史、地理、數學、物理、化學、法制等十四種；校長由各級行政長官任命並報上級行政長官備查。

第三，大學以教授高深學術，養成碩學閎才、應國家需要為宗旨；分為文科、理科、法科、商科、醫科、農科和工科；設預科和本科，並設大學院；設校長一人，管理大學全部事務，各科設學長一人，主持該科事務；大學設評議會，由各科學長及教授互選若干人為會員，校長為議長；各科設教授會。

第四，專門學校以教授高等學術、養成專門人才為宗旨；種類有法政、醫學、農業、工業、商業、美術、音樂等；它統一由教育部管轄，設預科和研究科，修業年限為四年。

第五，師範學校以造就小學教員為目的；分預科和本科，預科的科目為修身、讀經、國文、外國語、數學等九種；本科的科目為數學、物理、化學、國文等十八種；本科公費畢業生需服務七年，半費生五年，自費生三年。高等師範學校以造就中學校、師範學校教員為目的；分預科（1年）和本科（3年），本科

分國文、英語、歷史地理、數學物理、物理化學、博物等六部；本科公費畢業生須服務三年，專科四年，自費生減半。

第六，實業學校以教授農、工、商業必需的知識技能為目的；分為甲種和乙種：前者施行完全的普通實業教育，後者實施簡易普通實業教育。甲種實業學校以省立為原則，分農業、工業、商業、商船四種，修業四年；乙種實業學校以縣立為原則，也分為農業、工業、商業和商船四種，修業三年。

這個學制，縮短了學生修業年限三至四年，把女子教育列入學制系統，廢除了畢業生獎勵出身制度，取消了讀經課與忠君尊孔的內容，加強了自然科學課程和生產技能的訓練，教育方法基本上適合青少年身心發展的特點。它的頒布和實施，標誌著中國採用西方近代資本主義教育體制的初步確立，為此後的教育改革和資產階級新學制的最後確立奠定了基礎。

二、五四時期的教育改革與新學制的確立

「壬子癸丑」學制頒布後，袁世凱為首的北洋政府倒行逆施，一九一五年初，頒布《教育要旨》並制定了《教育綱領》。規定：教育的宗旨是「愛國、尚武、崇實、法孔孟、重自治、戒貪爭、戒躁進」。這是晚清「癸卯學制」的復活，是其復辟封建主義教育的總綱領。民國以來進步人士所倡導的教育改革受到嚴重挫折。

一九一六年袁世凱死後，范源濂任教育總長，重新施行民國元年的教育方針，制定了諸如《修正大學令》、《修正國民學校令》等新法規。一九一九年四月，教育部又提出以「養成健全人格，發展共和精神」為教育宗旨。在新文化運動的推動下，出現了許多新的教育團體，如全國教育會聯合會、中華職業教育社、中華教育改進社等，積極推動教育改革。

一九一九年和一九二〇年，全國教育會聯合會兩次討論學制改革問題，並把有關學制改革的各種意見彙編成冊，印發各省區教育會研究。一九二一年十月在

廣州召開的第七屆年會上，來自十七個省區的三十五名代表，在廣泛徵求教育界人士意見的基礎上，正式議決新學制草案，並再次向全國各地教育界人士徵求修正意見。教育部於一九二一年九月十日在北京召開全國學制改革會議。會議對全國教育會聯合會所議決的學制系統草案稍作修改，通過了《學制系統改革案》，又交於同年十月在濟南召開的全國教育會聯合會第八屆年會討論。最後，於十一月一日以大總統黎元洪的名義公布了《學校系統改革案》，通令全國施行。這就是一九二二年「新學制」，因該年是農曆壬戌年，故又稱「壬戌學制」。這個學制的主要內容如下：

新學制的改革指導思想是：適應社會進化的需要；發揮平民教育的精神；謀個性的發展；注意國民經濟力和生活教育；使教育易於普及；多留各地方伸縮餘地。依據這些改革標準，學制系統分為三段：初等、中等和高等教育。教育以兒童為中心，學制系統兼顧個性及智能。

新學制規定初等教育為六年，從六歲入初級小學四年，高級小學二年；義務教育以四年為准；初級小學畢業後得予以相當年期之補習教育；幼稚園收六歲以下兒童；對於年長失學者，設補習學校。

中學修業年限規定為六年，分為初、高兩級，各三年；高級中學與初級中學並設，初等中學施行普通教育，高級中學分為農、工、商、師範等科；中等教育得用選科制；職業學校的期限和課程依據各地方具體情形而定；師範學校修業期為六年，可以單獨後二年或後三年，收受初級中學畢業生；師範學校後三年得酌行分組選修制；為補充初級小學教員不足，可以設立相當年限的師範學校或師範講習科。

大學修業年限規定為四至六年，各科按其性質酌情而定，醫科、法科大學修業年限至少五年，師範大學至少四年；大學採用選科制；因學科及地方特別情形，得設專門學校，修業期為三年以上，年限與大學同者，待遇亦同；大學校及專門學校可以附設專修科，修業年限不等；為補充初級中學教員不足，可以設二年制師範專修科，附設於大學教育科及師範大學校，也可設於師範學校或高級中學，收受師範學校及高級中學畢業生；大學為大學畢業及具有同等程度者研究之

所，年限不定。

這個新學制與「壬子癸丑」學制相比，有以下特點：一是縮短了小學年限，改七年為六年，取消了「國民」、「高等」名目，稱「初級」和「高級」，有利於初等教育的普及；二是延長了中學年限，有利於提高中等教育的水準，中學三三分段，初中可以單獨設立，有利於初級中等教育的普及；三是取消了大學預科，使大學不再負擔普通教育的任務，有利於大學集中精力進行專業教育和科學研究；四是施行選科制和分科教育，兼顧學生升學和就業兩種準備，體現了資產階級的要求；五是改革了師範教育，提高了師範教育的程度，師範教育機構共有六種：六年制師範學校、單設後三年的師範學校、高級中學內設師範科、短期師範學校或師範講習科、兩年制師範專修科及師範大學；六是職業教育單成系統，代替了實業教育；七是課程無男女校的區別；八是小學國文改為國語，修身改為公民，並加強手工、圖畫課；中學加強了人文科學與理科的課程。這些都反映了五四時期新教育改革的一些基本要求，是民國成立以來教育改革的一個綜合成果。

一九二二年制定的新學制，主要是採取當時美國一些州已經實行了十多年的「六三三制」，但它卻並非盲從美制，而是中國教育界經過長期醞釀，集思廣益的結晶。當然，由於它誕生於五四時期實用主義思想廣泛傳播的時代，明顯地帶有實用主義教育思想的影響。新學制的頒布和實施，標誌著中國資產階級新教育體制的確立。

第二節 ·

各種新教育
思潮的試驗

在五四新文化運動的推動下，西方各種教育思潮在中國競相傳播。中國教育界許多有志之士紛紛在介紹西方各種新教育思想的基礎上，結合中國的具體國情，進行了一系列的教育實驗，總體說來推動了中國教育現代化的進程，在民國教育史上占有重要地位。

一、平民教育運動與平民教育思潮

五四時期的「平民教育」，是民主主義思潮在教育上的集中反映。一九一五年陳獨秀在《今日之教育方針》中提出要實現「以人民為主人，以執政為公僕」的民主國家，就必須給人民以各種權利，包括教育權在內，主張貫徹「唯民主義」的教育方針。

一九一九年四月，教育調查會在議決的《教育宗旨研究案》中提出了以「養成健全人格，發展共和精神」為教育宗旨的主張。一九一九年十月，北京高等師範學校創辦了《平民教育》週刊，宣傳平民教育。認為：「不先有了平民教育，哪能行平民政治」。同時，蔣夢麟也在《教育雜誌》上發表《和平與教育》一

文，認為「世界潮流且日趨於平民主義。平民主義愈發達，則其和平之基礎愈鞏固。故欲言和平之教育，當先言平民主義之教育；欲言平民主義之教育，當自養成活潑之個人始。」來華講學的杜威也說：「我們實施平民教育的宗旨，是要人人受著切己的教育。實施平民教育的方法是要使學校生活真正是社會生活。」從此，「平民主義」教育的口號流行，平民教育活動廣泛開展起來。

一九二○年三月，北京大學學生鄧中夏、廖書倉等人發起成立「平民教育講演團」，以「增進平民知識，喚起平民自覺心」為宗旨，通過「以學就人」的露天講演和刊發出版物形式，在城市、鄉村和工廠開展平民教育。同年，晏陽初根據在法國實施華工補習教育經驗，先在上海試辦，後在長沙、煙臺、杭州、嘉興等地推行平民教育。一九二二年三月，他在長沙聯合各界舉行全城平民教育運動，開辦平民學校六十多所。一九二三年六月，陶行知、朱其慧等人發起組成南京平民教育促進會。八月，在北京清華學校召開第一次全國平民教育大會，成立了中華平民教育促進總會，朱其慧為董事長，晏陽初為總幹事。接著各省也相繼成立平民教育促進會，約有二十個省區開辦了平民學校、平民讀書處、平民問字處。當時全國各地中等以上學校大都附設了平民學校。平民教育思潮成為五四以後主要教育思潮之一，平民教育的實驗也大規模地開展起來。

二、黃炎培倡導的農村教育改進試驗區

中華職業教育社成立於一九一七年五月，由教育界、實業界人士蔡元培、黃炎培、余日章等四十餘人在上海發起成立，黃炎培（1878-1965），江蘇川沙人，為辦事處主任。該社的任務是：推行職業教育、改良職業教育、改良普通教育，以為適於生活之準備。它定期出版的刊物有《教育與職業》和《生活週刊》。一九一九年，中華職業教育社成立了農村教育研究會，開始注重農村教育問題。一九二五年八月，它在山西太原召開第四次年會期間，黃炎培為山西省籌畫職業教育時提出《劃區試辦鄉村職業教育計畫》。這個計畫確定了選擇試驗地區的標準、鄉村教育改革的內容、目標以及經費的籌集等。他指出：「鄉村職業教育之

設施，不宜以職業教育為限。就交通較便的地方，劃定一村或聯合數村⋯⋯先調查其地方農村及原有工藝種類、教育及職業狀況，為之計畫，如何可使男女學童一律就學；如何可使年長失學者，得補習知能之機會；如何養成人人有職業之知能，而並使之得業；⋯⋯凡此種種，先設一中心教育機關，就其固有之自治組織，用其當地之人才，量其財力，定設施之次第。在試辦時間，或由上級酌予補助，但經常費用必以當地負擔為原則。」這個計畫所確定的原則和內容，成為此後中華職業教育社舉辦改進農村試驗區的指導思想。

一九二六年夏，中華職業教育社選定江蘇省昆山縣徐公橋為農村改進試驗區。黃炎培進一步規定了開辦改進農村試驗區的意義和目的為：「鑒於近今教育事業大都偏向城市，又其設施限於學校，不獲使社會成為教育化，爰擬從農村入手，劃定區域，從事實驗，期以教育之力改進農村一般生活，以立全社會革新之基」。試驗區所要達到的目標是：「以無曠土，無遊民，村民生活狀況日趨改善，知識日進，地方生產日增加合格」。試驗區的面積四十平方里，有七三五戶，三五九七人，地處京滬鐵路線上，交通便利。改進試驗分為兩期：一九二六年十月到一九二七年春為試辦期，參加試辦的單位除了中華職業教育社外，中華教育改進社、中華平民教育促進會、東南大學教育科、農科等。從一九二七年四月到一九三四年六月為正式試驗期，其他單位退出，由中華職業教育社單獨辦理。試驗區設立了徐公橋鄉村改進委員會，下設總務、建設、農藝、教育、衛生、娛樂、宣傳七部，以推動實驗的順利實施。

經過六年的試驗，基本達到了預期目標，取得了顯著成果。在教育方面，學齡兒童入學率從初辦時的百分之七十點七，增加到百分之八二點三；成人識字者由初辦時的五六〇人增加到一五二四人；小學由初辦時的二所增加到六所，並辦有二個流動教室，還開辦了夜校、建立圖書室、舉辦露天識字班等。在經濟建設方面，設立了十三處養魚池，灌溉、打稻、碾米等都使用新式農具；在全區基本推廣了良種小麥、棉花和水稻；成立了正式合作社三所，試辦三所，社員達四六七人；還組織農民築路、修橋；設立公共倉庫和公醫診所，設立了員警分駐所和保衛團。這一切設施，在試驗結束後都順利移交給地方辦理。

中華職業教育社在徐公橋舉辦鄉村改進試驗區之外，還受江蘇省農礦廳委託，於一九二八年在鎮江黃墟設立鄉村改進試驗區；在吳縣善人橋和滬郊農村舉行鄉村改進試驗。一九三三年秋，在上海西南漕河涇創辦了農村服務專修科，招收高中畢業或具有同等學力者。次年又在浙江余姚縣諸家橋開辦「浙江諸家橋農村改進試驗學校」。

從一九二六年在徐公橋實驗開始，中華職業教育社先後辦理了三十多處鄉村事業。它在當時中國民族危機加深、工業凋敝、農村經濟面臨破產的情況下，開展農村教育試驗，以改變農村的貧困落後狀況、建設好農村基層組織作為救國的途徑，固然不可能達到挽救中國危亡的目的，但他們希望通過以改進農村教育為中心來促進農村經濟發展、改善農民生活的願望和堅韌不拔的實踐精神，是值得讚揚和敬佩的。

三、晏陽初主持的農村平民教育實驗

中國平民教育促進會成立初期，主要在城市開展平民識字教育。經過幾年的城市掃盲教育，他們認識到中國的文盲不是在城市而是在農村。從一九二六年十月起，他們便將工作的重心轉移到農村。一九二六年，為了集中力量進行鄉村平民教育實驗，平教會選定河北省定縣作為實驗區。開始時，他們在定縣翟城村初步進行農村教育、農民研究和農村調查三方面的試點。一九二九年後，晏陽初帶領平教會機關與全體人員及家屬遷居定縣，全面進行實驗。

晏陽初，四川巴中人，民國著名的平民教育家。他在定縣的實驗，概括起來為「文藝教育、生計教育、衛生教育、公民教育」四大教育，和「學校式、社會式、家庭式」三大教育方式。四大教育是針對農民「愚、貧、弱、私」四大病症；三大教育方式是用來推行四大教育的具體措施。所謂文藝教育，包括文字、文學和藝術教育，其目的是開發民智以治愚。而要學習科學，必須首先學習文字。在進行知識教育方面，主要進行兩大類工作：平民文學和藝術教育。平民文學類的工作有：文字研究工作，制定了三四二〇字的通用字表，出版《平民字

典》、《平民詞典》；平民文學研究工作，採集秧歌，出版《定縣秧歌選》，收集鼓詞、歌謠、諺語等六十萬字的民間文藝資料；編輯出版了《平民千字課》、《市民千字課》、《農民千字課》和《士兵千字課》以及大量的自修課本和平民讀物。平民藝術類的工作有：收集民間實用畫，編輯畫範，以無線電廣播為工具，普及社會教育。

生計教育是使人們具備生產技能，造成能自立的國民。其目標是「要訓練農民生計上的現代知識和技術，以增加其生產；要創設農村合作經營組織；要養成國民經濟意識與控制經濟環境的能力。它的工作是一面充實農業科學研究，設立實驗農場，進行改良豬種和雞種的實驗，推廣先進的耕作技術與良種實驗；另一方面是實驗巡迴生計訓練辦法。同時建立了合作社組織制度，開展信用、購買、生產和運銷四方面的經濟活動。

衛生教育主要包括兩方面的內容，一是通過各種宣傳的方式實施衛生教育；二是在村設保健員、聯村設保健所，縣設保健院，形成一個自下而上的適合農民需要的保健制度。

公民教育是為了養成農民的公共心與合作精神，訓練其團結力，以提高其道德生活與團結生活。主要是選擇歷史上志士仁人殺身成仁的事蹟編成圖說，對農民進行教育。

學校式教育主要是指平民學校，這是四大教育的總樞紐。平民學校分為幾級：縣設實驗平民學校，提供教材、教具和教學方法的經驗；在各鄉村中心，設立表演平民學校，對各村自辦的普通平民學校起示範作用；村辦平民學校由村教育建設委員會負責，委員由村長、學董、教師、團體代表及地方領導組成。平民學校施行導生制，通過導生傳習的方式進行教育；其教材依據學員程度分別採用平民識字課本或平民高級文藝課本。

社會式教育由實驗區特設的「社會式教育委員會」主持，其基本力量是平民學校的畢業生。他們在各村成立平民學校畢業同學會，除了自己學習文化知識外，主要是協助平教會的各項工作，開展農村移風易俗活動，進行自衛軍事訓

練。

家庭式教育是聯合各個家庭中的地位相同的分子施以相當的訓練，一方面要使家庭社會化；一方面要使家庭中的男女老少都得到相當的教育。召開家庭會是為了解決家庭的實際問題及改良家庭日常生活的方法。主要形式有家主會、主婦會、少年會、閨女會和幼童會五種。

晏陽初認為採用三大教育方式實施四大教育，就可以完成鄉村的六大建設：政治建設、教育建設、經濟建設、自衛建設、衛生建設和禮俗建設，以實現復興民族的目的。

平教會在定縣的實驗，分三期進行。第一期以高頭村為對象，第二期以縣東第三區的六十二個村莊為範圍，第三期以整個定縣為實驗區。它所進行的農村實驗，最初是以學術團體的名義站在私人立場上進行的，後來逐漸與政府合作走向「政教合一」的道路。一九三二年，平教會與河北省政府合作成立了實驗縣，一九三三年七月，省政府又在定縣設立了「河北省縣政建設研究院」，晏陽初為院長，陳築山為副院長。縣政研究院所屬的實驗部主任霍六丁為定縣實驗縣縣長，平民教育實驗得到進一步發展。

一九三五年，國民政府內政部通令全國各省實行縣政改革，設立實驗縣。應湖南省主席何鍵、貴州省主席吳鼎昌、四川省主席劉湘的邀請，平教會開始到湖南、貴州和四川推廣定縣實驗縣的經驗；一九三六年五月，湖南省政府以衡山縣為實驗縣，並在衡山設立鄉村師範學校。平教會辦事處由定縣遷到長沙。一九三六年秋，四川省設立了由省主席劉湘兼任的設計委員會，聘請平教會幹事陳築山、陳志潛等為設計委員，先後在新都縣、璧山縣設立實驗區。抗日戰爭時期，平教會遷到重慶。一九四〇年又在巴縣歇馬場設立鄉村建設育才學校，後改為私立鄉村建設學院，繼續進行平民教育實驗。

以晏陽初為代表的中華平民教育促進會所進行的農村平民教育實驗，在當時社會上產生了巨大影響。他們在艱苦的條件下所取得的成果，得到了當時社會各界的承認和贊許，也得到了許多社團和個人的支持。他們努力探索救國救民道路

的精神和在農村教育方面所創造的許多經驗，是一份寶貴的歷史遺產。

四、陶行知領導的鄉村師範教育和山海工學團

陶行知（1891-1946），安徽歙縣人，著名教育家。作為中華教育改進會主任幹事，陶行知起初也主要在城市推行平民教育。從一九二六年起，他提出了「生活教育」的理論，開始進行鄉村教育運動。他在一九二七年發表的《中國鄉村教育之根本改造》中，較系統地闡述了他對鄉村教育的主張，認為鄉村教育是立國的根本大計，並尖銳地指出：「中國鄉村教育走錯了路！他教人離開鄉下向城裡跑。他教人吃飯不種稻，穿衣不種棉，住房不造林。他教人羨慕奢華，看不起務農。他教人分利不生利。他教農夫子弟變成書呆子。他教富的變窮，窮的變得格外窮。他教強的變弱，弱的變得格外弱。」他認為，鄉村教育的出路在於實行「教學合一」的「活教育」。他提出：「要從鄉村實際生活產生生活的中心學校；從活的中心學校產生活的鄉村師範；從活的鄉村師範產生活的教師；從活的中心教師產生活的學生、活的國民」。

發表演說時的陶行知

為了實現自己的鄉村教育的主張，一九二六年下半年，陶行知到南京附近的江寧、無錫等地考察農村學校。一九二七年三月十五日，他與東南大學教授趙叔愚一起，以中華教育改進會的名義，在南京北郊的曉莊創辦了曉莊師範學校，專門培養鄉村學校的教師。曉莊師範學校附設有小學師範院，趙叔愚任院長；幼稚師範院，陳鶴琴任院長；還有中心小學八所，中心幼稚園 4 所。

陶行知在創辦該校時期，提出了「生活即教育」，「社會即學校」、「教學做合一」、「在勞力上勞心」等著名主張，並將這些理論在曉莊師範進行實踐。他認為，生活教育是給生活以教育，用生活來教育，為生活向前向上的需要而教育。從生活與教育的關係上說，是生活決定教育。從效力上說，是教育要通過生

活才能發生力量而成為真正的教育。「教學做合一」是生活法亦即教育法。「社會即學校」是要把教育從鳥籠裡解放出來。「即知即傳」這一原則是把學問從私人的荷包裡解放出來。「行是知之始，知是行之成」是教人從源頭上去追求真理。陶行知的生活教育理論，目的是把學生培養成為具有「健全的體魄」、「農夫的身手」、「科學的頭腦」、「藝術的興味」、「改造社會的精神」的鄉村教師。

在曉莊師範，陶行知把自己的生活教育的理論付諸實踐。他把教育與生產勞動、社會生活緊密結合起來，強調為「做」、為行動而讀書與「用書」，他給圖書館題名為「書呆子莫來館」，大禮堂題名為「犁宮」，並書寫了「與牛馬羊雞犬豚做朋友，向稻粱菽麥黍稷下功夫」的橫幅。他積極支持師生參加社會上的反帝反封建的鬥爭。一九三〇年春，因學校師生支持下關工人反帝而舉行遊行，曉莊師範被當地政府封閉，陶行知遭到通緝，被迫流亡海外。

一九三一年十月，陶行知又在上海大場孟家木橋創辦了山海工學團，開始了新的鄉村教育改革實驗。他在制訂的《鄉村工學團試驗初步計畫》中，提出工學團以「工以養生，學以明生，團以保生」為宗旨，實行軍事、生產、科學、識字、運用民權、節制生育六大訓練。此後，又相繼在上海與寶山之間建立了侯家宅青年工學團（青年夜校，後改為共和茶園）、兒童工學團、蕭場兒童工學團、青年工學團、婦女工學團、沈家樓棉花工學團、兒童工學團、紅廟兒童工學團和山海木工場等。後又在上海市區建立了亦工亦學的晨更工學團、報童工學團、鄉村幼稚園、浦東女工讀書班，並成立了「山海小先生聯合會」和「中國普及教育促進會」等團體。在教學中，陶行知創造了「小先生」制，即把失學的兒童組織起來，採取大的教小的、會的教不會的辦法，人數多的三四十人，少的五六人，普及文化知識。陶行知特為小先生及大眾編寫了《老少通千字課》，作為通用教材。該教材分四冊，包括常用字與簡單的應用文字及激勵自立的內容。

山海工學團在進行教學活動外，還組織並參與了各種社會服務活動，如修路、挖魚塘、創辦合作社、放電影等。一九三七年抗日戰爭爆發後，山海工學團的試驗被迫停止。

陶行知通過建立曉莊師範和山海工學團的教育改革試驗，完善了他的「生活

教育」理論及其實施的方法，為中華民族的復興培育了許多人才。此後，他繼續進行教育活動，一九三八年七月在四川合縣農村的草街子古聖寺創辦了育才學校，後又在重慶市區創辦了社會大學。陶行知畢生獻身於中國的教育事業，不愧為「偉大的人民教育家」。

五、梁漱溟進行的鄉農學校實驗

梁漱溟是民國鄉村建設運動的主要代表。他認為，只有通過鄉村學校的形式，把鄉村組織起來開展自救，才能解決鄉村存在的種種問題。他繼承了宋朝呂和叔和清朝陸桴亭主張的「鄉約」，並加以修改和補充，認為社學是鄉村教育機關，保甲是鄉村自治自衛組織，社倉是鄉村經濟機關，三者互相依託；通過建立鄉村學校的形式，對農民進行精神陶冶、自衛訓練和生產知識教育，以推動社會，組織鄉村。他通過比較和研究，認定鄉農學校實驗的核心是：通過鄉農學校的形式把農民組織起來，並加以引導，推動他們自覺起來建設鄉村，這樣就可以把中國鄉村的政治、經濟、文化導向正軌。

從一九三〇年起，梁漱溟在山東鄒平、菏澤等地設立鄉村建設研究院，在鄒平、菏澤、濟寧等十餘縣進行鄉村建設實驗。鄉村建設研究院分三個部：鄉村建設研究部、鄉村服務人員訓練部和實施鄉村建設的試驗縣區。鄉村建設運動的具體推進辦法，是以鄉農學校形式開展的，即首先在相當於二百至五百戶範圍的鄉村社會中成立鄉農學校，將從前的區公所、鄉鎮公所等機關取消，而代之以村學和鄉學。村學和鄉學不僅是個機關，而且是個團體，包括校長、校董、理事、教員及一村中或一鄉中眾多鄉民，當地的全部鄉民都是學生。

鄉農學校的課程主要分兩大類：一是各鄉農學校相同的課程，有識字、音樂和精神講話；二是各鄉農學校因地制宜而設置的課程，即包括職業教育、自衛教育及風俗改良等。鄉農學校按入學的地域範圍劃分，有村學和鄉學兩級。村學是鄉學的基礎，鄉學是村學的上層。按學業程度分有普通部和高等部。按學生年齡分有兒童部、少年部、成人部等。兒童教育的課程有國語、算術等，採用類似小

先生制的教學方法。青年教育的課程除了國語、音樂等外，還有史地及農村問題等。為了使鄉村建設試驗有秩序地進行，梁漱溟為村學、鄉學的各組人員（學眾、學長、學董和教員輔導員等）擬定了《村學、鄉學須知》，對各類人員提出了不同的具體要求，劃分了各自的職責及工作中應注意的事項。

梁漱溟在山東所進行的鄉村建設試驗，設想和計畫是周密的。通過鄉農學校的實驗，他形成和發展了一套較完整的鄉村建設試驗的理論和方法，為實驗區的鄉村培養了大批鄉村建設人才。但在當時條件下，由於存在著「高談社會改造而依附政權」和「號稱鄉村運動，而鄉村不動」兩大難處，梁漱溟的鄉村建設不可能實現預期的目的。抗戰爆發後，山東鄉農學校試驗被迫停止。

第三節 ·
國民政府的教育

一、國民政府建立初期的教育

（一）三民主義教育宗旨的確立

一九二七年四月，蔣介石建立南京國民政府後，提倡「黨化教育」；八月，教育行政委員會決定施行這種教育，並將它解釋為：「我們所謂『黨化教育』，

就是在國民黨指導下，把教育變成革命化和民眾化。換句話說，我們的教育方針要建築在國民黨的根本政策之上。國民黨的根本政策是三民主義；建國方略、建國大綱和歷次全國代表大會的宣言和議決案。我們的教育方針應該根據這種材料而定，這是黨化教育的具體意義。……我們有了確定的教育方針，便要把學校的課程重新改組，使與黨義不違背又與教育學和科學相符合，並能發揚黨義和實施黨的政策。」實際上，黨化教育就是要使學校國民黨化。不久，國民政府認為「黨化」二字歧義甚多，便逐步以「三民主義教育」代替之。一九二八年五月，大學院召開第一次全國教育會議，決定廢止「黨化教育」，代之以「三民主義教育」為宗旨。所謂三民主義教育，「就是實現三民主義的教育；就是以實現三民主義為目的的教育；就是各級教育行政機關底設施、各種教育機關的設備和各種教學科目，都是以實現三民主義為目的的教育」[1]。

一九二九年三月，國民黨召開第三次全國代表大會，通過了《教育方針及其實施原則案》，正式議定中華民國的教育宗旨為：「中華民國之教育，根據三民主義，以充實人民生活，扶植社會生存，發展國民生計，延續民族生命為目的；務期民族獨立，民權普遍，民生發展，以促進世界大同。」[2]

一九三一年十一月，國民黨第四次全國代表大會通過並公布了中華民國教育宗旨的實施辦法八條。它規定：各級學校教育，以史地教材闡明民族之真諦；以集團生活，訓練民族之運用；以各種生產勞動的實習，培養實行民生主義之基礎；務使知識道德，融會貫通於三民主義之下，以收篤信力行之效。具體而言就是：普通教育，以陶融兒童及青年「忠孝仁愛，信義和平」之道德、養成生活技能、增進生產能力為主要目的；社會教育，必須使人民認識國際情況、了解民族意義，並具備近代都市及農村生活常識等；大學及專門教育，注重實用科學，養成專門知識技能，及為國家社會服務的品格；師範教育，養成一般國民道德上、學術上最健全的師資；女子教育，注重陶冶健全的德性，保持母性特質，並建設良好的家庭生活及社會生活；體育教育，尤須以鍛煉強健之精神，養成規律之習

1　《第一次中國教育年鑑》甲編，10頁，上海，開明書店，1934。
2　《第一次中國教育年鑑》甲編。

慣為主要任務；農業推廣，須由農業教育機關積極實施。

這樣，國民政府經過數年的努力，終於確立了三民主義的教育宗旨及方針。此後，這個教育方針成為國民政府制訂教育法令、頒布教育規程、指導教育工作的主導思想和基本依據。

（二）大學院制與大學區別

廣州國民政府成立的教育行政委員會，是最高中央教育機構。它下設行政事務廳，廳分設秘書處、參事處、督學處。一九二七年南京國民政府建立後，蔡元培仿行法國教育制度，改用大學院制與大學區制。教育行政委員會改稱中華民國大學院，蔡元培任院長。

根據一九二八年國民政府公布的《中華民國大學院組織法》規定：大學院為全國最高學術教育機關，管理全國教育行政及學術研究事宜，直屬於國民政府。下設高等教育、普通教育、社會教育、文化事業、總務、秘書六處。高等教育處主管大學、專門學校、留學、各種學術團體及學位考試等；普通教育處主管初等教育、中等教育、職業教育及師資訓練等；社會教育處主管博物館、民眾劇場、公民教育、平民教育、公共體育及特殊教育等；文化事業處主管出版、圖書館、文物、教材圖書的編輯和審查等；總務處主管文書、會計和職員的招聘及辭退等；秘書處主管機要及院長委辦的事項。另外設立大學委員會，聘專門學者為委員，是全國最高的教育學術審議機關。同時設立中央研究院，主管學術研究工作，研究院下設觀象臺、地質調查所、動植物園、社會科學研究所、理化實驗研究所等。

省級教育行政組織，民國元年是在各都督府民政司內設教育科，總管全省教育行政；同年十二月，改為在省署下設教育司；一九一四年六月，改設教育科；一九一七年九月，改教育科為教育廳，直屬於教育部領導；教育廳下設三科，分管總務、普通教育和社會教育、專門教育和留學事宜。

一九二七年國民政府在中央設立大學院的同時，廢止各省教育廳，改設大學

區。以一省為一個大學區，每省設國立大學一所，以省名為大學名；由國立大學接替原教育廳主管省區內一切學術和教育行政事務。區內國立大學校長，負責管理區內一切學術及教育事宜；在校長之下設立評議會為本區的立法機關；設秘書處協助校長辦理本區行政上一切事務；設研究院為本大學研究專門學術的最高機關；設高等教育處管理各學院及區內其他大學、專門學校及留學事宜；設普通教育處管理區內公立中小學及監督私立中小學教育事宜；設擴充教育處管理區內農學院及社會教育事宜。

從一九二七年六月開始，大學區制在江蘇、浙江及河北三省試行。但試行不到一年，便遭到各地教育界的反對。國民政府被迫於一九二九年八月下令停止試驗。

一九二八年十月，國民政府被迫改大學院為教育部，原屬大學院的中央研究院獨立為中央學術研究機構，直屬於行政院。教育部下設總務司、高等教育司、普通教育司、社會教育司、蒙藏教育司、編審處及體育、訓育、醫學、音樂、史地、國語、僑民等教育委員會。它的職權主要為：（1）管理全國學術及教育行政事務；（2）對於各地方最高行政官執行本部主管事項，有指示、監督之責；（3）根據本部的主管工作，對各地方行政長官下達命令和處分，認為有違背法令或越權者，可請由行政院院長提請國務會議議決後停止或撤銷。

與此同時，國民政府也恢復各省教育廳。恢復後的各省教育廳，直屬各省政府領導，成為省政府組織機構的一部分。省教育廳下設四個科，負責辦理各科事務；並另設督學四至八人。其職權主要為：主管省內各學校、社會教育、教育及學術團體、圖書館、博物館、公共體育場事務；在不抵觸中央和省政府決定的範圍內，有權對自己主管的工作發布命令。

國民政府縣教育行政機關是各縣教育科，一九四六年後改為教育局。中央直轄市設立教育局，局下設科長、科員及督學、視察員與各科委員會。在省轄市設教育科，負責管理市內教育行政事宜。

（三）國民政府初期的學校教育

在學制系統方面，國民政府基本上沿用了一九二二年的「新學制」。一九三二年十二月，教育部決定廢除綜合中學制度，頒布了《師範學校法》、《職業學校法》和《中學法》，將師範、職業和中學三類學校分別設立。

國民政府在廢除綜合中學制度的同時，還頒布了一系列教育法規和法令，使各級學校教育的發展與建設逐步納入國民政府規劃的軌道。到一九三七年抗戰前，國民政府的教育實施有兩個明顯特點：一是重視初等教育並大力推行義務教育，中等和高等教育則發展緩慢；二是採取各種措施加強學校管理，使此前比較自由的學校教育置於嚴格統一的控制之下。

初等教育是國民政府發展教育的重點。一九三二年十二月，國民政府頒布的《小學法》和次年三月頒布的《小學規程》規定：小學為實行國民義務教育的場所；修業期六年，前四年為初級小學，後二年為高級小學；在教育未普及前，修業四年即為義務教育終了；為推行義務教育起見，各地特設簡易小學及短期小學。小學教育的目的，「以發展兒童之身心，培養國民道德基礎及生活所必須之基本知識技能」為主旨；小學課程的設置，幾經變化，曾對小學課程設置進行三次修改。按一九三六年七月教育部頒布的《修正小學課程標準》規定，其課程為：公民訓練、國語、社會、自然、算術、勞作、美術、體育、音樂和常識等。

中等教育分普通、師範、農、工、商、家事等科。從一九三一年起，各普通中學添設或附設職業科，各縣立中學逐步改為職業學校或鄉村師範學校。按一九三二年三月頒布的《中學法》和《中學規程》規定，中學分為初級中學和高級中學，修業期各為三年；其主旨是以發展青年身心、培養健康國民，並為研究高深學術及從事各種職業之準備；取消中學文實分科的教學方法。按一九三二年十二月頒布的《師範學校法》和次年公布的《師範學校規程》規定，師範學校的目標是「以嚴格之身心訓練，養成小學之健全師資」；師範教育以培養小學教師為主；學生一律免收學費，並給以一定的經濟待遇。按一九三二年頒布的《職業學校法》和《職業學校規程》規定，職業學校以培養青年生活之知識與技能為目的；分為初級（修業期 1-3 年）和高級職業學校（修業期 3-5 年）。

高等教育方面，按國民政府公布《大學組織法》（1929 年 7 月）和教育部公布《大學規程》（1929 年 8 月）規定，高等教育機構分為大學、獨立學院和專科學校三種；大學分文、理、法、教育、農、工、商、醫八學院；具備三院以上者才能稱大學；除醫學院修業五年外，其餘均為四年；大學及獨立學院設研究院和研究所；專科學校分工、農、商、醫、藝術、音樂、體育等類，修業期為二至三年；國立大學或國立專科學校由教育部審查全國各地情形設立，省市立或私立大學或專科學校的設立、變更和停辦，須經教育部核准；高等學校各科得采學分制，大學學生應修學分的最低標準為四年一三二學分（醫學院除外）；除黨義、國文、體育、軍事訓練及第一、第二外國語為公共必修課外，其他科目由各校自定。

儘管國民政府制訂了一系列的法規法令，對教育似乎也是很重視的，但許多規定都流於虛文，並不能兌現。教育經費不僅很少，而且常常拖欠；加之教育機關官僚化日益嚴重，教學品質很低，導致國民政府在此時期的教育發展比較緩慢。十年中，初等學校只增加了一七五二六所，學生只增加了三九六五八四七人；中等學校只增加了五五七所，學生只增加了一五五一三七人；高等學校只增加了十七所，學生只增加了五九九〇人。

（四）國民政府加強對教育的控制

國民政府為了將全國教育納入「三民主義教育」的軌道，採取了一系列的控制學生的措施。

第一，實行嚴密的訓育制度。一九二九年七月，國民政府通令各省市，遵照國民黨中央執委會規定的《中小學訓育主任辦法》，設置訓育人員，開始在中小學推行訓育制度，後又推廣到大學。在小學教育階段，最初開設黨義課作為訓育的主要內容，一九三二年後改為公民訓練，一九三六年，教育部對原有公民教育條目大加修改，對訓練的目標、內容、方法等作了詳盡的規定。規定各校應設一公民訓練委員會，主持訓練事宜；各教員對於兒童公民實踐應隨時及分期糾正、考查、記載、統計、將結果填入成績表報告兒童家長。在中學階段，《中學教學

規程》第六章「訓育」專門規定：中學訓育目標為陶融青年「忠孝仁愛信義和平」的道德，並養成勇毅的精神與規律的習慣；中學校長及全體教員均負訓育責任，指導學生一切課內課外活動；中學學生宿舍，須有教員住宿，負責管理之責；中等以上學校設置訓育主任、生活指導員、黨義教員或公民教員，由經過審查的國民黨員充任。在大學階段，同樣規定嚴格的訓導制度：學生除必修黨義課、軍訓教育外，還須接受國民黨的訓育教育，校務會議要經常審查學生的訓育事項。國民政府通過嚴格的訓育制度，企圖把學生的思想和行為嚴密地控制起來，使其成為忠於國民黨的「健全公民」。

第二，採取嚴厲的組織措施，限制學生的思想行為。一九二九年一月，國民黨中央常委會通過《學生團體組織原則》和《學生自治會組織大綱》，同年十月又通過《學生自治會組織大綱施行細則》，規定學生團體「以在學校以內組織為限」，並「以不侵犯學校行政為限」；一九三〇年十二月，蔣介石以行政院長兼教育部長的名義發布《整頓學風令》，責令學生應致力於學習，不得干涉行政，如有違令，便嚴厲制裁，宣布一切罷課集會行動皆為非法。接著，他又簽署了《告誡全國學生書》，要求對於「破壞法紀之學潮，自與反革命無異，政府自當嚴厲制止，如法懲處」。同時，國民黨又運用行政高壓手段控制了各公立學校的實權，把國民黨的勢力滲透到教育界，並在各級教育機關和各學校中秘密建立特務組織，監視師生的言行。

第三，實行畢業會考制度。一九三二年五月，教育部頒布《中小學學生畢業會考暫行規程》規定：各省市教育行政機關為整齊小學、初級中學、高級中學普通科學生畢業及增進教育效率起見，對於所屬中小學應屆畢業、經原校考查及格之學生舉行會考，會考非各科及格不能畢業，由各省市教育廳局負責辦理。一九三四年四月，又公布了《師範學校學生畢業會考規程》，通令各地嚴格執行。凡畢業的學生必須參加兩次考試：第一次是學校舉行的畢業考試，及格後才有畢業會考的資格；第二次是參加畢業會考，及格後才取得畢業資格；要升學的學生還要進行升學考試。這種會考制度，使學生的課程增加，無暇過問政治、關心時事，不僅成為限制學生參與社會政治活動的障礙，而且影響了學生全面學好各門功課，因而遭到學生的強烈反對。

第四，利用軍訓對學生實行嚴格的軍事管理。一九二九年一月，教育部與中央軍事委員會訓練總監部公布《修正高中以上學校軍事教育方案》，規定高級中學以上的各級學校，都將軍事教育列為必修課，每週三學時，期限為二年；每年暑期集中訓練三個星期。一九三四年八月，又作了修正，對平時訓練、集中訓練、教學科目、教學時數等都作了明確規定。並制訂了《軍事教育獎懲規則》、《高中以上學校學生軍訓管理辦法》，以加強軍事教育的紀律。該管理辦法包括總則、組織、服裝、外出、教室規則等十四章，共九十八條，對學生的一切言行都有嚴格的限制。如組織方面，全校學生按軍事編制進行組織，設總隊部，下分大隊、中隊、區隊，教官由訓練總監部派軍官擔任，學校儼然成了兵營，用管理軍隊的辦法來管理學校。對於初中生和小學生，則進行童子軍訓練。教育部規定，童子軍為初級中學必修課，凡年滿十二歲的少年均可參加中國童子軍，不滿十二歲者可參加男女幼童子軍。童子軍以忠孝仁愛信義和平為訓練最高原則，以使其成為「勵行忠孝仁愛信義和平」的「忠誠之國民」為最終目的。

此外，國民政府還採取了諸如提倡新生活運動、在「特種區域」推行「特種教育」、「整頓學風」等措施。通過這一系列的措施，國民黨緊緊掌握了全國各級教育機關和各級學校，對廣大學生的思想和行動的控制也大大加強了。

二、抗戰時期國民政府的教育

（一）國民政府戰時教育政策及其實施方案

一九三八年四月，國民黨臨時全國代表大會制訂並頒布了《抗戰建國綱領》，對抗戰時期的教育總政策作了規定。其主要內容為：（1）改訂教育制度及教材，推行戰時教程，注重於國民道德之修養，提高科學之研究與擴充其設備；（2）訓練各種專門技術人員，予以適當之分配，以應抗戰需要；（3）訓練青年，俾能服務於戰爭及農村；（4）訓練婦女，俾能服務於社會事業，以增進抗戰力量。為了實現這個戰時教育總綱領，在此次會議上還制定了《戰時各級教育實施

方案綱要》，明確規定了發展教育的九大方針和十七個要點。

九大方針是：（1）三育並進；（2）文武合一；（3）農村需要與工業需要並重；（4）教育目的與政治目的一貫；（5）家庭教育與學校教育密切聯繫；（6）對於吾國文化固有精神所寄之文學哲藝，以科學方法加以整理發揚，以立民族之自信；（7）對於自然科學，依據需要迎頭趕上，以應國防與生產之急需；（8）對於社會科學，取人之長，補己之短，對其原則整理，對於其制度應謀創造，以求一切適合於國情；（9）對於各級學校教育，力求目標之明顯，並謀各地平均之發展。對於義務教育，依照原定期限以達普及。對於社會教育與家庭教育，力求有計劃之實施。

十七要點的主要內容有：對現行學制大體仍維持現狀；對於各地各級學校的遷移與設置，應有通盤計畫；對師資訓練應特別重視；對各級學校教材應徹底加以整理，對中小學教學科目及大學科系應加以調整；訂立各級學校訓育標準，並切實實行導師制；對於學校進行嚴格管理，中等以上學校一律採取軍事管理方法；完善各級教育機關，設立全國最高學術審議機關；改訂留學制度；改進邊疆教育與華僑教育；確定社會教育制度，推行職業補習教育等。

根據這九大方針和十七要點，國民政府教育部又擬定了具體的實施方案，對各級各類教育的教育目標和教育物件，學制、設置、師資、教材、課程與科系、訓育、體育、管理、經費、行政機構、留學制度、女子教育與家庭教育、邊疆教育與華僑教育、社會教育等都作了具體的規定。這些規定有利於促進全國教育有計劃、有秩序的發展。

（二）高等學校的內遷與國立中學的設立

抗戰以前，全國高等學校多分布在東南沿江沿海及華北地區，當日寇大規模進攻時，極易遭到摧殘。在此情況下，國民政府匆忙命令華北及沿海各高校內遷。抗戰時期，主要有三次大規模的內遷活動。

第一次，一九三七年到一九三九年，華北及東南沿海各高校除了燕京、輔仁

等教會學校保持中立未動外，其餘都遷往西南、西北，或就近遷入山區。如北京大學、清華大學、南開大學先遷到湖南長沙，然後又遷往雲南昆明，合組為西南聯合大學；北洋大學、北平大學與北平師範大學遷到陝西，合組為西北聯合大學；中央大學、復旦大學、武漢大學、東北大學、山東大學、東吳大學、金陵大學等三十一所高校遷到四川各地；中山大學遷到雲南；浙江大學先遷浙西天目山，後遷江西、廣西，最後遷到貴州遵義。

第二次，一九四〇年下半年到一九四三年春，原遷入上海及原在平、滬的教會學校，因英美與日本關係惡化並爆發太平洋戰爭，被迫內遷。上海大學與滬江大學從上海租界遷往重慶；燕京大學從北平遷到成都；原遷滇南的中山大學遷往粵北坪石；遷到昆明的上海醫學院、北平藝專、統計大學再遷到四川。

西南聯合大學

第三次，一九四四年夏到一九四五年初，日軍發動豫湘桂戰役，原遷豫西的河南大學遷到陝西；原遷廣西、雲南和貴州的一些高校如唐山土木工程學院、北平鐵道管理學院、華僑工商學院等再次內遷到四川。

在三次高校內遷過程中，廣大愛國師生在極端困難的條件下，顛沛流離，歷盡千辛萬苦，表現出了高昂的愛國熱情和不畏艱難的精神，為保存祖國的文化與高等教育事業的發展作出了應有的貢獻。

在高等學校內遷的同時，為了安頓和救濟淪陷區中等學校的流亡師生，國民政府決定設立國立中學。一九三七年冬，教育部在河南淅川上集設立國立河南臨時中學，一九三八年一月又在貴州銅仁設立國立貴州臨時中學。二月，教育部公布《國立中學暫行規定》和《國立中學課程綱要》，規定國立中學一般分中學、師範、職業三部，專門安置戰區公私立中學及師範學校男女學生及職業學校學生，課程分精神訓練、體格訓練、學科訓練、生產勞動訓練及特殊教學與戰時後方服務訓練五項。七月，教育部頒布《國立中學規程》，一九三九年四月，又決定取消國立中學以地名為校名的辦法，改為以國校成立先後次序以數字為校名。

共設立各種國立中學三十四所，其中國立中學二十三所，國立華僑中學三所，國立中山中學二所，國立女子中學二所，以及改辦的中學四所。此外還創辦了國立商業職業學校及國立師範學校十四所。

（三）新縣制下的國民教育制度

抗戰時期，初等教育制度的主要改革是實施「政教合一」的國民教育制度。這個制度是與新縣制合併產生的。一九四〇年三月，教育部根據國民政府頒布的《縣各級組織綱要規定》，制訂並公布了《國民教育實施綱要》。規定：（1）國民教育分義務教育及失學民眾教育兩部分，應在保國民學校及鄉中心學校內同時實施；（2）六至十二歲學齡兒童除可能受六年制小學教育者外，應受二年或一年義務教育；（3）十五至四十五歲失學民眾，應分期接受初級或高級補習教育；（4）十二至十五歲失學兒童，視當地情形及其自身發育狀況，施以相當的義務教育或失學民眾補習教育。

這種國民教育下的學校，有三個顯著特點：一是政治與教育合一；二是管教養衛合一；三是兒童教育與成人補習教育合一。《國民教育實施綱要》頒布後，教育部先指定在四川、雲南、貴州、廣西等十四個省市實施，其餘各省仍按原來的義務教育法執行；一九四一年，教育部又指定安徽、寧夏等五省實施國民教育制度。

在推行國民教育制度的同時，原頒布的《小學校法》與國民教育制度發生了矛盾。一九四四年三月，國民政府公布《國民學校法》，同時廢止《小學校法》。規定：（1）確立中心學校名稱，改稱中心國民學校；（2）保國民學校及鄉中心國民學校，不限定設置一校；（3）私人或團體可以設立專辦國民學校兒童部之小學；（4）確定國民學校隸屬於縣政府及院轄市之主管教育行政機構；（5）確定國民學校教員應協助鄉鎮公所及保辦公處，訓練民眾，推行地方自治；（6）確定學齡兒童及失學民眾之強迫入學，另以法律定之。

為推行這種國民教育制度，教育部計畫以五年為限，分三期進行。第一期從

一九四〇年八月到一九四二年七月，要求入學兒童達到學齡兒童百分之六十五以上，入學民眾達到失學民眾的百分之三十。第二期從一九四二年八月到一九四四年七月，入學兒童達到學齡兒童百分之八十以上，入學民眾達到失學民眾的百分之五十。第三期從一九四四年八月到一九四五年七月，入學兒童達到百分之九十以上，入學民眾達到失學民眾的百分之六十以上。同時，為了迫使按規定應入學的學齡兒童和失學民眾入學，一九四四年七月，國民政府公布《強迫入學條例》，一九四五年二月又作了修改，規定：各縣、鄉成立強迫入學委員會，調查學齡兒童人數，通過勸告、警告、罰款等方式強迫學齡兒童限期入學。

國民教育制度的推行，取得了一定的成效。據一九四六年底實施此制度的十九個省市的統計：共計 315780 保，設國民學校及中心國民學校與其他小學237000 所，平均每四保設立三校；共有學齡兒童 38173765 人，已受教育的有29160803 人，占學齡兒童總數的百分之七十六；文盲總數為 92890227 人，歷年共掃盲 53163077 人，占文盲總數的百分之五十七。

（四）高等教育的恢復和發展

抗戰初期，高等教育遭受了嚴重的摧殘。1936 年有專科以上學校 108 所，1937 年則降為 91 所，學生由 1936 年的 41 922 人，降為 1937 年的 31 188 人。1938 年以後，國民政府努力進行恢復工作，採取了不少措施。

第一，統一師範學院的設置和要求。1938 年 7 月，教育部公布《師範學院規程》，1942 年 8 月，又公布《修正師範學院規程》，對師範學院的設立、培養目標、組織及課程、學生待遇及畢業服務等問題都作了具體的規定。（1）師範學院以養成中等學校之健全師資為目的；（2）師範學院單獨設立；（3）師範學院修業期為 5 年，專科為 3 年；（4）可設師範研究所、中小學教師進修班，並設立國文、外國語、史地、公民訓育、算學、理化等專修科；（5）學生一律住校，免繳學、膳費；（6）課程分普通基本科目、教育基本科目、分系專門科目和專業訓練科目。從 1938 年度起，中央大學、西南聯大、中山大學及浙江大學分別設立了師範學院，並在湖南藍田設立了第一所獨立師範學院。到 1945 年，

在國統區共設立了 6 所獨立的師範學院；5 所附設於大學的師範學院，共有學生 9026 人。

第二，統一高校行政機構及其職責，統一大學課程設置標準。1939 年 5 月，教育部公布了《大學行政組織補充要點》、《獨立學院及專科學校行政組織補充要點》，對大學、獨立學院及專科學校的行政組織機構的設置名稱、人員配備、職權範圍與工作方式都作了統一規定。1938 年，教育部整理大學課程，擬定了《文、理、法三學院各學系課程整理辦法草案》，同年 9 月，又召開第一次全國課程會議，擬定了《文、理、法三學院共同科目表》，並予以公布，對各高校課程設置，作了原則性規定。1940 年 10 月，教育部公布了《大學及獨立學院教員資格審查暫行規程》，對大學助教、講師、副教授、教授的資格作了明確規定。

第三，統一大學招生制度和學生學籍管理制度。1938 年和 1939 年，教育部分別制訂並公布了《國立各院校統一招生辦法大綱》和《公立各院校統一招生委員會章程》。規定：由教育部設立統一的招生委員會，進行統一報考，錄取後統一分到各學校，考試科目、命題與評分標準、錄取標準，一律由統一的招生委員會規定；全國分 15 個招生區進行招生；學生入學考試分筆試和口試，筆試分三種科目進行，其中公民、國文、英文（或德文）、本國史地四門為公共必試科目。1941 年後停止全國統一招生。1940 年 5 月，教育部制訂《專科以上學校學生學業成績考核辦法》，嚴格成績考核和升留級制度。1941 年 11 月又發布《專科以上學校學籍管理規則》128 條，將學生成績分為操行成績和學業成績兩項，操行成績不及格者不予畢業。

抗日戰爭時期的高等教育，在極其困難的條件下，有了較大發展。與戰前相比，不僅在數量上有了較大發展，而且在教學品質上有了明顯提高。到 1945 年，專科以上學校已發展到 141 所，學生發展到 83498 人。

（五）國民黨加強對教育的政治思想控制

國民黨為了強化其對高校的統治，也採取了一系列措施。

第一，對學校的行政體製作了改革，規定學校行政領導人必須參加國民黨，從而確立了國民黨對各高校的領導，實現了「以黨治校」。從 1938 年起，各高校設立國民黨區黨部和三青團分團部，1939 年起各校設立訓導處。教育部規定：國民黨區黨部協助學校行政，三青團分團部協助學校訓育，訓導處執行區黨部和三青團委託的事項，區黨部書記可以列席校務會議。這樣，從學校行政、黨、團與訓育處四方面加強了國民黨對高校的控制。

第二，推行訓育制度，加強對學生的思想控制。抗戰時期，國民政府先後頒布了《青年訓練大綱》、《中等以上學校導師制綱要》和《訓育綱要》等，在各校設立訓導處推行導師制，監督師生言行，灌輸「一個黨，一個主義，一個領袖」的法西斯主義，「上應嚴明以馭下，下應服從以事上」的法西斯準則作為訓育目標。1938 年 10 月，教育部向各學校頒布對學生「注重精神訓練」的訓令，用訓練國民黨員的《黨員十二守則》來要求學生。次年 7 月，又規定了 41 條禁令來禁錮學生的思想和言行。

第三，頒布了一整套規章制度，用行政手段強令各校貫徹執行，在學校中建立了訓導處、國民黨區分黨部和三青團三位一體的特務統治，採用威脅、利誘、監視、逮捕、暗殺等手段對付進步師生。廣大師生不僅沒有言論自由，而且更沒有起碼的人身保障，因而激起了國統區廣大師生的強烈反對，掀起了一次次反獨裁爭民主的運動。

三、國民政府敗亡時期的教育

抗戰勝利後，國民政府的教育方針、政策基本上按照抗戰前和抗戰中的規定執行。

一九四五年九月，國民政府教育部召開「全國教育善後復員會議」，討論了關於教育機關的復員和收復區教育復員與整理等問題，並制訂了有關具體政策；通過了關於內遷教育機關之復員問題、關於收復區教育復員與整理問題等五大類議案。根據這些議案所決定的原則，國民政府開始對其統治區進行復員、接收和整頓工作。

隨後，教育部向各收復區省市派出「教育善後復員特派員」代表教育部在各地行使教育行政領導權，負責指導建立各省市教育廳局機構，對原日偽教育機構與各類學校進行接收和整頓。逮捕了一些日偽時期的教育漢奸，解散日偽建立的各種學校；設立「臨時大學補習班」，訓練各高校肄業學生；對日偽時代的大中小學教員普遍進行登記、審查和訓練，經考核合格者，再決定是否錄用；對東北偽滿教育，由教育部設立「東北區教育復員輔導委員會」具體辦理。

抗戰勝利後，各內遷學校紛紛遷回原地復校。到一九四六年九月大部分學校正式開學復課。一些學校如中央工校、輔成學院、正陽學院、成華大學等，仍留在西南或西北續辦；國立中學交各省辦理，戰區學生遣送回鄉。從抗戰勝利到國民黨結束對大陸的統治，學校教育基本上處於混亂之中。

第一，在初等教育方面，仍然實施國民教育制度，並在全國普遍推行。同時，為了適應新形勢的需要，修訂了小學課程標準，制訂了國民學校及中心國民學校規則，進行小學教員總登記，頒布國民學校教職員任用、待遇、進修保障辦法等。一九四六年一月，教育部又訂立了《全國實施國民教育第二次五年計劃》。但由於國民黨不久便挑起了全面內戰，計畫多無法實施。

第二，在中等教育方面，中學復員、接收後，學校數量增加，中等教育有了較大的發展。中等職業教育在戰後實業建設對初級和中級技術人才需要的刺激下，數量有所增長。但這個發展是極短暫的。一九四七年開始，隨著國民黨軍事上的失敗，一些地區的中學師生受國民黨欺騙，紛紛南遷，國民黨教育部為安置這些師生，先後設立八十多所「臨時中學」和「聯合中學」。

第三，在高等教育方面，國民政府相繼公布了《大學令》、《專科學校法》、

《改進師範學院法》，修訂《師範學院規程》，制訂《國外留學規則》等，加強了對高等教育的控制。一九四八年一月頒布的《大學法》規定：大學以研究高深學術、養成專門人才為宗旨；大學分國立、省立、市立及私立數種，其設立、變更及停辦，均需教育部核准；大學分文、理、法、醫、農、工、商等學院；師範學院由國家單獨設立，凡具備三學院者，方可稱大學。此外，還對學校校長、院長、教師和學生都作了規定。

一九四八年冬，國民黨敗局已定，教育行政當局把組織動員大批學校及師生隨之遷移、安置逃亡學生作為主要的任務。它先後在平津設立東北臨時大學、臨時中學，在江南各地設立聯合中學及臨時中學，誘騙或強制東北和華北地區的青年學生約十萬人到這些學校學習。一九四九年底，國民黨政府在大陸上的教育體系完全崩潰了。

第四節·

新民主主義教育

一、土地革命時期的蘇區教育

五四運動後，中國早期的馬克思主義者，如鄧中夏、劉少奇等先後舉辦了長辛店、上海滬西小沙渡工人補習學校，出現了民國教育史上第一批工人自己的學

校，產生了新民主主義教育的萌芽。中國共產黨成立後，不僅提出了教育為民主革命的政治任務服務、為工農勞苦大眾服務的教育主張，而且更大規模地建立工人補習學校和農民夜校。不僅單獨創辦了湖南自修大學、湘江學校，而且與國民黨合作創辦了上海大學、黃埔軍校，開始了中共領導下的革命教育的嘗試。

一九二七年國民革命失敗後，中共與國民黨進行了長期的武裝鬥爭，建立了蘇維埃政權，並在蘇維埃地區，開始了中國有史以來無產階級領導的第一次大規模的新民主主義教育實踐，初步建立了一套獨具特色的新民主主義教育體系。

蘇區教育的發展，大致分為兩個階段：從一九二七年十月創建井岡山根據地起，到一九三一年十一月中華蘇維埃工農民主政府在瑞金成立，為蘇區教育的初創階段，此時的教育以紅軍教育為主體，辦學形式多為教導隊、隨營學校和各種短期訓練班。從一九三一年十一月到一九三四年十月紅軍被迫長征，為蘇區教育大發展時期，確立了蘇區教育的基本格局並取得了重大成就。

（一）蘇區教育的方針和政策

在革命與戰爭的艱苦環境中，為了土地革命的勝利和打破國民黨的軍事「圍剿」，中共和蘇維埃政府提出了「一切蘇維埃工作服從革命戰爭的要求」，作為蘇維埃工作的總方針。根據這個總方針，一九三一年十一月，中華蘇維埃第一次全國代表大會通過了《中華蘇維埃共和國憲法大綱》與各項法令，統一規定了蘇區教育的方針和政策。大會的《宣言》提出：「工農勞動群眾不論男子和女子，在社會、經濟、政治和教育上，完全享有同等的權利和義務」，「一切工農勞苦群眾及其子弟，有享受國家免費教育之權，教育事業之權歸蘇維埃掌管」，「取消一切麻醉人民的封建的、宗教的和國民黨的三民主義的教育」。《憲法大綱》第十二條規定：「中華蘇維埃政權以保障工農勞苦民眾有受教育的權利為目的。在進行國內革命戰爭所能做到的範圍內，應開始施行完全免費的普及教育，首先應在青年勞動群眾中實行並保障青年勞動群眾的一切權利，積極地引導他們參加政治和文化的革命生活，以發展新的社會生產力量。」這些規定基本包括了蘇區教育的教育權、教育對象、教育目的與教育內容，初步確立了中共在蘇區的新民

主主義教育的基本方針。

一九三四年一月，毛澤東在第二次全國蘇維埃代表大會上所作的報告中，對蘇區教育的總任務和總方針作了集中闡述。蘇維埃文化教育的總方針「在於以共產主義的精神來教育廣大的勞苦民眾，在於使文化教育為革命戰爭與階級鬥爭服務，在於使教育與勞動聯繫起來，在於使廣大中國民眾都成為享受文明幸福的人」。蘇維埃文化教育的總任務是：「為著革命戰爭的勝利，為著蘇維埃政權的鞏固和發展，為著動員民眾一切力量，加入於偉大的革命鬥爭，為著改造革命的新時代，蘇維埃必須實行文化教育的改革，解除反對統治階級所加在工農群眾精神上的桎梏，而創造新的工農的蘇維埃文化。」根據蘇區教育的總方針和總任務，在一九三四年召開的全國工農兵代表大會上，毛澤東提出：「當前蘇維埃教育建設的中心任務是屬行全部的義務教育，是發展廣泛的社會教育，是努力掃除文盲，是創造大批領導鬥爭的高級幹部。」整個蘇區的教育工作基本上是圍繞這些中心任務展開的。

蘇區的教育，主要分為幹部教育和群眾教育兩部分。幹部教育主要進行專業或政治訓練；群眾教育包括成年、青年教育和兒童教育，主要進行政治教育和初級的文化知識教育。蘇區教育的主要對象，首先是訓練各級幹部，其次是廣大工農群眾，兒童教育自然列為第三位。以幹部教育為重點的成人教育是蘇區教育最中心的任務。

（二）蘇區幹部教育的發展

紅軍的軍事學校，最初始於隨軍的教導隊和訓練班，一九三一年後，逐步發展成為各種軍事學校。其中有培養高級軍事幹部的紅軍大學；有培養連排級幹部的紅軍彭楊步兵學校和紅軍公略步兵學校；有訓練炮兵和工兵等部隊幹部的特科學校；有訓練游擊隊獨立團和赤衛隊幹部的游擊隊幹部學校；有訓練前方通訊技術人才的無線電學校；有培養軍醫、護理、醫藥人才的紅色醫務學校和紅色護士學校。除中央蘇區外，其他各蘇區也有類似的軍政幹部學校或訓練班。

在紅軍的幹部學校中，最著名的和規模最大的是紅軍大學。它創立於一九三三年十一月，學員有六百多人，都是從各部隊中抽調的營以上幹部。內分指揮、政治和參謀三科，另設有高級班，調訓軍級以上的軍事和政治幹部。同時還設有教導隊、高射隊、測繪隊。每期學習八個月，主要任務是提高學員的政治覺悟和軍事指揮素質，同時養成遵守紀律、英勇頑強的戰鬥作風。一九三四年十月改編為幹部團隨軍長征，到陝北後成為著名的抗日軍政大學。

為了培養政治、經濟、文教等方面的幹部，一九三三年八月，蘇維埃政府決定在瑞金成立蘇區最高學府蘇維埃大學，毛澤東任校長，分為普通班和特別班。普通班招生的對象是文化水準較低的基層幹部，主要任務是補習文化知識。特別班分土地、財政等八個班，第一期學員一千五百人，都是來自蘇區的縣區級幹部。學習期限為半年，學習的主要內容分理論學習、實際問題研究和實習三部分。

培養黨政幹部的高級學校，除了蘇維埃大學外，還有一九三三年建立的馬克思共產主義大學。它是一所黨校性質的幹部學校，主要是培養領導前、後方政治工作幹部。設有三類訓練班：一是新區工作人員訓練班，主要訓練蘇區和白區工作人員，學員八十人，學習時間為二個月；二是黨團幹部訓練班，共設四班，每班五十人，學習期限為四個月；三是高級訓練班，培訓各省省委委員、省蘇維埃及工會派送的高級幹部，學員四十人，學習期限為六個月。教學主要以馬列主義原理、黨的建設、中國革命基本問題、工人運動等課程為主。

一九三三年在瑞金建立了中央農業學校，這是蘇區創建的第一所半工半讀的農業幹部學校。設有本科、預科和教員研究班，以農業實踐為主，把理論與實踐、學與用緊密結合起來，將教學、研究和推廣工作結合起來，為蘇區生產服務。

當時蘇區各種各類幹部學校的紛紛建立，在職幹部的普遍開展，使蘇區形成了一個規模較大的包括黨、政、軍、師範、醫藥、藝術、農技等較為全面的幹部教育體系，為革命戰爭和各項建設事業培養了大批優秀幹部，也為中共此後開展幹部教育積累了豐富的經驗。

（三）工農業餘教育的開展

工農業餘教育，主要是掃盲識字教育，其主要是通過辦「夜校」、「星期學校」、「半日學校」、「識字班」等形式，提高工農群眾的文化水準。

夜校是供工農群眾利用晚間學習識字的學校。學習有固定的時間、地點和編制，要求達到能識字、能讀報和看懂政府各項指示的水準。其課程除了識字外，還要進行政治和科學教育。由於蘇區經濟的發展和文化革命的深入，夜校這種識字學校發展迅速。一九三三年長崗鄉四個村就有九所夜校，形成了村村有夜校、每校有一教員的景象。夜校成為蘇區掃盲教育的重要形式。

為更快掃除蘇區大多數的文盲，組織識字班是更為方便、靈活的形式，適合工農群眾在繁忙的工作中參加學習。識字班的教員，由群眾自己推選，多為夜校學生，利用乘涼、喝茶、勞動間歇，隨時進行教學，效果很好，深受群眾喜愛。這種學習方式，在當時的掃盲運動中發揮了重要作用。一九三四年，江西、廣東兩省共有三二三八八個識字班，參加學習的工農民眾達一五五七一一人。

夜校、識字班雖然以掃盲為主，但與資產階級教育家所辦的平民教育又有不同。它除了掃盲外，更重要的是通過提高工農群眾的文化水準，進而提高其政治覺悟。在夜校的《成人讀本》、《兒童讀本》和《初級讀本》中，具有很強的思想性和戰鬥性。

（四）兒童教育

蘇維埃政府視兒童為「未來紅色世界的主人」，非常重視兒童義務教育。蘇區的小學統稱為列寧小學，學制最初為六年，一九三三年改為五年，其中初級小學三年，高級小學二年。列寧小學有全日制和半日制兩種類型。半日制列寧小學是專為年齡較大需要幫助家庭生產的兒童創辦的，是半工半讀性質的學校。

根據蘇維埃政府頒布的《小學校制度暫行條例》和《小學課程教則大綱》規定，列寧小學的教育目的是：「培養和訓練參加蘇維埃革命鬥爭的新後代，並在

蘇維埃革命鬥爭中訓練將來的共產主義建設者。」所以，列寧小學的施教方針，第一是把小學教育與政治鬥爭相結合；第二是把小學教育與生產勞動結合起來；第三是在教育過程中要發揮兒童的主動性和創造性。列寧小學的教育工作由知識教育、生產教育、政治鬥爭三者密切結合組成的。通過課堂教育、勞作實習、社會實踐三種形式完成教育過程。

列寧小學的課程，前期有國語、算術、遊戲（包括唱歌、圖畫、遊戲、體操），後期有國語、社會常識、科學知識、算術、遊戲。勞作及社會工作列入教學計畫。列寧小學學生的成績評定，不是僅靠各科考試成績，而是把各科考試成績和社會活動、勞作實習的表現放在一起評定等級。列寧小學的教師多數是農民出身，不僅對學生進行教學活動，而且要領導學生的社會活動和勞作實習，擔負有繁重的工作量。

蘇區的教育，從蘇區戰爭環境的實際出發，提出了具有中國特色的新民主主義教育總方針和總任務，對於建立適合蘇區情況的統一學制，以及新的教育內容及教育方法，都起了指導性作用。蘇區教育是中國有史以來第一次大規模的無產階級教育實踐活動，培養了千百萬優秀的革命幹部，使廣大的工農群眾從封建愚昧思想的禁錮中解放出來，成為堅定的新民主主義戰士。

二、抗日根據地的教育事業

抗戰爆發後，中共領導的人民武裝除鞏固陝甘寧邊區外，還深入敵後，先後建立了晉察冀、晉綏等十九塊抗日根據地。為適應抗日救亡的需要，中共根據蘇區教育建設的經驗，在各個抗日民主根據地實施了「戰時教育」，從而把新民主主義的教育推向了蓬勃發展的新階段。

（一）抗戰時期的教育方針和政策

教育為長期的抗戰服務，教育與生產勞動相結合，是中共在抗戰時期執行的

教育方針。它是中共根據抗戰的迫切需要，結合根據地的現實狀況，繼承並發展了蘇區教育的總方針而提出的。

一九三七年八月，中共在《抗日救國十大綱領》中明確規定：「改革教育的舊制度、舊課程，適應抗日救國為目標的新制度、新課程。」次年十月，毛澤東在中共六屆六中全會上，又主張：「實行抗戰教育政策，使教育為長期戰爭服務」。他在《論新階段》的政治報告中指出：根據地必須採取如下各項文化教育政策，「第一，改訂學制，廢除不急需與不必要的課程，改變管理制度，以教授戰爭所必需之課程及發揚學生的積極性為原則。第二，創設並擴大增強各種幹部學校，培養大批抗日幹部。第三，廣泛發展民眾教育，組織各種補習學校、識字運動、戲劇運動、歌詠運動、體育運動、創辦敵前敵後各種地方通俗報紙，提高人民的民族文化與民族覺悟。第四，辦理義務的小學教育，以民族精神教育新後代。」為了完成這些教育任務，根據地教育必須打破常規，結合根據地實際情況，從制度、內容、方法上對舊教育進行徹底改造，使之適合抗戰的需要，從而造成一個與偉大的抗戰運動相配合的抗戰教育運動。

在民族生死存亡的緊急關頭，根據地教育最迫切的，一是群眾教育，二是幹部教育，而且幹部教育重於群眾教育。在幹部教育中，現任幹部的提高重於未來幹部的培養；在群眾教育中，成人教育重於兒童教育；在各種教育中，戰爭與生產所直接需要的知識與技能教育，重於其他一般文化教育。這是抗戰時期中共領導的根據地教育的顯著特點。

（二）根據地的幹部教育

幹部教育是根據地教育的重心。根據地的學校不論稱「大學」或「中學」，都具有幹部教育性質，甚至一些高級小學也有培養幹部的任務。特殊的戰爭環境和緊迫的戰爭需要，不允許根據地創辦四年制或三年制的所謂正規大學，而必須實行新制度、新課程，以大學、學院、公學為名，辦新型的短期訓練班式的革命的高等學校。其中影響較大的有中國人民抗日軍政大學、陝北公學、華北聯合大學等。

中國人民抗日軍政大學（簡稱抗大），最初是 1936 年在瓦窯堡創辦的抗日紅軍大學，1937 年初改為「抗大」，總校設在延安，林彪為校長，後徐向前繼任。1938 年底開始在敵後各根據地建立分校，共建立了 12 所分校。次年 7 月，總校也挺

抗大的學員們在排練大合唱節目

進晉東南。1937 年 3 月 5 日，毛澤東為抗大親筆題寫了教育方針：「堅定正確的政治方向，艱苦奮鬥的工作作風，加上機動靈活的戰略戰術。」它是中共領導下的八路軍幹部學校，它的主要任務是把青年訓練成無產階級的戰士和八路軍的幹部。它辦學 9 年，為中國人民的解放事業培養了 20 多萬名軍政幹部。1945 年抗戰勝利後奉命挺進東北，成立了「東北軍政大學」。

陝北公學，創建於 1937 年 9 月，成仿吾任校長。它是一所培養行政、民運和文化工作幹部的學校。1938 年 7 月，為適應大批青年到陝北學習的需要，在關中地區設立分校。學校的教育方針是：「堅持抗戰，堅持持久戰，統一戰線，實現國防教育，培養抗戰幹部。」學校分普通班和高級研究班，期限分別為 3-4 個月和 6 個月。它的教育工作主要是三分軍事、七分政治，以理論聯繫實際、少而精為教學原則。1939 年夏，根據中共中央決定，它與魯迅藝術學院、工人學校、青訓班合併，組成華北聯合大學。在它存在的 1 年零 10 個月中，共培養了 6000 多名幹部。

魯迅藝術學院（簡稱魯藝），1938 年 4 月創建於延安，主要培養抗戰所需要的文藝工作幹部。初分戲劇、音樂、美術三系，後又設文學系，學制為 9 個月。1939 年夏與陝北公學等合組為華北聯合大學，開赴華北前線。1939 年 11 月，留在延安的部分師生恢復魯藝，1943 年併入延安大學，為該校下屬的「魯迅文藝學院」。

延安大學，是由陝北公學、女子大學、澤東幹部學校於 1941 年合併成立的，它是一所綜合性的高級幹部學校。它的教育方針為：以適應抗戰與邊區建設

需要培養與提高新民主主義的政治、經濟、文化建設的實踐工作者為目的。學校設行政學院、自然科學院、魯迅文藝學院等。其辦學有兩個突出特點：一是把教育和實際工作、生產勞動相結合，強調學用一致；二是把教師的主導作用和發揮學生的積極性相結合，強調學生在教師指導下的自學和研究。到 1944 年學校已發展到較大規模，教職工有 575 人，學員達到 1302 人。

1939 年夏，中共中央決定將陝北公學、魯藝、安吳堡戰時青年訓練班和延安工人學校合併組成華北聯合大學（簡稱聯大），從延安出發挺進敵後，到達晉察冀根據地的中心阜平。它主要是適應抗戰的需要，為華北敵後抗日根據地培養幹部。它初設社會科學部、文藝部、工人部、青年部、師範部，1941 年正式成立政法學院、文藝學院、教育學院、高中部和群眾工作部。其學生除來自全國各地的愛國知識青年外，主要是華北根據地民主政府各部門的工作幹部，學習期限為半年。在條件十分艱苦的環境中，聯大堅持教育、戰鬥、生產相結合，到 1941 年已發展到學員 4000 多人，培養了一大批各類抗戰幹部。

1940 年 9 月創辦的延安自然科學院，是抗戰時期創辦的第一所理工科高等學校，設物理、化學、生物和地礦 4 個系，學制 3 年，全校師生最多時有 300 多人。它在配合邊區經濟建設中起了突出的作用。1943 年併入延安大學。

除了上述學校外，陝甘寧邊區還創辦有培養醫務人才的醫科大學，培養翻譯人才的俄文學院，培養民族幹部的民族學院等。在晉察冀邊區辦有抗戰建國大學，白求恩衛生學校；在淮南根據地辦有華中醫學院、江淮大學和華中建設大學。

（三）根據地的中小學教育

根據地的中等教育，主要是中學和師範教育。其主要任務是培養小學師資和地方幹部，而不是為高校輸送畢業生。

從 1937 年 7 月到 1939 年 7 月，是陝甘寧邊區中等教育的初創階段。1937 年 3 月，陝甘寧邊區在延安成立魯迅師範學校，主要是培養抗戰教育所需要的小

學教師。1939 年 7 月，邊區中學與魯迅師範合併為邊區師範，周揚兼任校長，校址設在安塞縣。1940 年邊區先後成立關中師範、三邊師範和隴東中學，並接辦了米脂中學和綏德師範。

根據林伯渠 1944 年在陝甘寧邊區政府委員會第四次會議上所作的報告，中等學校擔負著提高現任幹部與未來幹部的雙重任務。教育內容以文化教育為主，同時必須從思想上確定學生的革命觀點、勞動觀點和群眾觀點，進行以邊區政治、經濟為中心的政治教育和生產教育，輔之以時事教育。學生一般不交學費，並且伙食多由政府籌措補助。

由於各根據地的情況不盡相同，所以中等教育在各根據地發展得很不平衡。在華中、山東等戰前文化教育較發達的地區，有一定數量的中學，如 1944 年時，蘇中根據地有 54 所中學，膠東有 13 所中學；而在原來經濟文化教育較落後的地區，則中學較少。

根據地的小學在抗戰時期發展十分迅速。僅就陝甘寧邊區來說，1939 年只有小學 130 所，到 1940 年就達到 1241 所，學生達 43625 人，1945 年增至 2297 所。根據地小學教育的目的，陝甘寧邊區教育廳在 1939 年制訂的《陝甘寧邊區小學法》和《小學教育實施綱要》中規定：邊區小學應根據邊區國防教育宗旨及實施原則，以發展兒童身心，培養他們的民族意識、革命精神及抗戰建國的知識技能，和為大眾服務的精神為主。小學修業年限，一般為 5 年，前 3 年為初級小學，後兩年為高級小學。

根據地的小學教育，不是舊學校的體制，而是一種新的教育體制。它提倡學校與社會溝通，教育為抗戰服務，除了進行文化知識教育外，更重視學生參加社會活動。在課程方面，初級小學有國語、算術、常識、美術、勞作、音樂和體育；高級小學有國語、算術、政治、自然、歷史、地理、美術、勞作、音樂和體育。小學教育在重視知識教育和勞動教育的同時，特別重視思想政治教育，對學生進行愛國主義教育和階級教育。

1944 年後，根據地對小學教育進行了較大的改革。改革後的學校各有特

色，大致有以下幾種類型：一是米脂高家溝式：即以村為單位的村學。它的特點是：由群眾自己辦、自己管、自己教；學習期限、學習內容、教學方法完全按群眾需要而定，教學時間分全日、半日兩班，農忙即放假，學到能寫會算就畢業；學校為村文化活動的中心。這種學校比較普遍。二是延安楊家灣式：這類學校是在勞動模範和積極分子的倡議下，在政府機關的具體幫助下創辦的，教員是政府派去的幹部在教學上一切從群眾需要出發，採用小先生制和集體教學與個別照顧相結合等辦法，打破了過去死板的學制、班次及學校教育和社會教育的界限。三是米脂楊家溝式的一攬子學校：它是在識字班的基礎上發展起來的，主要對象是成年男女和兒童，它的特點是學生一律不脫產，教學分早、午、晚三班，教學內容以與生產結合為主。四是巡迴學校：它的特點是不脫產，教學無固定形式，三四個村由一個教員輪流上課，學生不離本村。每村選一位熱心辦學者為學董，管理學校，並選一名學生為組長協助學董督促學生學習。

（四）公農業餘教育的實施

各根據地繼承蘇區教育的優良傳統，積極開展業餘教育。抗戰時期工農業餘教育的主要任務，是在青年、成年中掃除文盲，提高文化水準和政治覺悟。主要形式是：冬學、夜校、半日學校、識字班、民教館。工人的業餘一般指八小時工作以外的時間，農民的業餘主要指農閒，而農閒最集中的是冬季。所以，各根據地都普遍開展了大規模的冬學運動。冬學成為工農業餘教育的主要形式。它由黨政部門和群眾團體共同組成的冬學委員會領導，聘請精通文字的人和小學教師教課，在時間上分為早學、午學和夜學，群眾根據自己的情況自願參加，深受群眾歡迎。在陝甘寧邊區從 1937 年冬開始辦學，當時僅有 382 所，參加人數只有 10 337 人，到 1940 年冬學發展到 965 所，參加人數達 21689 人。華北根據地的太嶽區，1938 年冬學僅 2000 所，入學人數為 69826 人，到 1940-1941 年冬學已發展到 8831 所，入學人數達 502882 人。

工農業餘教育的主要內容，一是掃除文盲和提高文化水準；二是提高政治覺悟和戰爭的知識與技能的訓練。在提高文化水準方面，在教材上除了採用邊區政

府印發的識字課本外，各地教師和群眾還根據當地情況便攜補充教材。其內容多聯繫生產實際和鬥爭實際，很受群眾歡迎。在提高政治覺悟和知識技能方面，各地編寫的教材都特別注意解決當地在對敵鬥爭中存在的實際問題。

三、解放區教育的目標與措施

（一）為解放戰爭服務的教育

抗戰勝利後，特別是內戰爆發後，解放區的教育任務就是根據新的革命需要，為反對美帝國主義侵略，打倒蔣介石的反動統治，建立以工人階級為領導的人民大眾的新民主主義國家而鬥爭。一九四六年九月，東北行政委員會公布的《關於改造學校教育與開展冬學運動的指示》指出：「我們教育工作的總方針，應是進一步肅清敵偽奴化教育和蔣介石封建法西斯教育的遺毒和影響，建立民族的民主的科學的新民主主義教育，使教育服務於新民主主義的政治鬥爭，服務於東北人民的和平民主建設事業。」一九四七年八月，東北解放區第一次教育工作會議進一步指出：新民主主義教育的目標，是反帝反封建，是反對美蔣及其支柱地主階級和買辦階級；教育工作的任務，是爭取和培養大批知識分子，來為戰爭與建設服務；其次是廣泛地發展群眾教育。

抗戰勝利初期的解放區的幹部教育仍是解放區教育的核心。它主要包括在職幹部教育和後備幹部學校。前者主要是提高在職幹部的政治、業務水準，後者主要是培養新幹部。解放戰爭初期幹部教育的主要任務是爭取、教育、改造知識分子，使他們樹立與工農兵相結合、為人民服務的思想，使其成為甘心當人民勤務員的幹部。此時期各解放區開辦的幹部學校主要有：

華北聯合大學，它最早創建於抗戰時期的冀中根據地，一九四五年抗戰勝利後在張家口復校，成仿吾任校長。設立政治學院、文藝學院、教育學院和外語學院，共十一個系。它的培養目標是：爭取、教育、改造知識分子，引導他們為人

民服務，把他們培養成既有為人民服務的思想，又有為人民服務專長的革命幹部。因此，它重視思想政治教育，主要方式有：開政治課、作專題報告、進行時事討論、開展社會活動、參加土地改革和生產勞動。一九四八年，它與北方大學合併為華北大學。

東北軍政大學，它的前身是中國人民抗日軍政大學，其主要任務是幫助東北知識青年肅清敵偽奴化教育影響，確立為人民服務的人生觀。總校在齊齊哈爾，並設有東滿、北滿、西滿、南滿四個分校和三個教導團。它的教育方針仍是抗戰時期的「堅定正確的政治方向，艱苦樸素的工作作風，靈活機動的戰略戰術」。

此外，在華北解放區、晉察冀邊區還有白求恩醫大、軍區軍政幹部學校、鐵路學院、邊區工專、農專等。晉冀魯豫解放區有軍政大學、新華大學。一九四八年八月，華北聯合大學與北方大學合併為華北大學，吳玉章為校長，有教職員三千多人。在華東解放區，山東有山東大學，蘇北有蘇中公學、華中公學、蘇北建設學院等。在西北解放區，有西北醫專、西北軍區大學等。

這一時期的群眾教育，主要是成年群眾教育和兒童教育。群眾教育主要是以配合自衛戰爭與土地改革而進行的政治教育為主。具體內容包括：揭露蔣介石賣國和美帝國主義侵略；宣傳「耕者有其田」，結合土地改革向農民進行翻身教育；進行防奸防特教育。

（二）為迎接全國解放而進行的教育改革

一九四八年秋，各解放區基本上轉入了反攻，取得戰爭勝利的局勢已基本確定。新的形式要求在解放區的教育方面，既要考慮到解放戰爭發展中對各種幹部的迫切需要，也要考慮到新中國成立後大規模的經濟恢復和建設所需的幹部。於是學校教育正規化提到了日程上來。這首先涉及中等學校，因為它既直接擔負著大量培養一般建設幹部的任務，又擔負著為高等學校提供學生來源的重任。

一九四八年八月十二日到八月三十日，東北行政委員會召開第三次教育會議，八月二十日到九月五日，華北解放區召開中等教育會議，九月三日到九月

二十一日，山東也召開第三次全省教育會議，都重點討論了中等教育的正規化問題。會議都認為，正規化的關鍵是中學的正規化，應主要解決兩個問題：一是加重文化課比重；二是建立正規的教育制度。

東北解放區第三次教育會議確定：中小學學制暫仍沿舊制，初級小學 4 年，高級小學 2 年；初、高中各 3 年，高中為適應建設的需要實行分科制；師範學校 4 年，培養完小教員，簡易師範 2 年，培養初小教員；為解決當前急需，設各種短期訓練班，用速成辦法訓練各種幹部。

華北解放區中等教育會議，認為中學教育的性質是普通教育，任務是為國家培養具有中等文化水準及科學知識的人才。規定培養大量具有中等文化水準的知識分子，是當前頭等重要的政治任務，要求減少學生的社會活動、生產勞動，加強課堂教學。中學除了實行「三三制」外，為適應需要，辦一年制中學速成班和師範班。在教學計畫上，確定文化課占 90%，政治課占 10%。

1949 年 6 月，華北解放區在北平召開教育會議，專門研究小學教育正規化問題，制定了《小學教育暫行實施辦法》，規定：小學教育是新民主主義國家公民的基礎教育，應以學習文化課為主；以讀寫算及社會、自然、衛生等基本科學知識教育兒童，培養其生活知能，並打下升學的基礎；注意健康教育；培養兒童良好的習慣；小學學制仍暫行「四二制」，初小 4 年，高小 2 年。

解放區高等學校的調整工作首先是從東北解放區開始的。調整的基本原則是改變短期訓練班性質，向正規化方向發展。1948 年 8 月，中共中央東北局、東北行政委員會公布了《關於整頓高等教育的決定》，主要從 6 個方面展開：（1）新建與調整的舊有高等學校，主要有：東北大學、東北行政學院、瀋陽工學院、大連工學院、哈爾濱工業大學、瀋陽醫大、東北魯迅文藝學院、瀋陽農學院、哈爾濱外專、哈爾濱農學院。（2）建立正規制度，工、農、醫科 4 年畢業，文科與藝術 2-3 年畢業，專修科 2 年畢業，本科及專修科學生入學資格為高中畢業或同等學力者，改原來的供給制為助學金制。（3）改進教學規定馬列主義理論教育占 10%-15%，俄語為必修課，每週 4 小時。專業課各校自定。以課堂教學為主，加強對學生的自學指導。（4）提高教師水準。（5）充實圖書儀器設備。（6）

加強領導，東北行政委員會成立高等教育委員會，直接領導高等學校。

　　解放戰爭後期，各解放區以大、中、小學教育正規化為主要內容的教育改革，是適應革命形勢的迅速發展、為準備新中國的大規模建設而進行的。不僅在品質上和數量上提高、發展了解放區的教育事業，而且為新中國成立後教育事業的恢復和發展積累了經驗，從思想上、組織上作了必要的準備。

第五節·

教會教育及
「奴化教育」

一、教會學校的發展與收回教育權運動

　　近代以來，帝國主義開始在中國創辦教會學校。中華民國成立後，帝國主義利用中國的分裂狀態和北洋政府的妥協和無能，積極在中國發展教會學校。到五四以後，教會學校已經形成了一個包括幼稚園、小學、中學、師範、專科學校、高等學校的完整體系。這種教會學校以福建、廣東、江蘇、山東等地為最多。到一九二一年，全國教會初等學校達到六千多所，學生達十九萬多人，占中國全國小學生總數的百分之四點三。到一九二六年為止，基督教在中國創辦的學校達七三八二所，學生總數為一四四三〇〇人；天主教創辦的學校有六二五〇所，學生總數達二一四二一五人。這類學校占當時中國學校總數的百分之七點

六五，學生總數占全國學生總數的百分之五點一四。這種情況在高等教育方面尤為明顯，一九二六年各教會大學人數達到八四○四人，占全國大學生總數的百分之一九點四五。

教會中學和教會大學是民國時期英美基督教會和天主教會在華推行教會教育的重點。他們在這方面辦得較有成績，其教育品質在眾多的私立學校中也屬上乘。其中著名的教會中學有：美國長老會傳教士狄考文夫婦創辦的山東登州文會館，美國監理會傳教士林樂知創辦的上海中西書院、中西女中，美國公理會女傳教士以利莎創辦的北京貝滿女子中學，美國美以美會傳教士麥利和提議創辦的福州鶴齡英華書院，美國天主教本篤會創辦的輔仁附中等。

早期教會高等學校的教育目的主要是為了培養教會所急需的牧師和教長等高級布道人員，也便利於教徒及神職人員的子女求學深造。但到了二十世紀初，其教育目的逐步轉為培養一批直接或間接為帝國主義政治服務的高級官員和社會領袖。這樣，在十九世紀末到二十世紀初，在上海、北京、南京、武漢、廣州等地湧現了一大批教會高等學校。如新教教會創辦的有：聖約翰大學、東吳大學、上海浸會大學（後改名為滬江大學）、金陵大學、華南女子大學（後改為華南女子文理學院）、華西協合大學、之江大學（後改為之江文理學院）、福建協和大學、金陵女子大學（後改為金陵女子文理學院）、嶺南大學、齊魯大學、燕京大學和華中大學等。天主教教會創辦的有：震旦大學、輔仁大學、天津工商大學（先後改為工商學院和津沽大學）等。它們有的單獨由一個教派設立，有的為幾個教派合辦；有的由過去的書院發展而來，有的由幾個高等學校合併而成。這些學校在創辦之初，學生很少，到二十世紀三○年代有的學校學生竟發展到一千多人，並且女生所占比重很大。起初學校的校長都由外國傳教士擔任，教師開始多為外籍，後來華籍教員日漸增多，並成為教學骨幹。這些學校憑藉較雄厚的經費、豐富的圖書儀器、較新的教學方法，大都辦出了各自的特色。

宗教教育是教會學校的特點。基督教是隨著帝國主義侵略而來的，被帝國主義用來麻醉中國人民的工具。而教會學校則是帝國主義宣揚這種軟化劑的陣地，是掠奪中國人民「民族魂」的據點，也是他們進行文化侵略的主要陣地。一個英

國牧師在向英國資本家募錢在中國辦學時說：「只需節省幾分鐘的廣告費，就可以在中國辦十幾所大學，教育中國人。廣告不能說話，效力還小；若辦學校，他們讀的是英國書，說的是英國話，識的是英國的事事物物，這才是最好的廣告，況且又不獨在學校的學生是我們的廣告，即是學生的家族和他們相識朋友亦連帶成為廣告。」可見，帝國主義在中國辦學的真正目的不是「幫助和關懷中國」，而是要通過教育為他們培養代理人，麻醉和壓制中國青年的愛國意志，這是一切教會學校的共同特點。

當然，教會教育在客觀上也傳播了現代科學知識，為中國培養了不少擁有新知識的人才，為推進中國的現代化也起過一些積極作用，這是需要加以科學分析的。

但是，教會教育在本質上畢竟傷害了中國人民的民族感情。其傳播宗教，也違背了科學精神。因此，一九二二年三月，中國社會主義青年團在上海發布宣言，迅速在全國掀起了「非基督教運動」。到一九二四年，這一運動便發展為大規模的反對教會教育的「收回教育權」運動。

一九二四年春，廣州英國「聖公會」創辦的「聖三一」學校的英籍校長，禁止學校組織學生會，禁止學生舉行「五九」國恥紀念，並一再開除學生，揚言「學校內不許中國人自由」。這引起了學生的憤怒並掀起了罷課鬥爭，他們發表宣言，提出了「在校內爭回集會結社自由」「反對奴隸式教育」等主張，得到了廣州聖心學校、南京明德學校、福州協和中學等十多所教會學校學生的聲援，在全國範圍內掀起了「收回教育權」的運動。六月十八日，廣州成立了「廣州學生收回教育權運動委員會」，並發表了《宣言》，揭露了帝國主義在中國實施教育侵略的陰謀，提出了收回教育權的四條最低限度：一是所有外人在華所辦之學校，須向中國政府註冊與核准；二是所有課程及編制，須受中國教育機關之支配及取締；三是凡外人在華所辦之學校，不許其在課程上正式編入、正式教授及宣傳宗教，同時也不許其強迫學生赴禮拜堂念聖經；四是不許壓迫學生，剝奪學生之集會、結社、言論、出版等自由。

一九二四年四月，中華教育改進會在其通過的決議中，也提出三項要求：要

求政府調查凡外人辦學確屬侵略者，應勒令停辦；外人辦學一律註冊；要求政府於相當時間裡接收外人學校。一九二四年十月，全國教育會聯合會通過了《教育與宗教分離案》，提出三項內容：各級學校中，不得布置宗教或使學生誦經、祈禱、禮拜等；各教育官廳應隨時嚴查各種學校，如遇有前項事情，應撤銷其立案或解散之；學校對教師或學生無論是否教徒，應一律平等對待。同時還通過了《取締外人在中國辦理教育事業案》，認為外人在華辦學有四種流弊：（1）外人在中國辦學不向中國政府註冊是侵犯中國教育權；（2）外人所辦學校不合中國教育本義；（3）外人所辦學校跡近殖民，有使中國之獨立精神被撕去的危險；（4）辦學人無意辦學，只把辦學作為附屬品，因此，任意設謀不切中國需要。在此決議中提出了三項解決辦法：外人辦學應一律向中國政府登記註冊；註冊後應聽從中國政府的監督與指揮；不得利用學校傳布宗教。

一九二五年「五卅」運動前後，「收回教育權」運動達到高潮。激於愛國義憤，許多教會學校的師生大批退校，以此反抗帝國主義的暴行，著名的上海聖約翰大學學生全體退學，另組光華大學。在群眾運動推動下，一九二五年九月，廣東國民政府召集了收管教育會議，著手接管教會學校。北京臨時執政府也於一九二五年十一月公布《外人捐資設立學校請求認可辦法》六條，規定：凡外人捐資設立的各等學校，須向教育官廳請求認可；學校名稱前應冠以「私立」字樣；校長須為中國人，如原校長為外人，必須以中國人充副校長；中國人應占校董事會名額半數以上；學校不得以傳布宗教為宗旨；學校課程須遵部定標準，不得以宗教科目列入必修科。

一九二七年一月，由美國紐約「萬國傳道總會」主辦的廣州私立嶺南大學率先由中國人收回辦理。三月，上海教會學校滬江、聖約翰、震旦、東吳法科等相繼由中國人收回自辦。四月，東吳大學改組董事會，由中國人任校長。六月，南京金陵大學也改由中國籍教員維持。在中國人民的反帝高潮打擊下，教會學校紛紛表示讓步。聲稱要採用一九二二年的新學制，設置語言、文學、歷史、地理等科；中學除外國語外，一律用中文教學；並將學校逐漸交還中國人管理。帝國主義教會在中國的殖民奴化教育受到沉重打擊。然而，教會學校仍控制著行政管理、人事安排、經濟等方面大權。國民黨統治時期實行了教會學校「註冊立案」

政策。一九四九年新中國成立後，全面接收教會學校，並將其納入新中國教育體制，中國人民才真正收回了教育主權。

二、日本帝國主義的奴化教育

從一九三一年九一八事變到一九四五年八月日本投降，日本帝國主義對中國東北三省進行了長達十四年的殖民統治。在這十四年期間，日寇為建立其殖民統治秩序，實行經濟掠奪，擴大侵略戰爭，極力推行以奴化教育為核心的殖民主義教育。

九一八事變前，東北地區的教育雖比關內落後，但隨著民族上商業的發展，教育事業也有了較大的發展。據統計，此時已有中小學一三〇〇多所，在校學生達七十萬人，教職員二四〇〇〇多人，有東北大學、交通大學等三十多所專科以上學校。日寇占領東北後，一方面命令所有的學校一律停辦；一方面對廣大愛國師生進行血腥鎮壓和屠殺。當時東北地區的高等學校除東北大學、馮庸大學和交通大學遷往關內外，其餘學校一律被封閉。

在破壞東北原有教育的同時，日本侵略者開始建立其殖民地教育體系。一九三二年，日偽提出的殖民地教育方針是：「重仁義禮讓，發揚王道主義，對於人民生活方面，力謀獨立安全；交誼方面崇尚自重節義；而對於世界民族，以親仁善鄰共存共榮，以達於世界大同」。這個方針的特點，是利用中國的封建思想，來調和東北青年對日寇的仇恨心，使之與日本人講仁義禮讓，達到使青年屈服於日寇統治的目的。在這個方針指導下，一九三三年開始對教育事業進行整頓，到一九三三年底，恢復了中小學九百所，有學生五十萬人。小學仍按原來的「四二制」，中學則取消了原來的普通中學，一律改為工、商各科的所謂實科中學。在高等教育方面，則代之以為強化偽政權的統治、培養軍政憲警的養成所或專門學校，如「資政局訓練所」、「政法學校」、「員警學校」等。一九三三年，偽政府認可了「奉天醫專」和「哈爾濱醫專」，次年開始建立公立「吉林高等師道學校」，一九三五年建立「奉天高等農業學校」。一九三二年七月，成立於偽

大同學院，專門培養推行殖民統治的「中堅官吏」，一九三八年五月成立偽建國大學，一九四一年成立偽王道書院，培養各種統治人才。在教學內容上，日偽規定：暫用四書孝經講授，凡是不利於日本侵略者的教材一律廢除。據統計，當時被廢的教材達一五六種，甚至有關中國的幣制、度量衡內容的教材也在廢棄之列。但在新編的教材中，充滿了歌頌日本侵略者以及日偽的所謂「詔書」、「宣言」等。

一九三七年五月，偽政府公布了《學制綱要》，對教育方針、學校系統、各級學校的任務等都作了規定。它規定：「遵照建國精神及訪日宣詔之趣旨，以咸使體會日滿一德一心不可分之關係及民族協和之精神，闡明東方道德，尤致於忠孝之大義，涵養旺盛之國民精神，陶冶德性，並置重於國民生活安定上之所必需之實學，授與知識技能，更圖保護身體之健康，養成忠良之國民為教育方針。」在此教育方針中，要求教育必須以效忠日本天皇的精神訓練學生，而知識教育僅占很小的比重和地位。強化思想奴役、降低文化知識水準，是這個教育方針的本質特徵。《納要》規定的學校系統為：初等教育方面，國民學校四年，國民優級學校二年，國民學舍、國民義塾為三年並為單設；中等教育方面，國民高等學校為四年，分農、工、商、水產、商船等五科，女子國民高等學校四年，職業學校二年，分為農、工、商等科，師道學校和師道特修科二年；高等教育方面，各科大學和高等師道學校均為三年。這是一個典型的短學制、低程度的殖民地學制。

在教學內容上，從一九三五年起，偽政府規定中小學教材必須使用「國定」教材。小學設「國民科」並定為小學主課，把政治、語文、自然、地理、歷史合併起來，對小學生宣傳「東北非中國之領土」、「滿洲人非中國人」以及「滿洲和日本是同文同種之盟邦」等歪曲歷史、宣揚侵略有理的奴化思想。國民高等學校以「國民道德」為主課，向青年灌輸服從偽帝、崇拜天皇的思想。

一九四一年太平洋戰爭爆發後，為適應大規模的侵略戰爭的需要，日偽在東北實施了包括政治、經濟、文化教育在內的「戰時體制」。所謂戰時教育體制，首先是設立「文教審議會」，以偽國務總理大臣為會長，對戰時條件下實行的各種文化教育政策進行審議。其次是確立戰時教育方針：「建國精神」之發揚；實

務教育及勤勞訓練的徹底實施；身體鍛煉和國防訓練的強化。根據這個方針，一九四三年三月，對學校規程進行了修改，把「國民道德」課改為「建國精神」，強化對青年學生進行「惟神之道」的奴化精神灌輸，迫令學校供奉「天照大神」，強迫師生每天朝拜。規定在中小學校設置終日實務實習、勤勞奉仕、終日教練、體練等課程。一九四二年十二月，偽政府又公布《學生勤勞奉公令》，強制學生進行「勤勞奉仕」勞動，隨後，又對所有的大學宣布實行「決戰體制」，強化學生的軍事教育，使之充當「大東亞聖戰」的炮灰。

一九三七年七七事變後，日寇占領了中國大片地區，並扶植成立各種偽政權，積極推行奴化教育。日偽「宣傳教育」的基本方針是消滅中國人的民族意識，在所謂「日滿華共存共榮，共同防共和建立東亞協同新秩序」原則下實行「懷柔」政策，排除一切抗日思想，提倡復古，利用中國封建倫理道德，灌輸奴化思想。

為推行奴化教育，日偽在各級偽政權中普遍設立教育行政機關，在臨時政府和維新政府成立後設有教育部，並在各省設立教育廳，各縣設立教育局。汪偽國民政府後，也設立了教育部，統一領導統治區的奴化教育。抗戰初期，文化教育事業受到摧殘，日偽通過漢奸政府一面開辦許多短訓班培養漢奸官吏或師資，一面接管原有的學校和文化機關，逐步恢復大中小學校，同時還創辦一些學校，積極建立偽教育體系。一九三八年，日偽首先在北平建立了新民學院、外國語學校，培養精通日語文的經濟和外交類漢奸。一九三七年底，日偽著手將原北京大學和北平大學合併，成立偽國立北京大學；將原北平師範大學分為北京師院和北京女子學院；將原國立北平藝專改為北京藝專。維新政府在南京設立南京大學，後改為中央大學，並籌辦培養漢奸的維新學院、警官學校等。

抗戰初期，中等教育幾乎全部停辦。一九三八年後，為實施奴化教育，日寇勒令各校一律開學。為培養一些奴化教育的師資，日偽建立了一些師範學校。據統計，一九三九年偽臨時政府所轄的華北只有中等學校一九七所，比一九三七年的五九二所減少了三分之二。河北省由二四四所減為五所，山西省由七十所減為二所。一九三九年，日寇在其「治安肅正的根本方針」中提出「訓練青少年，恢

復學校教育」的任務，偽臨時政府和維新政府也決定兩方教育一體化，以村落為單位設立中心小學制度，但進展不大。據一九三九年的統計，整個華北敵占區有完全小學一二四八所，初小二○三五六所，幼稚園二十五所，僅相當於戰前的五分之一。

日偽頒布的教育宗旨是：「拒絕黨化及溶共等思想，依據東亞民族集團的精神，發揚中國傳統的美德，以完成新中國的使命。」其實質就是封建主義與投降主義相結合的反共、媚日、賣國的漢奸教育。因此，從課程設置上看，表面上中小學和師範學校均設有國文、數學、物理、化學等普通科目，各大專學校也設有有關專業課，但實際上原來的課本卻一律禁止使用，代之以貫徹奴化教育方針而刪改修訂過的教材，充斥著「中日滿親善」、「大東亞聖戰」等漢奸論調。同時，日偽規定日語為必修課，並且將此作為中日親善的標誌。不僅如此，各地偽教育行政機關，對日語教學還訂立了許多獎勵辦法，不遺餘力地推廣日語教學。

日偽對東北和關內淪陷區的奴化教育，受到了淪陷區廣大愛國師生的強烈反對。大批師生在日偽占領學校後，決心不做亡國奴，拋棄舒適的學習環境，克服重重困難，投奔解放區或大後方。許多無法離開淪陷區的愛國師生，寧肯失學或失業，也拒絕到日偽學校讀書或教書；有很多師生寧肯去私立學校和英美教會學校讀書或教書，也不到日偽公立學校中去。致使日偽在各地所辦的學校規模很小，師生稀少。偽廣東大學開辦五年，四屆畢業生僅二百人，偽北京大學開辦八年，雖建立了六個學院，但每院實際只有幾十個學生。抗戰勝利後，日偽殖民統治體系瓦解，奴化教育得以廢止。

第九章

別開生面的史學
和初生的考古學

　　民國年間，是我國史學史上一個重要的、嶄新的發展階段，它完成了從傳統史學向現代史學的過渡。民國史學發展有三條主線：一是傳統舊史學的沒落。民國初年，封建主義史學有所回潮，隨著尊孔復古思潮的興起，一些守舊文人堅持按封建正統觀念和舊史法纂修史書，其典型是《清史稿》的編修。封建史學受到了新文化陣營的批判。二是資產階級史學的發展。資產階級新史學繼續抨擊封建舊史學，積極介紹西方資產階級的歷史哲學、歷史研究法，並在思想文化史、清史、外交史等領域的研究和歷史資料（包括文物、古文字）的搜集、整理方面做出了成績，出現了「古史辨」派、考據學派、「史料學」派等有重大影響的史學流派。三是馬克思主義史學的形成

和發展。這是五四運動後中國史學發展的主線，以李大釗、郭沫若、範文瀾、呂振羽、翦伯贊、侯外廬等為代表的馬克思主義史學工作者，辛勤開拓，不懈求索，在史學理論、中國古代史、中國近代史、中國思想史、通史撰著、考古學等領域取得了累累碩果，實現了中國歷史學的一次重大變革。

從整個民國人文社會科學的發展來看，史學也是其中最見「實績」，成就最為突出的一門。

第一節 ·

傳統史學
的餘緒

民國初年，政治復辟勢力為配合帝制復辟活動，在思想文化界掀起了一場以尊孔讀經為內容的復古逆流，與「孔教會」一班人、林紓、辜鴻銘等守舊文人的保守言論互相呼應。這股復古主義思潮影響到了歷史學，其表現就是一批清朝遺老、舊文人刊行了各種用舊史觀、舊史法纂修的史書。

一、《清史稿》的編修

一九一四年，袁世凱政府按照歷代修史的慣例，設立清史館編纂清史，其用意還在於籠絡清朝遺老，以文事飾治。清史館以前清東三省總督趙爾巽任館長（初名總裁），參加編修的有柯劭忞、繆荃孫、吳廷燮、朱師轍等一百餘人。這些人大多是清朝遺老，在政治上反對共和，主張復辟，他們修史的宗旨是「修史以報故君」，借修史表達對前朝的忠心，史學觀念陳舊。在體例上，他們商議怎樣編纂，多數參加者同意採取《明史》體裁，沿用傳統的紀傳體。一九二七年，初稿寫成，尚未綜核，館長趙爾巽慮及時局多變，又自感年已垂暮，急於刊行，定名為《清史稿》，交金梁等印行。金梁在辦理刊印時，乘史館諸人無暇顧及之

機，擅將部分文稿增改，並作《清史稿校刻記》，印成後即運往東北四百部，是所謂「關外本」。後來，原史館之人發現金梁偷改了史稿，乃將金梁竄改的部分抽換，並把金梁私作的《校刻記》及增入的康有為、張勳列傳抽出，是為「關內本」。

《清史稿》承襲舊史學的正史系統，分本紀十二（25 卷）、志十六（142卷）、表十（53 卷）、列傳十八（316 卷），共五三六卷，起自明神宗萬曆四十四年（1616 年）努爾哈赤在赫圖阿拉建國稱汗，下迄一九一一年辛亥革命推翻清朝。與傳統的正史體例相比，《清史稿》有所變通，新立了《交通志》、《邦交志》二志，《疇人傳》、《藩部傳》、《屬國傳》三傳，《諸臣封爵表》、《大學士表》、《軍機大臣表》、《部院大臣表》、《疆臣表》、《藩部表》等六表，反映了社會部分新現象。

由於纂修者多為清朝遺老，《清史稿》宣揚了封建正統觀念，站在清統治階級的立場，對清王朝倍加讚頌，對清代諸帝歌功頌德，對清統治者的暴政劣跡曲意隱諱，而對反清者則竭力貶低、否定，誣稱明末反清義士為「土賊」，太平天國起義為「寇」、「粵匪」，辛亥革命為「革命黨倡亂」、「兵匪構變」，徐錫麟等英勇就義為「伏誅」。《清史稿》還為卒於民國的清室遺臣立傳，以表彰其「不忘故君」之忠，記民國事皆用干支或曰「越若干年」而不認民國正朔，還把溥儀於遜位後所頒「謚典」書於遺臣的列傳中，表明了編史者敵視民國、鼓勵復辟的反動立場。

《清史稿》是在北伐戰爭節節勝利、北洋軍閥行將滅亡的形勢下倉促付印的，缺乏總閱審定，故體例不一，紀、傳、表、志不相配合，重複、疏漏甚多；內容也繁簡失當，且與目錄、序例互相牴牾，史實錯訛不少。由於《清史稿》在體例、思想、技術諸方面都存在嚴重的問題，曾於一九三〇年二月被南京國民政府下令查禁，後不了了之。儘管如此，《清史稿》並非一無所長，它彙集了大量的資料，經過整理為讀者提供了比較詳細的有關清代史事的素材。

二、傳統史學的其他成果

民國初年的史學園地裡，除編修《清史稿》外，還有其他大量的舊史類著作問世。較重要的有：

1. 《新元史》　明代初年所修的《元史》紕漏甚多，當時人就有所不滿。從明初到清末，有許多學者致力於元史研究，並取得了豐碩成果。柯劭忞於 1920 年修成《新元史》，集明代以來元史研究之大成。該書由當時的北洋政府總統徐世昌作序，明令公布，列為正史。全書 257 卷，包括本紀 16（26 卷）、表 5（7 卷）、志 13（70 卷）、列傳 17（154 卷）。《新元史》繼承了明清兩代學者元史研究的成果，並吸收了民國研究蒙古史的見解，糾正了舊《元史》嚴重缺漏史實，詳略失當和重複立傳等問題，補充了元世祖以前的蒙古史事，增寫了許多有價值的列傳，編制體例較更為整齊。但柯劭忞史觀陳舊，編纂體例仍依正史，採用新資料未注明出處，書首未敘義例，未補《藝文志》，存有許多缺點。

2. 《清史紀事本末》　黃鴻壽撰，初版於 1915 年。全書 80 卷，每卷立一標題，搜集史料，按年月編排，說明其始末。從滿族興起（明神宗萬曆十一年）敘述到清宣統退位，把有清一代的史事作了一番概括。該書取材主要依據《東華錄》，並匯參其他各書。編者於短期內草草完成，取材、敘事、史料每有不當者。

3. 《清續文獻通考》　清代所修「清三通」迄於 1785 年（乾隆五十年）。1785 年以後的典章制度變化較多，初無專書記載，讀者視為憾事。劉錦藻於 1894 年著手編撰，歷時 28 年，1921 年完成《清續文獻通考》，起自 1786 年，下至 1911 年清朝滅亡，把 126 年間的清代典章制度薈萃於一編，此書合前人所修「清三通」，使清全一代典章制度燦然大備。全書 400 卷，立有 30 考和 136 細目。其中，《外交》、《郵傳》、《實業》、《憲政》是新增的，其他各考的子目也多有新意，如《征榷考》增加了「釐金」、「洋藥」；《國用考》增加了「銀行」、「國運」；《四裔考》不僅列舉邊鄰諸國，還涉及遠隔重洋的英、美、法、意、德等國，比較合理地反映了清代後期的社會變化。

4.《清儒學案》 撰者署名徐世昌，實為徐的門客代作，主要執筆人吳廷燮。全書 208 卷，於 1938 年正式刊行。《清儒學案》吸取了以往的清代學術史著作如江藩的《漢學師承記》、《宋學淵源記》和唐鑑的《學案小識》等書的成果，沿襲舊學案體例，將清代各學派學者網羅殆盡。全書列入正案者 179 人，附案者 922 人，諸儒案者 68 人，共 1169 人，較為全面系統地整理了清代的學術史資料。

5.《碑傳集補》 清道光年間，錢儀吉編有《碑傳集》，收自清初至嘉慶朝共 2010 人。宣統年間，繆荃孫輯《續碑傳集》，收道光至光緒共 1099 人。清末人物未有碑傳，民國以來死者，子孫本於傳統習慣，請文人作傳，當有搜集的必要。閔爾昌編輯《碑傳集補》60 卷，又卷末 1 卷，以清末人物為主，並補前兩集之未見者，共 834 人，於 1932 年付印。

6.《清季外交史料》 清末王彥威充軍機章京時，利用在方略館值宿的機會抄錄外交檔案，為編輯本書積累了材料。其子王亮繼續搜集王彥威死後至清王朝結束的外交文書，編成此書，於 1932-1935 年出版。全書包括《清光緒朝外交史料》218 卷又卷首 1 卷，《清宣統朝外交史料》24 卷，《西巡大事記》11 卷又卷首 1 卷，《清季外交史料索引》12 卷又《條約一覽表》1 卷，《清季外交年鑑》4 卷又《約章分類表》1 卷，共 273 卷；此外尚有《邊疆劃界圖》、《中日戰爭圖》等共 6 種。體例依照《籌辦夷務始末》，所收文件限於上諭、奏摺以及少數進呈皇帝閱看的條約、照會等，檔有標題，按年月日排列。此書正好上續道光、咸豐、同治三朝《籌辦夷務始末》，補上了光緒、宣統兩朝外交史料的空白。

7.《清鑑》 印鸞章撰，全書 16 卷，沿襲傳統綱鑑體例，分綱、目兩種，以年為經，以事為緯，敘述自清太祖開國（1583）至宣統退位（1911）共 300 餘年的清代興衰史跡。

此外，還有徐世昌的《大清畿輔列女傳》、張爾田的《史微》、孫德謙的《太史公書義法》、屠寄的《蒙兀兒史記》等。這些舊史的史觀、體例都比較守舊，這類著作一時大量問世，適應了當時鼓噪復古的政治氣氛，是復古主義思潮的組成部分。但不可否認，這些著作在繼承和總結前人成果，搜集和增補歷史資料，

考證和糾正前人錯誤方面，有一定的參考價值。不妨說，舊史的大量問世，是封建舊史學的迴光返照。

第二節 ·
資產階級
新史學的發展

　　二十世紀初崛起的資產階級新史學，在民國時期獲得了較大的發展。它在繼續批判封建史學、探討史學方法論、建設史學理論體系及運用新理論、新方法進行歷史研究等方面，取得了一些成就，並逐步建立起了較為堅實的基礎。它與馬克思主義史學的關係是既有對立又有聯合，在展開對封建主義舊史學的鬥爭方面是馬克思主義史學的同盟軍，但其歷史觀與馬克思主義唯物史觀是對立的，兩者的方法也有區別，因而在史論上常有衝突。隨著形勢發展，資產階級史學隊伍發生了分化，一部分資產階級右翼成為擁蔣反共的御用文人，挑起了長達 10 年（1927-1937）的社會史問題大論戰，並最終充當了蔣家王朝的殉葬者；一部分愛國學者，通過鬥爭和學習，逐漸熟悉並接受唯物史觀，開始實現向馬克思主義方面的轉化；一部分正直的資產階級學者專心致志於史學研究，繼續辛勤開拓和耕耘。

一、歷史理論和史學方法的探索

　　儘管梁啟超在二十世紀初就提出並初步論證了中國資產階級「新史學」理

論，但直至五四運動前，近代歷史哲學、歷史研究法仍未建立獨立的學科體系。這種情況在五四運動後有所改觀。資產階級史學家一方面從西方輸入歐美資產階級的史學理論和方法；另一方面稍加批判地繼承傳統的史學文化遺產，並努力使二者融會貫通，努力建設中國的資產階級史學理論體系。

二十世紀二〇年代，西方資產階級史學理論紛紛湧入。當時出版了多種有關西方史學理論和方法的譯著，除本書第四章已經提到的之外，比較重要的還有瑟諾博司（C.Seignobos）的《史學原論》，向達譯美國班茲（Barnes）的《史學》，張宗文譯法國瑟諾博司的《應用於社會科學上之歷史研究法》，薛澄清譯美國弗林（F.M.Fling）的《歷史方法概論》等。

西方史學理論的輸入，對中國資產階級史學家探討歷史哲學、歷史方法論，起了促進作用。在此基礎上，資產階級史學家寫出了一批有關史學原理、史學方法的專著，如梁啟超的《中國歷史研究法》及其補編和《歷史統計法》，李泰棻的《史學研究法大綱》，楊鴻烈的《史地新論》，朱謙之的《歷史哲學》，何炳松的《歷史研究法》和《通史新義》，羅元鯤的《史學研究》，盧紹稷的《史學概要》等。當時，各地有條件的文科大學史學系或史地系，陸續開設了史學導論、歷史哲學、歷史研究法的課程，如北京大學朱希祖主持的史學系，就請李大釗講「唯物史觀研究」、「史學思想史」和「史學要論」，還請何炳松以魯濱遜《新史學》為課本講授史學原理和歷史研究法。

二十世紀二〇年代探索中國資產階級史學理論的主要代表人物是梁啟超和胡適。

梁啟超在「新史學」理論的基礎上，繼續探索，比較系統地闡述了資產階級史學理論和方法。他的後期史觀深受李凱爾特的新康得主義唯心史觀影響，開始懷疑歷史發展的規律性。他改變了早期的史學探求人類歷史進化發展的「公理」和「公例」的看法，認為很難找出具有規律性的「公理」。他指出，「歷史為人類心力所造成，而人類心力之功，亦極自由而不可方物，心力既非物理的或數理的因果律所能支配……今必強懸此律以馭歷史，其道將有時而窮，故曰不可能」。此時，他還只是強調歷史因果律與自然因果律不同。而在《研究文化史的

幾個重要問題》一文中，他乾脆否定了歷史受因果律或自然法則的支配。由於否認了歷史發展的規律性，他對自己所主張的歷史進化觀點也產生了動搖，他把進化僅限於「人類平等及人類一體的觀念」的前進和「文化共業」的積累兩個方面，而認為其餘只好編在「一治一亂」的循環圈內。這種對進化論及因果律的懷疑，與其前期主張以社會進化史觀為指導探求歷史發展的公理、公例相比，無疑是一大變化。梁啟超史觀的前後變化，與第一次世界大戰後國內外思想界盛行的相對主義、反科學主義思潮是分不開的。

梁啟超繼續論述了改造舊史學，建立新史學的問題。他指出近期史學發展有兩大趨勢：一是客觀資料的整理，表現在對史料重新估價，如以往不認為是史料的，現在則歸為史料，以往認為是史料的，現在則重加鑑別，被棄置散佚的史跡，須通過各種管道「鉤稽」出來；二是主觀觀念的革新，從「一人一家之譜錄」的狹隘範圍中解脫出來，成為社會的史學。他提出了改造史學的基本主張：史書應供一般民眾閱讀，而不是僅供帝王、人臣和少數學者閱讀，作史不是只為藏諸秘府、名山，而要為「國民」、「民族」服務；把以死人為本位的史學改造為以生人為本位的史學；重新規定史學範圍，以收縮為擴充；史實要忠實於客觀，不能為了「明道」、「經世」、「為親賢諱」而強史就我，顛倒事實；既要取資於舊史又要對舊史重新估價，對史跡多作搜補考證的工作；要全面再現歷史，不能孤立地敘述史事，要說明歷史背景，推論事實與事實之間的關係；區分一般史和專門史。他認為建立新史學必須具備史德、史學、史識、史才四方面的條件。史德除過去講的心術端正，最重要的是要忠實於事實，持論客觀；史學即善於挖掘、搜集材料，「貴專精不貴雜博」；史識主要指史家的觀察力，包括由全部到局部，由局部到全部兩種能力，還要注意「不要為因襲傳統的思想所蔽」、「不要為自己的成見所蔽」兩種精神；史才是指「作史的技術」，即文章的構造、文采等。

梁啟超重視研究和編著歷史的方法。他認為史料是史學研究的基本細胞，提出要以科學的方法搜集、鑑別、整理史料。他在《中國歷史研究法（補編）》中，提出了鉤沉法、正誤法、新注意法、搜集排比法、聯絡法等五種整理史料的方法。對於史料的挖掘整理須解決的一個重要問題是判斷真偽，梁啟超在《古書

真偽及其年代》中對此作了論述。在史學研究的方法上，他主張中西兼采，認為可以把中國傳統的辨偽、考據等與西方近代的歸納法、演繹法綜合運用。還主張史學研究借鑑其他學科包括自然科學的方法，如認為統計學可以運用於史學研究，自然科學中的「假設」也可以運用於史學研究。梁啟超還提出了編著中國通史和中國文化史的設想，對專史、史學史、方志學等也作過一些論述。梁啟超為資產階級史學理論和方法的基本形成作出了重要的貢獻。

胡適繼承了我國歷史上宋儒的懷疑精神和乾嘉學者的考據手段，吸收了赫胥黎的進化論，存疑主義思想和杜威的實用主義，形成了他的歷史哲學和史學方法論。他從實驗主義的立場出發任意解釋歷史，把歷史的發展看成是偶然因素的湊合，就像一個百依百順、任人塗抹打扮的女孩子。他反對把經濟基礎作為「最後之因」，提出「思想」、「知識」都可以支配人生觀，都是社會歷史變動的原因。他主張點滴改良，反對「根本解決」，反對馬克思主義的階級鬥爭學說。

胡適在《實驗主義》、《清代學者的治學方法》、《治學的方法與材料》等文中，論述了「大膽的假設，小心的求證」的實證主義方法論。他把這一方法分為疑難產生、指出疑點、假定、假定試用、證明五個步驟。指出對於習慣傳下來的習俗，古代傳下來的聖賢教訓，社會上糊塗公認的行為與信仰都可進行懷疑，都可以提出疑點，可以進行大膽的「假設」，這種假設又必須與嚴密的「求證」結合起來。他尤其提倡疑經、疑古。主張對儒家經典持「質疑」、「糾謬」的態度，而不可無條件地迷信、盲信《六經》。認為中國上古史凡是缺乏可信資料的，都可以先放過。一九二一年，他給顧頡剛的信中說：「大概我的古史觀是：現在先把古史縮短二、三千年，從《詩》三百篇做起，將來等到金石學、考古學發達上了軌道以後，然後用地底下掘出的史料，慢慢地拉長東周以前的古史。至於本國以下的史料，亦須嚴密評判。『寧疑古而失之，不可信古而失之』。」[1]胡適倡導的實證主義方法論，直接促進了古史辨派的形成，對提倡信古、尚古的封建史學是一大衝擊。

1　胡適：《自述古史觀》，《古史辨》第1冊，上海，上海古籍出版社，1982。

二十世紀三〇年代以後，許多資產階級學者繼續在史學理論方面進行探索。一九三三年，朱謙之出版了《歷史哲學綱要》。一九四五年，呂思勉出版了《歷史研究法》。此書談到要重視「馬克思以經濟為社會的基礎之說」，表明了他對唯物史觀有了一定的信仰。一些史學家還開始反思史學本身的發展過程，探索和總結史學發展的規律，撰寫了十多種關於中國史學發展史的論著。金毓黻、魏應祺各撰有一部《中國史學史》，兩書均在一九四四年出版；周谷城撰《中國史學之進化》；朱希祖撰《中國史學通論》；顧頡剛撰《當代中國史學》，這些著作是我國學者運用新的觀點和方法論述中國史學發展的第一批專著。它的出現標誌著史學家主體意識的增強。

二、「古史辨」派的疑古考信

　　二十世紀二〇年代，在五四新文化運動反對迷信、疑古疑經、提倡實證主義的思潮影響下，在資產階級新史學的陣營內，崛起了一個「古史辨」學派，代表人物是顧頡剛。顧頡剛（1893-1980），江蘇蘇州人，近代著名史學家。他遠承鄭樵、姚際恆、崔述等疑古惑經的傳統，近受章太炎「六經皆史」的思想、康有為「上古事茫昧無稽」的思想及胡適講哲學史「丟開唐虞夏商」的影響，形成了懷疑古史、懷疑古書的觀念。一九二三年五月，顧頡剛把他寫給錢玄同討論古史的一封信題以《與錢玄同先生論古史書》，發表在《努力》週刊的副刊《讀書雜誌》第九期上，文中提出了「層累地造成的中國古史」觀。認為「時代愈後，傳說的古史期愈長」，如周代人心目中最早的人是禹，到孔子時才有堯舜，到戰國時有黃帝、神農，秦有三皇，漢以後才有盤古。「時代愈後，傳說中的中心人物愈放愈大」，如舜在孔子時只是一個無為而治的聖君，到《堯典》就成了一個家齊而後國治的聖人，到孟子時更成了孝子的模範了。「我們在這上，即不能知道某一事件的真確狀況，但可以知道那件事在傳說中的最早的狀況」，如我們不知道東周時的東周史，但可以知道戰國時的東周史；我們不能知道夏、商時的夏、商史，但可以知道東周時的夏商史。他通過這些古史觀點說明諸如「盤古開天」、「三皇五帝」等概念構成的古史不可信，有些是後人依據某些需要編造的。顧頡

剛在剖析古史之偽的同時，實際上也對《六經》的某些內容提出了質疑，因為他所否定的內容都是《六經》中記載的。

顧頡剛的文章發表後，得到了錢玄同、胡適、傅斯年、周予同、羅根澤等人的支持，這批史學家被稱作「古史辨」派或疑古派。錢玄同稱顧頡剛的意見為「精當絕倫」，希望繼續運用疑古辨偽的方法，對古史「常常考查，多多發明，廓清雲霧，斬盡葛藤，使後來學子不致再被一切偽史所蒙」[2]。胡適認為顧頡剛的古史觀點「是今日史學界的一大貢獻」，他針對當時有人認為否認古史會影響人心的看法，指出：「不信盤古，不信三皇五帝，並不會因此使人心變壞。」[3]他們共同發揚疑古精神，以「辨偽」、「考信」為職志，對古書、古事進行考辨，指出歷代相傳的「三皇五帝」的古史系統值得懷疑，這對促進人們的思想解放，批判封建復古主義、使史學擺脫經學的束縛而形成獨立的學科，有重要意義。

「古史辨」派的疑古主張，遭到了守舊的信古派學者的激烈反對。劉掞藜首先在《讀書雜誌》第十一期發表《讀顧頡剛君〈與錢玄同先生論古史書〉的疑問》，繼而又發表了《討論古史再質顧先生》等文章。胡堇人、柳詒徵也發表了《讀顧頡剛先生論古史書以後》、《論以說文證史必先知說文之誼例》等質難文章，指責顧頡剛、錢玄同等人「牽強附會」、「妄下斷語」，譏刺他們「失於膚淺」、「疏於讀書」。顧頡剛等進行了答辯，並進一步論述了自己對古史研究的觀點。於是，在史學界展開了一場古史論戰。一九二六年，顧頡剛把這次辨論古史的論文和信函彙集成《古史辨》第一冊，後來，至一九四一年連同第一冊共編成七冊。第一冊經書辨偽；第二冊上編討論古史，中編討論孔子和儒家，下編是別人對《古史辨》第一冊的評論；第三冊主要研究《易》與《詩經》，打破《周易》中伏羲、神農的古聖地位，認為它是卜巫書，又將《詩經》還原其樂歌面貌；第四冊主要討論諸子；第五冊討論漢代今古經文問題；第六冊討論先秦諸子與老子；第七冊是對十餘年來《古史辨》活動的總結。《古史辨》在以經證史，探究古經籍的歷史價值，整理、考證史料方面作出了成績。

2　錢玄同：《答顧頡剛先生書》，《古史辨》第1冊，67頁。
3　胡適：《古史討論的讀後感》，《古史辨》第1冊，193頁。

顧頡剛在回答劉、胡的質難時，提出要推翻舊的古史系統，推翻非信史，需要打破四個舊觀念：打破民族出於一統的觀念，就是不能單純信任古書中的一統觀念，而必須由將來地質學和人類學的發明來證實；打破地域向來一統的觀念，如以往古史稱黃帝時就是一統是不可靠的，中國的統一始於秦；打破古史人化的觀念，以往古史多是神話，春秋以後又將古神人化更是多一層作偽；打破古代為黃金世界的觀念，古神被人化後，古代就被描繪成黃金世界，好像越古越快樂，因此要揭開這種欺騙。可見，古史論戰實質上反映出新舊歷史觀在古史研究中的對立和分歧。

三、新考據學派的成就

　　二十世紀三〇年代，隨著甲骨文、金文、漢晉簡牘、敦煌石室典籍、內閣大庫、軍機處檔案等新史料的發現，以王國維、陳寅恪、陳垣為代表的史學家，利用新的歷史考據方法對這些史料進行整理和研究，取得了令世人矚目的豐碩成果。新考據學派在繼承乾嘉考據學的基礎上，吸收了西方實證主義方法論，將兩者有機結合起來，並運用於歷史研究，其論學大旨為：取地下之實物與紙上之遺書互相辨證；取異族之故書與吾國之舊籍互相補證；取外來之觀念與固有之材料互相參證。從「古史辨」派的疑古批判到新考據學派的考古建設，是五四後資產階級史學的重要發展。

　　新考據學派影響最大者為王國維（1877-1927），浙江海寧人。他創造性地運用了將地下出土的甲骨文、金文資料與文獻記載相互印證的歷史考證方法，並稱之為「二重證據法」。他在《古史新證》總論裡說：「吾輩生於今日，幸得紙上之材料外，更得地下之新材料，由此種材料，吾輩因得據以補正紙上材料，亦得證明古書之某部分全為實錄，即百家不雅馴之言，亦不無表示

王國維像

一面之事實。此二重證據法，唯在今日始得為之。」二重證據法強調地下材料的證史價值，把地下材料提高到與文獻並重的地位，對傳統的以文獻考證文獻的研究方法是一大突破。

王國維運用二重證據法，進行古史新證，取得了古史研究的重大成就。他根據考古出土器物、甲骨卜辭與文獻材料互證，寫成《殷卜辭中所見先公先王考》和《續考》，得出卜辭中所見殷王室的世系與《史記·殷本殷》所載商代帝王世系基本相同，進一步證實了《史記》的史料價值，把中國的信史至少推到了商代。他進而根據甲骨金文，參照經傳等古籍作《殷周制度論》等文，論證了殷周之際的制度變革，如殷代無嫡庶之制一變而為周代的立子嫡之制，對周代的宗法，喪服等制度作了縝密的研究，肯定周制優於殷制。他結合漢晉木簡和史籍，考證了秦漢郡縣，寫成《秦郡考》、《漢郡考》等文，並在與羅振玉合編的《流沙墜簡》中考證了古長城、玉門關、古樓蘭等古址。他利用敦煌文書等資料，考證了唐代職官制度，唐代戶籍及均田制等。他還利用中國境內之古外族遺文，考訂舊有史料，撰寫了《韃靼考》等蒙元史論文。總之，王國維把實物與史書結合起來，把出土的材料與紙上的文獻結合起來，以實證史，以史考實，在中國古代史料的訓詁考據和古代史的研究上，作出了卓越的貢獻，是中國近代資產階級史學的主要代表之一。

陳寅恪（1890-1969），江西修水人，近代著名史學家。他很注重王國維的治學方法，並深受王的影響。他治學嚴謹，不僅長於校勘版本、鑑別材料、考訂事實，更重視在考證出史實的真偽與是非後，對史實作出綜合分析，即著眼於在許多事物的聯繫中看某一事物是否存在、發生及發展變化的情況。他力求在完備、真實的材料基礎上得出比較合理的結論。他利用詩、小說、小品等文學作品證史，另闢了新的治史途徑，後來出版的《元白詩箋證稿》、《柳如是別傳》就是以詩文證史的代表作。他還利用域外文字證史，如通過比勘互校《蒙古源流》的蒙文本及滿文譯本等，發現這本書的基本思想和體裁來自元帝師八思巴為忽必烈長子真金所作的《彰所知論》，論證關於蒙古族起源由西藏而上續印度的說法是不可信的。一九四〇年，他寫成《隋唐制度淵源略論稿》（1944），論述了從漢魏到隋唐某些制度的演變，指出隋唐制度主要源於北魏、北齊外，還來自梁、

陳，來自西魏、北周。一九四一年，他又完成了《唐代政治史述論稿》（1943），以大量史料分篇論述了唐代統治集團的形成與貴族集團的升降過程，並論述了唐代衰亡的原因。他對魏晉南北朝史也有精深研究，曾編《魏晉南北朝史參考資料》和講授有關專題，他在一九四七年至一九四八年的講授內容被編成《陳寅恪魏晉南北朝史講演錄》。

陳垣（1880-1971），廣東新會人，近代中國卓有成就的史學家。他的主要貢獻在中國宗教史、元史和歷史文獻學等方面。宗教史方面的著作有《元也裏可溫教考》（1917），被稱為「古教四考」的《記大同武州山石窟寺》、《開封一賜樂業教考》、《火祆教入中國考》和《摩尼教入中國教》，被稱「宗教三書」的《明季滇黔佛教考》、《南宋初河北新道教考》、《清初僧諍記》（撰寫於抗戰時期）及《中國佛教史籍概論》、《釋氏疑年錄》等著述。元史研究方面，撰寫了《元西域人華化考》，校勘了《元典章》，並寫成《沈刻元典章校補》和《元典章校補釋例》兩書，胡適在為後一書所寫的序言中稱陳垣校《元典章》「是中國校勘學的第一偉大工作」。歷史文獻學方面，陳垣在目錄學、史源學、校勘學、避諱學、年代學都有造詣，著有《二十史朔閏表》、《校勘學釋例》等。他寫於一九四三至一九四五年的《通鑑胡注表微》共二十篇，前十篇言史法，後十篇言史事，前十篇反映了他在校勘、輯佚、目錄、避諱等歷史文獻學領域內的成就。陳垣治史講究類例，即在一個專題下搜集許多資料，區分類別，找出一定範圍內的通例，然後組織成文。這一方法給他帶來了成功，但也有其局限性，僅平列一些事例難以考察歷史發展的動態過程。

新考據學派當中，王國維等倡導的新歷史考據方法，取得了較大的成功，這一方法被不少史學家所普遍接受。

四、「史料學」派的崛起

「史料學」派是二十世紀二〇年代末三〇年代初在我國史學界興起的一個史學流派，因其主張「史學本是史料學」，故有人稱之為史料學派；又由於其提倡

「以自然科學看待歷史語言之學」，故有人稱之為「科學派」；還因為他們主張歷史學就是搜求史事，又有人稱之為「史事搜求派」。這個學派的主要代表是傅斯年（1896-1950），其中心是他領導下的中央研究院歷史語言研究所。

一九二八年，中央研究院成立，院長蔡元培委託傅斯年等籌備建立中央研究院歷史語言研究所，同年十月，史語所正式成立，傅斯年任所長。傅斯年在一九二八年年度報告中說：「中央研究院設置之意義，本為發達近代科學，非為提倡所謂固有學術。故如以歷史語言之學承固有之遺訓，不欲新其工具，益其觀念，以成與各自然科學同列之事業，即不應於中央研究院中設置歷史語言研究所，使之與天文、地質、物理、化學等同倫。今者決意設置，正以自然科學看待歷史語言之學。」即認為歷史語言之學應像自然科學一樣搜求材料、處置材料，「擴充材料，擴充工具，以工具之施用，成材料之整理，乃得問題之解決，並因問題之解決，引出新問題，更要求材料與工具之擴充。如是伸張，乃向科學成就之路」。

一九二八年九月，傅斯年在《歷史語言研究所工作之旨趣》一文中，闡述了自己的史學思想、辦所方針。他說：「近代的歷史學只是史料學，利用自然科學供給我們的一切工具，整理一切可逢著的史料。」「現代的歷史學研究已經成了一個各種科學的方法之彙集。地質、地理、考古、生物、氣象、天文等學，無一不供給研究歷史問題者之工具。」「要把歷史語言學建設得和生物學、地質學等樣。」他指出：「我們只是要把材料整理好，則事實自然顯明了。一分材料出一分貨，十分材料出十分貨，沒有材料便不出貨。」他主張客觀地研究材料，「存而不補，這是我們對於材料的態度」，「證而不疏，這是我們處置材料的手段」。

在「史學便是史料學」、「近代歷史學只是史料學」的思想指導下，史語所在史學方面主要進行史料的搜集和整理工作。該所收購了險些化為紙漿的八千麻袋內閣大庫檔案，加以整理，至一九三七年共出版《明清史料》三十八本。又派董作賓、李濟等發掘安陽小屯殷墟遺址，先後發掘十五次，共發掘遺址十一處，為考古學、殷商史的研究創造了條件。此外，史語所還搜集《明實錄》各種版本進行校勘，派人發掘城子崖等。也正是基於「史學便是史料學」的宗旨，史語所成立之初，沒有人參加正在開展的中國社會性質問題論戰、中國社會史論戰和中

國農村社會性質問題論戰。

傅斯年的代表作有《明成祖生母記疑》、《明成祖生母問題匯考》、《性命古訓辨證》、《夷夏東西說》等。

「史料學」派的形成，是新文化運動以來形成的泛科學主義思潮在史學界的反映。這一學派在搜集和整理史料方面的豐碩成果，促進了史學的發展。但一直有人對「史學便是史料學」的觀點提出批評，他們強調除史料外，史觀、史論和史學方法也是歷史研究的重要方面。

五、文化史、通史、清史等領域的建樹

中國思想史、學術文化史是資產階級新史學取得顯著成績的一個領域。梁啟超於一九二〇年發表《清代學術概論》，於一九二四年發表《中國近三百年學術史》，突破經學史的狹隘範疇，對清代的各個學科、各個學派、各種學術思潮進行了全面的介紹和評述。他還於一九二二年整理出版了《先秦政治思想史》一書，對先秦儒、墨、道、法各派思想進行研究。胡適於一九一九年出版《中國哲學史大綱》（上），拋棄了儒學獨尊的傳統，把孔孟學說與諸子學說「平等」看待，各有褒貶。二十世紀二〇年代發表的中國文化史著作有柳詒徵的《中國文化史》（1926）、陸懋德的《中國文化史》（連載於《學衡》一九二五年五月至一九二六年七月各期）、顧康伯的《中國文化史》（1924）、謝勖之的《近世文化史》（1926）、常乃德的《中國文化小史》（1928）等。二十世紀三〇年代出版的文化史專著有楊東蓴的《本國文化史大綱》（1931）、陳登原的《中國文化史》（1933）、陳安仁的《中國近世文化史》（1936）、文公直的《中國文化史》、王德華的《中國文化史略》（1936）等。錢穆的《中國近三百年學術史》也是學術史研究的一部傑作。此外，二十世紀三〇年代末商務印書館王雲五主編的《中國文化史叢書》分輯四十種專史，如馮承鈞撰《中國南洋交通史》，鄭振鐸撰《中國俗文學史》，姚名達撰《中國目錄學史》，顧頡剛與史念海撰《中國疆域沿革史》等，這套叢書較有影響。

資產階級史學家重視通史的編纂。二十世紀二〇年代，梁啟超曾計畫寫一部多卷的中國通史，但未實施。李泰棻在一九二二年出版了《中國史綱》第一卷，一九三二年至一九三三年完成第二、第三卷。呂思勉於一九二二年出版《白話本國史》，是我國第一部用語體文寫成的中國通史。二十世紀四〇年代又出版兩卷本的《中國通史》，是適應當時大學講授需要的歷史著作。鄧之誠於一九三四年寫成《中華二千年史》一至四卷，要求青年學子通觀歷代興亡，不負「國家興亡，匹夫有責」的古訓。章太炎在為此書作的「序」中闡述了「讀史救亡」論。周谷城於一九三九年出版了《中國通史》二冊。一九四〇年，錢穆出版了《國史大綱》二冊。一九四二年，金毓黻編寫了屬「青年基本知識叢書」的《中國史》。一九四六年，繆鳳林著《中國通史要略》共三冊由商務印書館出版。

連橫撰寫的《臺灣通史》於一九二〇年出版上冊和中冊，次年又出版了下冊。此書以大量事實說明臺灣自古以來就是中國的領土。

資產階級史學在斷代史方面也卓有成績。除已提及的陳寅恪的隋唐史研究、陳垣的元史研究等外，呂思勉先後完成了《先秦史》（1941）、《秦漢史》（1948）、《兩晉南北朝史》（1948）。鄧廣銘撰寫了《宋代職官志考》。蒙思通與沈曾植潛心於元史的研究，蒙思通著有《元代社會階級制度》，沈曾植撰成《元秘史補注》。謝國楨和吳晗專於明史，謝國楨側重晚明史的研究，撰有《顧寧人先生學譜》、《晚明史籍考》、《晚明流寇史籍考》等論著；吳晗尤長朱元璋的研究，先後出版了《明太祖》、《由僧缽到皇權》、《朱元璋傳》等。清史研究以孟森、蕭一山貢獻最多。孟森撰有《清朝前紀》、《明元清系通紀》、《清初三大疑案考實》、《香妃考實》、《八旗制度考實》、《明清史講義》等論著；蕭一山在一九二三年就出版了《清代通史》上卷，一九三〇年完成了下卷，此後又經不斷修訂補充，成為四百多萬字的巨著，其他著作有《清史大綱》（又名《清代史》）、《曾國藩傳》、《洪秀全傳》等。中國近代史的著作有沈味之的《近百年本國史》（1930），孟世傑的《中國最近世史》（1932），羅元鯤的《中國近百年史》（1935），陳恭祿的《中國近代史》（1936），蔣廷黻的《中國近代史》（1938），陳安仁的《中國近代民族復興史》（1943），鄭鶴聲的《中國近世史》（1944），郭廷以的《中國近代史》（1947）等。太平天國史的研究也取得了可喜的進展，

蕭一山、王重民、劉復等人從英、法、美等國抄回大量太平天國史料，重要的研究成果則有謝興堯的《太平天國社會政治思想》（1935），簡又文的《太平天國雜記》第一、第二輯、《太平軍廣西首義史》（1944），羅爾綱的《太平天國史綱》（1937）、《太平天國史叢考》（1943），彭澤益的《太平天國革命思潮》（1946）等著作。

專史除已提及的史學理論、思想文化史著作外，政治史方面有李劍農的《最近三十年中國政治史》，謝彬的《民國政黨史》等。中西交通史方面有張星烺的《歐化東漸史》，向達的《中外交通小史》、《中西交通史》等。民族史方面有王雲五的《中國民族史》，王桐齡的《中國民族史》，張其昀的《中國民族志》，宋文炳的《中華民族史》，呂思勉的《中華民族演進史》等。外交史方面有劉彥的《中國近時外交史》、《最後三十年中國外交史》，蔣廷黻的《近代中國外交史料輯要》，王芸生的《六十年來中國與日本》一至八卷等。

新中國成立前，傅斯年、李濟、董作賓、蔣廷黻、蕭一山、張其昀等去了中國臺灣；錢穆、簡又文等移居中國香港；陳寅恪、陳垣、顧頡剛等留在內地。胡適移居美國，後去中國臺灣任中央研究院院長職務。

第三節 ·
馬克思主義史學的崛起與創獲

五四運動以後，馬克思主義史學在中國史壇上異軍突起，並在與非馬克思主義史學思潮的鬥爭中發展進步，逐步在史學界占據主導地位。五四前後至

一九二七年國民革命失敗是中國馬克思主義史學的草創時期，李大釗等早期馬克思主義者介紹、傳播唯物史觀，並初步把唯物史觀應用於史學研究。一九二七至一九三七年是馬克思主義史學的形成時期，我國馬克思主義新史學在論戰中產生，郭沫若等我國第一批馬克思主義史學工作者在古史、近代史、思想史等領域取得了開拓性的成就。一九三七年至一九四九年是馬克思主義史學的成長時期，毛澤東對研究歷史作了重要論述，馬克思主義史學隊伍在中國通史、社會史、思想史、中共黨史以及專史、專題史方面取得了豐碩成果。

一、唯物史觀在史學研究上的初步運用

中國早期的馬克思主義者在傳播馬克思主義時，也把唯物史觀介紹到了中國。一九一九至一九二〇年，李大釗發表了《我的馬克思主義觀》、《馬克思的歷史哲學》、《史觀》、《物質變動與道德變動》等文，系統地介紹了唯物史觀的基本原理。如在《我的馬克思主義觀》中，他指出馬克思的唯物史觀有兩個要點：一是經濟基礎和上層建築的原理，指出人類社會生產關係的總和，構成社會經濟的構造，這是社會的基礎構造；一切社會上政治的、法制的、倫理的、哲學的等精神上的構造是表面構造；精神上的構造隨著經濟的構造變化而變化，表面構造視基礎構造為轉移。二是生產力與生產關係的原理，指出「生產力一有變動，社會組織必須隨著他變動」，不能適應生產力發展的社會組織非至崩壞不可，這就是社會革命。他在《物質變動與道德變動》一文中又闡述了道德、風尚、習慣隨著經濟條件的變動而變動，所以沒有永恆的道德價值。

蔡和森在一九二四年出版了《社會進化史》，此書依據恩格斯的《家庭、私有制和國家的起源》分三篇敘述了「家族之起源與進化」、「財產之起源與進化」、「國家之起源與進化」，外加緒論「有史以前人類演進之程式」，說明一夫一妻家庭、私有財產及國家是人類社會發展到一定時期的產物。

李達於一九二一年翻譯出版了芬蘭郭泰的《唯物史觀解說》是當時國內宣傳唯物史觀的暢銷書。他在一九二六年出版的《現代社會學》一書中，系統闡述了

唯物史觀，指出人類社會已經歷了四種社會形態，現正向社會主義社會演進。

二十世紀二〇年代中前期是我國馬克思主義史學的初創時期。在這一時期，李大釗自覺地運用唯物史觀改造中國傳統史學，初步確立了馬克思主義的史學理論。一九二〇年至一九二六年期間，他寫成《唯物史觀在現代史學上的價值》、《史學與哲學》、《研究歷史的任務》、《聖西門的歷史觀》、《孔道西的歷史觀》、《今與古》、《演化與進步》、《時》等大量史論文章。一九二四年由商務印書館公開出版的《史學要論》一書，是我國第一部馬克思主義史學理論專著。

李大釗在《史學要論》中根據唯物史觀解釋了以下六個問題：（1）什麼是歷史。指出歷史「是人類生活的行程，是人類生活的變遷，是人類生活的傳演，是有生命的東西，是活的東西」，不是陳編故紙，不是僵石枯骨，不是印成呆板的東西。「二十四史」、《資治通鑑》等過去遺傳下來的卷帙冊籍，只能說是歷史的材料，是人類生活行程的部分縮影，不是「活的歷史的本體」。（2）什麼是歷史學。指出「歷史學就是研究社會的變革的學問，即是研究在不斷的變革中的人生及為其產物的文化的學問」。（3）歷史學的系統。指出廣義的歷史學分二大部分：一是記述歷史；二是歷史理論。記述歷史又可分個人史（即傳記）、氏族史、社團史、國民史、民族史、人類史六個部分，歷史理論也相應分為六個部分。史學家還以特殊的社會現象為研究對象，這就有了政治史、法律史、道德史、經濟史等。他還說明了歷史理論與歷史哲學、歷史理論與歷史研究法的區別及聯繫。（4）史學在科學中的位置。指出唯物史觀「以物質的生產關係為社會構造的基礎，決定一切社會構造的上層」，闡明了歷史發展的基本規律，使歷史研究能像自然科學一樣發現因果律，這樣，就把歷史研究提到了科學的地位，並使「歷史學在科學上得有相當的位置」。（5）史學與其他相關學問的關係。著重闡述了史學與哲學的關係。（6）現代史學的研究與對人生態度的影響。指出現代史學應教育人民具有一種求真務實的科學態度；應啟悟人們一種奮往向前、奮勇冒險的人生觀；要使人民覺悟到自身力量的偉大，「知道過去的歷史，就是我們這樣的人共同造出來的，現在乃至將來的歷史，亦還是如此」。李大釗對構築馬克思主義史學理論體系作出了開拓性的貢獻。

李大釗還開始運用唯物史觀來分析、觀察中國歷史問題。他的《原人社會於文字書契上之唯物的反映》、《由經濟上解釋中國近代思想變動的原因》等文就是這方面的作品。他結合地下發掘和古代傳說重新審視古史，指出我國原始社會經過畜牧業經濟到農業經濟階段，還經過「女權」即母系社會的階段。他指出：「孔子的學說所以能支配中國人心有兩千餘年的緣故，不是他的學說本身具有絕大的權威，永久不變的真理，配作中國人的『萬世師表』，因他是適應中國兩千餘年來未曾變動的農業經濟組織反映出來的產物，因他是中國大家族制度上的表層構造，因為經濟上有他的基礎。」[4]近代因西方工業經濟的衝擊，我國原有的農業經濟發生動搖，大家族制度崩頹粉碎了，孔子主義也不能不崩頹粉碎了。這種解釋是深刻的，顯示了唯物史觀的科學性。

　　一九二二年中共「二大」制定了反帝反封建的民主革命綱領。早期馬克思主義者從當時革命鬥爭的需要出發，運用唯物史觀研究黨史、工農運動史、中國民族解放運動史等新課題。李大釗在《孫中山先生在中國民族革命史上的位置》一文中，提出了一八四〇年以來的中國歷史是一部「帝國主義壓迫中國民族史」和「中國民眾反抗帝國主義民族革命史」。他還在《馬克思的中國民族革命觀》一文中，指出中國人民的反帝鬥爭，「自太平天國以來，總是浩浩蕩蕩的向前湧進，並沒有一剎那間的停止」。惲代英的《中國民族解放運動簡史》也是這方面的著作。工農運動史方面有鄧中夏的《中國職工運動簡史》、彭湃的《海陸豐農民運動》等著作。黨史方面有蔡和森的《中國共產黨史的發展》等著作。

　　初創時期的馬克思主義史學是粗線條的、不成熟的，但代表著現代史學發展的進步方向。

二、論戰中的馬克思主義史學

4　《由經濟上解釋中國近代思想變動的原因》，《李大釗文集》，179頁。

中國的馬克思主義史學是在鬥爭中產生的，是十年內戰時期中國社會性質問題論戰、中國社會史問題論戰的產物。

一九二七年國民革命失敗後，中國革命轉入低潮。為了尋求中國的出路，必須弄清「國情」，必須正確認識中國的歷史和現狀。一九二八年六月，中共六大正確指出現階段中國是半殖民地半封建社會，革命性質仍是反帝反封建的資產階級民主革命。這一結論遭到了陶希聖、周佛海等國民黨御用文人（因創辦《新生命》月刊而得名「新生命派」）和嚴靈峰、任曙、李季等託派文人（因創辦《動力》雜誌而得名「動力派」）的反對。革命的社會科學工作者於一九二九年十一月創辦《新思潮》雜誌，發表潘東周的《中國經濟的性質》、吳黎平的《中國土地問題》、向省吾的《帝國主義與中國經濟》和《中國的商業資本》、王學文的《中國資本主義在中國經濟中的地位及其發展前途》、李一氓的《中國勞動問題》等文章進行批駁。

論戰主要從兩方面展開，一個方面是關於近代中國社會性質。「新生命派」認為近代社會是封建制度已不存在但還存在封建勢力的「前資本主義社會」或是「商業資本主義社會」。「動力派」片面地強調帝國主義的入侵「絕對地」破壞了封建制度的經濟基礎，直接推動了中國資本主義制度的發展，無視封建生產關係在中國廣大農村還占絕對優勢，武斷地宣稱「中國目前是資本主義社會」。「新思潮派」及其他進步學者指出，資本主義入侵對中國經濟發生了「一正一反」的作用，一方面打擊了封建自然經濟和城市的行幫制手工業，「相當地造成了資本主義的關係」；另一方面又嚴重阻礙和壓制資本主義的健康發展，並與中國的封建勢力勾結維持封建剝削，因此，近代社會是半殖民地半封建社會。

另一方面是關於鴉片戰爭以前中國社會的性質和發展問題。論戰集中在如何理解馬克思所說的「亞細亞生產方式」、中國歷史上有沒有奴隸制、秦漢以後的中國社會性質等問題上，最終則歸結為人類社會歷史的發展有無共規律，馬克思主義關於社會發展階段的學說是否適用於中國的問題。陶希聖、梅思平、胡秋原、李季、陳邦國、王宜昌、杜任之等人反對郭沫若運用馬克思主義的五種社會形態理論分析中國歷史。他們否認中國經歷過奴隸制，認為中國自原始社會解體

後直接進入封建制，把自秦漢至鴉片戰爭前的長達兩千多年的社會說成是「商業資本主義」或「前資本主義社會」。革命的社會科學工作者針對他們的種種曲解進行了批判。關於是否存在奴隸制，郭沫若在《中國古代社會研究》等專著中闡述了「西周奴隸社會說」；呂振羽在《史前期中國社會研究》、《殷周時代的中國社會》等論著中提出了殷代是奴隸社會的主張；翦伯贊、鄧拓、何干之、鄧初民等在他們的著作中進一步論證了殷代為奴隸制。關於秦漢以後中國社會性質，郭沫若、呂振羽等雖對中國封建社會開始的年代看法不一，但對於奴隸社會以後直到鴉片戰爭之前中國社會是封建社會這一點是沒有分歧的，他們都認為從秦漢到鴉片戰爭一直處於封建社會階段。關於「亞細亞生產方式」，郭沫若認為是原始共產主義社會，呂振羽認為是東方封建主義的特殊形態，但他們都不把「亞細亞生產方式」看成是一個獨立的社會歷史發展階段，而認為它不過是馬克思主義所揭示的五種社會形態之一種在中國的特殊表現而已。

「新生命派」和「動力派」所謂「中國無奴隸社會」論、「商業資本主義社會」論、「獨立的亞細亞生產方式」論等，無非是想說明中國國情特殊，馬克思主義關於社會發展階段的學說不適用於中國；無非是想說明鴉片戰爭前中國社會不是封建社會，反封建的任務早已完成，從而取消資產階級民主革命。通過與他們的爭論，鍛煉、培養了馬克思主義史學隊伍，參加論戰的郭沫若、呂振羽、何干之、翦伯贊、鄧雲特（鄧拓）等人都成為了著名的馬克思主義史學家。他們初步對中國原始社會、奴隸社會、封建社會和近代半殖民地半封建社會進行了貫通性的歷史考察，並在此基礎上探索出中國歷史的發展規律。這標誌著馬克思主義史學的形成和確立。

何干之在一九三七年的《中國社會性質問題論戰》、《中國社會史問題論戰》中總結了大論戰的情況，並加以馬克思主義觀點的分析評論。

三、十年內戰時期馬克思主義史學的建樹

在中國社會性質、社會史論戰中鍛煉和造就的馬克思主義史學隊伍，在研究

中國古代史、中國近代史、中國思想史等方面取得
了重要成就。

郭沫若像

　　郭沫若（1892-1978），四川樂山市人，早年留
學日本。他是民國時期著名的文學家和史學家，馬
克思主義史學最為傑出的奠基人。在古史研究方
面，郭沫若於一九二八年根據《易》、《詩》、《書》
等先秦典籍寫了《〈周易〉的時代背景與精神生
產》、《〈詩〉〈書〉時代的社會變革與其思想上的反
映》、《中國社會之歷史的發展階段》，一九二九年
又根據甲骨文、金文寫成《卜辭中之古代社會》、《周
代彝銘中的社會史觀》，以上五篇論文彙集成《中國
古代社會研究》一書，於一九三〇年出版。這一劃
時代的史學著作，以恩格斯的《家庭、私有制和國
家的起源》作為研究方法的嚮導，系統地研究了先
秦歷史，著者自稱是《家庭、私有制和國家的起源》的續編。著者堅信馬克思主
義關於人類社會發展有一條共同規律的原理，在「自序」中稱：「只要是一個人
體，他的發展，無論是紅黃黑白，大抵相同。由人們所組成的社會也是一樣。」
「中國人不是神，也不是猴子，中國人所組成的社會，不應該有什麼不同。」該
書成功地證明了中國西周存在過奴隸社會，奴隸制是由原始公社制轉化而來，到
後來又轉化為封建制，從而第一次把鴉片戰爭前的中國歷史依次敘述為原始社
會、奴隸社會、封建社會等幾種社會形態，證明了馬克思主義關於人類社會發展
一般規律的理論完全適用於中國，駁斥了「馬克思主義不適用於中國」的看法。
《中國古代社會研究》的成就與郭沫若對甲骨文、金文的研究是分不開的。隨
後，他在這方面又陸續撰寫了《甲骨文字研究》（1931）、《殷周青銅器銘文研究》
（1931）、《兩周金文辭大系》（1932）、《金文叢編》（1932）、《卜辭通纂》（1933）、
《古代銘刻匯考》（1933）、《古代銘刻匯考續編》（1934）、《兩周金文辭大系圖錄》
（1934）、《兩周金文辭大系考釋》（1935）、《殷契粹編》（1937）等數百萬字的
著作。郭沫若是利用甲骨文、金文對中國古代史作出歷史唯物主義解釋的開拓

者。他不愧為中國馬克思主義史學奠基者。

　　呂振羽（1900-1980），湖南武岡（今屬邵陽）人，是繼郭沫若之後研究中國古代史卓有成就的馬克思主義史學家。一九三四年春，他發表《中國經濟之史的發展階段》一文，認為中國社會在殷代以前為原始社會，殷為奴隸社會，西周與春秋戰國為初期封建社會，秦至鴉片戰爭為變種的封建社會，鴉片戰爭後則是半殖民地半封建社會。同年七月，出版《史前期中國社會研究》一書，根據摩爾根《古代社會》、恩格斯《家庭、私有制和國家的起源》等著作的精神，以仰韶各地出土器物為主要史料，並結合神話傳說、民間習俗探求中國史前社會的特徵，認為傳說中的堯舜禹時代為「母系氏族社會」、夏代為「父系本位的氏族社會」，填補了學術界關於中國原始社會史研究的空白。他在上書中已初步論證了殷代為奴隸制社會，繼而在一九三六年出版的《殷周時代的中國》一書中，對殷代社會經濟和上層建築作了具體分析，進一步證明了殷商的奴隸社會性質。《殷周時代的中國》中另一重要結論是主張西周為中國封建社會的開始，從而提出了著名的「西周封建說」。呂振羽的西周封建論在史學界有著重要影響，翦伯贊、鄧拓、範文瀾等史學家都支持他的觀點並進一步發揮。翦伯贊在論戰中寫了《中國農村社會之本質及其歷史的發展階段之劃分》、《前封建時期之中國農村社會》、《殷代奴隸社會研究之批判》、《關於「亞細亞生產方法」問題》、《關於歷史發展中之「奴隸所有者社會」問題》、《「商業資本主義社會」問題之清算》、《關於「封建主義破滅論」之批判》等文，支持呂振羽的殷代奴隸社會說和西周封建論，並從「農村社會」的歷史發展過程、農民的土地問題、「商業資本」的作用等方面，批判了「封建主義破滅論」和「商業資本主義社會」的荒謬。鄧拓也主張殷商時代是奴隸制、西周以後進入封建社會。他在論戰中寫了《論中國歷史上的奴隸制社會》、《論中國封建社會長期停滯問題》、《再論中國封建制的停滯問題》、《中國歷代手工業發展特點》、《中國長期封建社會農業生產關係的變化》等文，指出「奴隸制度是世界一般民族共同經過的歷史階段」，從勞役、貢隸、課耕、佃役四種封建剝削形式，說明中國封建社會經歷創立期、發展期、轉向期、爛熟期四個階段。

　　中國近代史方面，華崗於一九三〇年寫成《中國大革命史》，記述了國民革

命的歷程，並分析了鴉片戰爭以來中國近代社會的經濟基礎、社會主要矛盾、歷次革命運動的經驗教訓，是研究中國近代史、革命史的早期之作。李平心（署名李鼎聲）於一九三三年出版了《中國近代史》，這是我國第一部運用馬克思主義觀點系統研究中國近代史的著作。該書把鴉片戰爭作為中國近代史的開端，著者認為明末清初不過是兩個朝代的交替，而鴉片戰爭是中國開始為國際資本主義的波濤所襲擊而引起社會內部變化的一個重大關鍵。該書說明鴉片戰爭後中國社會形態的變化，並不是如有些人所想像的「漸次成了資本主義的國家」，而是淪為半殖民地半封建社會；突出反映了從鴉片戰爭至一九三年日本侵占熱河、察哈爾近百年來中國人民革命鬥爭的歷史。一九三七年，何干之出版了《近代中國啟蒙運動史》，此書較為系統地論述了中國資本主義產生以來的思想運動的歷史，拓寬了中國近代史研究的領域。鄧拓的《近代資本主義發展的曲折過程》一文，以確鑿的史實闡述了帝國主義侵略使「中國變成為一個半殖民地半封建社會」的過程，駁斥了中國近代為「資本主義社會」說和中國進化的「外爍論」等錯誤觀點。這些成果表明馬克思主義史學已開始占領中國近代史的研究陣地。

中國思想史研究方面，郭沫若在其著作中初步理清了先秦天道思想演進的脈絡，使人們對於春秋戰國諸子百家思想流派的產生和變異有了大致正確的認識。呂振羽在一九三七年出版了《中國政治思想史》，這部書上起自殷代，下終於鴉片戰爭前，對近代以前各種思想流派的演繹更替，按不同的社會發展階段，從「各階級及階層的構成上去加以論究」，是我國第一部運用馬克思主義論述中國政治思想和哲學思想的通史著作。侯外廬在一九三四年寫成《中國的古代社會與老子》，此書將老子的思想放在社會現實的基礎上去評價，著重研究社會存在對於社會意識的影響，為他以後研究中國思想史奠定了基礎。

總之，中國馬克思主義史學在這一時期得以形成，並為中國的革命事業和中國史學的發展作出了重要貢獻。當然，馬克思主義史學在當時的種種建樹還不很成熟，明顯存在著草創時期的痕跡。

四、毛澤東的歷史觀與馬克思主義史學理論的建設

抗日戰爭時期是毛澤東思想形成與發展成熟時期。毛澤東極為重視歷史學，把學習歷史尤其是研究本民族的歷史看成馬克思主義理論與中國實際情況相結合的重要步驟，並就中國歷史的某些問題作了闡述。

關於歷史研究的目的和意義，抗戰初期，毛澤東在六屆六中全會上就要求全黨「都要研究我們民族的歷史」，強調指導一個偉大的革命運動的政黨不能沒有歷史知識。他指出：「今天的中國是歷史的中國的一個發展；我們是馬克思主義的歷史主義者，我們不應當割斷歷史。從孔夫子到孫中山，我們應當給以總結，承繼這一份珍貴的遺產。這對於指導當前的偉大的運動是有重要的幫助的。」[5]整風運動期間，毛澤東在《改造我們的學習》中把「不注重研究歷史」與不注重研究現狀、不注重馬列主義的應用並列為三種「極壞的作風」，要求加強歷史特別近百年史的研究。中共中央還作出決定，號召共產黨員學會應用馬克思主義的立場、觀點和方法，認真地研究中國的歷史，研究中國的政治、經濟、軍事和文化，對每一個問題要根據詳細的材料加以具體的分析，然後引出理論的結論來。

關於研究歷史的方法，毛澤東強調要以馬克思主義為指導重新研究歷史，把被剝削階級顛倒了的歷史再顛倒過來，他在《實踐論》中指出：「在很長的歷史時期內，大家對社會的歷史只能限於片面的了解，這一方面是由於剝削階級的偏見經常歪曲社會的歷史，另一方面，則由於生產規模的狹小，限制了人們的眼界。人們能夠對於社會歷史的發展作全面的歷史的了解，把對於社會歷史的了解，把對於社會的認識變成了科學，這只是到了伴隨巨大生產力—大工業而出現近代無產階級的時候，這就是馬克思主義的科學。」[6]毛澤東對唯物史觀的基本原理屢有闡述，包括經濟基礎決定上層建築、社會存在決定社會意識、上層建築對經濟基礎、社會意識對社會存在又有反作用的觀點，階級和階級鬥爭的觀點等。毛澤東又強調研究歷史必須從實際出發，盡量搜集和占有詳細的材料，根據

5　《毛澤東選集》第2卷，533-534頁。
6　《毛澤東選集》第1卷，283頁。

實事求是的態度，在馬克思主義原理指導下，從這些材料中引出正確的結論。

在中國古代史領域，毛澤東在《中國革命和中國共產黨》等文中指出：中國是一個多民族結合而成的大家庭；中國是世界文明發達最早的國家之一，在中華民族的開化史上，有素稱發達的農業和手工業，有許多偉大的歷史人物和豐富的文化典籍；中華民族不但以刻苦耐勞著稱於世，同時又酷愛自由、富於革命傳統；中國經過了若干萬年的原始社會以後，也經過了奴隸社會和封建社會；封建社會的後期，由於商品經濟的發展，已經孕育著資本主義的萌芽。封建社會自周秦以來一直延續了三千年左右，封建社會的主要矛盾是農民階級和地主階級的矛盾，農民起義和農民戰爭是歷史發展的真正動力，而這種起義和戰爭終歸失敗，其根本原因是由於當時還沒有新的生產力和生產關係，沒有新的階級力量，沒有先進的政黨。這些觀點，對此後的馬克思主義學者研究中國古代史，產生了很大影響。

在近代史方面，毛澤東指出，鴉片戰爭以後，中國社會經歷著兩個過程，即「帝國主義和中國封建主義相結合，把中國變為半殖民地和殖民地的過程，也就是中國人民反抗帝國主義及其走狗的過程」[7]；帝國主義和中華民族間的矛盾，封建主義和人民大眾間的矛盾是近代中國的主要矛盾；帝國主義侵入中國後，一方面促使中國封建社會解體，促使中國發生資本主義因素，把一個封建社會變成了一個半封建的社會，另一方面把一個獨立的中國變成一個半殖民地的中國。毛澤東上述關於中國近代史的有關論述，為日後的中國近代史框架的建設打下了基礎。

在中共黨史方面，毛澤東提出中共黨史有兩大基本特點：一個是它同中國資產階級的複雜關係，一個是武裝鬥爭。指出統一戰線、武裝鬥爭、黨的建設是新民主主義革命的三個基本經驗。毛澤東對民主革命中兩次勝利、兩次失敗的評論，對同資產階級兩次合作、兩次破裂的總結等都成為了經典性論述。

7　《毛澤東選集》第2卷，632頁。

總之，毛澤東有關歷史的論述，對中國馬克思主義史學在抗日戰爭和解放戰爭時期沿著正確方向迅速發展，起了推動和指導作用。

　　馬克思主義史學理論此期也有了新的進展。呂振羽於一九四二年出版《中國社會史諸問題》一書，批判了秋澤修二的中國社會具有「亞細亞的停滯性」等反動歷史觀，對「亞細亞生產方式」，中國奴隸制時期、中國封建社會的長期性、文化思想上的繼承與創新等問題作了馬克思主義的精闢論述。翦伯贊於一九三八年出版了《歷史哲學教程》一書，以歷史唯物主義為指導，結合客觀歷史實際和歷史研究的實際闡發唯物史觀的基本觀點，強調了馬克思主義唯物史觀的辯證性。指出人類的歷史發展是人類自己創造的，是「主觀創造作用」與「客觀發展的規律」的辯證發展，人民在創造歷史中起決定作用，但不應抹殺、貶低個人。在闡述了歷史研究的「整體性原則」之後，他指出必須依據歷史的關聯性認識歷史，在研究中國歷史時必須看看中國以外的世界；提出歷史研究既要以一般法則為前提，又不能把特殊性摒除，如歷史上各民族都經歷過奴隸制，但希臘、羅馬而外的奴隸制與希臘、羅馬的奴隸制就表現為不同的形態。翦伯贊的《歷史哲學教程》是抗日戰爭時期馬克思主義史學理論的代表作。此後，他又寫了《論司馬遷的歷史學》、《論劉知幾的歷史學》、《略論中國文獻上的史料》等文。華崗在抗日戰爭時期先後發表了《歷史為什麼是科學和怎樣變成科學》、《研究中國歷史的鎖鑰》、《怎樣研究中國歷史》、《研究中國歷史的基本方法》、《論中國歷史翻案問題》等文，對馬克思主義史學理論尤其是史學方法的探討作出了貢獻。此外，侯外廬的《社會史導論》，吳玉章的《研究中國歷史的方法》和吳澤的《中國歷史研究法》等，都是在馬克思主義史學理論上有影響的著作。

五、抗戰時期與解放戰爭時期的重要成就

　　抗日戰爭和解放戰爭的十二年，是中國馬克思主義史學迅速發展的時期。馬克思主義史學隊伍在通史、中國近代史、思想史等領域取得了顯著成就。

　　通史方面，呂振羽《簡明中國通史》的上、下冊分別在一九四一年和

一九四八年出版，這部著作依次敘述傳說中的「燧人氏」、「伏羲氏」的圖騰社會、「堯舜禹」的氏族社會、西周的初期封建社會至秦漢以後的諸封建王朝，內容包括經濟、政治、文化等各個領域，是我國馬克思主義史學家運用唯物史觀作指導撰著中國通史的最早嘗試。範文瀾（1893-1969），浙江紹興人，他編寫的《中國通史簡編》於一九四一年在延安出版，一九四七年在國統區上海出版。全書共分三編：第一編，原始社會到中央集權的封建制度的成立——遠古至秦；第二編，中央集權的封建國家成立後對外侵略到外族入侵——秦漢至南北朝；第三編，封建經濟的發展到西洋資本主義的入侵，是一部系統論述先秦至鴉片戰爭的通史著作。它把馬克思主義關於人類社會發展的一般規律用之於研究中國歷史，形成了以社會形態模式劃分歷史階段的通史體系，認為「從黃帝到禹的社會制度，是原始公社制度」；「夏商是公有制瓦解、私有制建立的過程」；「商湯革命，是私有制的進一步完成」，因而「商是奴隸制度占主要地位的時代」；從西周開始的封建制度，一直延續到清代鴉片戰爭之前；鴉片戰爭後是半殖民地半封建社會。它力圖以歷史唯物主義觀點對中國歷史的發展變化作出解釋。首先，強調由經濟因素解釋社會政治的變化，尤其注重從生產力的發展水準說明社會生產關係和社會政治制度的變化；其次，批判了歷史倒退論和歷史循環論，以發展的進步的歷史觀看待中國歷史，如從夏商周三代制度的因襲嬗變說明三代不是循環不前而是不斷進步的，還認為中國封建社會長期延續並不是沒有發展而只是進展緩慢；再次，肯定人民群眾是歷史的主人，在表述歷史上的階級鬥爭時，著重講腐化殘暴的統治階級如何壓迫農民和農民如何起義，在涉及民族矛盾時，著重寫民族英雄和人民群眾的英勇鬥爭等。翦伯贊在一九四三年和一九四七年分別出版了《中國史綱》第一卷和第二卷。第一卷是史前史和殷周史，論證了殷代是奴隸社會，西周是初期封建社會；第二卷是秦漢史，論證了秦漢是中期封建社會。這是一部未完成的通史著作，但它重視考古材料，圖文並茂，文筆生動，很受讀者歡迎。吳澤在一九四二年出版《中國社會簡史》，扼要敘述了中國史前時代至七七事變中國社會歷史的發展過程及其規律、特點。後經增補擴充更名為《中國歷史簡編》。此外還有華崗的《社會發展史綱》（1940）、鄧初民的《中國社會史教程》（1942）等。我國第一批新型的馬克思主義通史著作的問世，表明中國馬克思主義史學已逐步趨於成熟。

中國古代史方面，研究較二十世紀三〇年代更加深入，並有了新的突破。原始社會史研究又有新作問世，出版了尹達的《中國原始社會》（1943）和吳澤的《中國原始社會史》（1943）。奴隸社會史和封建社會史是許多人關切的領域。郭沫若於一九四二年四月發表了《殷周奴隸制度考》一文，改變了他原先認為殷代是原始社會的觀點。侯外廬出版了《中國古典社會史論》（1943）和《中國古代社會史》（1948），對古史的分期和劃分階段提出了自己的看法，認為「中國奴隸社會開始於殷末周初，經過春秋戰國，到秦漢之際」。範文瀾在主編《中國通史簡編》的過程中，發表了《關於上古歷史階段的商榷》，認為殷代在盤庚遷殷以後是奴隸制社會，西周開始了封建社會。尹達等也參加了古史分期問題的討論。中國封建社會發展長期性問題也被廣泛關注，李達的《中國社會發展遲滯的原因》、蒙達坦的《與李達先生論中國發展遲滯的原因》，對封建社會發展遲滯的原因提出了不同看法，華崗、呂振羽、吳澤等參加了討論。中國封建社會長期性問題涉及如何看待農民戰爭的歷史作用，有人認為農民戰爭阻礙封建社會的發展，更多的人則強調農民是推動封建社會歷史發展的主角。一九四四年，郭沫若寫成《甲申三百年祭》，以李自成起義從勝利轉向失敗的史實作為一面歷史的鏡子，提醒革命者在勝利關頭不要「紛紛然、昏昏然」。這篇文章受到了中共中央的重視。

中國近代史的研究也有較大的發展。範文瀾在一九四七年出版了《中國近代史》的上冊，此書闡述了近代中國淪為半殖民地半封建的過程，指出在外國資本主義侵略時中國人民與清朝統治階級走了兩條不同路線，「人民走的是反抗路線，統治階級走的是投降路線」，揭露了清統治者對外妥協，對內鎮壓的行徑，謳歌了人民反帝反封建的革命運動。這部著作確立了中國近代史研究的基本體系和線索。胡繩於一九四八年出版了《帝國主義與中國政治》一書，揭露了鴉片戰爭以來帝國主義侵略中國的罪行，著重闡明帝國主義侵略者怎樣在中國尋找和製造它們的政治工具，分析了一切政治改良主義者對於帝國主義的幻想對中國革命事業的損害。上述兩書以大量事實闡發毛澤東的《中國革命與中國共產黨》等文對中國近代史的論斷，體現了毛澤東思想對近代史研究的指導作用。

中共黨史、中國革命史研究方面，華崗在一九四〇年出版了《中華民族解放

運動史》，總結了中國近現代史上歷次反帝反封建的革命鬥爭的經驗教訓，旨在堅定和增強中國人民為爭取抗戰勝利而鬥爭的信心和決心。一九三七年冬，延安解放社印行了張聞天主持編寫（署名「中國現代史研究會編」）的《中國現代革命運動史》一書，此書以較大的篇幅分析了大革命的經驗教訓，強調了武裝鬥爭、土地革命、統一戰線及堅持統一戰線中的領導權等。這部著作是運用馬克思主義觀點研究和編寫中國革命史的開創之作。葉蠖生於一九三九年編著了《中國蘇維埃運動史稿》，該書分五章：蘇維埃運動的產生與發展（革命低潮時代1927-1930）；新高潮時期蘇維埃之鞏固與其擴大（1930-1934）；五次「圍剿」與反「圍剿」的鬥爭（1933 年 10 月-1934 年 10 月）；全國紅軍大轉移——長征與會合（1934-1936）；陝甘寧邊區之鞏固與擴大及蘇維埃政策之轉變（1936-1937）。它是第一部比較系統地論述十年內戰期間蘇維埃革命的產生與發展、鞏固與擴大及政策轉變的全過程的著作。整風運動的開展，推動了學習、研究黨史的高潮。為配合幹部學習黨史，由毛澤東主持、中共中央書記處具體負責編印了《六大以前》和《六大以來》。《六大以來》成書於一九四一年十二月，收錄從一九二八年七月至一九四一年十一月期間中國共產黨會議紀要、決議、指示、聲明、通告、電報及主要領導人的文章、講話等各種文獻五五六篇，二八〇多萬字。《六大以前》於一九四二年十月編印，共收入一九二二年三月至一九二八年六月各類歷史文獻一九九篇，一三六萬字。整風運動期間，出現了一批研究黨史的著作，如王稼祥的《中國共產黨與革命戰爭》是研究第二次國內革命戰爭的專門著作；王若飛的《大革命時期的中國共產黨》是研究大革命時期中共黨史的著作。

這一時期中國思想史的研究全面開展。郭沫若在一九四五年出版了《青銅時代》和《十批判書》。《青銅時代》共收《先秦天道觀之進展》、《周易之製作時代》、《由周代農事詩論到周代社會》、《駁說儒》、《墨子的思想》、《公孫龍子與其音樂理論》、《秦漢之際的儒者》、《老聃、關尹、環淵》、《宋鈃尹文遺書著考》、《韓非子初見秦篇發微》、《青銅時代》等十篇論文，三篇附錄，諸篇文章的考證對研究先秦思想史是頗有學術價值。《十批判書》則偏於學術的分析，該著作收集了《古代研究的自我批判》、《孔墨的批判》、《儒家八派的批判》、《稷

下黃老學派的批判》、《莊子的批判》、《荀子的批判》、《名辯思潮的批判》、《前期法家的批判》、《韓非子的批判》、《呂不韋秦王政的批判》等十篇論文，考察了先秦諸子產生的社會根源、學術淵流、思想觀點及相互關係等，形成了著者先秦思想史研究的學術體系。郭沫若傾向於尊孔抑墨，這種觀點有待於學術界作進一步的研究。

二十世紀四〇年代，侯外廬（1903-1987），山西平遙縣人。先後出版了《中國古代思想學說史》（1944）、《中國近世思想學說史》（1946）、《中國思想通史》第一卷（1949）等。《中國古代思想學說史》起於殷代，終於戰國，是一部先秦思想史專著。此書注重以古代社會史為基礎評估古人思想，具體分析思想史上各家各派的理論概念，對先秦思想家和思想流派作出了獨到的評論。《中國近世思想學說史》全書分三篇，分別論述十七世紀清初的啟蒙思想、十八世紀的漢學和十九世紀中葉至二十世紀初的西學東漸，著重發掘宣傳近三百年中王夫之、黃宗羲、顧炎武、顏元、李顒、唐甄、康有為、章太炎等人的民主主義思想、民族氣節和愛國主義傳統。該書是以馬克思主義觀點指導研究十七世紀至二十世紀初思想史的拓荒之作。抗日戰爭勝利後，侯外廬和杜國庠、趙紀彬、陳家康等人計畫編寫一部從古代到五四時期以唯物史觀為指導的中國思想通史。他與杜國庠、趙紀彬以《中國古代思想學說史》為底本，很快完成了第一卷，於一九四九年出版。第二、第三卷編寫時，邱漢生參加，也於一九四九年前基本定稿。前三卷分別是先秦、兩漢、南北朝部分，內容較為豐富，尤其是第一卷，集中了先秦思想史研究的各方面的成就，其中，對先秦邏輯思想史的發掘尤為深入。後來，侯外廬把他的《中國近世思想學說史》中鴉片戰爭前部分加以充實和修訂，更名為《中國早期啟蒙思想史》，作為《中國思想通史》第五卷，鴉片戰爭後部分更名為《中國近代啟蒙思想史》，並約請白壽彝等撰寫了隋唐至明末的第四卷上、下兩冊。可見，《中國思想通史》五卷六冊除第四卷外，初稿均於民國時期編寫。

思想史方面的重要專著還有何干之的《近代中國啟蒙運動史》（1938）、《三民主義研究》（1941）、《魯迅思想研究》（1946），李平心的《論魯迅思想》（1941年再版時改為《人民文豪魯迅》）、《近代社會思想史》（1947），杜國庠的《先秦諸子思想概要》（1944）及範文瀾於一九四〇年秋在延安新哲學會上的講演《中

國經學史的演變》等。

中國民族史方面，呂振羽在一九四七年出版了《中國民族簡史》一書，這是我國第一部運用馬克思主義觀點研究中國民族史的著作。這部著作對西方資產階級學者所主張的中國人種西來說進行了駁斥，提出中國人種主要來源於蒙古人種和馬來人種，還有一些次人種成分如所謂高加索人種，指出每一個民族經過歷史的發展變化都會融入和混合其他民族的血統，中國各民族都不斷雜入世界其他民族血液，世界其他民族也不斷汲取中國各民族的血液，這本書也批判了法西斯主義所鼓吹的「純雅利安血統」、「純大和血統」，否定了蔣介石在《中國之命運》中宣揚的大漢族主義。

通俗史學方面，除了郭沫若所寫的《屈原》等五部大型歷史劇外，抗戰時期的通俗歷史著作還有許立群的《中國史話》、韓啟農的《中國近代史講話》等。

綜上所述，一九三七至一九四九年間的中國馬克思主義史學在前一階段形成的基礎逐漸成長和成熟，撰寫了一大批既重視運用馬克思主義理論，又注意詳細地占有資料，並有獨立學術見解的史學論著，可謂研究成果累累，為新中國成立後馬克思主義史學建設和全面發展奠定了基礎。

第四節 ·

科學考古學
的誕生與發展

十九世紀末二十世紀初甲骨文的發現，二十世紀初漢晉簡牘、敦煌寫本的發

現，成為中國科學考古學誕生的前
兆。

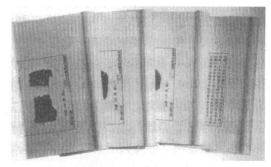

羅振玉《殷墟書契》

民國初年，研究甲骨文最有成績
的有羅振玉、王國維、容庚、唐蘭等
人。一九一一年，羅振玉從歷年收集
的甲骨中精選三千餘片編成《殷墟書
契前編》八卷，於一九一三年出版；
一九一四年，他又在日本編成《殷墟
書契菁華》，後兩年又作《殷墟書契後編》。一九一六年，王國維為英人哈同將
所得甲骨編成《戩壽堂所藏殷虛文字》；他還利用甲骨文資料寫成《殷墟卜辭所
見地名考》、《殷卜辭所見先公先王考》等八篇重要論文。其他還有黃心甫的《鄴
中片羽》，容庚、瞿潤緡的《殷墟卜辭》，唐蘭的《北京大學所藏甲骨刻辭》，孫
海波的《誠齋殷墟文字》，李亞農的《殷契摭佚》，胡厚宣的《廈門大學所藏甲
骨文字》、《華西大學所藏甲骨文字》。研究漢晉簡牘的著作有向達的《斯文海定
樓蘭所獲縑素簡牘遺文抄》，羅振玉、王國維的《流沙墜簡》及其《考釋》、《補
遺》、《附錄》，王國維的《屯戍叢殘》、《流沙墜簡補正》，羅振玉的《簡牘遺
文》，賀昌群的《流沙墜簡校補》等。研究敦煌文書的著作有陳垣的《敦煌劫餘
錄》，許國霖的《敦煌石室寫經題記》、《敦煌雜錄》，向達的《敦煌叢鈔》等。

一九一二至一九二七年期間，我國開始出現了初期的科學考古活動。

一九一八年起，中國北洋政府開始與外國學術單位合作進行考古工作，聘請
瑞典地質和考古學家安特生作礦業顧問，與中國地質調查所的丁文江、翁文灝等
共同進行古脊椎動物化石的採集工作。一九二一年，安特生和奧地利的師丹斯基
在北京周口店龍骨山採集到一批化石，一九二六年，師丹斯基在研究這批化石
時，發現了一枚人牙化石，引起了學術界的關注。

一九二一年，安特生、師丹斯基及地質調查所採集員劉長山、地質學家袁複
禮到河南澠池縣仰韶村進行考古發掘，獲得一批石器和陶器，其中以彩陶為顯著
特徵，提出了「仰韶文化」的命名。「仰韶文化」屬新石器時代的遺存。之後，

安特生又到甘肅、青海進行史前遺址的調查發掘，又發現了一些新石器時代的文化遺存。安特生根據在仰韶和甘青地區的發掘著有《中華遠古文化》、《甘肅考古記》、《黃土的兒女》、《中國史前史研究》、《朱家寨遺址》、《河南史前遺址》等論著，將這些地區遠古文化劃分為齊家、仰韶、馬廠、辛店、寺窪、沙井期，並認為黃河流域的彩陶文化是從中亞地區傳來的，甘肅北山與南山之間及蘭州附近黃河流域為其交通上的孔道。

安特生所做的考古工作比較粗糙，他的一些結論在後來的考古發現中逐漸受到了修改和否定。但他在周口店首次發現第一枚人牙化石，以及在仰韶進行的首次新石器時代遺址的發掘，仍具有重要意義。

和安特生大約同時在我國搞考古調查的法國天主教神父桑志華、德日進於一九二二至一九二三年在河套地區的寧夏銀川水洞溝和內蒙古自治區薩拉烏蘇河一帶發現了河套人。

在歐洲的近代考古學影響下，中國開始建立考古學的學術團體，並主持野外發掘工作。一九二二年，北京大學成立了考古研究室，馬衡任室主任。一九二四年，北京大學考古研究室又設立考古學會。一九二六年，清華學校國學研究院人類學教師李濟（1896-1979），湖北鍾祥人。他主持山西夏縣西陽村新石器時代遺址的發掘工作，這是首次由中國學者主持進行的田野考古工作。這次發掘收穫並不很大，主要是一些石器、骨器和陶器，發掘報告《西陽村史前的遺存》於次年出版。這樣，中國人自己研究的近代考古學就開始了。

一九二七至一九三七年，是我國在考古學上取得輝煌成就的十年。

1. 史前遺址的發掘方面 一九二七年北京周口店龍骨山洞穴內，首次發現了「北京猿人」遺骸。一九二九年十二月，我國古生物學家裴文中在該地發現了第一個猿人頭蓋骨化石，國內外學術界為之震動。一九三三年後在龍骨山的山頂洞內又發現一萬八千年前的八個人類個體，其中較完整的有三具，為我國新人化石，蒙古人種的祖先。一九三○至一九三一年，歷史語言研究所考古學組的李濟和梁思永在山東曆城縣城子崖進行考古發掘，發現一種以磨光黑陶為顯著特徵的

新石器時代遺存，它區別於仰韶彩陶，被稱為「龍山文化」。這次發掘的成果由傅斯年、李濟、梁思永等編著了我國第一部田野考古報告集《城子崖》。城子崖遺址是由中國考古學者發現和發掘的第一處新石器時代遺址。後來，梁思永又在安陽後崗進行發掘，發現小屯殷商文化、龍山文化和仰紹文化自上而下相疊的地層關係，解決了仰韶、龍山、殷商文化的相對年代問題，這就是著名的「三疊層」的發現。一九三六年，西湖博物館施更昕在杭縣發掘了良渚遺址，發現了「良渚文化」，這是在我國南方第一次發現的一種新石器時代文化，發掘報告《良渚》於一九三八年出版。這一時期，還在甘肅的河套、吉林的顧鄉屯等地發現了與「山頂洞人」同期的文化遺存。這些重大的發現，對我國原始社會史研究具有重大意義，史前期考古學由此興起。

2. 殷墟甲骨文的發掘和研究方面　一九二八至一九三七年，中央研究院史語所考古組的李濟、董作賓等對殷墟進行發掘，前後共十五次，獲帶字甲骨二四八三二片，董作賓編為《殷墟文字》甲乙編，郭沫若亦將部分編入《卜辭通纂》。河南博物館也於一九二九年和一九三○年兩次對殷墟進行發掘，得到甲骨三六五六片，由關伯益編為《殷墟文字存真》，孫海波編為《甲骨文錄》。

3. 簡牘發掘方面　一九二七年中國以學術團體名義，與瑞典探險家斯文赫定合組「西北科學考察團」，北京大學教授徐炳昶任中方團長，由黃文弼代表北京大學考古學會參加該團到西北進行考古工作，考察持續到一九三三年，於居延故塞發現漢代居延都尉府的簡牘一萬一千多枚，於羅布淖爾得漢代簡牘及其他古物，於吐魯番發現高昌古墓群得陶磚甚多，又於庫車得壁畫及寫經，還有其他出土文物，以後陸續發表了《羅布諾爾考古記》、《吐魯番考古記》、《塔里木盆地考古記》、《高昌陶集》、《高昌磚集》，這就是著名的新疆考古「三記二集」。勞幹則根據「居延漢簡」寫出了著名史著《居延漢簡考釋》。

4. 西安寶雞周秦墓的發掘　這也是這一時期重要的考古成果。一九三三年，北平研究院史學研究會組織到陝西渭河流域進行調查發掘，由徐炳昶領導，黃文弼、蘇秉琦等參加，發掘了這一地區的周秦及漢代墓葬，歷時兩年。後來，由蘇秉琦將寶雞鬥雞台處的周秦墓葬資料進行整理研究，於一九四八年發表了《寶雞

台溝東區墓葬的報告》，在報告中，蘇秉琦首創按器物形制學劃分墓葬隨葬陶器組合的共存關係，作為分期斷代的標準方法，為後來的形制學研究樹立了楷模。同時，他在研究中還提出了探索周文化淵源的線索，把我國考古學的研究進一步引向深入。

一九三七年抗日戰爭爆發，侵華日軍肆意摧殘中國文化事業，對文物或掠奪或焚毀，據一九四五年十月「戰時文物保存委員會」登記，戰時文物損失共三六〇多萬件又一八七〇箱，古跡七四一處。為避免文物少遭日軍破壞，中國考古機構將所藏文物西遷。七七事變後，中央博物院籌備處即著手選擇藏品，分裝多箱，一部分密存南京朝天宮故宮倉庫和上海興業銀行，大部分珍品則於一九三七年七月離寧遷漢，旋入川，在重慶南岸沙坪壩建庫貯藏。一九三九年五月重慶遭日本飛機轟炸，六月中央博物院文物分三批遷昆明，小部分存四川樂山。一九四〇年六月，因太平洋戰爭爆發，昆明遭日機轟炸，八月中央博物院籌備處再遷四川南溪李家莊。故宮博物院的文物在一九三七年八月運出第一批，由南京出發，經漢口、長沙，最後到貴陽安順，一九四四年再遷巴縣。第二批文物從水陸兩路搶運，水路經漢口、重慶到樂山，陸路從南京下關裝火車，經寶雞、漢中、成都到峨眉。

中國考古學者在抗戰後方的西南和西北地方，在艱難條件下，盡最大努力開展考古工作。

一九三七年中央博物院籌備處主任李濟邀請留學歐美的吳金鼎、曾昭燏、馮漢冀、夏鼐等一批年輕的考古學者到籌備處工作。一九三八年，他們都來到了四川。馮漢驥隻身一人前往四川西北部岷江上游羌族地區進行考察，在汶川縣清理了石棺葬，後發表《岷江上游的石棺葬文化》一文，首次科學地報導了這類墓葬。一九三八年十一月，吳金鼎去雲南蒼洱境大理附近調查南詔時期太和故城、白王塚、三塔寺等遺址和馬龍、龍泉、中和等史前遺址；次年三月，他和曾昭燏、王介忱發掘大理附近的馬龍、清碧、佛頂等六處遺址，同時又調查發現了一些新遺址；他們將蒼洱境發現的史前文化和華北仰韶、龍山文化做了比較，發現蒼洱境文化中的斷線壓紋陶與半月形石刀具有獨特性，故將其取名為「蒼洱文

化」。曾昭燏等對室內文物進行整理和研究，在李莊等處舉辦了多次文物展覽。

一九四一至一九四二年，中央研究院史語所，中央博物院籌備處和中國營造學社合組川康古跡考察團，去四川彭山縣雙江鎮附近發掘漢崖墓，清理了七十七座崖墓和二座磚室墓，出土陶俑等文物數百件，發現的一件陶質佛座對研究佛教傳入具有重要價值。彭山崖墓還為研究漢代建築和藝術提供了許多珍貴資料。一九四二年，史語所、中央博物院籌備處和四川省博物館合作，由吳金鼎主持發掘成都附近的五代前蜀王建墓，取得了較大收穫。

一九四二年，史語所和中央博物院籌備處等合組西北史地考察團。敦煌組由向達負責，主要考察了敦煌千佛洞，針對少數人對敦煌壁畫的破壞，提出了保護敦煌的措施。歷史組由勞榦負責，注重考察漢代遺跡，收集漢簡。史前組由石璋如負責，開始在敦煌附近的額濟納河流域考察漢代長城和烽燧遺址，後轉往關中地區，在陝西調查了邠、乾、長安、武功、鄠、扶風諸縣，共獲遺址六十六處。

一九四四年，史語所、中央博物院籌備處、中國地理研究所、北京大學文科研究所合組西北科學考察團，考古方面由向達、夏鼐、閻文儒負責。他們調查了蘭州十裏店、西果園一帶的史前遺址，又自酒泉往金塔北海子探漢代烽燧遺址、瓜州故城；五月，在敦煌附近發掘魏晉和唐代墓葬；十一月，考察漢玉門關、陽關和長城、烽燧遺址，發現一批漢代木簡。一九四五年春，夏鼐在甘肅甯定縣陽窪灣齊家墓葬發掘中，從墓葬的墟土中找到了仰紹文化的彩陶片，從地層證據證明齊家文化晚於仰紹文化，他寫了《齊家墓葬的新發現及其年代的改正》一文糾正了安特生關於齊家期早於仰韶期的年代錯誤。

除上述規模較大的考古活動外，在四川還有不少零星的考古活動。一九三七年，中央大學金毓黻、常任俠等在重慶附近調查崖墓，後又調查清理沙坪壩漢墓。一九四〇年，衛聚賢、郭沫若、常任俠調查重慶江北培善橋漢墓遺物。一九四一年，淩純聲、馬長壽等在理番發掘漢墓。一九四二年，史語所和中央博物院籌備處合作進行川康古跡考察發掘，在陳家偏、牧馬山老江口、李家溝等處發現了一批史前時期和漢代遺存等。

原在史語所、抗戰初期奔赴延安的尹達於一九四二年在延安大砭溝發現了龍山文化遺址，還出版了《中國原始社會》一書。一九四六年，他又在華北解放區邯鄲附近清理一座漢墓，首次發現了散亂的玉衣片。

一九四六年底，中央博物院籌備處李莊與樂山兩處人員暨文物返運南京。一九四七年，故宮博物院先將樂山、巴縣、峨眉三處文物集中重慶，然後全部運返南京。新中國成立前夕，國民黨政府下令將大量文物運往臺灣，其中有故宮文物二三一九一〇件，中央博物院籌備處文物一一七二九件。

從一九二六年李濟主持西陽村史前遺址發掘到新中國成立，中國考古學經過二十餘年的發展已粗具規模，做了不少調查發掘工作，開闢了自己的道路，摸索出一套適合中國特點的田野工作方法，積累了一批通過正規發掘的科學資料，出版了一批考古學論著，為我國考古學的發展奠定了基石。

第十章

現代新文學及語言文字的變革

　　辛亥革命前後，隨著中國和世界局勢的變化，一場文學革命也在孕育。一方面，始於晚清的文學革新運動隨著時間的推移和運動的深入，帶來了從文學觀念、創作風格、文學體裁到文學語言的廣泛變革；另一方面，留學於日本和西方的中國新一代知識分子將現代世界的文化潮流帶入中國。在他們的提倡、實踐和引領之下，晚清以來的文學革新運動終於產生了質的飛躍，並結出了累累碩果。

與前代相比，民國時期的文學有著自己鮮明的時代特色：

其一，民國時期的文學是此期中西文化碰撞和中國文學自身總結、反省而共同催生的產物。在新時代的激盪之下，文學確立了自己嶄新的價值觀念，確立了自己的表現形態和審美品格，從而將中國文學帶入一個嶄新的時代。

其二，民國時期的文學，除少數流派之外，大都在思想、內容上和時代風雲緊密相連，特別是五四新文化運動時期的文學創作、左翼文學、抗戰文學和解放區文學，無不鮮明地反映時代風雲的變幻，緊隨時代的脈搏，全面地反映著當時的社會生活和現實鬥爭。

其三，民國文學的創作現象極其複雜而多樣。啟蒙文學力圖沖決封建蒙昧，改造國民靈魂；情愛文學標誌著現代性愛意識的覺醒和文學地位的變遷；感傷文學折射著現時代人間的苦難和詩意美的幻滅感；鄉土文學則抒發著社會劇烈流動後造成的鄉戀鄉愁；大眾化的通俗文學既反映著現代民主意識的滲透，又表現著媚俗傾向；左翼文學則標誌著無產階級階級意識的覺醒和文學政治傾向性的加強。其餘如歷史文學、都市文學、諷刺文學、現代派文學等都向人們展示著民國新文學的多彩多姿。

其四，創作流派紛呈。在中西文化的相互激盪之下，在現實主義、浪漫主義思潮的影響下，民國新文學出現了許多創作流派，如鄉土文學派、社會剖析派、京派、海派、七月派、山藥蛋派、自我小說派、新月詩派、象徵詩派、現代詩派、新感覺派、九葉詩派等。各流派的作家在自己的創作領域之內分別進行著各種各樣的探索，為繁榮和豐富民國新文學作出了自己的貢獻。

第一節 ·
文學革命與
新文學的發生發展

　　由於歷史和倡導者自身的限制，晚清的文學革新運動存在著相當的缺陷，沒有取得應有的效果。從辛亥革命前後到五四新文化運動之前，在文壇盛極一時並發生重大影響的是鴛鴦蝴蝶派文學，它是現代通俗文學的開端。鴛鴦蝴蝶派文學善寫才子佳人之類的言情小說，重視文學的消遣娛樂作用，一味強調「消閒」、「遊戲」和「快活」。早期的鴛鴦蝴蝶派作家有徐枕亞、李定夷、李涵秋、包天笑、周瘦鵑、陳蝶先（天虛我生）等，其代表作品則是徐枕亞的《玉梨魂》，它被稱之為「言情鼻祖」。在五四運動之前，鴛鴦蝴蝶派文學幾乎成為文學的正宗，獨占文壇，征服了大部分讀者。五四以後，在新文學陣營的猛烈抨擊下，鴛鴦蝴蝶派文學一度受挫。但到二十世紀三〇年代初，它又再度活躍，其代表就是張恨水（1895-1967）的《啼笑姻緣》。到二十世紀三〇年代，又產生了秦瘦鷗的《秋海棠》。

　　晚清文學革新運動的缺陷，在留學於日本和西方的中國新一代知識分子身上得到了彌補。他們開始建構新的文學觀念，並用自己的文學創作實績使中國文學獲得了新的審美意識、新的文體形式和文學語言，從思維方式到表達方式，從具體作品到總體風貌，都脫胎換骨，重立紀元。魯迅、胡適、郭沫若、歐陽予倩、聞一多、徐志摩等成為中國現代文學的第一批拓荒者。

一、五四文學革命的興起

辛亥革命以後，給中國文學帶來質變的文學革命首先要歸功於中國第一批現代知識分子對世界現代文化的吸收和隨之而來的思想啟蒙運動。

辛亥革命的失敗和第一次世界大戰的爆發，促進了中國先進知識分子對民族命運和國家前途的思考。他們明確地認識到，辛亥革命的失敗，一是因為封建君主專制賴以長存的封建文化基礎遠未被剷除；二是革命者與人民群眾之間存在著嚴重的精神隔閡。因此，思想革命被推上了中國現代化歷史進程的最前沿。他們認為，通過思想革命可以同時解決辛亥革命暴露出來的兩大問題，既能通過對傳統儒家文化思想的批判來剷除封建君主政體的精神基礎，又能通過思想啟蒙來喚醒民眾，促進國民意識的現代化。而完成思想革命的主要途徑是引進西方社會以民主和科學觀念為核心的精神文化。於是，以民主和科學為武器，中國激進的民主主義知識分子向封建文化展開了全面的批判，一場新的文化運動由之興起。

一九一五年《新青年》創刊不久，中國文學的現代化問題便引起了人們的關注和思索。陳獨秀等看到了文學對思想革命的有力作用，要求國民意識的現代化必須與語言文學的現代化同步進行。留學美國的胡適主張「廢除死的古典語文，改取活的語體語文」。一九一七年一月，他在《新青年》上發表《文學改良芻議》，提出文學改良須從八事入手：一曰須言之有物，二曰不摹仿古人，三曰須講求文法，四曰不作無病之呻吟，五曰務去爛調套語，六曰不用典，七曰不講對仗，八曰不避俗字俗語。並鼓吹以「白話文學之為中國文學之正宗，又為將來文學必用之利器」。之後，陳獨秀在《新青年》發表《文學革命論》，正式提出「文學革命」的口號，「高張『文學革命軍』大旗」，並聲明在「旗上大書特書吾革命軍三大主義：曰推倒雕琢的阿諛的貴族文學，建設平易的抒情的國民文學。曰推倒陳腐的鋪張的古典文學，建設新鮮的立誠的寫實文學。曰推倒迂晦的艱澀的山林文學，建設明了的通俗的社會文學」。這是當時對「文學革命」概念最全面的闡釋。之後，錢玄同、劉半農等撰文回應。一九一七年七月，胡適回國受聘為北京大學教授，陳獨秀、李大釗、錢玄同等也同在北大任教。北大校長蔡元培開明治校，循思想自由原則，取相容並蓄主義，為新文學運動的展開提供了良好的

學術環境，北大遂成為文學革命的發源地。

在理論倡導的同時，《新青年》還大力扶持新文學的創作。一九一七年二月和六月，該刊先後發表了由胡適創作的中國最早的白話詩詞，次年又連續刊登了胡適、沈尹默、劉半農等人的白話詩。從一九一八年五月起，《新青年》完全改用白話，並陸續發表了魯迅的白話小說《狂人日記》、《孔乙己》、《藥》等。從此，文學革命突破了初期理論主張的局限，開始了內容上真正的大革新。魯迅在這一時期所發表的一系列作品都以嚴峻的現實主義筆法，深刻地暴露出「舊社會的病根」，從革命民主主義思想的高度提出了農民、婦女、知識分子的出路等一系列重大問題，表現了中國歷史上前所未有的新主題。劉半農、葉紹鈞等人的作品也都從現實人生取材，體現了新時期嶄新的思想特色。五四運動爆發之後，當時流行的社會改造、婦女解放、勞工神聖等思想，更成為新文學作品所表現的重要內容。許多新的作品都充滿了徹底的民主主義思想和朦朧的社會主義傾向，如郭沫若在《學燈》上發表的《鳳凰涅槃》、《匪徒頌》等。

伴隨著文學內容的大革新，文學的語言形式也獲得了大解放。白話文在這個時期逐步得到推廣。繼《新青年》全部改用白話文之後，在「詩體解放」的號召下，新文學運動的許多成員紛紛嘗試寫作白話新詩，並明顯地擺脫了舊體詩的束縛。新創刊的《每週評論》、《新潮》等刊物也都登載各種形式的白話創作和翻譯作品。自一九一九年下半年起，全國白話文刊物風起雲湧，連《小說月報》、《東方雜誌》等一些為舊派文人掌握的老牌刊物，也迫於營業上的需要，逐漸改用白話。到一九二〇年，在白話取代僵化了的文言已成事實的情況下，北洋政府教育部終於承認白話為「國語」，通令國民學校採用。五四文學革命和白話文運動實際上是文藝大眾化的一個起點，它已經包含著後來文藝大眾化運動最初的種子。

一九一八年以後，文學主張和文學觀念也有了新的變化，更多的人接受了文學「為人生」和「表現人生」的主張，現實主義的文學思想逐漸取得優勢。改革舊戲的問題在這時開始提出，一部分具有初步共產主義思想的知識分子則開始以唯物史觀來考察包括文學在內的各種精神現象。他們堅信新文學的偉大前途，力

圖對它提出新的要求，作出新的說明。[1]

　　外國文學的大量介紹，也構成了五四文學革命的一個重要內容。1918 年，《新青年》出版了易蔔生專號，譯載了《娜拉》等作品。從此，外國文學的介紹步入了一個新的時期，其規模和影響都遠遠超過了近代的任何時期。魯迅、劉半農、沈雁冰、鄭振鐸、瞿秋白、周作人、郭沫若、田漢等都是活躍的翻譯者和介紹者。當時幾乎所有的進步報刊都登載翻譯作品，大量的世界名著被有系統地陸續介紹給中國讀者，這使中國文學和世界文學開始有了某種「共同的語言」，它幫助中國新文學進一步擺脫了舊文學的種種束縛，促進了它的改變和發展。

二、風起雲湧的新文學社團

　　一九二一年以後，新文學運動有了進一步的發展，新的文學社團如雨後春筍，文藝刊物在各地紛紛出現。在五四運動之前，活躍於文壇的主要是新青年社和新潮社兩個文化團體。當時，文學革命是新文化運動的一個組成部分，沒有職業的作家，也沒有獨立的文學社團出現。五四以後，建設一種「活的文學」和「人的文學」的觀念得到較為廣泛的認同，文學創作也顯示出日益明顯的實績。此時，新文學運動才和一般的運動分離開來，文學社團也應運而生。一九二一年一月，文學研究會在北京成立。同年六月，創造社成立於日本東京。這兩個社團的建立，標誌著一個遍及全國的文學活動的開始。據茅盾先生統計，僅《小說月報》記載的從一九二二年到一九二五年間成立的文學團體便不下百餘個，實際數字要多上一倍。這些社團之中比較活躍並產生一定影響的，在上海有沈雁冰、鄭振鐸、歐陽予倩等成立的民眾戲劇社（1923 年成立），馮至、楊晦等人的淺草社（1922 年成立，1925 年遷至北京，易名為沉鍾社），田漢的南國社（1924 年發端），蔣光慈、沈澤民的春雷社（1924 年成立）；在北京有徐志摩等人的新月社（1923 年成立），魯迅、周作人領導的語絲社（1924 年 11 月成立），胡適、陳源

1　李大釗：《什麼是新文學》，《星期日》「社會問題號」，1920-01-04。

等人的現代評論社（1924 年 12 月成立），魯迅、高長虹等人的莽原社（1925 年 4 月成立），魯迅、韋素園、台靜農等人的未名社（1925 年 8 月成立）；在天津有趙景深、焦菊隱等人的綠波社（1923 年 5 月成立）；在杭州有汪靜之、潘漠華、馮雪峰等人的晨光社（1921 年 9 月成立）以及之後的湖畔詩社（1922 年 4 月成立）等。這些文學社團的主體大多是青年學生和知識分子，以後成為中國現代文學的中堅。這些社團或二三人、三五人乃至十數人集結在一起，標新立異，獨樹一幟，表現自我，發展個性，勇於創新。

在蜂起的純文學社團中，文學研究會和創造社是兩個中心，分別代表了兩種不同的思想和藝術傾向。文學研究會是一個鬆散的團體，他們不贊成把文藝當成高興時的遊戲或失意時的消遣，而相信「文學是一種工作，而且又是與人生很切要的一種工作」。文學研究會自一九二一年成立到一九三一年解散，歷時十年，造就了葉紹鈞、王統照、許地山、朱自清、盧隱、張聞天、冰心、王任叔（巴人）、魯彥、沈雁冰、鄭振鐸、孫伏園、俞平伯、徐志摩等一大批著名的小說家和散文家，鄉土派文學及新月社、語絲社及「左聯」的許多作家都出自這個團體。創造社也比較鬆散，「沒有章程，沒有機關，沒有劃一的主義」。它自一九二一年六月創辦到一九三〇年三月解散，歷時九年。郭沫若、成仿吾、郁達夫、周全平、葉靈鳳、柯仲平、馮乃超、李初梨、彭康等人是創造社的骨幹。但創造社的主要精神傾向於革命，其發展也一波三折。其他的社團或傾向於文學研究會，如民眾戲劇社、語絲社、莽原社等；或傾向於創造社，如南國社、淺草社等。其發展演變的情勢也各不相同，但它們都有若干的共同點。首先是以共同的文學志趣作為社團的宗旨，如文學研究會是「為人生」，創造社是本著「內心要求」，沉鍾社是「忠實於藝術」，狂飆社推崇「強者的藝術」等。其二是各社團之間既相互對立，又相互交叉和滲透。其對立主要體現在不同作家形形色色的文學藝術主張上。第三個特點是適應當時時代和社會的需要，大多數社團都由純文學轉向了社會的、階級的文學。到一九三〇年三月「左聯」宣告成立，創造社、太陽社、語絲社、南國社的許多成員都加入了「左聯」，文學社團的發展也進入了一個新的歷史階段。

三、現代新文學的初創

從《新青年》創刊到一九二七年大革命失敗的十餘年中，伴隨著五四文學革命的發展，新文學創作取得了巨大成就。這一時期湧現出來的著名人物如魯迅、劉半農、胡適、郭沫若、郁達夫、冰心、朱自清、王統照、聞一多、徐志摩、葉紹鈞、丁西林、周作人等人，都成為中國現代文學創作的主將。他們的作品或志在喚醒民眾，或抒寫情愛，或表達傷逝，或抒發叛逆精神，風格不一，內容也各不相同。

五四新文化運動前後，喚醒民眾、啟發民智的啟蒙文學成為時代的主流。新文化運動本身便是一場現代思想啟蒙運動，它用民主反對封建專制、奴化人格和宗法禮教，用科學反對封建迷信，張揚理性，構建新的思維方式，努力把廣大民眾從封建蒙昧的思想桎梏中解放出來。新一代文學家準確地把握了這一時代脈搏，實現了中國文學有史以來最深刻、最偉大的一次飛躍。它以喚醒國民靈魂、建構新型民族精神與民族性格為己任，以廣大下層勞動群眾為主要啟蒙對象，以反蒙昧、反守舊、反奴化、反迷信為主要任務。它發展和成熟的基本標誌是魯迅的小說和雜文創作。

魯迅（1881-1936），原名周樹人，出生於浙江紹興一個逐漸沒落的士大夫家庭，早年受到良好的傳統文化教育。一九〇二年，考取官費留學日本。在留學期間，受日本軍國主義的刺激，開始思考國民性的問題。關於國民性的思考，賦予魯迅的小說、雜文以光彩奪目的理性之光。他堅定地認為文學「必須是『為人生』，而且要改良這人生」。他自覺地「取材」於「病態社會的不幸的人們中，意思是在揭出病苦，引起療救的注意」，同時熱情地呼喚：「世界日日改變，我們的作家取下假面，真誠地、深入地、大膽地看取人生並且寫出他的血和肉的時候早到了」。他的創作，也因此而成為啟蒙文學的典範之作。

從一九一八年起，魯迅和李大釗等一起參加了《新青年》雜誌的活動，陸續發表小說、論文和雜感。到一九二三年，他先後寫了二十幾個短篇，先後結成《吶喊》、《彷徨》兩個小說集。他比較集中地描寫了兩類人物：農民和知識分子。魯迅以深厚的感情關注著農民的命運，《阿 Q 正傳》、《故鄉》、《祝福》等

具體而生動地表現了農民當時的境遇。《在酒樓上》、《孤獨者》、《傷逝》等小說中的知識分子形象也充分地說明了中國知識分子的歷史特點。因此，他的小說成為中國社會從辛亥革命到第一次國內革命戰爭時期的一面鏡子。

在五四白話文和文言文的尖銳對壘中，魯迅是以白話寫小說的第一人。他的小說集中地揭露了封建主義的罪惡，反映了處於經濟剝削和精神奴役雙重壓迫下的農民生活的面貌，描寫在激烈的社會矛盾中掙扎的知識分子的命運。他以卓越的藝術語言，無可辯駁地證明了白話應該是民族文學的新語言。《吶喊》共收一九一八至一九二二年間寫的小說十四篇，它們都具有充沛的反封建熱情。《狂人日記》是中國現代文學的第一篇小說，魯迅利用早年獲得的醫學知識，以嚴格的現實主義態度，使社會生活的具體描寫結合狂人特有的內心感受，藝術地貫穿在小說的全部細節裡。狂人說的每一句話都是病話，但每句話又包含著許多深刻的真理。通過狂人精神錯亂時的胡言亂語，從某些「人吃人」的具體事實，進一步揭示了精神領域內更加普遍存在著的「人吃人」的本質，從而對封建社會的歷史現象作出了驚心動魄的概括。小說借實引虛，以虛證實，藝術構思十分巧妙，使讀者耳目一新。

繼《狂人日記》之後，魯迅寫了《孔乙己》和《藥》。《孔乙己》以咸亨酒店為背景，展現了一個富有地方色彩的作為社會縮影的畫面。作品用典型的細節鮮明地揭示了孔乙己的悲劇性格，從而抨擊了封建科舉制度對知識分子的戕害，也在一定程度上暗寓著對這種性格的鞭撻。《藥》寫的是茶館主人華老栓買人血饅頭為兒子小栓醫病的故事。小栓並沒有因為吃了蘸了革命者夏瑜鮮血的「人血饅頭」而治癒癆病，夏瑜為群眾而犧牲，卻根本未得到應有的理解。小栓的下場是一個悲劇，夏瑜的遭遇是一個更大的悲劇。作家根據親身的感受和經歷寫出了一個真理：革命思想如果不掌握民眾，那麼先驅者的鮮血只能做「人血饅頭」，甚至連醫治癆病的效果也沒有，留下的只是一片慘澹的冷漠與遺忘。在同樣以農民為主人公的小說《故鄉》、《風波》、《祝福》、《離婚》中，魯迅也深刻地揭露了封建勢力對農民的欺壓和迫害。《風波》一開始便展現了一幅動人的農村晚景圖，在恬靜的景色中回盪著時代的風波。小說中趙七爺、九斤老太、七斤等人物各具特點，一個個神態畢現。風波過後，仍然一片平靜，它暗示著復辟雖然不曾

成功，而生活依舊不曾脫離原來的軌道，說明農民的覺醒還有待於進一步的教育。《故鄉》描繪了近代中國農村破產的圖景。小說以抒情的筆調，通過主人公閏土的遭遇和變化，寫出了中國農民在「多子、饑荒、苛稅、兵、匪、官、紳」層層逼迫下的深重災難。《祝福》把人物放在更加複雜的社會關係中，為農民的命運提出強烈的控訴。勤勞善良的祥林嫂充滿辛酸和血淚的一生，讓人看到她脖子上隱隱地套著封建社會的四條繩索─政權、神權、族權和夫權。

《阿 Q 正傳》寫於一九二一年十二月至一九二二年二月之間，以辛亥革命前後閉塞落後的農村小鎮未莊為背景，塑造了一個從物質到精神都受到嚴重戕害的農民的典型。阿 Q 是上無片瓦、下無寸土的赤貧者，他沒有家，沒有固定的職業，甚至連自己的姓都沒有，現實處境十分悲慘，但精神上卻「常處優勝」。作品突出地描繪了阿 Q 的「精神勝利法」，同時又表現了他性格中其他許多複雜的因素。他從自尊自大到自輕自賤，又從自輕自賤到自尊自大，表現出半殖民地半封建社會中國部分農民的典型性格，具有廣泛的社會諷刺效果。阿 Q 的悲劇，也是辛亥革命的悲劇。《阿 Q 正傳》在廣闊的歷史背景上，寫出了當時中國農村的社會矛盾和階級關係，通過藝術描繪，讓人重溫辛亥革命的歷史教訓。魯迅較多地注意到了群眾的落後問題，並提出了啟發農民覺悟問題。雖然他還不能指明人民達到幸福生活的具體道路，但始終站在人民一邊，確信農民有權利得到合理的生活。「中國倘不革命，阿 Q 便不做。既然革命，就會做的」。魯迅並沒有回避農民的精神弱點，因此阿 Q 一直成為具有類似精神現象的人的代名詞，不僅是中國文學史上，也是世界文學史上一個不朽的典型。

五四時期《新青年》其他主要成員的創作也顯示了文學革命的實績。文學革命初期，胡適（1891-1962）最早在《新青年》上發表了白話詩。他在一九二〇年三月出版的《嘗試集》是中國現代文學史上第一部白話詩集。集中詩篇的思想內容並不引入注目，其語言形式的革新在文學革命初期產生過較大的影響。除白話詩外，胡適還寫了話劇《終身大事》（1919），主要宣傳婚姻自主，鼓勵婦女衝破封建束縛，走「娜拉」式道路，在反封建的新文化運動和早期話劇運動中產生過積極影響。

繼胡適發表白話詩之後,《新青年》等不少刊物陸續發表白話詩作。郭沫若《女神》的出版,更為詩歌創作打開了前所未有的局面。

　　五四運動之後,郭沫若開始從事文學創作,並於一九二一年出版了詩集《女神》,從而奠定了他在現代文學史上的卓越地位。《女神》除序詩外,共收詩歌五十六首,其中最有代表性的作品是《鳳凰涅槃》和《女神之再生》。《鳳凰涅槃》以有關鳳凰的傳說為素材,借鳳凰「集香木自焚,複從死灰中更生」的故事,象徵著舊中國以及詩人舊我的毀滅和新中國以及詩人新我的誕生。在對現實的譴責裡,交融著深深地鬱積在詩人心頭的民族的悲憤和人民的苦難。詩人以汪洋恣肆的筆調和重疊反復的詩句歌頌鳳凰的更生,渲染了大和諧、大歡樂的景象。詩中傾瀉式的感情和急湍式的旋律,充分體現了詩人在創作上狂飆突進的精神。《女神之再生》也以神話題材影射現實,揭示出反抗、破壞和創造的主題。《女神》中許多重要的詩篇,飽含著郭沫若眷念祖國、頌揚新生的深情,這也正是對五四的禮贊,如《晨安》和《匪徒頌》,皆氣勢磅礡,筆力雄渾。歌頌富有叛逆精神的自我形象,表現與萬物相結合的自我力量,是《女神》的另一重要內容,這些詩篇幾乎處處透過抒情形象表現了鮮明的自我特色;而在一部分詩篇裡,更對作為叛逆者的自我唱出了激越的頌歌。如《天狗》、《我是個偶像崇拜者》、《金字塔》等。還有一些詩篇表現了對勞動群眾的景仰和頌揚,如《地球,我的母親!》。一些歌詠大自然的詩,如《光海》、《梅花樹下的醉歌》等都清新生動,氣象宏麗。《女神》具有鮮明的革命浪漫主義特色,它強烈地反映了青年知識分子革命的願望、要求和理想。詩篇奔騰的想像和大膽的誇張,宏偉的構思與濃烈的色彩,激昂的音調與急驟的旋律,以及神話的巧妙運用等,都具有鮮明的浪漫主義色彩。它所顯示出來的鮮明的時代色彩、獨創的藝術風格,豐富了我國的詩歌寶庫,對後來的詩人產生了重大影響。

　　在《新青年》雜誌同人中,較早發表新詩的,還有劉半農和沈尹默。劉半農(1891-1934)主要的創作成績在新詩方面。他對新詩的形式和音節做過多樣的嘗試與探索。其詩集《揚鞭集》收錄了不少較為成功的作品,如《相隔一層紙》、《學徒苦》、《擬兒歌》、《鐵匠》、《老牛》、《教我如何不想她》、《月夜》、《三弦》等,為當時讀者所稱賞。俞平伯的《冬夜》、《西還》等詩集所收之詩,從詞語、

音律到表現手法，都有較多古典詩詞的影響。而劉大白（1880-1932）的詩比較鮮明地體現了五四時代思潮。如《紅色的新年》、《五一運動歌》等讚美了十月革命的潮流；《田主來》、《賣布謠》等揭露了豪富的貪婪。

文學革命初期，在魯迅的帶動下，汪敬熙、楊振聲、葉紹鈞等小說作家也漸露頭角。之後，白話散文日漸增多，雜文適應鬥爭的需要而出現，報告文學也應運而生。瞿秋白寫出了中國現代文學史上最早的報告文學作品《俄鄉紀程》、《赤都心史》。

四、各新文學社團成員的創作

文學研究會是中國現代文學史上最早出現的新文學團體，它的許多作家在二十世紀二、三十年代的文壇都享有盛譽，如鄭振鐸、葉紹鈞、冰心、朱自清、王統照、許地山、盧隱等。他們肯定文學是「人生的鏡子」，創作也大多以現實人生問題為題材。為推動新文學的創作，文學研究會十分注重外國文學的研究介紹，著重翻譯介紹蘇俄、法國及北歐、東歐的現實主義名著，介紹普希金、托爾斯泰、屠格涅夫、契訶夫、高爾基、莫泊桑、羅曼‧羅蘭、易蔔生等人的作品。《小說月報》曾出過《俄國文學研究》特號、《法國文學研究》特號，還出過《泰戈爾號》、《拜倫號》、《安徒生號》等專刊。在文學研究會的推動下，新的作家和新的作品不斷湧現。

冰心（原名謝婉瑩）是文學研究會中較早開始創作活動的作家之一。她創作過《兩個家庭》、《斯人獨憔悴》、《去國》、《超人》等。但她的散文成就更高。較早寫成的《笑》是新文學運動初期有名的白話美文。後來的《夢》、《往事（二）》、《寄小讀者》、《山中雜記》等，都有抒情詩的情調和風景畫般的美感，筆調輕倩靈活，文字清新雋麗，感情細膩澄澈，表現了一個有才華的女作家的獨有風格。

文學研究會成員中在詩歌和散文方面有特色有成就的另一個作家是朱自清

（1898-1948）。他的詩作分別收入了《蹤跡》（詩文集）與《雪朝》第一集中。而最能代表其文學成就的是《背影》、《荷塘月色》、《給亡婦》等抒情性散文。在這一類散文中，作者善於把自己的真情實感通過平易的敘述表達出來，筆致簡約，樸素親切，文字多用口語而加以錘煉。這些作品有著十分動人的力量，在新文學界產生過很大的影響。

王統照（1897-1957）是文學研究會中另一位較有成就的作家。他五四時期開始在《小說月報》、《曙光》、《新潮》等刊物上發表小說、詩歌作品，到二十世紀三〇年代初，先後出版了短篇集《春雨之夜》、《霜痕》，詩集《童心》及中篇小說《一葉》、《黃昏》等。他的早期創作中虛幻的想像多於客觀的描繪。而隨著作者思想的變化，其筆鋒逐漸轉向暴露和控訴不合理的現實。這方面的代表作是《湖畔兒語》和長篇小說《山雨》。《山雨》以軍閥統治下的北方農村為背景，深刻地反映了在帝國主義經濟侵略和苛捐雜稅、天災兵禍下農村經濟的凋落，農民尋求出路的摸索與掙扎。

許地山（1893-1941）也是文學研究會中富有特色的作家。早年的生活和思想在他的作品中留下了深深的印記。收在短篇小說集《綴網勞蛛》裡的早期作品，往往以閩粵或南洋、印度等地為背景，有濃重的地方色彩，情節曲折，語言明快，人物性格堅韌厚實，富有生活毅力，卻又常常帶著宗教的虔誠與命定論的思想。散文《落花生》、《春的林野》等名篇皆清新爽朗，富於生機。

在文學研究會諸作家的創作中，最能代表其現實主義特色的是葉紹鈞（聖陶）的作品。從一九一九年起，葉紹鈞開始創作白話小說，最初的幾個短篇集《隔膜》、《火災》、《線下》等都表現出鮮明的民主主義傾向。五卅運動之後，葉紹鈞作品的思想面貌發生了變化，《城中》、《未厭集》兩集裡的作品開始關注現實鬥爭，有意識地攝取與時代鬥爭有關的重大題材。一九二八年，葉紹鈞創作了長篇小說《倪煥之》，它是中國現代文學史上較早出現的重要長篇，比較真實地反映了從辛亥革命到第一次國內革命戰爭時期一部分小資產階級知識分子的生活歷程和精神面貌。以後，葉紹鈞還寫過一些短篇，著名的有《多收了三五斗》、《一篇宣言》、《逃難》等，這些作品題材更為廣闊，諷刺更為辛辣，有著

較為鮮明的藝術特點，樸實、冷峻而自然，結構謹嚴，語言純淨洗煉，而富於表現力。葉紹鈞還是現代文學史上最早寫童話的作家，有童話集《稻草人》、《古代英雄的石像》、《四三集》等。其中著名的作品如《小白船》、《芳兒的夢》等，為兒童描繪了一片天真的樂園。

創造社是繼文學研究會之後又一個成立於一九二一年的新文學團體。它與文學研究會並立，在中國現代文學史上產生了重大的影響。創造社成員的思想傾向並不一致，但在文學上都崇「天才」，重「神會」，講求文學的「全」與「美」，強調文學必須忠實地表現「內心的要求」。他們中的許多成員都喜愛歌德、海涅、拜倫、惠特曼、雨果、羅曼‧羅蘭、泰戈爾、王爾德等作家，在創作上側重自我表現，作品都帶有濃重的主觀抒情色彩。創造社的浪漫主義色彩，在詩歌方面的傑出代表是郭沫若，在小說和散文方面則是郁達夫。

郁達夫像

郁達夫（1896-1945）是創造社成員中小說散文創作數量最多、成就最大的作家，也是五四新文學運動中產生過重大影響的作家。早年的生活在他的作品中有著鮮明的印記。他的第一部小說集《沉淪》是他留日時期生活和思想的寫照。《沉淪》發表之後，在當時的青年中產生過很大的反響。郁達夫開始文學創作，便以鮮明的浪漫主義特色見之於文壇。在小說中，他往往以「我」為主人公，運用濃郁的抒情筆調，進行大膽的自我暴露和率直的自我表白。《沉淪》中的小說《風鈴》、《懷鄉病者》、《蔦蘿行》、《還鄉記》等都帶著「自敘傳」性質。尤其是《蔦蘿行》運用給妻子書信的形式，淋漓盡致地描繪了一個窮苦知識分子艱難的生活處境和痛苦迷惘的思想情緒，感情濃郁，文詞淒切。他的小說，往往是一曲曲灰暗、沉重、淒涼的哀歌。他的許多作品如《茫茫夜》、《迷羊》等，往往赤裸裸地描寫性變態心理，把性愛放到很重要的地位，使他作品中的浪漫主義除了感傷之外，又帶上某些頹廢色彩。郁達夫的散文也取得了很高的成就。他的散文文筆優美，感情真摯。遊記散文更有特色，如《屐痕處處》、《釣台的春晝》等名作，筆墨清婉，意境深

遠，十分動人。

語絲社、沉鍾社、未名社及新月社等也是二十世紀二、三十年代創作頗為活躍並產生過一定影響的文學社團。語絲社的主要成員和撰稿者有周作人、魯迅、錢玄同、孫伏園、川島、馮文炳、許欽文、林語堂等。其中尤以魯迅和周作人兩兄弟最為突出。周作人（1885-1968）是五四新文化運動的主要幹將之一。他從新詩創作入手，不久轉到小品散文的寫作，並逐漸形成了自己的風格。他的散文集有《自己的園地》、《雨天的書》、《談龍集》、《談虎集》等。其散文舒徐自在，沖淡平和，處處是作者個性的自然流露，幾乎篇篇都是美文。中國現代散文，以周作人的貢獻為最豐富。

同語絲社傾向接近的文學社團有莽原社和未名社，但其成員的創作成就不大。一九二五年在北京成立的沉鍾社是「中國的最堅韌、最誠實，掙扎得最久的團體」。沉鍾社在小說方面的主要作者是陳煒謨和陳翔鶴，而詩歌則是馮至。馮至早期詩歌的基本主題是青春和愛情的歌唱，語言整飭而自然，感情細膩而真摯，大多蒙染著一層「如夢如煙」的哀愁，如《我是一條小河》、《蠶馬》、《吹簫人》等。後期詩集《北遊及其他》中的詩有了更多的現實內容，思想感情更為闊大，但仍然如一支幽婉動人的笛子在風中吹奏。他的詩注意遣詞用韻，旋律舒緩柔和，有一種內在的音節美。而正因為這一特點，他被魯迅稱為「中國最傑出的抒情詩人」。

在詩歌創作中取得更大成就的是新月社成員，其代表人物是徐志摩、聞一多和朱湘。徐志摩（1891-1931）是「新月詩派」的盟主，在一九二二年到一九三一年近十年的時間裡，先後出版了《志摩的詩》、《翡冷翠的一夜》、《猛虎集》等詩集，《落葉》、《自剖》、《巴黎的鱗爪》等散文集。收在《志摩的詩》中的早期詩作大都內容健康，格調清新，形式活潑自然，如《落葉小唱》、《殘詩》等，洋溢著積極樂觀的情調。但面對當時中國社會的黑暗，詩人也在許多詩篇中流露出失望和頹唐情緒，特別是在《翡冷翠的一夜》、《猛虎集》中的一些詩篇，如《大帥》、《三月十二深夜大沽口外》等。此後，他以全部精力追求詩的格律的改革與創造，音調的和諧與勻稱。代表徐志摩藝術成就的，是那些並無

明顯社會內容的抒情詩，它們是「從性靈暖處來的詩句」。《再別康橋》就出色地顯示了詩人的才情與個性，詩人真摯熱烈的浪漫主義個性，形成了全詩輕柔、明麗而又俊逸的格調。《山中》一詩，將濃烈的思念化為奇妙的想像，用凝煉的詩句生動細膩地表現了愛人之間夢一樣美麗的感情。此外如《沙揚娜拉》音節和諧，想像豐富，比喻貼切，意境優美，技巧圓熟，達到了很高的水準。

聞一多是新格律詩的積極倡導者，但創作道路與徐志摩有很大不同。他受唯美主義文藝思想的影響，立志做「藝術的忠臣」。一九二三年出版的詩集《紅燭》中的許多詩就突出地表現了唯美的傾向和豔麗的風格。但他的文藝思想和創作傾向並不單一，他的許多詩篇都充溢著強烈的愛國熱情，這種熱情又化為神奇瑰麗的想像，如《太陽吟》、《死水》集中的《死水》、《祈禱》、《一句話》、《洗衣歌》、《發現》等。在藝術上，這些詩也結構謹嚴，形式整齊，音節和諧，比喻貼切。

聞一多像

新月社另一個較有影響的詩人是朱湘（1904-1933），其詩作以《草莽集》為代表，往往以小詩的形式，歌唱青春的熱情，遊子的哀怨，憤世者的孤高以及含有哲學意味的思索，精心的構思中顯示出倩婉輕妙的特色。

第二節 ·

左翼文學運動
與新文學的繁榮

二十世紀三〇年代是民國新文學的繁榮期。左翼文學運動的興起是其突出特色，它對新文學的繁榮起了極大的推動作用，且其本身也體現了這種繁榮。

一、無產階級文學運動的興起

一九二七年以後，隨著大革命的失敗和國內、國際社會和民族矛盾的加劇，無產階級革命文學運動（或稱左翼文學運動）開始蓬勃興起。在當時，它並不是一種孤立現象。一九二八年前後，國際無產階級文學運動普遍開展，並給中國文學界以很大的影響。大革命失敗後，大批革命知識分子在上海匯合，革命文學陣容初具雛形。郭沫若、成仿吾、蔣光慈等人開始發表文章，倡導無產階級革命文學。他們論述了文學的階級性，強調文學是階級鬥爭的武器，闡明了無產階級文學產生的原因和承擔的歷史使命，提出無產階級文學「要以農工大眾為我們的物件」，要「接近大眾的用語」。但在運動初期，文學與政治、文學與革命、文學與時代的關係被空前強化。處在由小資產階級向無產階級轉化過程中的無產階級文學倡導者們誇大了文藝的作用，忽視文藝的特徵，忽視生活對創作的重要性，認為文學只是「反映階級的實踐的意欲」。因而出現了不少失誤。

由於對當時中國社會性質、革命任務等問題認識不清楚，創造社、太陽社在倡導無產階級文學運動時，首先把批判的矛頭指向了魯迅。他們模糊了民主主義和社會主義兩種革命的界限，將資產階級甚至小資產階級一概當作革命物件，聲稱「一般的文學家大多數是反革命派」，並將五四新文學當成資產階級文學而予以否定。他們不但把魯迅當作「時代的落伍者」，資產階級「最良的代言人」，而且說魯迅是「封建餘孽」，「對於社會主義是二重的反革命」。太陽社、創造社對魯迅、葉聖陶、郁達夫等人的批判，引起了新文學陣營內部歷時一年有餘的論爭。魯迅對於革命文學或無產階級文學持完全肯定的態度，並對倡導者們輕視生活、輕視技巧、「只掛招牌，不講貨色」等毛病提出了懇切的批評。

中國左翼文學運動初期的創作，以小說和詩歌為主要文體，習稱為「普羅文學」。它們具有明確自覺的政治和階級意識。為了達到宣傳階級意識、鼓動大眾情緒的目的，他們強調抓取能表現現時代階級鬥爭主題的重大題材和「大時代衝擊圈」中的人物。在寫作上往往避開現實的具象描繪而直奔主題，憑主觀熱情塑造「突變」式的英雄，作品中充滿著主觀的敘述、激情的宣洩和標語口號式的議論，既生機勃勃、奮發踔厲，又浮躁衝動，粗糙幼稚。蔣光慈、洪靈菲等小說家，多描寫農民暴動、工人罷工和革命者的艱危受難，追求「力的技巧」和粗豪的風格，習慣在急風暴雨式的鬥爭中展示人物的英雄風貌。這些作品觀念大於形象，描寫主觀浪漫，最典型的公式是「革命+戀愛」。這一類的代表作品有華漢（陽翰笙）的《地泉》三部曲，洪靈菲的《流亡》、《前線》、《轉變》，戴平萬的《都市之夜》（短篇集），錢杏邨的《革命的故事》等。雖取材不同，但大體表現了相同的傾向。

二、左翼作家的文學創作

一九二九年秋天，文藝與革命的論爭逐漸停止。在中國共產黨的指導下，原創造社、太陽社成員和魯迅及在魯迅影響下的作家聯合起來，準備成立革命作家的統一組織。經過充分醞釀，一九三〇年三月二日，中國左翼作家聯盟（簡稱

「左聯」）在上海成立，其發起人和主要成員有魯迅、夏衍、陽翰笙、郁達夫、馮乃超、馮雪峰、鄭伯奇、郭沫若和茅盾等人。「左聯」的成立，標誌著革命文學跨入了一個新的發展階段，也標誌著中國共產黨對文藝事業領導的加強。「左聯」理論綱領宣布，其藝術「是反封建階級的，反資產階級的」，「不能不援助而且從事無產階級藝術的產生」。魯迅在成立大會上作了重要講話。

「左聯」成立前後，陸續出版了《拓荒者》、《萌芽月刊》、《北斗》、《文學月報》等，還改組、接辦了《大眾文藝》、《現代小說》等期刊。在北平和日本東京兩地設有分盟，在廣州、天津、武漢、南京等地成立小組，先後吸收成員二七〇餘人。「左聯」的成立及活動，大大密切了文藝與革命的關係，五四新文學傳統得到進一步發揚。為使文藝作品更好地服務於革命鬥爭，左翼作家開始探索文藝與革命相結合的道路，開始了文藝大眾化的討論和初步的創作實踐。

在創作上，左翼作家也取得了較突出的成就。雜文的繁榮是左翼文壇以至當時整個文學界的突出現象。二十世紀三〇年代政治上的風雲多變，使雜文以其輕捷靈活的特點吸引了眾多的左翼作家。除了魯迅、瞿秋白和茅盾等文壇宿將外，一批青年作家也加入了這個行列。與主張「陶情冶性」為志向的周作人、林語堂等「閒適派」和標榜「平和穩健」的「自由派」小品文作家不同，左翼雜文家強調雜文作為階級「感應的神經」、「攻守的手足」的戰鬥功用，表現出如匕首、投槍般的潑辣、犀利的總體風格。魯迅的後期雜文政治傾向鮮明，激情飽滿，論辯藝術爐火純青，冷峻犀利而又汪洋恣肆，代表著成熟的左翼文學的最高成就，也標誌著中國雜文藝術的最高境界。

雜文是魯迅最後十年生命中文學創作最輝煌的主體部分。在他寫雜文的十八年間，後九年的雜文數量是前九年的三倍多，這些雜文包括《三閑集》、《二心集》、《南腔北調集》、《偽自由書》、《准風月談》、《花邊文學》、《且介亭雜文》、《集外集》等。他自覺地站在無產階級的立場上，以大無畏的精神同形形色色的敵人進行短兵相接的戰鬥，具有強烈的現實性和戰鬥性。魯迅前期的散文敢於直面慘澹的人生，敢於正視淋漓的鮮血，但字裡行間蘊含著過度的悲哀，對未來的前途也顯露出渺茫之感。後期的雜文其思辨不僅宏闊敏銳，而且全面深邃；感情

不僅深沉執著，而且明朗樂觀，堅定從容，信心百倍。在當時，左翼文學作為一種嶄新的藝術，多數作家極為關注文學的政治傾向性和現實功利性，而對藝術審美品格的追求則相對薄弱。公式化、概念化是左翼文學一個較為普遍的毛病。魯迅後期的雜文達到了思想內容與藝術形式的完美統一，從特定的領域彌補了左翼文學的缺陷，具有榜樣性的意義。

瞿秋白的雜文既有由記者和職業革命家生涯形成的政治敏感，又有理論家的濃厚理性色彩，高屋建瓴，詞鋒犀利，明白曉暢，其名篇《流氓尼德》、《財神的神通》、《拉塊司令》、《苦悶的答復》、《王道詩話》、《出賣靈魂的秘訣》、《狗樣的英雄》等都極具特色。作為小說大家的茅盾和郁達夫，其雜文也寫得氣度從容。茅盾的《回到農村去》、《現代青年的迷惘》等都緊扣時代矛盾中心，抽絲剝筍、分析透闢而又含蓄蘊藉。有深厚文化素養的郁達夫，善於在談天說地中略作點染，示人題旨。《天涼好個秋》、《談健忘》、《雜談七月》等或譏評時事，或諷刺陋劣的社會心理，妙語連珠，趣味橫生。一批青年作家也各逞千秋。唐弢的《推背集》、《海天集》著意於意象的營構，有較為深厚的社會文化意蘊。徐懋庸的《打雜集》和《打雜續集》文如其人，剛直鋒銳。聶紺弩因有豐富的生活閱歷和深湛的理論、文學素養，故其雜文恣肆酣暢，札實嚴密。其餘如柯靈、周木齋等，也都較有成就。

「左聯」成立後，左翼小說日趨成熟，其中茅盾和丁玲最具代表性。從《蝕》出發經過《路》、《三人行》到《子夜》、《春蠶》、《林家鋪子》，茅盾完成了自己小說創作的「三級跳」而臻於成熟，同時也把左翼小說創作推向高峰。在《子夜》等小說中，茅盾兼具小說家和社會科學家的雙重氣質，對二十世紀三〇年代的中國城鄉社會進行了廣泛而深刻的分析，既有清醒的理性分析，又有生動的形象塑造和縱深的歷時感、鮮明的即時性，全景構圖氣魄宏大，細部勾勒精細嚴謹，充分顯示了左翼文學的思想藝術優勢。丁玲的作品顯示出了開拓者的頑強和堅韌。寫於一九三一年秋的《水》以幾乎遍及全國的大水災為背景，描寫了中國農民的深重災難和他們終於走上覺醒、反抗的道路。成就雖然不算很高，但其頑強的探索精神顯示出強大的生命力。

左翼小說的另一特色是左翼新作家以不同的藝術個性顯示出共同的政治傾向和藝術追求。張天翼和蔣牧良等繼承了魯迅所開創的社會諷刺傳統，形成左翼青年諷刺文學。張天翼的作品風格峭拔，蔣牧良則樸實厚重，潑辣敏銳，展示著城鄉農工的血淚人生和人心騷動。如他的小說集《銻砂》、《夜工》和中篇小說《旱》等。沙汀、艾蕪、魏金枝、周文等著重描寫鄉土色彩和邊陲風光，豐富了左翼文學的審美品格。艾蕪一九三五年出版的《南行記》，在南國異域旖旎綺麗的風光背景下展開了一幅獨特的人生和藝術世界。他筆下的那些有流浪漢氣質的人們，不論是滑竿夫、強盜、小偷、走私販等，個個都殘忍、狡黠，卻同時有著豐富的人性和頑強的生命力。沙汀的作品在一九三五年後有了一個飛躍，他的那些描寫川西北農村生活的《逃難》、《代理縣長》、《在祠堂裡》、《魯道》、《苦難》等或諷刺官吏差役的腐朽貪婪，或揭露舊軍隊的禽獸行徑，慘澹的人生畫面中升騰著憤怒的火焰。魏金枝的《奶媽》、《白旗手》等對破產農民和新兵的生活和心理有著綿密細緻的描寫，鄉土氣息濃厚。周文的《分》、《在白森鎮》和長篇小說《煙苗季》等多取材於他所熟悉的舊軍隊和地方當權者，揭露和諷刺都十分深刻。此外，葉紫描寫農村生活的作品和歐陽山的《鬼巢》、《七年忌》、丘東平的《多嘴的賽娥》等都各具特色。

　　在左翼文學各領域中，小說創作的收穫最為豐富而堅實。蔣光慈（1901-1931）是革命文學最早、最富熱情的開拓者之一，對左翼小說的題材和技巧做過多樣的探索。代表蔣光慈小說創作成就的是長篇《咆哮了的土地》。作品比較完整地反映了大革命前後廣大農村劇烈的階級矛盾和鬥爭，比較真實地展現了共產黨領導下的早期農民運動的風貌，開此後這一類小說的先河。胡也頻在一九三〇年寫成了他的代表作《光明在我們的前面》。小說以五卅運動時代北京市民反帝怒潮為背景，刻畫了青年共產黨人劉希堅的形象。作者把人物安置在劇烈的矛盾衝突中，使人物性格的發展具有一定的真實性和可信性，而且基本上從「革命+戀愛」的模式中蛻變出來。茅盾的《子夜》是成熟的左翼文學的傑出代表作品，它是十里洋場的現代都市景觀和民族工業命運的藝術寫照，以《林家鋪子》和《春蠶》為代表的「農村三部曲」大規模地描寫當時中國的社會現象和複雜的社會矛盾，並且達到了相當的高度。茅盾善於截取生活的橫斷面，能夠從廣闊的

時代背景上，特別是複雜的經濟矛盾關係中展示人物悲劇性格的形成、發展和衍變的必然性。葉紫的代表作《豐收》和《火》藝術視野宏闊，形象刻畫生動，立體地展現了農村階級鬥爭的複雜場景，中篇小說《星》以勞動婦女為主角，著力表現革命潮流推動下婦女命運的劇變，把五四作家十分重視的關注婦女命運的藝術命題推進到新的高度，時代氣氛逼真，地方色彩濃郁，心理刻畫生動，值得重視。

左翼詩歌也以「左聯」成立分為兩個時期。蔣光慈、郭沫若、馮憲章、錢杏邨、馮乃超、殷夫等普羅詩人在白色恐怖的年代以自己的詩歌控訴了國民黨當局的殘忍和堅定的革命信念，悲愴而高亢，不屈不撓。郭沫若的詩集《恢復》中活躍著一位歷經劫難而不屈不撓的革命詩人的身影。蔣光慈的《寄友》、《哭訴》等作品也是如此。繼蔣、郭之後，年輕的普羅詩人表現出更為高昂的革命熱情。馮憲章的詩集《夢後》等作品熱情地謳歌理想，禮贊工農；錢杏邨的詩集《荒土》和長詩《暴風雨的前夜》等充滿了理想色彩。馮乃超的詩集《紅紗燈》鏗鏘激昂，明快暢達，充滿神秘朦朧的美。但總的來說，普羅詩人的詩歌雖音調粗獷，激情奔湧，卻粗糙幼稚，詩味淡薄。

把左翼詩歌引向中興的是一九三二年五月成立的中國詩歌會。它極重視題材的現實性和時代性，強調詩歌應反映社會現實，推動社會前進。農村革命和反帝抗日成為他們詩歌的兩大主題。中國詩歌會的代表人物有蒲風、穆木天和楊騷、任均、王亞平等。蒲風的代表作品有詩集《茫茫夜》、《生活》、《搖籃歌》、《抗戰三部曲》，長詩《六月流火》等，大多寫農村現實生活，描繪被壓迫農民的痛苦生活和滋長著的烈火般的反抗情緒，詩風樸素，但藝術粗糙。穆木天傾吐著反帝抗日的民族情感，楊騷多通過愛情題材抒發對黑暗現實的不滿和對光明未來的追求。

三、其他作家的創作

在第二次國內革命戰爭時期，還有許多其他作家在從事文學活動。這些作家

沒有像「左聯」這樣的嚴密組織，也沒有像前一個時期那樣組成眾多的文學社團。他們往往只是一些見解比較接近的作家，在一起出版刊物，編輯叢書，共同進行活動，由此形成一種文學風尚。他們中間大體又可分為兩個部分：一部分是以鄭振鐸、王統照、巴金、靳以等為代表的進步民主主義作家，他們曾先後出版了不少文藝雜誌，其中著名的有《文學》（鄭振鐸、王統照等主編）、《文學季刊》（鄭振鐸等主編）、《文季月刊》（巴金、靳以主編）、《文叢》（靳以主編）等。此外像「良友文學叢書」、「開明文學新刊」、生活書店的「創作文庫」以及巴金主編的「文學叢刊」都編輯和出版了許多優秀作品。另一部分是以周作人、林語堂、沈從文等為代表的自由主義傾向比較明顯的作家，他們所編輯的刊物有周作人在北京編的《駱駝草》，林語堂先後編輯的《論語》、《人間世》、《宇宙風》，朱光潛編的《文學雜誌》、沈從文編的《大公報》副刊《文藝》等。他們的創作重視藝術，講究意象，距社會現實較遠，有的還提倡幽默，表現「性靈」。散文小品和詩歌的內容都比較沖淡。

在中國現代新文學史上，老舍以其突出的成就而獨樹一幟。老舍（1899-1966），原名舒慶春，字舍予，出生於北京一個貧寒的旗人家庭。幼年的苦難生活對他的創作產生了深遠的影響。一九二二年，老舍開始創作，但到二十世紀三〇年代，他才真正致力於文學。一九三三年，老舍寫出了長篇小說《離婚》，並發表了《月牙兒》等較優秀的短篇小說。一九三六年，他又創作出了長篇小說《駱駝祥子》。《駱駝祥子》真實地描繪了北平一個人力車夫的悲慘命運。它以一種樸素的敘述筆調，生動的北平口語，簡潔有力地寫出了富有地方色彩的生活畫面和具有性格特徵的人物形象，從而牢固地奠定了自己在中國現代文學史上的重要地位。

巴金像

巴金是在文學創作上取得巨大成就的一位作家。巴金原名李堯棠，字芾甘，一九〇四年出生於四川成都的一個官僚地主家庭。但他是一個封建家庭的叛逆者。五四新文化運動給了他以極大

的影響。一九二七年旅法期間，巴金正式開始了他的文學生涯。一九二八年夏天，他寫出了第一部中篇小說《滅亡》，發表之後，受到了讀者的歡迎。之後，他又創作出了總題為「愛情三部曲」的《霧》、《雨》、《電》。一九三一年，他開始了其傑出的代表作「激流三部曲」（《家》、《春》、《秋》）的創作，前後花了近十年時間完成。「激流三部曲」真實地描述了一個封建大家庭腐爛、潰敗的歷史，寫出了一代新青年的覺醒，塑造了一系列血肉豐滿的藝術形象，其中覺新的形象最為豐富，也最為成功，成為中國現代文學史上一個著名的藝術典型。抗戰爆發後，巴金又寫出了「抗戰三部曲」，長篇小說《寒夜》及一批短篇小說。巴金的短篇小說也豐富多姿、色彩繽紛。此外，他還寫下了大量的散文，這些散文清麗流暢，敘事和抒情相融合，感情飽滿，虛實相間且揮灑自如，有一種內在的魅力和光彩，可謂風格獨特，自成一家。

從新文學的第一個十年裡陸續開始文學活動並且作出引人注目的成績的作家，如魯彥、鄭振鐸、蹇先艾、李劼人、李健吾、沈從文等，進入二十世紀三〇年代後，又各自在文學創作上取得了更多的收穫。他們從不同的側面、以不同的方式，反映了新文學運動的發展。

魯彥，文學研究會成立之初的小說作者之一。在二十世紀三〇年代初期，他的主要作品有《童年的悲哀》、《小小的心》、《屋頂下》、《雀鼠集》、《河邊》五個短篇集和長篇小說《野火》（後改名《憤怒的鄉村》）等。他的小說具有濃厚的現實主義成分，往往以樸素而自然的語言，通過對人物心理和行動的描寫，將現實生活的嚴酷景象展現在讀者面前。他鞭撻著小私有者的自私和狹隘，真實地反映著存在於社會各個角落的悲劇，將批判的鋒芒指向當時的社會。

鄭振鐸（1898-1958），文學研究會的發起人和主要成員之一。除了編輯文藝刊物，撰寫理論批評，介紹和翻譯外國文學之外，還寫了少量作品。除《雪朝》集所收新詩和《山中雜記》所收散文外，還有短篇小說集《家庭的故事》，此集以樸實的文字留下了一組「將逝的中國舊家庭的片影」。寫於二十世紀三〇年代初期的取材於文天祥《指南錄》的《桂公塘》，蒼涼悲壯，富有感染力量，是這一時期歷史小說的代表作。

一九二六年，蹇先艾作為一個文學青年加入文學研究會，受到魯迅、葉紹鈞及莫泊桑、契訶夫作品的影響，其作品多取材於家鄉貴州農村，寫平常人的平常事，文筆樸實無華，被魯迅稱為「鄉土文學的作家」。他早期的小說集有《朝霧》，集中代表作是《水葬》。二十世紀三〇年代又陸續出版了短篇集《還鄉集》、《酒家》、《鹽的故事》、《鄉間的悲劇》及散文集《城下集》等。其中《鄉間的悲劇》、《趕馱馬的人》、《鹽巴客》、《在貴州道上》等，筆致嚴謹而樸素，地方色彩濃厚，饒有山城風光。

從事法國文學名著的翻譯並寫過小說《同情》的作家李劼人，從一九三五年起寫了三個連續性的長篇小說《死水微瀾》、《暴風雨前》、《大波》（第一部），描寫辛亥革命前的社會生活。這三部小說都以作者的故鄉四川為背景，對當時地方上的風土人情、市民階層心理和生活方式作了維妙維肖的刻畫。廣博的社會知識，善於描繪風土人情的本領，使這幾部作品具有相當濃郁的時代氣息和地方色彩。

曾以小說《終條山的傳說》而為人稱道的李健吾，這一時期主要致力於戲劇創作，主要作品有《母親的夢》（獨幕劇）、《梁允達》（獨幕劇）、《這不過是春天》（三幕劇）等。後者是他的代表作。

沈從文是二十世紀三〇年代知名於文壇的作家。他一九〇二年出生於湘西的鳳凰縣。一九二四年，開始創作小說。自二〇年代末到抗戰爆發的七八年間，他出版了《好管閒事的人》、《石子船》、《老實人》、《月下小景》、《八駿圖》等二十多部小說集，成為當時新文學領域中小說創作數量最多的作家之一。他的小說取材範圍很廣，有描寫舊軍隊生活的，如《入伍後》、《傳事兵》等；有描繪城市人情世態的，如《紳士的太太》、《八駿圖》等。而最具特色的作品是反映湘黔邊境少數民族地區的風土人情的作品，如《旅店》、《夜》、《還鄉》、《邊城》等。寫於一九三四年的《邊城》是這類題材的代表作，它以川湘邊境的小山城茶峒及附近鄉村為背景，描寫一個撐渡船的老人和他的外孫女的生活，及外孫女與當地掌水碼頭團總的兩個兒子之間曲折的愛情故事。圍繞著這個故事，對這個僻遠邊城的自然景致、生活風習和人物性情作了有聲有色的描繪，地方色彩極為濃

厚。小說的細節描寫，從日常生活到節日活動，從平凡無奇的擺渡到引人入勝的龍舟競賽，都寫得逼真生動。他的小說中描繪了形形色色的人物，有官僚、軍閥、資本家、政客、土豪，也有士兵、漁夫、船夫、小販、娼妓以及工人、學生等，組成了當時社會廣闊的世態畫。

第三節 ·
抗戰文學及
解放區新文學

一九三七年七月，盧溝橋事變發生，抗日戰爭全面爆發。抗日戰爭使整個社會生活發生了極大的變化。隨著沿海大城市特別是文化中心上海的失守，文藝活動和出版界一時陷入停滯狀態，一些較有影響的刊物如《文學》、《文叢》及《光明》、《中流》等相繼停刊，代之以《吶喊》、《烽火》、《光明戰時號外》、《戰時演劇》、《戰時聯合特刊》等小型刊物。面對全國人民高漲的抗日情緒和大片國土的淪陷，作家們紛紛擺脫原先比較狹隘的生活圈子，走向內地和抗日前線。一九三八年三月，中華全國文藝界抗敵協會在武漢成立，理事有郭沫若、茅盾、馮乃超、夏衍、胡風、田漢、丁玲、許地山、老舍、巴金、鄭振鐸、朱自清、郁達夫、朱光潛、張道藩、姚蓬子、陳西瀅、王平陵等人，文藝界在民族解放的旗幟下，結成了全國最廣泛的統一戰線，抗日救亡文學在全國範圍內迅速普及開來。

一、抗戰文學的蓬勃發展

　　二十世紀三〇年代，隨著日本帝國主義武裝侵略的加劇，民族危機日益嚴重，以抗日救國為內容的文學作品大量增加。一九三五年華北事變後，則以壓倒一切之勢涵蓋了當時的文壇。在散文創作領域，這種歷史性轉變非常鮮明突出。三〇年代雜文鼎盛一時，紛紛揭露日寇的侵華、亡華陰謀，抨擊國民黨政府的不抵抗政策，鼓動人民的抗日熱情。魯迅、瞿秋白、茅盾、郁達夫、蕭軍、蕭紅等人的作品都筆鋒犀利，潑辣生動，代表當時雜文的最高成就。

　　華北事變後，抗日救亡詩歌也出現高潮，散見於各詩刊、各大小文藝雜誌及報紙的詩歌沒有一篇不是關於國防和抗日的吟唱，涉及民族解放鬥爭的題材。田漢創作了著名歌詞《義勇軍進行曲》，王統照的《吊今戰場》，周立波的《可是，我的中華》以及田間、臧克家、艾青等的詩作，都洶湧著不可遏止的民族悲憤，表達著為民族解放獻身的崇高願望。在抗日戰爭全面爆發之前，艾青曾創作過《春》、《太陽》、《黎明》等詩作。抗戰開始後，他幾乎走遍了半個中國，詩作一掃往日的憂鬱，燃燒起抗日救亡的烈火。一九三八年二月他創作了《北方》，同年四月，又創作了抒情長詩《向太陽》。這是詩人的第一首長詩，它更像是一首頌詩，「以最高的熱度讚美著光明，讚美著民主」，充滿了熱情、樂觀和希望。一九三九年三月，艾青創作了富於抒情性的敘事詩《吹號者》，深情讚美那些為保衛國土而犧牲的戰士。詩的本身就像飛著「血絲」的號角聲那麼悲涼而莊嚴，作者的愛與沉痛，也如詩句一樣凝煉，形象地寫出了吹號者對號角的愛、對黎明的嚮往，深情地抒寫了吹號者青春純潔的心靈和美麗的形象，一九四〇年五月，他又創作了長篇敘事詩《火把》，在較寬闊的生活背景下描寫一個小資產階級知識分子在人民大眾的集體行動中受到教育，堅定了革命信念的故事。詩中跳躍著像火把一樣的熱情，以及對於人民力量、抗戰前途的充滿信心和盡情謳歌，顯得格外激動人心。他的其他詩作還有《大堰河，我的保姆》、《我愛這土地》、《雪落在中國的土地上》、《北方》等。這些抗戰救亡的詩篇不僅有豐富的意象群，而且有散文美，句式自由，內在韻律節奏強烈。他是一個風格獨特的詩人，其詩作總是蘊藏著一種深沉的感情，還有熱烈的孜孜不倦的嚮往和追求的謳歌。他的詩緊密結合現實，富於戰鬥精神，具有鮮明深刻的形象。

田間（1916-1985），安徽無為縣人。一九三三年加入「左聯」。抗戰之前，曾出版過詩集《未明集》、《中國牧歌》等。抗戰爆發後不久，田間去了延安，以後又長期生活、戰鬥在晉察冀邊區。他是當時街頭詩的發起人和堅持者之一，寫出過一些很有影響的作品，如著名的《義勇軍》，色彩豐富，意境深遠。他這一時期的詩，大都編入詩集《給戰鬥者》。詩集中的《給戰鬥者》洋溢著戰鬥的熱情，富於現實性和戰鬥性，充溢著對祖國深沉的愛。其他的詩篇也都善於以精短有力的詩句來表現戰鬥的激情。他的其他詩集還有《呈在大風沙裡奔走的崗衛們》、《她也要殺人》等。

　　何其芳（1912-1977），四川萬縣人。二十世紀三〇年代初開始寫新詩，與李廣田、卞之琳合出過《漢園集》，有「漢園三詩人」之稱。他的早期詩歌形式整齊，音節和諧，韻律悠揚，意境完整，細膩纏綿，反復低徊。抗戰爆發後，他的詩風有了明顯的改變。一九四〇至一九四二年間所創作的詩歌後來結集為《夜歌》。他到延安後的詩作有了更明顯的進展。寫於一九三九年的《一個泥水匠的故事》用熾熱的感情、明白的口語歌頌了為民族犧牲的英雄。其他優秀的詩作還有《北中國在燃燒》、《我為少男少女們歌唱》、《生活是多麼廣闊》等。

　　光未然也是在抗日戰爭烽火中寫出著名詩篇的詩人，他以寫作朗頌詩和歌詞見長。一九三五年八月，他在武漢發表了歌頌抗日志士、反對賣國投降的詩篇《五月的鮮花》。一九三九年三月，他在延安創作出了堪稱民族史詩的《黃河大合唱》組詩，經作曲家冼星海譜曲後，更具有震撼人心的力量。一九四〇年，他又在重慶寫出了長篇敘事詩《屈原》，曲折地表達了人民群眾堅持抗戰、反對投降，堅持團結、反對分裂的要求。

　　臧克家在抗戰時期所寫的《從軍行》、《泥淖集》、《嗚咽的雲煙》、《淮上吟》、《泥土的歌》、《生命的秋天》等詩篇，謳歌抗敵將士，呼喚民族新生。之後，他又寫出了《兵車向前方開》、《偉大的交響》、《匕首頌》、《桐柏山在迎望著》、《大別山》、《春鳥》等，這些詩篇具有史詩氣象，氣勢凌厲，意境壯闊，熱烈奔放，格調明朗。周立波的《飲馬長城窟》和《無題》，還描繪了紅軍北上抗日的壯麗景象。

描寫反映抗戰救亡並取得相當成績的小說家有蕭紅、蕭軍、端木蕻良、駱賓基、舒群、茅盾、巴金、夏衍、老舍等。蕭紅的《生死場》以纖細而又帶有幾分粗獷的筆觸，描寫了九一八事變前後東北鄉間生活的變化和他們民族與階級意識的覺醒。抗戰爆發後，蕭紅在顛沛流徙中又寫下了《黃河》和《曠野的呼喊》。寫於一九四〇年的長篇《馬伯樂》則以冷峻辛辣的筆觸刻畫了一個毫無民族觀念、貪生怕死的庸懦形象，展示了戰時另一種人的面目。蕭軍《八月的鄉村》描寫了一支東北抗日游擊隊在和日偽的激烈鬥爭中成長壯大的過程，作品粗獷有力。稍後發表的《第三代》勾畫了東北人民的反抗道路，氣魄宏大，筆力遒勁。端木蕻良的《鷺鷥湖的憂鬱》背景粗獷濃重，抒情細膩柔婉，駱賓基的《在邊境線上》，舒群的《沒有祖國的孩子》等或寫義勇軍的鬥爭，或洋溢著對祖國的眷戀。這些東北作家的創作預示了一個更為遠大的未來。抗日戰爭全面爆發後，一個新的文學時代隨即到來。抗戰初期，隨著全國抗日統一戰線的形成，文學的主題風格也表現出空前的一致性。各派作家捐棄前嫌，共同高歌民族的覺醒與奮起，文學運動呈現出一派少有的昂奮樂觀氣氛和慷慨悲壯的英雄色彩。在民族生死存亡的危急關頭，詩人們以粗獷、高昂甚至有些單調的歌喉呼喚著民族的新生和解放。郭沫若的《戰聲集》，王統照的《橫吹集》以及艾青、臧克家、田間等人的詩高舉著愛國主義的旗幟。現代派的戴望舒、徐遲等也都捲入了抗戰的洪流，寫下了《元日祝福》、《我用殘損的手掌》、《最強者》等愛國詩篇。

　　在全面抗戰初期，文學運動的基本主題是描寫新人成長，歌頌新的民族性格的孕育和形成。它集中表現為兩個側面：一是正面描寫國民黨愛國官兵的英勇抗敵，慷慨赴死，塑造在舊軍隊中蛻變的新軍人典型。這些作品多以淞滬抗戰、台兒莊戰役為題材背景，小說方面有丘東平的《一個連長的遭遇》，蕭乾的《劉粹剛之死》；報告文學有駱賓基的《救護車裏的血》、《我有右胳膊就行》、《在夜的交通線上》、丘東平的《第七連》、《我們在那裡打了敗仗》等。二是表現民眾的抗戰熱情，尤其是農民在抗日烽火中的鍛煉成長。突出的作品有曹白的報告文學集《呼吸》，姚雪垠的短篇小說《差半車麥秸》，中篇《牛全德和紅蘿蔔》，吳組緗的長篇《山洪》等。此外，巴金的《火》和茅盾的《第一階段的故事》等也有相當影響。這些作品以其強烈的現實性、戰鬥性，忠實地記錄了民族的情緒，

沒有憂鬱感傷，也沒有技巧的玩弄，但缺少史詩般的宏大深刻。

以武漢失陷和皖南事變為轉捩點，抗戰文學的主題風格也發生了歷史性的轉變，而開始顯示出其史詩般的濃郁、凝重和博大。暴露國民黨統治下政治、社會的黑暗成為這一時期最重要的文學主題。茅盾的《腐蝕》以敏銳的政治嗅覺，通過被腐蝕下水的女特務趙惠明的心靈告白，深刻地暴露了國民黨特務統治的血腥罪行和頑固堅持分裂政治路線的反動行徑。手法新奇別致，用筆含蓄曲折，文辭機智閃爍，注重氛圍的渲染和時序的顛倒錯雜，隱喻、暗示、象徵的廣泛運用使小說撲朔迷離，神秘幽淒。宋之的《霧重慶》則以沉痛憤慨的心情描寫了知識分子因禁不住環境的壓迫和誘惑而沒落。駱賓基的《北望園的春天》以感傷的抒情筆法描寫在卑微平凡的生活重壓下的知識分子孤寂灰暗的心理。巴金的《寒夜》也表現小人物被生活毀滅的悲劇。艾蕪的《豐饒的原野》、《故鄉》、《山野》等則暴露了國民黨統治下四川鄉村政權的腐敗和墮落。沙汀的《防空——在堪察加的一角》、《在其香居茶館裏》、《聯保主任的消遣》等作品以辛辣的筆觸，諷刺了國民黨後方統治的黑暗，對那些借抗戰以營私、大發國難財的基層官吏和土豪劣紳的可憎、可笑、可鄙之處發掘出來，投以毀滅性的笑。一九四二年，他還寫出了著名的長篇小說《淘金記》。小說以開採燒箕背金礦的事件為線索，寫土豪劣紳們為發國難財而掀起的內訌，刻畫和展示了各具性格的地方階級群醜圖，同時它還是一幅鄉土氣息十分濃郁的四川農村風俗畫。「野草」作家群的夏衍、聶紺弩、宋雲彬、孟超等人的雜文在新時代下也顯示出勃勃生機。他們談天說地，論古道今，明是非，論逆順，辨邪正，既鞭撻了現實的醜惡，也揭破了歷史的真相。

從抗戰後期開始至解放戰爭時期，許多作家繼續著國民性探索的主題，在大力弘揚民族正氣的同時，也犀利深刻地解剖著各種民族精神痼疾，將抗日救亡的時代要求與對民族新生的呼喚結合起來，這方面的代表作是老舍的《四世同堂》。這部小說寫於一九四六至一九四九年之間（當時老舍在美國），它描繪了自一九三七年七七事變到抗戰勝利的八年間北平居民的淪陷生活，在廣闊而又複雜的背景上，反映了抗日戰爭時期淪陷區城市的社會面貌，展現了那個動亂、悲苦、複雜的歷史時代的生活畫卷。它展示的是現代中國最深刻的歷史巨變之一，

顯示的是歷史發展的某些根本的規律，情節曲折複雜，眾多的人物各具特色，喜劇與悲劇相互交織，借北平淪陷區一條小胡同裡的悲歡離合，從容地反映了大時代的風雲變幻，氣度恢弘，容納豐厚，是反映抗戰救亡的文學中僅見的史詩性巨著。

此外，值得一提的還有錢鐘書的《圍城》，小說寫的是「現代中國某一部分社會，某一類人物」。作者擅長心理描寫，將抗戰時期某些知識分子的面貌刻畫得精微入妙，令人叫絕。

二、解放區文學的興盛

在中國共產黨領導下的各抗日根據地，文藝運動呈現著另一種新面貌。全面抗戰爆發後，延安成為另一個抗戰文藝中心，大批文藝工作者陸續從上海等地來到延安和各抗日民主根據地，與當地的文藝工作者和群眾性的文藝活動結合起來，使邊區與民主根據地的文藝運動得到蓬勃發展，文藝刊物紛紛創辦，先後出現了一大批文藝社團。抗日的朗誦詩、牆頭詩、傳單詩及抗戰歌曲十分流行，取得了突出的成績。但解放區的文藝工作也面臨一系列新的問題和新的課題，其中最主要的是小資產階級出身的文藝工作者不能與工農兵群眾相結合的問題。為瞭

毛澤東與參加延安文藝座談會的代表們合影

解決中國革命文藝運動中長期存在的一些根本問題和根本弱點，毛澤東發表

了《在延安文藝座談會上的講話》，首先闡釋了文藝「為群眾」以及「如何為群眾」這個根本問題，明確地提出文藝首先要為工農兵服務，要求文藝工作者「深入工農兵群眾、深入實際鬥爭」，從群眾中來，到群眾中去。文藝必須服從於黨所規定的革命任務的需要。

毛澤東的《在延安文藝座談會上的講話》發表後，根據地和解放區文學從內容到形式都發生了新的重大變化。階級鬥爭、民族鬥爭的新題材、新主題在作品中占了主要地位，勞動人民在作品中成為掌握自己歷史命運的主人公，作品的語言形式也愈來愈民族化、大眾化，出現了表現新的群眾時代的人民文學。趙樹理是一個傑出代表。趙樹理（1906-1970）出身於山西省沁水縣的一個貧苦農民家庭，從小喜愛民間曲藝。一九三一年起，他開始寫作文字通俗、沒有文化的農民能聽懂、看懂的東西。抗戰爆發後，趙樹理參加了革命工作。一九四二年五月，他完成了著名的短篇小說《小二黑結婚》。同年十月，他又創作了被譽為「解放區文藝的代表之作」的《李有才板話》。一九四五年冬，寫完了長篇小說《李家莊的變遷》，同時他還寫了不少優秀的短篇小說，成為解放區最有代表性的作家之一。他的筆下出現了翻身農民的嶄新形象，這些形象從思想、感情、習性、氣質、表達方式等都具有地道的農民特質，從而在文學的內容和形象塑造上為新文學增添了新因素，在小說藝術的民族化、群眾化方面做出了重大貢獻。他的這種藝術風格，對後來的小說創作發生了深遠的影響，形成了一個新的文學創作流派，人們稱之為「山藥蛋派」。

《李有才板話》書影

除趙樹理的小說創作外，丁玲的《太陽照在桑乾河上》和周立波的《暴風驟雨》也都以農村土地改革為題材，在思想上和藝術上都取得了較高的成就。《太陽照在桑乾河上》以華北一個叫暖水屯的村子為背景，真實生動地描繪了農村尖銳複雜的階級鬥爭，塑造了一系列的農民形象，故事線索紛繁，主次分明，生活氣息濃厚，整個作品就像一幅宏大絢麗的畫卷。《暴風驟雨》以東北農村的土地改革為背景，成功地塑造了趙玉林、郭全海等農民的形象，反映了當

時東北農村尖銳複雜的階級鬥爭。

解放區湧現的比較優秀的中長篇小說還有馬加的《江山村十日》，歐陽山的《高幹大》，柳青的《種穀記》，柯藍的《洋鐵桶的故事》，馬烽、西戎的《呂梁英雄傳》，孔厥、袁靜的《新兒女英雄傳》等。

在解放區，短篇小說的創作繁榮興旺，湧現了許多新的作家和作品。孫犁以寫冀中農村人民抗日鬥爭而著名，有小說集《蘆花蕩》、《荷花澱》、《采蒲台》等，筆調清新明快，充滿抒情詩意。康濯和秦兆陽以反映新的農村生活而著名。康濯的作品有《我的兩家房東》、《初春》等。秦兆陽則寫了《老頭劉滿屯》、《幸福》等。邵子陽的《地雷陣》在當時流傳最廣，楊朔則寫了《月黑夜》。

延安文藝座談會後，解放區群眾的詩歌創作也空前活躍，產生了優秀長篇敘事詩《王貴與李香香》和《漳河水》。《王貴與李香香》是詩人李季的作品，最初發表於一九四六年九月的《延安日報》。整個作品近一千行，全部採用陝北「信天遊」寫成。它從民歌中吸取了豐富的營養，採用了民歌中許多精彩的句子，在描寫人物形象和表達主題上發揮了很好的作用。《漳河水》是詩人阮章競的作品，作於一九四九年三月。它是一部婦女解放的頌歌，不但成功地描繪了鮮明生動的人物形象，在表現形式上也有許多新穎獨到的特點。

解放區火熱的鬥爭生活為報告文學提供了極其豐富的創作素材。二十世紀四〇年代，解放區的報告文學有了很大的發展，思想藝術水準也有了很大提高。解放區的許多作家如丁玲、周立波、孫犁、劉白羽、馬烽等都寫過反映解放區軍民生活和鬥爭的報告文學作品，華山和周而複則以寫報告文學為主，並產生過較大影響。華山的代表性作品有《窯洞陣地戰》、《碉堡線上》、《踏破遼河千里雪》、《英雄的十月》等，還創作了著名的短篇小說《雞毛信》。周而複最著名的報告文學作品是《諾爾曼·白求恩斷片》、《海上的遭遇》等。其他較著名的作品還有吳伯簫的《黑紅點》，曾克的《鄉居生活》、《挺進大別山》，韓希梁的《飛兵在沂蒙山上》、《六十八天》等。這些作品共同表現了一個新的群眾時代，共同描繪出了人民戰爭的壯麗畫卷。它們也是對新文學的重要貢獻。

語言文字的
變革與研究

　　在中國漫長的封建時代，書面漢語一直以文言為正宗，使書面語與口語嚴重脫節。一方面，這種以文言為正宗的書面語有助於中華民族多民族、多方言的統一國家的維護和中華文明的鞏固；另一方面隨著時代的發展，文言自身的局限性暴露得越來越突出，特別是近代以來，隨著西方先進科技文明對古老中國文化的衝擊，以文言文為書面語愈來愈成為社會變革、文化發展的一大障礙。因此，文言文退出統一書面語的歷史舞臺，用現代書面漢語取而代之，乃是近代中國漢語語言發展的必然方向。而這個過程，大約經歷了晚清的白話文運動，五四白話文運動和二十世紀三〇年代的大眾語運動這三個時期。現代書面漢語的形成與中國社會變革的深入發展密切相關。

一、從白話文到大眾語

　　十九世紀末，隨著變法維新運動的興起，出現了要求書面漢語改革的潮流。站在這個潮流最前面的是黃遵憲、裘廷梁、陳榮袞等人。他們連篇累牘地發表文章，討伐文言，而且成績顯著，形成了晚清的白話文運動。清末白話文運動的主要功績是動搖了文言文的正宗地位，為白話文的登臺作了相當的輿論準備。但

是，那時的白話文運動沒有把廢除文言與反封建結合起來，推崇白話主要還停留在製造輿論上，沒有產生像樣的白話文作品，甚至有不少主張廢文言的文章本身就是用文言寫成。所以，經過後來的五四白話文運動，白話文才開始真正取代文言而成為文壇正宗。這是五四白話文運動的偉大功績所在。五四時期的反對文言文，提倡白話文，已經不是一般意義上的「開發民智」，不僅僅是要反對文言這種早已僵化的書面語形式，而且要反對以文言為表現形式的封建文化內容，提倡科學和民主。

一九一九年，五四白話文運動開始發軔，胡適、陳獨秀、魯迅、錢玄同和劉半農等人是這個運動的發起者。一九一九年一月，留學美國的胡適在陳獨秀主編的《新青年》第二卷第五號上發表了他的《文學改良芻議》一文，由此揭開了新一輪白話文運動的序幕。在這篇文章中，胡適一反傳統觀念，明確提出以白話文學為正宗的主張：「以今世歷史進化的眼光觀之，則白話文學之為中國文學的正宗，又為將來文學必用之利器，可斷言也」。胡適在文章中還提出了八條改良原則。對於被正統派視為文學小道的、與現代書面漢語一脈相承的白話文學推崇備至。繼《芻議》之後，一九一九年二月《新青年》第二卷第六號上又發表了陳獨秀的《文學革命論》一文。在文中，陳獨秀舉起了白話文運動的偉大旗幟，並提出了實行文學革命的「三大主義」。這「三大主義」之中的每一個「主義」都包含著書面漢語的革新問題。同年，在複胡適的信中，陳獨秀更堅定地表示，「以白話為正宗」勢在必行，沒有討論的餘地。「容納異議，自由討論，固為學術發達之原則，獨至改良中國文學當以白話為正宗之說，是非甚明，必不容反對者有討論的餘地。」著名學者、國學大師章太炎的門人錢玄同也挺身而出，積極支持白話文運動。他在給陳獨秀的信中，不僅絕對贊同胡適的觀點，而且主張「對於迂謬不化之選學妖孽與桐城謬種，實不能不以如此嚴厲面目責之。」一九一九年五月，劉半農在《新青年》發表《我之文學改良觀》完全等同胡適、陳獨秀和錢玄同的意見。他認為要「廢文言而用白話」非一日之可成。要「以前此研究文言之功夫研究白話，雖成效之遲速不可期，而吾輩意想中之白話新文學，恐尚非施（耐庵）、曹（雪芹）所能夢見」。他還提出：「於白話一方面，除竭力發達其固有之優點外，更當使其吸收文言所具之優點，要文言之優點盡為白話所具，則文

言必歸於淘汰，而文學之名詞，遂為白話所獨具，固不僅正宗而已也」。

對於建設什麼樣的白話文，胡適在一九一八年發表的《建設的文學革命論》一文中發表了更為成熟的看法。他說：「我們可盡量採用《水滸》、《西遊》、《儒林外史》、《紅樓夢》的白話；有不合今日的用的，便不用他；有不夠用的，便用今日的白話來補助；有不得不用文言的，便用文言來補助。」但他的這種觀點，仍然是以施耐庵、曹雪芹式的白話為主體，使「今日的白話」只處於「補助」地位，因此在三〇年代招致了人們的批評。究其原因，就是當時白話的標準問題、基礎方言問題還沒有得到解決。

五四白話運動的業績之所以遠遠超過晚清白話文運動，一方面因為它順應了時代潮流，將白話代文言視作文明進步的必然趨勢和思想啟蒙的有力武器；另一方面五四時期出現了一批身體力行的「善作白話者」。蔡元培先生在評價晚清的白話運動時曾指出，「那時候作白話文的緣故，是專為通俗易解，可以普及常識，並非取文言而代之。」胡適在一九三四年發表的《所謂〈中小學文言運動〉》一文中也說：「他們的失敗在於他們自己就根本瞧不起他們提倡的白話。他們自己做八股策論，卻想提倡一種簡易文字給老百姓和小孩子用，殊不知道他們自己不屑用的文字，老百姓和小孩子如何肯學呢？所以我們在十七八年前提倡『白話文學』的運動時，決心先把白話認作我們自己敬愛的工具。」黎錦熙在《國語運動史綱》中也談到實踐白話文的轉變過程。他說，一九一七年國語研究會雖然主張改國文為國語，但「自己做的這些文章，都還脫不了紳士架子，總覺得『之乎者也』不能不用，而『的麼哪呢』究竟不是我們用的」。後來，在胡適從美國寄回來的白話明信片的暗示下，「才覺得提倡言文一致，非『以身作則』不可。於是在京會員中，五六十歲的老頭兒和二三十歲的青年，才立志用功練習作白話文」。一九一八年五月，《新青年》的文章全部改用白話文。到一九一九年，《每週評論》式的白話小報全國有四百種之多。一九二〇年以後，一些著名的刊物如《東方雜誌》、《小說月報》等也改用白話文。一九二〇年，國民政府教育部明令全國國民學校的國文科改為國語科，並廢止原來的文言教科書，白話文的地位大大提高，陣地基本上鞏固了下來，最終躍居於漢語書面語形式的領導地位。文言文的使用率則愈來愈低。

白話文的廣泛運用大大促進了中國現代科技文化的發展和與世界各民族、各文化的交流。不僅其應用範圍日益擴大，而且體系也日益完善，反映現代思想文化、科學技術的詞語大量湧現，如「邏輯」、「話劇」、「托拉斯」、「前列腺」等[2]外來語成分、方言詞成分也不斷增長。可以說，中國當代科學技術及思想文化的基本詞彙體系，都是在此時奠定的基礎。這些用語和辭彙早已和我們今天的生活密不可分。

　　然而，白話文的推廣並非一帆風順，而是時有波瀾。當時的許多文人對文言文難舍留戀之情，文言文仍有相當的勢力，其代表人物是章士釗。當時，章士釗在他主辦的《甲寅週刊》上布告徵文，不要白話。他主持的農業大學招收新生時，也「限令不為白話文」。當了教育總長後，又下令尊孔讀經。全國有不少地方的教育機關禁止使用語體文，一般公文、廣告及應酬文以至政府機關的各種考試和許多報刊文章都使用文言文。一九三四年五月，南京和上海之間又展開了一場大規模的文白之戰。汪懋祖在《時代公論》一一〇號上發表《禁習文言與強令讀經》，將五四以來所提倡的「現代體語文」比之為「洪水猛獸」，讚揚文言是「輕便之利器」，而貶低白話為「粗笨之工具」。並頌揚「何（鍵）、陳（濟棠）輩之主張尊孔讀經」是所謂「豪傑之士」。《時代公論》第一一七號還發表了許夢因的《告白話派青年》，認為「白話必不可為治學工具。今用學術救國，急應恢復文言」，並說「白話之實質，為外國的而非中國的」。

　　為了反擊這股逆流，上海許多報刊發表了大量的討論文章，汪懋祖、許夢因的觀點遭到不少人的駁斥。後來，討論的中心轉移到「大眾語」的問題上。最初提出「大眾語」這個名詞的是上海的陳子展。一九三四年六月十八日，陳子展在《申報·自由談》上發表了《文言—白話—大眾語》一文，認為文言白話的論戰早已分出勝負，現在應該比白話更進一步，「提倡大眾語文學」。並認為，所謂「大眾語」，「包括大眾說得出、聽得懂，看得明白的語言文字。標準的大眾語，

2　關於科學名詞的出現和審定，可參見張大慶：《中國近代科學名詞審查活動》（1915-1927），《自然辯證法通訊》（京），1996年第5期。關於近代漢語外來詞，可參見吳禮權：《漢語外來詞音譯的特點及其文化心態探究》，《復旦學報》（社會科學版），1994年第3期。

似乎還得靠將來大眾語文學家的作品來規定」。他又說：「所謂大眾，固然不妨廣泛的說是國民的全體，可是主要分子還是占全民百分之八十以上的農民，以及手工業者，新式產業工人，小商人、店員、小販等等。」六月十九日，陳望道在《申報》副刊《自由談》上發表《關於大眾語文學的建設》，對「大眾語」的性質作了補充說明。他認為陳子展只提出了說、聽、看三樣為標準是不夠的，寫也一定要照顧到。要符合「大眾說得出，聽得懂，寫得順手，看得明白的條件，才能說是大眾語」。後來在《大眾語論》中，他對這個定義作了修飾，改為「大眾語是大眾說得出，聽得懂，寫得來，看得下的語言。」同年七月，陳望道又在《中學生》第四十七期發表《這一次文言和白話論戰》，認為此次論戰「場面的廣闊，論戰的熱烈，發展的快速，參加論戰的人數的眾多，都是『五四』時代那次論戰以後的第一次」。

當時許多著名學者和作家，如葉聖陶、胡愈之、吳稚暉、傅東華、胡適、夏丏尊、黎錦熙、胡繩、任白戈、徐懋庸等，都發表文章參加論戰，其意見也相當分歧，約可分成大眾語、文言文、（舊）白話文三派。大眾語派主張純白，文言文派主張純文，舊白話文派主張半文半白，或叫不文不白。陳望道是這次論戰的主將。一九三四年六月十日，他給周予同等人寫信，發起大眾語運動。信中說：「弟近鑒於復古氣味極重，如不努力，連以前我們曾經拼命爭得的一點白話，也將不保。已約了十幾人，作比白話稍進一步的文學運動。曾經會過一次，舉了一人做宣言。」陳望道提出，要做到普及大眾語，「有三種統一必須都做到。（1）是語言和文字統一，這樣筆頭寫的便是口頭說的，不另學一種不必說的語言，自然省事省力，容易普遍。（2）是統一各地的土話，這裡寫的別的地方的人也看得下，這也是容易普遍的一個條件。（3）是統一形式和內容，不止語言形式接近大眾，就是意識內容也接近大眾，說的不是違反大眾需要的話，也是容易普遍的一個條件」。「現在大眾語派正在努力的，積極方面便是探求做到這一步的途徑，消極方面便是破壞做到這一步的障礙的工作。」陳望道所強調的「三種統一」，代表了這次大眾語討論的最高水準。

大眾語運動的開展，是白話文運動的發展和深化，對建設真正的「國語」起到了推動作用。

二、「國語」建設的其他方面

在中國這樣一個文言文占統治地位長達兩千年的國度裡，在半殖民地半封建的二十世紀三〇年代，要建設一種新的、現代的書面漢語形式，是一件非常困難的事情。書面漢語的現代化不僅只推倒文言便算成功，還要統一各地的土話，確立標準語，推廣普通話，還要在意識內容方面做進一步的工作。因此，與推廣大眾語同行的是確立現代標準漢語的國語運動。

現代標準漢語，在五四時期叫「國語」。它的確立，經歷了一個否定之否定的發展過程。清末的國語統一運動是以北京話為標準；一九〇六年，拼音文字的制定者朱文熊提出了「普通話」一詞，民國初年，則採取雙重標準，南北兼顧。到二十世紀二〇年代以後，再規定以北京音為標準。二十世紀初，「國語統一」的口號方始提出。晚清時制定《學堂章程》，規定「以官音統一天下之語言」。從此拼音運動與國語統一運動步調一致，相互促進，但收效甚微。民國建立之後，標準話的基礎方言成了有爭議的問題。一九一三年，民國教育部召開讀音統一會，到會會員四十四人，分為南北兩派。南方會員堅持把傳統音韻學中三十六字母裡的十三個濁音列入注音字母，北方會員卻堅決反對。最後投票表決，南方派勝利，入聲作為第五聲進入了國音。

這個舊的國音標準通過之後，遭到各種持不同標準人的批評。一九一九年《國音字典》出版，一九二〇年就發生了「京國」之爭。南京高等師範的張士一著《國語統一問題》，要求教育部公布合於學理的標準語定義，要以至少受過中等教育的北京本地人的話為國語的標準音，並要求重新制定字母。他的主張得到全國教育聯合會的贊同，該會決議請教育部「定北京音為國音標準，照此旨修正《國音字典》」。教育部發布訓令予以否決，但此後不斷有人翻案。一九二三年，黎錦熙寫成《北京入聲字譜》，主張將爽快乾脆的北京聲調作為國語的聲調標準，而廢止國音中的入聲。經過一番鬥爭，一九二六年，教育部國語統一籌備會國音字典增修委員會推舉王璞、錢玄同、趙元任、黎錦熙等人為起草委員會，對舊國音進行修正，使讀者一概以北京的普通讀法為標準。這個修改後的方案就是「新國音」，真正體現「新國音」語音系統的是一九三二年教育部公布的《國音

常用字彙》。從清末的「官話」到民國初年的「老國音」到後來的「新國音」，現代標準漢語的確立經歷了一個艱難曲折的過程，最終得到了全社會的承認。

共同語的語音標準必須以某一自然語言的語音體系為根據，才有可能真正地確立起來。關於共同語標準多年的研究、爭論，啟發了人們的認識。因此黎錦熙先生在《國語運動史綱》中又說：「積三十年之經驗，接受了許多語文學、語音學專家的詔示，參證了許多教育家語文教學上的實驗，到了民國二十一年，我們才毅然決然公布這種地方語（按：指北京話）為國語的『活』標準，把那『莫須有』、『莫巴鼻』的普通話，給以調整、修改，讓它能有個確實的核心。」在今天看來，用北京話作為漢民族共同語的全面標準，未免失之過窄，因為北方方言是漢民族共同語的基礎方言，只以北京話為准，很難顧及全面。但是，就共同語的語音體系而言，確認北京語言為標準，是大家已經取得了規律性的認識，對於現代漢語標準語言的確立推廣，其功甚偉。而現代漢語標準語言的確立，對於促進中國全國範圍內經濟文化的交流和發展具有極大的推動作用。

現代漢語標準確立的艱難和複雜有著深刻的社會背景。首先是有著較為正宗的漢族血統的南方人，特別是長江流域的南方人，認為北京音是由河北方言雜以滿語而組成，不是正宗的漢音。這種觀點的背後所隱藏的是深重的民族情感。當時的人們「驅逐韃虜，恢復中華」的意識很深，他們心目中理想的標準語，應是以保持「純粹」的「夏音」為第一原則。因此許多人主張以江漢之音為國語標準音的基礎。連傅斯年這樣的著名學者也不屑於說北京話，更有許多南方人瞧不起北京話。其次，從語言學角度來說，北方地區在幾千年的歷史進程中衝突劇烈，動盪不安，語音演變較快，因而喪失了中古的音類區別，但在許多比較保守的方言中，中古的漢音卻較好地保留了下來。因此語言學家們對北京音的評價也不高。但從明代以後，北京便成為全國的政治中心，「官話」經過數百年的持續發展，具有全國性的影響力，因此，其他方言都不能取代北京話在國語標準音制定時的優勢。

與白話運動相配合的，還有漢字的拼音運動。十九世紀晚期，面對中國經濟和文化的落後以及內憂外患的政治局勢，許多知識分子對漢字的文化功能也產生

了懷疑。如何評價漢字的文化功能、社會功能，要不要廢除漢字，為漢語制定一種新的拼音文字。或者同時使用漢字和拼音字兩種文字，以及制定什麼樣的拼音字文字，圍繞著這些問題，人們進行了長期的爭論、探索和實踐，出現了一次又一次的新文字運動。首先是切音運動，從清末已經開始。但早期的切音方案各具土風，多為拼寫某一種方言而設計，後來才逐漸發展為以拼寫官話為主。其後的國語統一運動使各種「土風」方案逐漸失去意義。研究切音字的人有一個共同的認識，即漢字難學，並將中國科技文化的落後歸結於漢字的繁難。在清末的二十幾種切音方案中，影響較大的只有盧戇章、王照和勞乃宣三家。他們的理論一直到二十世紀三○年代還有一定的影響。

一九一三年，民國政府教育部召開讀音統一會，通過了注音字母方案。字母總數為三十八個，其中聲母二十四個，韻母十四個。到一九一八年正式公布時，字母總數為三十九個，其中聲母二十四個，介母三個，韻母十二個，韻中增加了一個「兒」音。這是我國第一套法定的中文拼音字母，對於識字教育和讀音統一，以及普及拼音知識起過相當的作用。一九二二年，民國政府教育部公布「注音字母書法體式」，又增加了一個「ㄛ」韻，使字母總數增加到四十個。這套注音字母實際上體現了章炳麟的主張，表現了一種因襲舊文化的傾向。它採用的聲、韻雙拼制繼承了我國傳統的「反切」拼法，適應了漢語音系的特點。當時也不失為一種行之有效的方法。但是，放棄羅馬字母而選用漢字偏旁式是一種不夠明智的選擇。就像林語堂先生所認為的那樣，「採用羅馬字是採用拼音文字最自然的一個辦法」。這個觀點得到了歷史的證實。一九二三年，國語統一籌備會召開第五次常年大會，錢玄同提出了「請組織國語羅馬字委員會」的提案。同年八月，「國語羅馬字拼音研究委員會」正式成立，別稱「數人會」。從一九二五年九月到一九二六年九月，「數人會」開會二十餘次，制定出《國語羅馬字拼音法式》，一九二八年由國民政府大學院正式公布「作為國音字母第二式，以便一切注音之用」。這個方案後來簡稱為「國羅」，它的社會影響不大，但歷史意義很大。它意味著漢語也可以用羅馬字母來寫，也意味著從明末以來，中外人士進行的羅馬拼音試驗，開始踏上一個比較成熟的新階段。同時，拉丁化新文字也在繼續探索，主要制定者是瞿秋白、吳玉章等人。他們在蘇聯漢學家的協助下進行，

用以拼寫北方方言（以山東話為標準），人們簡稱「北拉」。它和「國羅」一樣，並沒有在社會上產生廣泛的影響，卻都為中文拼音化的實現做出過積極的貢獻。

　　白話文雖然經過幾十年的努力而最終贏得了勝利，但它始終存在著一個規範化問題。直到今天，這個問題依然困擾著人們。白話文普及之後，由於西方文化的影響和翻譯作品的傳播，因而「歐化」語法不斷出現，對漢語產生了十分明顯的影響。如在動詞後面附加「著」、「了」、「那」、「哪」的分用「的」、「地」、「底」的分用以及「他」、「她」、「牠」的書面區別等。但同時也出現了一些不顧漢民族語言習慣的機械模仿，如有人將「他」、「她」、「牠」在口語上分別讀為「ta」、「yi」和「tuo」；有人拼寫漢語姓名，將姓倒置在名後。還有人模仿歐化句法，將漢語習慣說的「她是一個寡婦，有兩個女兒一個兒子」歐化成「有著兩個女兒一個兒子做著寡婦的她」等。對這些不規範的語文現象，當時許多人都提出過批評。瞿秋白便指責那些一味模仿而不顧漢語民族習慣的句法為「極惡劣的中國話」。魯迅先生也提出，可以「支持歐化式的文章」，但那為的是「立論的精密」，而不是「故意胡鬧」。關於方言詞語的規範，魯迅先生曾舉過兩個典型的例子，來說明普通話和方言在運用上的取捨原則。他說：「上海叫『打』為『吃生活』，可以用於上海人的對話，卻不必特用於作者的敘事中，因為說『打』工人也一樣的能夠聽懂。」再如「回到窩裏向罷」，他也認為「反不如說『回到家裏去』的清楚」。因此他告訴我們，凡是普通話中有相當的詞語，可以表達同樣的效果，那就不必使用方言。至於方言中的一些「很有意味深長的話」，魯迅先生也主張可以吸收到普通話裡來。事實上在五四時期，有不少方言詞語已經進入了共同語的語彙，如北京方言中的「擺設」和「甭」，上海方言中的「垃圾」和「貨色」，東北方言中的「哭鼻子」和「老伴兒」等。因為共同語的豐富發展，必須不斷從各方言中吸收有用的成分，才能夠更好地表現現實生活。直到今天，這種過程仍在繼續。

　　隨著中文拼音化的實現，字量的研究也提上了日程。研究字量是為了找出並確定現代漢語規範化之後的常用字和通用字究竟各有多少，是哪些字。一九一三年二月，民國政府教育部召開「讀音統一會」的時候，選取了當時通用的六五〇〇多個漢字，經過一個多月的討論，最後用投票的方式審定了其標準的「國

音」，並輯為《國音彙編草》一書。一九一八年，吳敬恒等人「將審定之字，改依《康熙字典》之部首排列」，另又增加「未及審定而不可闕之字，或一字而但定主要一義而未及審定其他義者」，還有「俚俗及科學新增之字六百餘」，約計六千多字，定名為《國音字典》，於一九一九年九月由商務印書館出版（初印本）。一九二〇年十二月，經北洋政府教育部「國語統一籌備會」校核訂正，由教育部以訓令正式公布了《國音字典》。一九二一年六月，再次由商務印書館出版，全名為《教育部公布校改國音字典》，共收入一萬三千餘字。這部字典實際上是二十世紀由中國政府機構正式公布的第一個現代漢語用字表。到一九二三年，國語統一籌備會又成立「國音字典增修委員會」，決定以北京語音為標準音，此即所謂「新國音」。一九三二年五月，《國音常用字彙》由國民政府教育部正式公布，共收正字九九二〇個，又「別體重文」（異體字）一一七九字，「變音重文」（異讀字）一一二〇字，總計一二二一九字。這部《國音常用字彙》的公布，不但確定了以北京語音為標準的「新國音」，而且增收了一些通用的簡體字，其正文按「注音字母」的音序排列，從而建立了現代漢字在量、形、音、序等方面的初步規範。它是民國時期整理現代漢語用字的一個總結性成果。

《國音常用字彙》雖然統計出了規範漢語最基本的通用字量，但在日常生活中，最常用的漢字卻遠沒有這麼多。一九二一年，著名教育家陳鶴琴和他的助手們開始用統計的方法研究白話文的用字量。他們「以兒童用書、報章、雜誌、兒童作品、古今小說、雜類六種材料，取其中一集，或一冊，或一期，或一編，或一回，以五十五萬四千四百七十八字中，分析得四千二百六十一個單字」[3]，編成《語體文應用字彙》一書，一九二八年由上海商務印書館出版。一九二九年，敖弘德繼續陳氏的研究，發表了《語體文應用字彙研究報告》，從四六八四七字的語料中，選定「語體文應用字彙」四三三九字，較陳氏多出七十八字。一九三〇年，王文新發表《小學分級字彙研究》（上海民智書局出版）。他根據小學作文和小學國語教科書兩種材料共計五一一一八七字，選定小學應識字量為三七九九字，其中初小四年應識二五四六字，高小二年再識一二五三字。後來的

3　艾偉：《漢字問題》，47頁，上海，中華書局，1949。

研究者，大都是根據已有的各家常用字彙編成綜合統計。如莊澤宣的《基本字彙》，李智的《幾種常用字匯各字次數的統計》，蔡樂生的《常用字選》等。這些研究成果，基本反映了民國時期白話文常用字的應用情況。

三、漢字的簡化

在現代漢語規範化和推行注音字母的同時，漢字的簡化運動也在進行。漢字的缺點是字數多，筆劃繁，讀音亂，所以漢字的簡化始終圍繞著克服漢字的這些缺點進行，而並不僅僅是簡化漢字的筆劃。民國時期的漢字簡化運動主要包括三個方面：簡體字運動、限制和減少漢字字數、改進漢字的表音功能。簡體字遠在漢字的早期階段就已經產生。漢字從篆到隸再到楷的過程實際上是一個簡化過程。此後，在漢魏六朝的碑刻中、宋元以來的通俗文字作品中都有不少簡體字。太平天國時期，文書乃至玉璽之上都用簡體字。清末「維新運動」之後，一些有識之士從普及教育、開發民智出發，不斷撰文提倡簡體字，有些人還搜集歷代的簡字俗字，進行系統的整理和研究。1909 年，陸費逵在《教育雜誌》的創刊號上發表題為《普及教育應當採用俗體字》的文章。1921 年，陸氏又發表了《整理漢字的意見》一文，提出整理漢字的兩種具體辦法：一是限定通俗字的範圍，大致在 2000 字左右；二是減少漢字的筆劃，第一步採用已有社會基礎的減筆字，第二步把其他筆劃多的字也加以簡化。著名國學大師錢玄同也積極提倡簡體字，對簡體字運動的開展發揮過重要作用。1920 年，他在《新青年》雜誌發表《減省漢字筆劃的提議》。1922 年，他又在「國語統一籌備會」提出《減省現行漢字的筆劃案》，由陸基、黎錦熙、楊樹達連署。後來，這個提案全文刊登在 1923 年《國語月刊·漢字改革號》上。提案指出：「文字是一種工具，工具應當以適用與否為優劣之標準。筆劃多的，難寫、費時間，當然是不適用。筆劃少的，容易寫、省時間，當然是適用。」提案主張以簡體字為「正字」，把過去只通行於平民社會的簡體字，正式應用於一切嚴肅莊重的書面語文體。錢玄同在提案中還分析歸納出簡體字構成的 7 種方法：（1）全體刪減，粗具匡廓，如「為」作「為」；（2）僅寫原字的一部分，如「聲」作「聲」：（3）原字一部分用很簡

單的幾筆替代，如「觀」作「观」；（4）採用古體，如「雲」作「云」；（5）音符改少筆劃，如「燈」作「灯」；（6）別造簡體，如「響」作「響」；（7）假借文字，如「幾」作「几」。這是對歷史上流傳下來的簡體字進行分析，最早提出的關於漢字簡體方法的分類。1934 年，錢玄同在「國語統一籌備委員會」上再次提出《搜采固有而較實用的簡體字案》。在他的主持下，編輯了《簡體字譜》草稿，共收字 2400 多個。

除了陸費逵、錢玄同外，這一時期還有許多人撰文提倡簡體字。據杜子勁《簡體字》一書（1935）所附《簡體字年譜》記載，從 1927 年到 1934 年，發表關於簡體字論文的雜誌有《國語週刊》、《教育與民眾》、《語絲》、《論語》、《太白》等 20 多種；報紙副刊有《京報副刊》、《申報自由談》等十多種。出版的專著有陳光堯的《簡字論集》（上海商務印書館 1930 年版）和《簡字論集續集》（上海啟明學社 1933 年版），徐則敏的《常用簡字研究》（中央大學 1931 年版）等。

1935 年初，簡體字運動又掀起了新的高潮。1935 年 1 月，上海文化教育界人士陶行知、陳望道、胡愈之等人組成「手頭字推行會」，選定手頭字 300 多個，提出要把這種人們手頭上的俗體字應用到印刷上去。同年 2 月，蔡元培、邵力子、郭沫若、鄭振鐸等 200 人和《太白》、《世界知識》等 15 家雜誌社聯名發表《推行手頭字緣起》一文，力倡將俗體字應用於印刷。隨後，許多雜誌第一次使用了簡體字。[4]在日益發展的簡體字運動推動下，國民政府教育部於 1935 年 8 月公布了《第一批簡體字表》，共收字 324 個。儘管它只是錢玄同主編的《簡體字譜》草稿中的一小部分，它仍然遭到了保守派的強烈反對，以致到 1936 年 2 月，國民黨政府又通令「不必推行」。在抗日戰爭時期，簡體字運動的開展主要是在當時的解放區，解放區的油印書報刊物採用並創造了許多簡體字。這些字在解放以後流行到全國各地，被稱為「解放字」。

在民國時期的簡體字運動中，先後有多種關於簡體字的系統資料編輯出版。它們主要有胡懷琛的《簡易字說》（上海商務印書館 1928 年版），書中收錄簡體

---

4 郭挹清：《手頭字概論》，上海，天馬書店，1936。

字 300 多個。劉復、李家瑞的《宋元以來俗字譜》（中央研究院歷史語言研究所 1930 年出版），書中收集簡體字 1600 多個。卓定謀的《章草考》（北平自青榭 1930 年出版），收集歷代章草資料 106 種，得字 3000 個。國語統一籌備委員會編訂、國民政府教育部公布的《國音常用字彙》（上海商務印書館 1932 年版）。容庚的《簡體字典》（燕京大學哈佛燕京學社 1936 年 10 月版），收字 4445 個等。

簡體字運動的第二個主要內容是限制和減少漢字字數，它包括限定普通教育用字的範圍和減少漢字的總量。民國時期主要進行了選取「常用字」和選定「基本漢字」的嘗試，前者比較成功，而後者則基本失敗。上海生活書店 1932 年 11 月出版過洪深的《一千一百個基本漢字使用教學法》，認為除了這 1100 個漢字之外，另加「特別字」250 個，可以「用來表達一切的心情和事實」。但事實上根本行不通。因為限定的字數太少，不得不讓語言去遷就文字，因此無法推廣。在簡體字運動的第三個主要內容改進漢字的表音功能方面，民國時期主要做了兩種嘗試，一是構想新形聲字；二是嘗試創造「音節漢字」。主張構想新形聲字的人設想把漢字現有的形聲字系統地加以整理和改造，使相同聲旁的字都讀相同的音，相同讀音的字都使用同一個聲旁，或用注音字母或新創字母另造新的聲旁。嘗試創造音節漢字的人設想選定 400 多個或 1000 多個漢字作為「音節漢字」（音節符號），其餘漢字全都廢棄不用。這兩種嘗試都違背了漢語和漢字的規律，所以根本無法推行，不了了之。

新中國成立以後，簡化漢字的工作得到了進一步的發展和推廣。今天，簡體漢字已成為人們日常生活的必用工具。儘管許多簡體漢字有這樣或那樣的不足，但它在生活中的地位已不可動搖。

四、語言學研究的進步

在白話文運動、國語統一運動、大眾語運動等文化運動的推動和西方現代語言學理論與方法的影響下，民國語言學的研究也實現了從傳統向現代的轉變，取得了巨大的進步。一九一二年，胡以魯著《國語學草創》，首次較為全面地運用

現代語言學理論對漢語各個領域的若干理論問題作了探討，為以後的語言學理論研究開闢了新路。此後陸續有人對國外各種語言學流派進行了介紹，採取的主要是譯述方式，也有一些根據域外某種理論框架自編而成的著述，其中比較出色的有黎錦熙的《國語學講義》（1919），沈步洲的《言語學概論》（1931），張世祿的《語言學原理》（1930）和《語言學概論》（1934）等。這些著述雖然在高度概括一般語言學理論，特別是在從漢語研究或漢藏語研究中總結出若干語言學理論方面還做得不夠，但在使用漢語事實說明、補充外國現代語言學理論，或運用國外語言學理論和方法分析漢語現象、認識漢語規律，乃至在各分支學科某些局部的理論研究方面，卻取得了較大成績。[5]

漢語語法學是民國語言學研究中最活躍的領域之一。研究的重心較多地放在構建各自的語法體系，以及對一些具體語法事實的分析描寫上，同時對漢語語法理論的探討也有可喜的收穫。一九二二年，陳承澤著《國文法草創》，創造性地總結出了研究語法的普遍原則，對古漢語語法也作出新的解釋，特別是概括詞類轉化現象時，提出了「活用」、「本用」、「非本用的活用」三類不同情況，並最早使用「致動」、「意動」的理論來說明古漢語中的一些特殊語法現象，對後來的語法研究產生了很大影響，被認為是「《馬氏文通》以後相當長的一個時期內最有意思的一部講文言語法的書」（呂叔湘語）。與此同時，胡適著《國語文法概論》，黎錦熙著《新著國語文法》，成為探討現代漢語語法體系的代表性著作。二十世紀三、四十年代，語法學研究得到進一步發展，出現了我國第一部比較完全意義上的漢語語法理論專著，即何容的《中國文法論》，開展了一場積極的「文法革新討論」，還建構了三套新的漢語語法體系，這三套體系的建構分別體現在王力的《中國現代語法》和《中國語法理論》，呂叔湘的《中國文法論》與高名凱的《漢語語法論》幾部名著中，從而為認識中國語言的語法規律作出了貢獻。

5　下面有關民國語言學研究的綜述，主要參考了邵敬敏、方經民：《中國理論語言學史》，上海，華東師範大學，1991。濮之珍：《中國語言學史》，上海，上海古籍出版社，1987。王力：《中國語言學史》，太原，山西人民出版社，1981。李開：《漢語語言研究史》，南京，江蘇教育出版社，1993。尤以參照《中國理論語言學史》一書為多。

音韻學的研究在民國也取得很大成績。章太炎和黃侃是此期傳統音韻學的最後繼承人與高峰。他們在古韻分部的研究方面成就斐然，但也走到了終點。五四以後，中國音韻學的研究大體有兩條路子，一是以錢玄同、汪榮寶、魏建功等人為代表，他們有深厚的傳統音韻學功底，又接受了某些新的語言學觀念，能夠因舊變革，開創新境。錢玄同著《文字學音篇》（1918），是影響較大的承上啟下之作，汪榮寶的《歌戈魚虞模古讀考》（1923），是率先用梵漢對音，日譯吳音和日譯漢音等材料，以比較法研究音韻學的首篇專論，文章發表後，引起音韻學界的震動和爭辯。魏建功的《古音系研究》（1925），也是受國內外推崇的研究音韻發展史的名著。

民國音韻學研究的另一條路子，則以羅常培、王力、李方桂、陸志韋、張世祿等人為代表，他們更多地接受了現代語言學研究的理論和方法，尤其受以高本漢為代表的西方漢學家學說的影響較大，同時又在不同程度上予以修正補充，對音韻學上的一些重要問題進行了探索。高本漢是瑞典著名漢學家，所著《中國音韻學研究》一書，始於一九一五年，成於一九二六年，用中國語言學史的舊材料和現代方言的活材料，構擬中國的古音。在工具上採用「音標」，方法上則運用歷史比較語言學方法。這種新工具新方法的使用，對中國音韻學的進步推動極大。乾嘉學術大師段玉裁曾研究出「支、脂、之」在古音中應該是不同的三個韻部，但為何不同，怎樣的不同，卻至死也未弄清。而有了音標和比較研究法後，可以用音標標出「支、脂、之」三個韻部的不同音值，問題也就迎刃而解了。高本漢的《中國音韻學研究》一書，後由趙元任、羅常培和李方桂三個著名的語言學家譯成中文出版。他們在翻譯過程中，遇到錯誤的地方都徵求著者的同意予以更正，有些原著不夠充實的地方，他們還加以了必要的補充。該譯著實際上包含了他們的研究成果，反映了當時漢語音韻學的研究水準。此外，羅常培著《漢語音韻學導論》、《唐五代西北方音》，王力著《中國音韻學》，陸志韋著《釋中原音韻》，張世祿著《中國音韻學史》，也是這方面的代表性著作。

如果說音韻學研究側重於構擬古音，那麼，民國語音學的研究則偏重於現代「國音」，即國語語音。重要的著作有高元的《國音學》，岑麒祥的《語音學概論》等。在語音學理論研究方面，趙元任作出了最傑出的貢獻，所著《音位標音法的

多能性》（1934）一文，是普位分析理論的奠基之作，問世以後一直是各國語言工作者的必讀文獻。劉復（半農）則是實驗語音學的奠基人，所著《四聲實驗錄》（1924），運用實驗語言學的儀器和方法研究漢語的四聲，指出漢語聲調與音強弱無關，而與音質、音長有某種關係，但不起決定作用，決定四聲的主要因素是高低。他還進一步指出，兩音之間的移動是「滑動」，而不是「跳躍」的，這是首次給漢語四聲以科學的解釋，在我國語言學史上有重大意義。

方言方面，章太炎的《新方言》（1919）標誌著傳統方言學的結束，而趙元任的《現代吳語的研究》（1928）則堪稱現代方言學的開山之作。趙元任首創「方言調查表」，帶領學生調查了江浙三十三個縣市方言，撰成此書，較為全面地描述了吳語的語音系統，並將其同時與《廣韻》音系和「國音」即北京話音系作縱橫雙向的比較，以尋求語音演變的規律。這種既重視歷史的縱向比較，又注重共時的橫向比較的方法，對以後的方言調查影響極大。一九四八年，趙元任、丁聲樹等共同調查撰寫的《湖北方言調查報告》，描繪了湖北方言地圖，成為我國第一部有詳細方言地圖的著作。此外，羅常培的《臨川音系》和《廈門音系》，趙元任的《鍾祥方言記》，也是方言研究的重要著作。

少數民族語言研究的繁榮是民國語言學的一大特點。它與此期國內民族融合趨勢加強，民族學研究蔚然興起，語言學研究者有機會深入到少數民族聚居區等因素都有關係。從語言學自身的角度來說，它則是語言學家注重方言研究的自然延伸。面對少數民族語言那些有待開拓的廣闊沃土，不少語言學家不避艱難，在少數民族語言研究領域裡辛勤耕耘，取得了豐碩成果。王敬如、傅懋勣、袁家驊、馬學良等人，便是其中傑出的代表。王敬如著《西夏研究》（1932-1933），對西夏語及西夏文佛經雕版作了系統研討和詳細論述，曾榮獲法國院士會授予的「儒蓮獎」，趙元任和陳寅恪稱這部著作使西夏語的研究走上了科學的道路。傅懋勣著《納西麼些語研究》（1940-1943），深入細緻描寫了納西語的語言系統和語法系統。袁家驊著《窩尼語音系》和《峨山窩民語初探》（1947），開創性地探討了哈尼語的語言系統，變調規律，語法規則和特點。此外，邢公畹研究布依語，著有《遠羊寨仲歌記音》（1942），馬學良和高華年研究彝語，分別著有《撒尼彝語研究》（1946）、《黑彝語法》等，都在各自的領域裡作出了貢獻。

民國時期，辭彙和修辭研究也有較大發展。辭彙的研究正處在從傳統訓詁學向詞彙學的新系統演化過程中。它一方面注重探討「語根」、「詞源」，從歷史演變的角度研究辭彙的發展；另一方面也開始重視對近代和現代漢語語詞進行研究。沈兼士和楊樹達在前一方面做了大量具體的研究工作。尤其是沈兼士，他注意整理前人的聲訓材料，以歸納出「語根」，然後據此建立「漢語字族學」，試圖以「語根」為綱全面描寫漢語的古義。雖然他過分強調「聲訓」，僅以語音的聯繫來建立字族，有其危險性，但在方法上他確較前人有所發展，對後人有所啟發。黎錦熙是近代漢語語詞研究的有力倡導者，他一九二九年著《中國近代語研究法》，主張研究近代文學作品的語調，同時探明唐宋以來詞語的流變，以弄清「現今標準的國語之基礎」。為此，他還主編了《國語大辭典》。呂叔湘在近代漢語辭彙的研究方面做了不少開創性的工作。他的研究特點是著重探究近代漢語虛詞，而這種研究又與語法緊密相關。其代表作有《釋您、俺、咱、喒附論們字》，《釋景德傳燈錄中在、著二助詞》等。後來他出版的《近代漢語指代詞》（江藍生補），初稿也成於二十世紀四〇年代。此外，王力的《古語的死亡殘留和轉生》，高名凱的《中國語的語義變化》，張世祿的《語言變化與「同義異詞」的現象》等，也是這方面的出色之作。

我國古有修辭研究的傳統，但修辭真正成為一門獨立的學科卻是進入民國以後。民國修辭學研究大體有兩股潮流：一股以胡懷琛、金兆梓、曹冕和宋文瀚等學者為中堅，主要繼承我國古代修辭學傳統，代表作有胡氏的《修辭學要略》、金氏的《實用圖文修辭學》，宋氏的《國語文修辭法》等。另一股則以陳望道、唐鉞等人為代表。積極引進西方和日本修辭研究的理論和方法，被稱為「革新派」。主要著作有唐鉞的《修辭格》和陳望道的《修辭學發凡》等。特別是《修辭學發凡》一書，從理論上對修辭學的物件、任務和研究方法作了較為科學的說明，明確提出並論述了「積極修辭」與「消極修辭」兩大分野及其不同要求，還進一步將「積極修辭」分為辭格和辭趣，並在此基礎上較為全面地歸納出三十八種修辭格和「簡約繁豐」、「剛健柔婉」等八種對立統一的文學風格。在選例上也同時照顧到古代漢語和現代漢語，成為中國修辭學史上劃時代的巨著，影響了整整一代人的修辭學研究。

此外，語言文字的改革也是民國語言學的重要內容。由於前文已有專述，此不贅言。

第十一章

藝術領域
裡的拓展

　　從中國歷史的縱向發展來看，民國時期的藝術是中國藝術發展史中一個最為燦爛、最為活躍的時期。一方面，西洋藝術的大量湧入為人們展現了一個新奇而多彩的、與中國傳統的各門類藝術全然不同的世界；另一方面，已經有些老態龍鍾、步履維艱的中國傳統藝術在西洋藝術的進逼下激發出了新的活力。在這三十餘年中，儘管社會動盪，戰亂頻仍，人民處於水深火熱之中，但因為政治上的鉗制力相對減弱，人們可以隨意以自己的眼光學習傳統的東西或吸收外來的東西而不必有什麼顧忌，藝術家們的主動性和創造性可以得到極大的發揮，因此，民國時期的藝術反而生機勃勃，五彩斑斕。

西洋藝術的滲透
與民國藝術的興盛

　　從清末開始，中國藝術在西方文化的強烈衝擊下產生了一系列的轉變以適應新的時代。不論是音樂、舞蹈，還是繪畫、工藝、建築、戲曲等，都在西方藝術的影響下發生了變革。進入民國之後，這種影響更為加劇。

　　西洋藝術對民國時期中國藝術的影響主要表現在三個方面：首先是西洋藝術的直接引進，如電影、現代話劇、西洋繪畫、西洋音樂、攝影等；其次是中國傳統藝術在西洋藝術的影響之下而產生變異，如在音樂、中國畫、工藝、建築和戲劇等方面；最後是西洋藝術的本土化，如在油畫、音樂等領域。而一些獨特的中國傳統藝術，如書法、篆刻等，也在新的形勢之下獲得了很大的發展。

　　西洋藝術的引進經歷了一個複雜的過程。在晚清，主要是二十世紀的頭十年，中國人對西方藝術的學習變得積極主動，大批學生出國學習。辛亥革命之後，這些學生大都學成回國，不僅帶回了與中國傳統藝術截然不同的西方藝術，而且促進了新一輪留學熱潮。與引進西方藝術同時，西方的藝術教育制度也被移植到中國，西方藝術理論被大量介紹進來，既促進了中國藝術家對西方藝術的理解吸收，也促進了在西方藝術理論影響和指導之下的中國藝術和藝術史研究。與此相適應，各種藝術組織和專門的研究機構也紛紛誕生，掀起了一輪又一輪的藝術高潮。儘管這種引進和吸收真贋雜糅，泥沙俱下，但它仍然有力地促進了民國

藝術的興盛和繁榮。

在清末社會政治的大變革時代，音樂最得風氣之先。學校課程便增加了「樂歌」一課。但到民國以後，「樂歌」課才為人們所普遍重視，並於一九二二年改稱為「音樂」。民國初期時推進西方音樂在中國的傳播起了巨大推動作用的是當時各大學的音樂課堂。尤其是一九一六年蔡元培先生出任北京大學校長之後，銳意革新，借鑑西方經驗，提倡美育代替宗教，各音樂研究會便因此而誕生，一批留學西方學習西方音樂的人如蕭友梅、楊仲子等也紛紛回國，擔負起傳播音樂的重任。一九二三年，蕭友梅、楊仲子、趙元任、劉半農、劉天華等人一起成立了「國樂改進社」，以研究改進中國傳統音樂，出版音樂雜誌，介紹西洋音樂的宗旨。一九二七年十一月，國立音樂學院在上海成立，後改名為國立藝術專科學校，由蕭友梅任校長，教授陣容十分強大。一九二一年，上海工部局成立了中國第一支管弦樂隊，這支樂隊影響深遠，使上海成為全國音樂文化的中心。同時，在中國這片待開墾的音樂土地上，出現了一批努力拓荒的音樂家，他們有的從事音樂教育，有的研究中西音樂理論，有的填詞譜曲，有的編輯音樂教材，有的出版音樂專著，一時之間，群星璀璨。一九二七年，中國第一家新興的音樂出版社──北平中華樂社成立，適應新時代的中小學音樂教材被編輯出版，從而極大地促進了音樂教育的普及。抗日戰爭期間，儘管環境十分嚴酷，音樂事業仍獲得了極大的發展。不僅優秀的音樂作品大量湧現，音樂刊物和樂譜也不斷大量出版。值得注意的是，民國初期和二十世紀二〇年代，音樂理論基本上是照搬西方，富於民族特色的音樂創作相對較少。一九一九年五四新文化運動之後，中國現代音樂文化才得以真正建立和發展起來，進入二十世紀三〇年代後，又有了一個飛躍。雖然在音樂的演奏方式、樂器等方面仍然以西洋化的方式為主，但作品的精神實質已經完全中國化。同時，以劉天華為代表的民族音樂大師通過頑強的努力，為傳統民族音樂在樂壇爭得了一席之地。以馬思聰、聶耳、冼星海等人為代表的音樂家很好地完成了西洋器樂創作的民族化。

繪畫藝術自清末以來受西洋藝術的影響日益明顯。辛亥革命之後，在蔡元培先生的倡導之下，繪畫教育更加受到重視，培養專門繪畫人才的學校也相繼設立，西洋繪畫在這些學校中占據了主導地位。傳統的中國畫主要靠一些著名的民

間繪畫組織如上海的「海上題襟館」、金石書畫會等來維持和發展。二十世紀二〇年代以後，又形成中西繪畫並重的局面。三〇年代之後的畫家約可分為三類：第一類是嚴守西洋繪畫傳統技法的西洋派畫家，如顏文梁、潘玉良、梁鼎銘等；第二類是嚴守中國畫傳統技法的畫家，如陳師曾、齊白石、張大千等。第三類畫家則致力於中西繪畫的相結合，其代表人物有嶺南三傑高劍父、高奇峰、陳樹人和徐悲鴻、劉海粟、林風眠等。劉海粟、徐悲鴻等早年均以西畫為主，晚年則實現了向中國繪畫藝術的回歸。

中國的電影業在早期純粹為舶來品。從電影傳入中國之後不久，中國人便開始嘗試拍攝自己的影片。二十世紀二〇年代之後，電影業逐步實現了本土化，其藝術技巧日臻成熟。三〇年代以後，便拍出了許多優秀的故事影片，並為以後培養了大批電影人才。

進入民國以後，戲劇也產生了巨大的變化。表演方法、音樂、舞臺設計等都日趨革新。隨著改革的浪潮，新劇本不斷創作，並吸引了大批觀眾。梅蘭芳、程硯秋等還多次出國表演，向國外觀眾展示京劇的魅力，戲校也紛紛建立起來。而在抗日戰爭期間，許多劇團撤到了西南大後方。從而把戲曲、尤其是京劇藝術推廣到了川、廣、雲、貴等邊遠地區。

「話劇」一詞在辛亥革命後更逐漸深入人心。但由於它是純粹的舶來品。民初的話劇在藝術上極不成熟。許多表演僅有一個故事大綱，列出劇中人物，其餘對白、動作、表情等皆由演員臨時在舞臺上發揮，既有造作之嫌，而且又雜無章，故後人稱之為「幕表劇」。因當時「文明」一詞盛行，故這一類演出後又皆冠以「文明戲」之名，各種演出劇社也紛紛成立，使「文明戲」幾乎遍及全國各個城市，中國早期話劇也多與之混淆。五四運動以後，話劇運動逐步展開。一九三一年九一八事變之後，話劇運動達到了高潮，這門藝術也真正實現了中國化。

民國時期的舞蹈藝術最先實現突破的是戲曲舞蹈，其中貢獻最大的是齊如山和梅蘭芳。齊如山努力整理中國古舞，並予以分解發揚，將其活用於戲劇舞蹈之中，大大促進了中國戲曲舞蹈藝術的發展。而梅蘭芳將齊如山的許多成果加以運用，並將它們介紹到海外，擴大了中國戲曲舞蹈的影響。民國以後，學校制度更

新，舞蹈成為中小學體育課程的一部分，國外新的方法與教材也被介紹到國內，程儀鳳、陳英梅、凌佩芬、吳曉邦、戴愛蓮等為中國近代舞蹈的傳播與發展作出了自己的貢獻，其中尤以吳曉邦、戴愛蓮的貢獻為大，他們為國內舞蹈界帶來了專業化的表演形式與舞蹈教育的基礎方法與內容。從而成為中國現代舞蹈藝術的先驅和開創者。

書法藝術方面，清代乾、嘉之後，碑學興起。幾乎取代傳統帖學而獨霸天下。然而文人之習書法者，大都是碑帖並重，二者之間並無明顯的區別，只是各自有所偏重。此風所沿，民國時期的書法家也大都兼重碑帖，篆隸真草兼而習之，而以其專擅之體行世。印刷技術的進步，也促進了書法藝術的發揚，它使好的碑帖不再受限制而廣為傳播，使學習書法的人能博覽而精擇。另一方面，由於鋼筆、圓珠筆等硬筆的輸入與使用、攜帶的方便，使它在各級學校中逐漸普及，毛筆書法隊伍的發展因此而受到遏制，也因此而更加純粹，更加藝術化。此外，民國的書法藝術還受到了一種外力的推動，即甲骨文和居延漢簡的大量發現。甲骨文的研究使董作賓等甲骨文專家以專擅甲骨文書法而著稱於世。居延漢簡的影響不如甲骨文，但也給書壇帶來了新鮮空氣。從總體上講，除于右任等個別人外，民國時期書法家的水準不如前代，但書法家們涉獵之廣，體態之繁，其推陳出新之勢則超過了前代。

民國時期的各個藝術門類中，書法、篆刻等相對說來受外來影響較小，工藝及建築次之，而音樂、舞蹈、繪畫、攝影等藝術幾乎是伴隨著西洋藝術的影響而成長。最具傳統基礎的繪畫只保住了半壁江山。

西洋藝術在中國的引進和發展雖然取得了巨大的成功，但對中國近代藝術產生巨大的、更為深遠的影響的還是西方藝術精神以及建立、培養此種精神的藝術教育制度和發展模式。

辛亥革命之前，中國和西方的藝術教育傳統有著巨大的差別。中國舊有的主要藝術教育方式是師徒相傳，具有典型的建立在小農經濟基礎上的封閉特徵。在繪畫領域，普通的畫師作為一個行當中人並沒有什麼社會地位，徒弟的所有藝術知識主要靠從師傅那裡獲得。只有文人畫家有較高的社會地位，他們藝術成就的

取得除了自己有較高的文化修養，可以自修之外，學藝的過程仍然帶有家傳和師徒相授的性質。二十世紀之後，隨著新式學校的興起，藝術教育開始進入中國的學校教育系統，極大地推動了藝術教育的普及。在音樂領域，最早成立起來的專門的音樂教育機構是一九二〇年成立的北京女子高等師範學校音樂科，由蕭友梅任主任。同年成立的還有上海專科師範學校的音樂科。一九二二年，北京大學成立了音樂傳習所。一九二七年十一月，中國第一所國立音樂院——國立音樂專科學校在上海成立，由蕭友梅任校長。它們主要參照歐美的音樂教育體制，傳授西洋音樂知識和技能。國立音樂專科學校成立後不久，學校編制擴大，設立了理論作曲、鍵盤樂器、樂隊樂器、聲樂及國樂五組，並分為本科與研究班、附設高級中學部、高中師範科、本科師範組，以及選科等。其主要的教授蕭友梅、黃自及黎青主、易大廠、富華、介楚斯基、查哈羅夫、蘇士林等或為海外留學生，或為國外西洋樂的專家，因此它進步迅速，成績斐然，它的建立及發展，是民國新音樂文化的里程碑。

另一項因新式教育而得到大發展的藝術是舞蹈。民國之前，中國舞蹈主要可分為民間舞蹈和戲曲舞蹈兩大類，而以戲曲舞蹈最有代表性。辛亥革命以後，歐陽予倩、梅蘭芳等對戲曲舞蹈作了很大改進。但真正影響中國傳統舞蹈教育體制的是當時歐美舞蹈團體不斷的來華演出和電影業在中國的發展。民國以後，由於學校教育制度的更新，幼稚園、小學、中學和大學的科目中都普遍設立了體育及韻律活動課程，其中幼稚教育國民小學低年級的這類課程主要是為了啟發幼童的知識和生活，並以唱歌遊戲的方式進行教學，名為唱遊。每個單元的教學又化為舞蹈，並伴之以音樂。一九二二年，國民政府公布了新學制，正式規定將舞蹈教育納入大中小學的體育課程。一九三二年，教育部又修訂了體育課程，將舞蹈改稱為「韻律活動」，參考採用當時世界上最新的教學方法，教學內容也頗為豐富，有中國民間舞蹈、世界各國民間舞蹈、土風舞，以及舞蹈基本動作步法等。開設舞蹈課程的學校，從一九〇五年起，有金陵女子大學、上海女青年會體育師範學校、北京高等師範學校、東南女子師範專科學校、江蘇優級師範學堂、長春女師大、吉林師大等。它們為民國時期舞蹈事業的發展培養了大批優秀人才，打下了中國近代舞蹈新生的基礎。這一時期，為舞蹈教育事業做出突出貢獻的有程

儀鳳、陳英梅、余施冰蘭、餘子玉、高梓、凌佩芬、俞淑芬、吳曉邦、戴愛蓮等人。二十世紀二〇年代以後，舞蹈研究機構也紛紛建立，其中最著名的是一九三一年吳曉邦在上海設立的「曉邦舞蹈研究所」。吳曉邦和戴愛蓮在國外接受過專門的舞蹈教育，他們把舞蹈專業化的表演形式、與舞蹈教育基礎方法及內容等介紹到國內，開中國現代舞蹈教育風氣之先河。

美術教育在民國以後煥發了青春。中國近代的新藝術教育肇始於師範。而李瑞清為美術師範教育的首創者。當時學校的課程設置有素描、水彩、油畫、中國畫、圖案畫、用器畫等，中西繪畫並舉，繪畫與工藝並重，這對民初的美術教育產生了相當的影響。一九一二年十一月二十三日，在中國近代藝術教育史上具有深遠意義和影響的美術學校——上海圖畫美術院在上海建立，創辦人為劉海粟。到一九二〇年，上海美專發展到中國畫、西洋畫、工藝圖案、雕塑、高等師範、初級師範六科。它為中國畫壇培養出了朱屺瞻、潘玉良、滕固、吳茀之、李可染、常書鴻、賴少其、程十發等大批風雲人物。

繼上海美專之後，新藝術教育的辦學之風日漸興起。一九一八年四月，中國第一所國立美術院校——國立北平美術學校成立。一九一九年秋，李叔同的嫡傳弟子吳夢非、豐子愷、劉質平三人創辦了私立上海專科師範學校，學校分普通師範、高等師範兩部，以圖畫、手工、音樂為主科，先後開辦七年，培養中小學美術師資近八百人，成為中國第一所高等美術師範學校，也是繼上海美專之後最有影響的私立學校。從此以後，全國許多地方藝術院校驟然增多，較著名的有私立武昌美術函授學校、私立南京美術專門學校、廣州市立美術專科學校、私立蘇州美術學校、私立浙江美術專門學校、徐州美術專科學校、四川美術專門學校、上海藝術大學、江西省立美術學校、私立無錫美術專門學校、私立上海新華藝專等。這些藝術院校的創立，在全國範圍內掀起了一場新美術教育運動，並成為民國美術運動的主要潮流。這些興學立教者絕大多數都是一些深受西方文化影響的青年，他們憑著自身的膽量與才氣，促進了新美術運動和美術教育在中國的興盛，造就了大批的藝術人才，為近代美術的蓬勃發展奠定了基礎。在教育思想、課程設置等方面，他們受歐美和日本現代藝術教育的影響，標新立異，各執其著，大膽地吸收和引進國外的新藝術教育思想和教學體系，從而打破了封建傳統

師徒相傳的陳規舊習和人才危機的衰敗局面。

　　除了學校的藝術教育之外，各種各樣的藝術研究機構也是促進民國美術興盛的主要原因。這些藝術研究機構往往兼具研究和實踐兩種職能。對各門類藝術的深入研究是提高藝術水嚴的重要前提，而吸收、消化西方藝術精髓的創作實踐則更促進了各門類藝術的提高和中西文化的交流。在戲劇藝術領域，許多團體，如田漢的「南國社」等，便兼具研究和表演的性質。在音樂藝術領域，北京大學音樂研究會等也是成績斐然。但總的來說，音樂方面的專門研究機構在民國時期還顯得較少，不夠發達。而在美術領域，情景卻大不相同。書畫社於民間發起，肇始於上海，也首先興盛於上海。早在清末，小蓬萊書畫會、平遠山房等社團便名震一時。民國以後，美術社團紛紛成立，研究與創作兼顧。民國初期著名的美術社團主要有東方畫社、天馬畫會、晨光畫會、蘇州美術會、中國畫學研究會、藝術社、北京大學畫法研究會等。社團的興盛，是美術家們群體意識覺醒的標誌。他們聚合起來，形成一股藝術力量，問鼎社會，向人們展示時代精神，從而使民國美術的發展成為新文化運動的一部分。

　　二十世紀二〇年代末至三〇年代，學習歐洲的美術運動此起彼伏，大批留學歐美和日本的青年畫家學成歸來，執教於各藝術院校。他們受西方現代藝術教育和現代美術風格流派的影響，雄心勃勃，志向高遠，組織美術團體，致力於新藝術運動。他們思想活躍，富有朝氣，各種形式流派的社團共存，並以創新、中西合璧、促進中國文化復興為奮鬥目標。比較著名的美術社團有蜜蜂畫社、中國商業美術作家協會、中國女子書畫會、中華全國美術會、藝術運動社、決瀾社等。僅國立藝術院就有書畫研究會、實用藝術研究會、水彩畫研究會等二十多個美術團體。這些美術社團已遠遠超出民國初期中西美術社團對峙的格局，而轉向多元化、專業化和現代化，使民國美術呈現出萬花筒般的五彩紛繁的景象。這些社團中最有活力的是像「藝術運動社」、「決瀾社」這樣的「初生牛犢」，他們的大多數成員都是從西方留學回來的青年，如林風眠、吳大羽等。他們從接受西方現代藝術的薰染到致力於中國的新藝術運動，欲與西方現代藝術爭輝，因此有超越於一般社團的宏願和氣勢，起點和願望也比當時一般的美術社團高和先進。他們對推動中國現代繪畫運動作出了不可磨滅的貢獻。

對民國時期的各種藝術運動產生根本性影響的還有西方藝術理論和精神的廣泛傳播。在音樂領域，民國初期的樂壇是一片待開墾的荒土，許多音樂家在進行創作的同時努力研究中西音樂理論，並做出了一定的成績。如蕭友梅著有《普通樂學》、《和聲學》等，戴逸青著有《和聲與制曲》、《指揮概述》、《配器法》等；王光祈的理論著作更為豐富，有《東方民族之音樂》、《中國音樂史》等十五部，是當時最有成就的音樂理論家。著名藝術教育家豐子愷也寫下了不少理論著作，對普及音樂知識作出了突出貢獻。

美術領域的新思想和新思潮所掀起的波瀾影響最大。一九一九年冬，在新藝術教育和五四新文化運動的影響下，在蔡元培「以美育代宗教」思想的影響下，中國第一個美育學術團體「中華美育會」成立，並創立《美育》月刊。《美育》探索學校教育與社會教育，寓學術性於通俗性之中，刊登了許多優秀的藝術理論文章，如呂澂的《論美意識的性質》，邢紹武的《圖畫之內容與吾人心理之關係》，豐子愷的《畫家之生命》，周玲蓀的《教授音樂應該怎樣》、《新文化運動和美育》，歐陽予倩的《什麼叫社會劇》，李鴻梁的《西洋最新的畫派》等。這些文章內容精闢，影響廣泛，對當時的新藝術運動起到了推動作用。在五四新文化運動和西方藝術的強力衝擊下，中國畫的前途也成為人們普遍關心的問題。適應時代的需要，「美術革命」論因之而起，並引起空前的大爭鳴。「國粹派」在「革新派」的衝擊下，提出了不少有益的問題以維護中國傳統美術的地位。因此，這種論爭既是中西文化衝突的必然反映，也是新美術運動在美術思潮上的理論體現。兩派都受到了時代精神的感召，探尋著中國美術的發展道路。

民國中期，隨著美展舉辦的熱潮和美術刊物的大量創辦，新藝術思潮達到新一輪的高峰，影響也更為深遠。在新藝術思潮中，總結二十世紀前三十年中國畫壇發展的流派論和徐悲鴻與徐志摩所爭論的現代藝術形式風格問題等影響最大。當時，中西融合的思潮呼聲響成一片，國立藝術院「介紹西洋藝術，整理中國藝術，調和中西藝術，創造時代藝術」的口號便極具代表性。它是中國美術理論由近代向現代轉化的歷史性變革，從觀念和理論上都切中了時代的發展要求，為民國中期的美術創作實踐鋪平了道路。

第二節·

音樂舞蹈
藝術的飛躍

一、音樂

二十世紀初年，中國的現代音樂在西方和日本的影響下有了萌芽，新式學堂樂歌十分流行，在社會上產生了一定影響。到了民國時期特別是文化運動之後，又有了進一步的發展，現代音樂文化事業在中國終於真正建立起來了。

民初承清，由於城市經濟的壯大和現代城市生活的需要，原來主要活躍於農村的民間說唱藝術迅速流入城市，並不得不向職業化方向發展。在城市，它們得到了賴以生存的較好的物質條件，而相互的競賽與交流又擴大了劇團的規模，提高了專業化水準，促進了一部分藝術體裁的更新。

自生自滅的民歌在新時代條件下湧現出新的生機。五四前後，在廣大城鄉曾湧現不少反映現實生活的新城市小調或小調性的填詞歌曲，如《堅持到底》、《五更調》等。白宗魏的《木蘭辭》，楊蔭瀏的《滿江紅》等填詞歌曲均風靡一時。但曲調上，它們的變化並不突出，往往同一個曲調被填上許多不同的歌詞。《五更調》、《孟姜女》、《蘇武牧羊》、《滿江紅》、《茉莉花》、《小放牛》等傳遍全

國各地，在流傳過程中曾給各地的戲曲、說唱和民族器樂的發展以深刻的影響，而對這一時期新的專業音樂創作的影響則更為直接，尤其是在二十世紀三、四十年代的群眾性歌詠活動中。

進入民國以後說唱藝術得到進一步發展，職業藝人增多，曲種的流傳也比過去更為廣泛。如原來主要在華北、山東流傳的大鼓，這時不僅遍及北方各省，而且還流傳到長江流域。不少老曲種在流傳各地的過程中受到當地民間音樂的影響，逐漸產生了許多各具特色的新曲種，如西河大鼓、北京琴書、河南墜子、山東琴書、四川清音等。而蘇州彈詞的發展最為突出，經過朱介生、魏鈺詞、薛筱卿、祁連芳等藝人的鑽研，蘇州彈詞在短短的幾十年中獲得了迅速的發展和提高。

在各種傳統表演藝術形式中，以戲曲藝術受到商業化的影響最為明顯，而它們對城市市民的影響也最大。戲曲藝術的各大劇種此時大多已穩定成型，在音樂方面的發展和變化已不太顯著。但廣東的粵劇仍有較大的進步。民國初年，粵劇大量吸收廣東的民間音調，並改用當地方言，發展了許多新唱腔。到後來，它還大量移植外國劇碼並新編了許多現代劇碼，在音樂上也大膽地加入了小提琴等西洋樂器。但它也有迎合社會庸俗落後的傾向，二十世紀三、四十年代時尤其嚴重。京劇在辛亥革命以後已是遍及全國的最大戲曲劇種。梅蘭芳、周信芳、程硯秋、余叔岩、高慶奎、馬連良等堅持京劇的優良傳統，並在藝術上不斷謀求進一步發展和提高。「麟派」、「程派」、「富連成班」等都名噪數十年。比較古老的昆曲經過一些藝人和文人的努力，也得到了一定的恢復。而發展最為迅速的是各種地方小戲，如評劇、越劇、楚劇、錫劇、滬劇、揚劇、淮劇、黃梅戲、雲南花燈戲等，其中尤以評劇、越劇與楚劇發展最快，影響也最大。

這一時期，我國南北各大城市中有許多民族器樂的愛好者組成各種社團，定期進行練習，也不時舉行公演。其中比較重要的社團有「天韻社」、「國樂研究社」（1919）、「大同樂會」（1920）、「雲和樂會」（1929）、「上海國樂研究會」（1941）等，其成員大多數是城市中的舊文人、職員、店員及中小學教師，研習的範圍包括絲竹、吹打、古琴、琵琶以及戲曲（特別是京劇和昆曲）的清唱等。

他們對傳統樂曲的整理、研究、改編和民樂曲譜的刊行以及對民族樂器的改革和製造方面都作了不少有益的工作。他們還進行了各種形式的演出和灌制唱片等活動。民族器樂活動在民間本來有著深厚的基礎，但由於絕大部分搞民族器樂的民間藝人社會地位低下，因此不少傑出的藝人長期被埋沒而無人過問，新中國成立後被搶救「挖掘」的只是其中的極少數，如無錫藝人華彥均和河北民間藝人楊元亨等。廣東音樂是以廣東民間小調為基礎，又吸收了粵劇、粵曲及外省的民間音樂而逐漸形成的，民國時期，它進入繁榮鼎盛階段，以呂文成、易劍泉等人先後組織了「素社」、「廣東省國樂研究會」等社團，改編了大量民間流行歌曲、曲牌和小調為富於廣東特色的器樂合奏曲，如《鳥投林》、《步步高》、《平湖秋月》等，受到了城市廣大市民階層的歡迎。

隨著現代新文藝和教育事業的發展，開拓專業的音樂文化事業，為社會培養和提供大批具有一定音樂專業水準的人才，成為時代的需要。從一九一九年起，北京、上海等城市許多愛好音樂的教師和學生紛紛組建起各種新的音樂社團，其中比較重要的有「北京大學音樂研究會」、「中華美育會」、「北京愛美樂社」、「國樂改進社」等。他們組織有關中西音樂的學習、各種音樂演出活動，致力於有關西洋音樂理論的介紹翻譯及關於傳統國樂的整理和研究，進行和組織音樂創作活動等。不久，在這些音樂社團的基礎上，逐步建立起我國最早的一批專業音樂教育機構，如北京女子高等師範學校的音樂科（1920），北京大學音樂傳習所（1922）及上海專科師範學校的音樂科（1920）等。一九二七年，我國第一所規模比較大、制度比較健全的專業音樂教育機構—國立音樂專科學校在上海建立。它們主要參照歐美的音樂教育體制，以傳授西洋音樂知識和技能為主要教學內容。這一時期，城市中的音樂演出活動也漸漸活躍起來，它們對當時音樂教育的提高和音樂創作的發展起了不可忽視的積極作用。

這一時期，在音樂理論上有較高造詣的有王光祈、豐子愷等人；在音樂創作上有突出成就的有蕭友梅、趙元任、黎錦暉等人；民族器樂創作的代表人物則是劉天華。一九三四年，王光祈以《中國古代之歌劇》一文獲柏林大學音樂學博士學位。在一九三六年一月去世之前，他寫下了大量音樂研究著作，其中比較重要的有《中國音樂史》、《東西樂制之研究》、《東方民族之音樂》、《中國詩詞曲之

輕重律》等。在系統介紹西洋音樂理論和技術理論方面他也做了不少工作，如編寫了《西洋音樂史綱要》、《西洋音樂與戲劇》及《西洋制譜學提要》等。他是我國現代音樂史上第一個在音樂學這個領域中努力進行探索的理論家。在音樂理論知識的通俗讀物方面，豐子愷所編著的音樂著作當時具有十分廣泛的影響。這一時期，豐子愷曾先後出版了《音樂的常識》（1935）、《音樂入門》（1926）、《生活與音樂》（1929）、《世界大音樂家與名曲》（1931）、《音樂的聽法》（1930）等十多種著作。他善於用流利的文筆，淺顯而又比較形象的語言來闡述音樂史及音樂技術的基礎理論知識。此期的著名音樂論著還有蕭友梅的《普通樂學》（1927）、《和聲學綱要》，童斐的《中樂導源》（1926）及朱謙之的《音樂的文學小史》等。

我國的現代專業音樂創作，到五四以後才真正有所發展，其中發展最早的是小型聲樂體裁，包括抒情歌曲、學校歌曲和一般的小型合唱曲等。在這方面影響較大的是蕭友梅和趙元任。蕭友梅一九二〇年回國後，曾在北京女子高等師範音樂科、北京大學音樂傳習所、北京專門學校音樂科等任教，並負責有關音樂教學的行政領導工作。作為一個音樂教育家，蕭友梅為我國現代專業音樂教育事業的建立和發展貢獻了自己畢生的精力。他先後編著了《普通樂學》、《和聲學綱要》、《鋼琴教科書》、《中西音樂的比較研究》等，並創作了九十多首歌曲和鋼琴曲如《新霓裳羽衣舞》，《哀悼引》，大提琴曲《秋思》，合唱曲《春江花月夜》等。他的許多歌曲如《卿雲歌》（1920）、《華夏歌》（章太炎詞，1920）、《國民革命歌》（1928）等大多同當時反帝愛國的政治鬥爭相聯繫。他的音樂創作標誌著我國現代音樂文化的發展向前跨進了一大步。

趙元任是著名的語言學家，對音樂也有相當的專業修養和創作才能。他一共寫了近百首歌曲，一首合唱曲和一些鋼琴小品等。其代表作品有《西洋鏡歌》、《背著槍》、《我是北方人》、《老天爺》等，他是一個卓越的語言學家，對我國民間語言、民間音樂以及各地語言音韻上的特點都十分了解，所以在音樂創作上他能夠比當時其他的專業音樂家在音樂的民族風格上作更深的探求和大膽創新，在詞與曲的結合、民族風格問題、音樂形象的生動鮮明及和聲的運用等方面取得了較大的成就。

黎錦暉的兒童歌舞音樂影響也很大。在二十世紀二〇年代，他主要創作了十二部兒童歌舞劇和二十四首兒童歌舞表演曲及許多歌曲和器樂曲。他善於通過兒童的生活，抓住兒童的心理特點和興趣來選擇題材、構思情節，文字通俗易懂，音樂語言簡練、生動而明快，因此他的作品迅速流行到全國各地，對當時中小學的音樂教育有很大的影響。他的代表作品有《麻雀與小孩》、《葡萄仙子》、《月明之夜》、《神仙妹妹》、《小羊救母》、《小小畫家》等。劉天華一生的創作數量不多，計有二胡曲十首，琵琶曲三首，民樂合奏曲二首，其中二胡曲創作是他畢生心血的結晶，他的代表作品《病中吟》、《苦悶之謳》、《悲歌》、《獨弦操》、《光明行》、《良宵》、《燭影搖紅》等都十分出色。他的創作、演奏、教學及理論為民族器樂的發展爭取了一席不容忽視的地位。

第一次國內革命戰爭期間，還湧現了一大批具有無產階級革命思想內容的工農革命歌曲，它們大多數是為配合政治鬥爭的需要而編寫，對當時的革命鬥爭及喚醒廣大工農群眾起了不小的促進作用。這些作品中的代表作有《五一紀念歌》、《工農聯盟歌》、《京漢罷工歌》、《國民革命歌》、《工農兵聯合歌》、《赤潮曲》、《奮鬥歌》等。中央紅色根據地建立後，一大批優秀歌曲創作出來，如《工農革命歌》、《秋收暴動歌》、《上前線去》、《紅軍紀律歌》、《打破舊世界》、《霹靂啪》等。這些作品在藝術上比較簡樸，但全面而生動地概括了當時根據地的戰鬥生活和革命群眾的精神面貌。

從二十世紀三〇年代開始，我國現代音樂文化進入一個新的歷史時期，一大批著名音樂家如黃自、周淑安、馬思聰等相繼登上樂壇。音樂教育機構進一步蓬勃發展，上海國立音樂專科學校、中央大學教育學院音樂系，燕京大學音樂系等成為培養音樂人才的主要陣地。音樂刊物的出版工作也獲得進一步發展，其中影響最大的是「江西省推行音樂教育委員會」所辦的《音樂教育》月刊。各院校的音樂演出活動比過去更加活躍。在音樂理論方面，青主的論著較有影響，他積極宣傳「為藝術而藝術」，代表著作有《樂話》、《音樂通論》等。這一時期的音樂創作以黃自為高。他是一個音樂教育家，在上海國立音專等校執教期間，為我國培養了一批具有較高專業水準的音樂家。他的創作數量不多，卻具有較高的藝術品質，在我國現代音樂文化的發展中曾有深遠的影響。政治題材方面，黃自最突

出的作品是《抗敵歌》、《旗正飄飄》、《熱血歌》等；社會性題材方面則有《天倫歌》、《農家樂》、《牛》、《養蠶》等。黃自所創作的藝術歌曲數量頗多，也最能代表他的創作風格和成就，其中最突出的有《點絳唇》（王灼詞）、《南鄉子》（辛棄疾詞）、《蔔運算元》（蘇軾詞）、《春思曲》、《思鄉》等。他還寫了不少專供學生演唱的抒情歌曲，這些歌曲大多曲調優美、流暢，感情樸實、明朗，深受學生喜愛。這一時期器樂創作的數量很少，比較突出的有賀綠汀的鋼琴曲《牧童短篇》。這首作品的音樂形象生動鮮明，旋律優美動聽，尤其是對於中國風格的對位化和聲的處理，使作品充滿了清新的詩意。

左翼音樂運動是這一時期音樂文化的重要力量。除了在進步電影和戲曲方面的大量創作外，左翼音樂家成就最高的是救亡歌曲創作和群眾救亡歌詠運動的推廣。在當時，由左翼音樂家推動組織的群眾歌詠運動幾乎無處不在。一九三五年八月中共中央發表「八一宣言」之後，左翼音樂家們迅速回應，提出了「國防音樂」的口號，爭取更多愛國的音樂家參加到為民族存亡而鬥爭的行列之中。左翼音樂家聶耳、賀綠汀、張曙、任光、呂驥、麥新等人的作品為音樂界注入了新的生機。

聶耳（1912-1935），雲南玉溪人。他實際的音樂創作時間不到三年，卻為我們留下了許多優秀作品，如《畢業歌》、《大路歌》、《牧羊女》、《飛花歌》、《義勇軍進行曲》、《采菱曲》、《鐵蹄下的歌女》、《梅娘曲》等。聶耳的作品有濃厚的民族風格和豐富的藝術形式，充滿了激情和號召力，是無產階級音樂建設的開拓者和奠基者之一。張曙的代表作品有《農夫苦》、《救災歌》、《保衛國土》、《日落西山》等。他

聶耳像

也是一位元傑出的社會活動家及音樂運動的組織者。任光音樂創作的主要領域是電影音樂，其代表作品有《漁光曲》、《月光光》、《王老五》、《打回老家去》。麥新一共寫了約六十首歌曲，其代表作有《大刀進行曲》、《游擊隊歌》、《行軍歌》等。兒童歌曲方面則有《馬兒真正好》、《勇敢的小娃》等。

全面抗戰爆發後，全國文藝工作者在抗日救亡的旗幟下團結起來，投入抗日宣傳的實際鬥爭。一九三八年一月，音樂界抗日民族統一戰線——中華全國歌詠協會在武漢成立，抗日文藝宣傳活動蓬勃開展，抗日的歌聲傳遍了祖國的山河。這一時期的群眾歌曲數量驚人，其著名者如呂驥的《武裝保衛山西》、《畢業上前線》、《抗日軍政大學校歌》，賀綠汀的《幹一場》、《游擊隊歌》，鄭律成的《八路軍進行曲》、《八路軍軍歌》，何士德的《新四軍軍歌》等都成功地反映了人民的抗日生活。小型的合唱曲以冼星海的《到敵人後方去》、《在太行山上》、《遊擊軍》，舒模的《軍民合作》，向隅的《紅櫻槍》等影響最大。抒情歌曲像夏之秋的《思鄉曲》，呂驥的《太丹河之歌》，賀綠汀的《嘉陵江上》，張曙的《日落西山》、《趕豺狼》，鄭律成的《延安頌》、《延水謠》等都流傳極廣。器樂創作方面以馬思聰的小提琴曲《第一迴旋曲》、《內蒙組曲》，賀綠汀的鋼琴曲《晚會》，陳國鶴的鋼琴曲《血債》等寫得較好。

冼星海是這一時期成就最突出的作曲家。冼星海（1905-1945），廣東番禺人，畢業於法國巴黎音樂學院，回國後參加抗日音樂運動。他一生共創作了二百多首群眾歌曲，四部大合唱，十部歌劇，兩部交響樂，四部交響組曲，一部大型管弦樂曲以及許多器樂獨奏、重奏和聲樂獨唱曲，他的群眾歌曲大致可分為兩類：一類是富於號召性的、雄偉的進行曲，如《救國軍歌》、《青年進行曲》、《到敵人後方去》、《路是我們開》等。另一類是抒情性與戰鬥性相結合的作品，如《在太行山上》、《讚美新中國》、《做棉衣》等。抒情性獨唱曲有《夜半歌聲》、《黃河之戀》、《熱血》、《江南三月》等。在大型聲樂體裁方面，冼星海有突出的成就。完成於一九三九年三月的《黃河大合唱》是他最傑出的大合唱作品，有很高的藝術成就和獨創性，作品自始至終充滿了激動人心的情感力量和雄偉渾厚的氣魄，是一部高度概括中國人民抗日鬥爭的里程碑式的代表作。冼星海的另外兩部大合唱《生產運動大合唱》和《九一八大合唱》，也有相當高的藝術水準。

抗日戰爭的相持階段開始以後，面對國民黨的封鎖和壓迫，國統區出現了不少諷刺性歌曲，著名的有《你這個壞東西》（舒模詞曲）、《古怪歌》（宋揚詞曲）、《老天爺》（明末民謠，趙元任曲），《民主是那樣》（孫慎曲詞）等。當時，國立音樂學院曾對一些民歌作了創造性的改造加工，出版了《中國民歌選》等民歌

集，一些著名作品如《康定情歌》（江定仙編曲）、《在那遙遠的地方》（陳田鶴編曲）、《繡荷包》（謝功成編曲）等為人們所傳唱。

一九四二年，解放區進行了全黨整風運動，使解放區的音樂生活面貌煥然一新。轟轟烈烈的「新秧歌運動」極大地鼓舞了廣大音樂工作者和革命群眾的鬥爭熱情。《兄妹開荒》、《動員起來》、《劉順清》、《減租會》、《說理論》、《牛永貴負傷》、《周子山》等一大批優秀劇碼湧現出來。而最成功的歌劇作品是《白毛女》，它為我國歌劇創作的發展開闢了一個新的階段。

二、舞蹈

具有數千年發展歷史的舞蹈藝術在辛亥革命之後也煥發出新的生機。

最早對中國傳統舞蹈進行改革是在戲劇方面。一九一一年歐陽予倩從日本回國之後，與春柳社舊友陸鏡若組織了新劇同志會，開始努力編演反映現實生活，揭露社會黑暗的時裝京劇，如《閻瑞生》、《家庭恩怨記》等。歐陽予倩所編演的京劇劇碼除了具有積極健康的內容之外，在表演形式上刻意求工，特別注意下工夫編演了許多美麗動人、技藝高超的舞段，像《楊貴妃》、《百花獻壽》、《嫦娥》等劇中的舞蹈，表現了他勇於創新的藝術才華和深厚的文史修養。在二十世紀二〇年代，歐陽予倩與梅蘭芳齊名，有「南歐北梅」美譽。梅蘭芳關於汲取各家之長，在繼承傳統的基礎上融匯創新，在戲劇中所表演出的舞蹈純厚渾圓，爐火純青，如《嫦娥奔月》、《天女散花》、《麻姑獻壽》、《霸王別姬》、《廉錦楓》、《黛玉葬花》、《洛神》等，都達到了很高的水準，深受廣大觀眾的歡迎。此外，程硯秋、荀慧生、尚小雲等京劇名家也都十分注意舞蹈在戲劇中的表現力，其戲劇舞蹈也各具特色。被譽為「武生宗師」的楊小樓二十世紀初期即已譽滿全球，各工劇碼，無不精彩。在絢麗多姿的各種地方戲中，也出現了許多十分優秀的、歌舞成分很重的劇碼和許多傑出的藝術家。

歐美舞蹈在十九世紀晚期以後逐漸傳入中國。二十世紀以後，隨著歐美藝術

團體不斷到中國演出和電影業在中國的發展，歐美舞蹈的流行趨勢更加明顯，專門教習舞蹈的機構在二十世紀二〇年代之後紛紛建立，特別在沿海的一些大城市這樣的機構更多。但隨著西方舞蹈的大量傳入，黃色歌舞也風行一時，影響很壞。

民初承繼晚清，舞蹈被列為學校體育課的內容之一，校園舞蹈逐漸風行，舞蹈教材也大量編制出版。二十世紀二〇年代以後，音樂家黎錦暉編寫了三十多個具有兒童特點的、融教育與舞蹈為一體的新型兒童歌舞和兒童歌舞劇，打破了校園歌舞成人化及由外國舞蹈一統中國學校舞蹈的格局。他的代表作品有《麻雀與小孩》、《葡萄仙子》、《明月之夜》、《小小畫家》、《三蝴蝶》、《小羊救母》等十二部兒童歌舞劇和《可憐的秋香》、《小鸚哥》、《蝴蝶姑娘》、《吹泡泡》等二十四部兒童歌舞曲。這些作品都具有鮮明的民族風格和兒童情趣，被中小學採用為教材、風行全國二十多年。

二十世紀二〇年代至三〇年代，中國的一些大城市曾出現過一些純商業性質的歌舞團體，其中較有影響和特色的有中華歌舞團、明月歌舞團、中華歌舞劇社、中華音樂劇團、新疆歌舞團等。中華歌舞團是在中華歌舞專門學校的基礎上於一九二八年為赴南洋演出而組成，由黎錦暉任團長兼指揮，足跡幾遍南洋群島各城市，演出結束後即解散。明月歌舞團成立於一九三〇年初，由黎錦暉負責，主要以中華歌舞團部分成員為基礎組成，幾經周折，於一九三三年解散。中國歌舞劇社由姜椿芳、江聞道、袁勵康等發起，成立於一九四四年四月，該團旨在為創立中國民族歌劇及中國舞蹈打基礎，當時曾產生不小反響，一九四六年五月解散。中華音樂劇團和新疆青年歌舞訪問團也都風行一時。

真正給中國新舞蹈帶來生機的是吳曉邦和戴愛蓮。他們所開拓的中國新舞蹈藝術使中國舞蹈真正成為抒發人類美好感情的藝術。一九三五年以後，吳曉邦開始在國內演出自己的新編作品。一九三五年九月，他在上海舉行了第一次「曉邦舞蹈作品發表會」，演出了他創作的《送葬》、《傀儡》、《小丑》、《幻想的破滅》等十一個舞蹈。一九三七年四月，他又舉行了第二次舞蹈作品發表會，創作演出了《拜金主義者》、《中庸者的悲傷》等，兩次演出形式十分新穎，內容直接反

映了中國人民的苦難，表現了對帝國主義的憎恨。一九三七年盧溝橋事變後，吳曉邦立即投入到神聖的抗戰中去，其創作不論從內容和形式都起了很大的變化，使他的新舞蹈進入了成熟階段。在抗日戰爭時期，吳曉邦共創作了一百多個舞蹈，其中最具代表性的有《義勇軍進行曲》、《游擊隊員之歌》、《大刀進行曲》、《醜表功》、《流亡三部曲》和舞劇《罌粟花》、《虎爺》、《春的消息》等。這些作品都取得了很大的成功。在抗戰期間，作為舞蹈家，吳曉邦輾轉往返於貴陽、重慶、成都、廣州等地進行演出、講學，過著顛沛流離的生活。一九四二年七月，他受聘到廣東曲江藝專舞蹈班工作，在一年的教學中總結了幾年的創作經驗，整理出一套新舞蹈基本訓練教材，使其系統化、中國化、科學化。在教學的同時，他還創作了舞蹈《饑火》、《思凡》、《生之哀歌》、《月光之歌》等，在藝術上更趨成熟，並形成了自己獨有的風格。他是中國新舞蹈藝術的開創者，其舞蹈塑造了各類迥然不同的典型人物，內涵深邃，富於哲理性，具有深刻的社會意義。

戴愛蓮也是中國新舞蹈藝術的開創者，曾在歐洲學習舞蹈多年，一九三七年抗日戰爭爆發後，她懷著對祖國的無比熱愛，於一九四〇年一月回到香港，以後又輾轉到達重慶。一九四一年七月，戴愛蓮與吳曉邦、盛婕在重慶舉行了舞蹈專場演出。之後，她在舞蹈園地努力耕耘，創作出了《警醒》、《前進》、《東江》、《游擊隊的故事》、《思鄉曲》及芭蕾舞《森林女神》，現代舞《拾穗女》等。回國之後，戴愛蓮從不放過搜集民間舞蹈的機會，並將其加工提高。一九四六年三月，她在重慶青年館舉行首次「邊疆音樂舞蹈大會」，表演了《瑤人之鼓》、《嘉戎酒會》、《羌民端公跳鬼》、《保保情歌》、《坎巴爾汗》等十多個舞蹈，其中包括了漢、藏、維吾爾、彝、瑤、羌六個民族的舞蹈。她為祖國打開了民族舞蹈的寶庫，使人們看到了祖國豐富的藝術寶藏，邊疆舞因此而風行全國。此外，戴愛蓮還是一位優秀的舞蹈教育家，曾先後為重慶國立歌劇學校創辦舞蹈系，在國立社會教育學院、育才學校教授舞蹈。一九四八年，她在北平各大學教授邊疆舞，並迎接了北平的解放。

在二十世紀二、三十年代，中央蘇區的舞蹈也獲得了相當的發展，紅色舞蹈與紅色革命歌曲一樣起到了鼓舞鬥志、振奮人心的作用。一九三二年春，蘇區成

立了「八一」劇團，由趙品三擔任團長。一九三二年九月，在「八一」劇團的基礎上又成立了工農劇社。一九三三年四月，中央蘇區又成立了第一所藝術學校——工農劇社藍衫團學校，由著名舞蹈家、蘇區三大赤色舞蹈明星的李伯釗任校長兼團長，石聯星任舞蹈教學和編導，劉月華等任專職教員。中央蘇區的歌舞活動由此而發展到高潮。一九三五年，在劉志丹領導的陝北紅軍中成立了第一個文藝團體——列寧劇團。中央紅軍到達陝北後，改名為中央人民劇社。此外，還有戰鬥劇社和星火劇社。抗戰爆發後，這些劇社紛紛奔赴前線。一九三八年二月，延安抗戰劇社總社成立，後又相繼成立了許多劇團，他們的舞蹈表演內容豐富而精彩，其中較著名的有《東渡黃河舞》、《搖船舞》、《抗日舞》、《工人舞》、《農民舞》、《國際歌舞》、《保衛黃河舞》、《生產運動舞》，甘肅民間舞蹈《趕驢》，由斯諾夫人傳授的美國《踢踏舞》等。一九四二年以後，延安抗日根據地的秧歌運動開始展開，一九四四年出現大普及高潮。在大後方，由國民政府軍事委員會政治部三廳組建的十個演劇隊、四個抗宣隊和一個孩子劇團在抗戰八年中迎著日軍的炮火，深入前線，鼓舞戰士的鬥志，在後方為宣傳、組織、教育群眾，團結一切抗戰愛國人士，擴大抗日民族統一戰線，創作了許多優秀的戲劇、音樂和舞蹈，為抗戰做了大量工作，培養和造就了一大批人才。中華人民共和國成立後，原在演劇隊從事舞蹈的演員成為新中國第一代舞蹈演員、編導及理論研究家。一九三九年七月，著名教育家陶行知在四川重慶創辦了育才學校，並於一九四四年增設了舞蹈組，舞蹈成為孩子們的必修課。自建校到一九四三年，在吳曉邦和盛婕等舞蹈家的指導下，學校師生們先後創作了《荷葉舞》、《抗日勝利大秧歌》、《化學舞》等。一九四五年以後，在秧歌運動的影響下，他們還創作了《農作舞》、《朱大嫂送雞蛋》、《王大娘補缸》及民間舞蹈《打蓮廂》、《跑旱船》等，成立於一九三七年九月的孩子劇團在一九三八年歸屬第三廳領導之後也獲得了很大發展，舞蹈是他們最重要的表演節目。一九四二年夏，孩子劇團始告解散。一九三五年十月，新安旅行團在江蘇淮安成立，隨即走向全國，宣傳抗日，喚醒民眾抵抗外侮。在走遍全國的過程中，他們創作並表演了許多舞蹈和舞劇，如《快樂的人們》、《反法西斯進行曲》、大型秧歌劇《雨過天晴》等，為民族的解放作出了自己的貢獻。

第三節·

電影業的崛起
與戲曲的變革

十九世紀末期電影在歐洲發明並迅速普及之後，也很快傳入中國。在晚清，已有洋人在華放映和攝製影片。其中，美國電影商傑門·布拉斯基成立的亞細亞影戲公司民初時仍有影響。但中國人獨立地拍攝影片並建立自己的影片公司，卻是在民國建立後。電影業的崛起，成為民國文化的新生事物。與此同時，戲曲領域也發生了巨大的變革，現代話劇真正發展成為中國戲曲新生的獨立劇種，古裝新戲和時裝新戲應運而生，京劇在創新中再度繁榮，一些地方小劇種也推陳出新。中國戲曲還走出了國界，在世界戲劇舞臺上贏得了一席之地。

一、新崛起的電影業

民國元年（1912），美國電影商布拉斯基將亞細亞影戲公司的名義及器材轉讓給上海南洋人壽保險公司經理依什爾和另一個美國人薩弗。一九一三年，他們聘美化洋行廣告部買辦張石川為顧問，讓張石川和鄭正秋等自編劇本並攝製。鄭正秋（1888-1935），廣東潮陽人。他以家鄉廣東潮州的封建買賣婚姻習俗為題材而編寫了《難夫難妻》，並與張石川聯合導演了這部影片。這部影片是我國拍攝故事片的開端，鄭正秋也成為我國早期電影的拓荒者之一。

從十九世紀末到一九二一年，中國電影業一直處於萌芽階段，鄭正秋於拍攝《難夫難妻》之後不久便離開了亞細亞影戲公司，張石川繼續拍攝了《活無常》、《五福臨門》、《一夜不安》、《老少易妻》等十餘部短片，內容大都低級無聊。但它們和文明戲密切相關，其演員也全是當時演文明戲的演員。一九一六年，張石川與新劇家管海峰合作，在上海徐家匯創辦幻仙影片公司，並拍攝了盛行一時的《黑籍冤魂》。一九一三年，在香港主持人黎民偉與布拉斯基等合作拍攝了《莊子試妻》，試映效果很好，並由布拉斯基帶回美國播映。

　　一九一七年秋，聞名於世的商務印書館在一次偶然機會的促使下開始攝製影片。一九一八年，商務印書館正式成立活動影戲部，比較廣泛地開展了攝製影片的活動。當時所攝影片號稱分為風景、時事、教育、新劇、古劇五大類，其風景片內容廣泛地包括了全國各地的名勝古跡，時事片主要反映當時的社會生活，教育片則主要傳播文化。一九二〇年，活動影戲部拍攝了兩部由著名京劇表演藝術家梅蘭芳主演的「古劇片」（戲曲片）《春香鬧學》和《天女散花》，這兩部影片的導演工作都由梅蘭芳自己擔任。而活動影戲部所拍攝的「新劇」片內容多低級無聊，粗製濫造，因而逐漸失去觀眾。一九二七年以後，活動影戲部無聲無息地停止了活動。一九二〇年至一九二一年間，中國第一批長故事片在上海拍攝，它們是中國影戲研究社的《閻瑞生》，上海影戲公司的《海誓》和新亞影片公司的《紅粉骷髏》。《閻瑞生》拍攝得極為惡劣，格調低下，但騙得不少觀眾。《海誓》也拍得不倫不類，《紅粉骷髏》更是半殖民地半封建的上海十裏洋場文化的產物。

　　從一九二一年到一九三一年這十年中，中國的電影業是在混亂之中發展的。第一次世界大戰結束後，帝國主義資本捲土重來，許多中國民族資本家不得不另尋出路，電影業被當成了有利可圖的事業。一九二三年末明星影片公司攝製的《孤兒救祖記》在營業上大獲成功，大大地刺激了投機家們，於是電影公司紛紛設立。據一九二七年初出版的《中華影業年鑑》統計，一九二五年前後，全國共開設了一七五家電影公司，僅上海一地就有一四一家，電影公司成了變相的交易所。在這種畸形繁榮的情況下，鴛鴦蝴蝶派大批地滲入到了電影創作部門中來。從一九二一年到一九三一年，中國各影片公司共拍攝了約六五〇部故事片，其中

絕大多數都是由鴛鴦蝴蝶派文人參加製作，影片內容多為鴛鴦蝴蝶派文學的翻版，充斥著各種糟粕，惡俗不堪。

這一時期在影業上最有成就的是鄭正秋。一九二二年三月，張石川在上海成立明星影片公司，為投機牟利，「處處唯興趣是尚」，先後拍攝了《滑稽大王游華記》、《擲果緣》、《大鬧怪劇場》、《張欣生》等影片，卻四處碰壁，不受歡迎，經濟基礎岌岌可危，不得不考慮鄭正秋拍正劇長片的主張。因此，一九二三年底，明星公司拍攝完成了鄭正秋的「社會片」《孤兒救祖記》，放映之後大受歡迎。一九二四年，鄭正秋又編寫了《苦兒弱女》與《好哥哥》，同時還創作了許多以婦女生活為題材的影片，將其批判的鋒芒指向了封建婚姻制度、蓄婢制度、娼妓制度等，描述中國婦女的悲慘命運，深深地同情她們的不幸和遭遇。這方面的代表作品是《玉梨魂》、《最後之良心》、《上海一婦人》、《盲孤女》、《二八佳人》等。鄭正秋比較熟悉當時的社會生活，了解觀眾的喜好，善於結構故事，烘托情節，因此他的作品特別受到市民的歡迎。

一九二五年五月，明星公司正式組成明星影片股份有限公司，聘請戲劇家洪深為編導。洪深在一九三〇年以前，先後在明星公司編導了《馮大少爺》、《早生貴子》、《愛情與黃金》、《少奶奶的扇子》等影片，但都還缺乏深度和力度。一九三〇年後，洪深參加了中國共產黨領導的左翼文藝運動，思想有了較大的轉變，影片風格也發生了變化。

一九二四年一月，大中華影片公司在上海成立，不久與百合影片公司合併，改組為大中華百合影片公司。這家公司集合了各式各樣的知識分子，因此也拍出了各種不同傾向的影片。《透明的上海》表現了上海半殖民地生活方式，《馬方甫》、《呆中福》等充滿了小市民意識和小市民的庸俗趣味。《風雨之夜》、《連環債》等則是典型的黑幕影片。一九二五年，史東山轉入大中華百合影片公司，並拍攝了《同居之愛》、《兒孫福》等影片，表現出一定的唯美傾向，但影片內容大都格調不高。一九二五年六月創辦的天一影片公司是明目張膽的封建衛道者，其拍攝的《立地成佛》、《女俠李飛飛》、《忠孝節義》等充滿了封建腐臭。一九二六年後，天一公司開始大量改竄民間故事和古典小說，掀起一股拍攝不倫

不類的所謂「古裝片」的浪潮，大都粗製濫造，惡俗不堪。一九二四年，由幾位旅美愛國華僑青年梅雪儔和劉兆明等創辦的長城畫片公司遷於上海，並拍攝了《棄婦》、《摘星之女》、《一串珍珠》、《春閨夢裏人》、《偽君子》等，一九二七年後，也墮入了神怪、武俠片的泥坑，一九三〇年破產。一九二四年，歸國留法學生汪煦昌在上海創辦神州影片公司，並拍攝了《不堪回首》、《難為了妹妹》等影片，一九二七年宣告破產。一九二六年二月，由黎民偉創辦的民新影片公司遷到上海，聘請歐陽予倩參加編導工作，歐陽予倩為民新公司先後編導了《玉潔冰清》、《三年以後》和《天涯歌女》等影片。一九二七年以後，民新公司也走入拍攝不倫不類的古裝片和武俠片的歧途。一九二九年後，民新公司併入了聯華影業公司。

著名戲劇家田漢於一九二六年開始從事電影活動，並創辦了南國電影劇社，籌拍《到民間去》，由於資金缺乏，最後未能完成。

一九二八年至一九三一年間，電影界的粗製濫造之風達於極點，千奇百怪，無奇不有，武俠神怪一類的影片代替曾風靡一時的古裝片而大為流行。據不完全統計，這四年之中，上海的約五十家電影公司共拍攝了近四百部影片，其中武俠神怪片竟有二五〇部左右。一九三二年以後，這類影片才為觀眾所唾棄。

一九三〇年八月，由羅明佑所創立的聯華影業製片印刷有限公司在上海成立，並打出了「提倡藝術，宣揚文化，啟發民智、挽救影業」的旗號。在一九三〇至一九三一年間，聯華影業公司共完成了十二部影片，最初的兩部影片《故都春夢》和《野草閑花》由孫瑜導演。這兩部影片在藝術上有不少新穎處理。聯華公司的其他影片內容和風格比較龐雜，但它們都突破了成規，更多地注意了對電影藝術特性的運用和掌握，能比較流暢地處理鏡頭的組接，使人耳目一新，所以它的影片在當時受到觀眾的普遍歡迎，從而與明星、天一鼎足而立。

一九二六年十二月，有聲電影第一次在上海的虹口新中央大戲院播放，中國電影迎來了有聲時代。一九三〇年，明星、友聯等公司懷著極大的勇氣開始從事國產有聲電影的攝製，分別拍出了《歌女紅牡丹》和《虞美人》。一九三一年，片上發音的有聲電影《雨過天晴》和《歌場春色》合作完成。有聲電影的出現，

給中國電影業帶來了發展和進步。

　　一九三一至一九三三年，是左翼電影運動開始並取得突出成就的三年。一九三〇年三月「左聯」成立後，便十分關注中國電影的成長和發展，並主動參與電影事業，領導電影潮流。上海一二八事變後，全國人民的抗日熱情空前高漲，電影也出現了反映抗日鬥爭和描寫現實生活的新趨向。一九三二年，在瞿秋白的直接領導下，正式建立了中共黨的電影小組，並在夏衍等同志的具體主持下，逐步開展各項工作，向各個影片公司提供具有進步內容的電影劇本，同時輸入幹部，促進了左翼影片的誕生。一九三二年後，左翼電影的高潮終於到來。是年夏，夏衍等人根據地下黨的指示受聘參加明星影片公司，擔任編劇顧問，明星公司的創作發生重大變化，成為左翼電影運動的基本陣地。在一九三三年一年之內，明星公司就拍攝了二十二部左翼的和在左翼影響下的影片，這些影片以新的思想、新的題材、新的內容和新的形式反映了社會和時代的真實面貌，配合了當時反帝反封建的民主革命和政治鬥爭。一九三三年三月，明星公司的第一部左翼影片《狂流》誕生，由夏衍編劇的這部電影放映之後，受到了觀眾的熱烈歡迎。它第一次在電影裡描寫了階級鬥爭。之後，《鐵板紅淚錄》、《鹽潮》、《香草美人》、《上海二十四小時》等相繼完成，進一步擴大了左翼電影的陣地。不久，夏衍又將茅盾的小說《春蠶》改編為電影劇本並拍攝完成，放映之後，在文藝界引起了廣泛的討論。《鐵板紅淚錄》是陽翰笙進入電影界的第一部作品，是一部強烈的反封建、反土豪的優秀影片。沈西苓編導的《女性的吶喊》第一次在銀幕上展示了中國工人的悲慘生活和她們的覺醒。由沈西苓導演、夏衍編劇的《上海二十四小時》生動而深刻地揭示了三〇年代都市生活尖銳的階級矛盾和對立，不僅思想內容深刻，而且藝術處理高超。在編劇委員會的主持下，這一時期明星公司的電影作品中以工農生活為題材的影片占了主導地位。除了上述影片之外，《脂粉市場》、《前程》、《時代的兒女》，鄭正秋的後期代表作《姊妹花》、《豐年》、《展覽會》、《道德寶鑑》等也都是優秀作品。

　　這一時期，聯華公司也拍出了《如此英雄》、《天明》、《城市之夜》、《都會的早晨》等比較優秀的作品。其中紀錄片《十九路軍抗日戰史》和故事片《共赴國難》較有影響。由田漢編劇的《三個摩登女性》也是一部優秀影片，費穆導演

的《城市之夜》則是一部優秀的現實主義作品。《都會的早晨》為蔡楚生的成名作，他以極大的熱情歌頌了勞動人民的勇敢，描寫了社會的貧富對立。孫瑜的《野玫瑰》、《火山情血》、《天明》和《小玩意》也都表現了進步傾向。一九三三年，左翼電影運動在藝華影業公司開闢了另外一個陣地。田漢的主要電影活動便是在藝華公司。一九三三年，他完成了《民族生存》、《肉搏》、《烈焰》；陽翰笙則編寫了《中國海的怒潮》，這些影片都表現了強烈的抗日傾向。與此同時，在左翼運動的影響下，天一公司拍攝了《掙扎》，月明公司拍攝了《惡鄰》，快樂公司拍攝了《拼命》，白虹公司拍攝了《血路》等抗日反帝影片。

從一九三二年開始，國民黨政府加緊了對左翼電影運動的圍剿和迫害。一九三三年十一月還派人搗毀了藝華影片公司。一九三四年到一九三五年底，國民黨政府的圍剿達到了空前的程度，左翼電影運動幾乎停頓，明星公司的編劇委員會被撤銷，在此前後，只拍攝了《同仇》、《女兒經》、《華山豔史》、《到西北去》等少數幾部影片。但儘管如此，仍然有一些好片問世。一九三五年底完成的由洪深編劇的《劫後桃花》是洪深的優秀代表作之一。在極其艱難的情況下，蔡楚生等於一九三四年十月，完成了《漁光曲》和《新女性》這兩部力作。此外，孫瑜拍攝了《體育皇后》和《大路》，吳永剛拍攝了《神女》，費穆導演了《人生》、《香雪海》和《天倫》。藝華公司完成了田漢編劇的《黃金時代》等。一九三五年電影創作最重大的收穫是陽翰笙編劇的《逃亡》和田漢編劇的《凱歌》。兩部影片完成之後，轟動了當時的影壇。史東山在一九三五年六月完成了《人之初》，這是他創作生活的轉捩點。一九三四年春，在中共黨的電影小組的直接領導下成立了電通影片公司，前後拍攝了《桃李劫》、《風雲兒女》等反帝反封建影片和音樂喜劇片《都市風光》。可惜僅一年就被迫終止。此期反映現實生活，具有進步思想內容的較好的影片，還有《馬路天使》等。

一九三六年初，在日本帝國主義的侵略加劇、民族危機深重的情況下，左翼作家聯盟宣布解散，中國電影圍繞著反帝鬥爭進入國防電影階段。是年一月，上海電影救國會成立，五月，「國防電影」的口號公開提出。一九三六年七月以後，經過改組的明星公司開始拍攝大量的多樣化題材影片，應雲衛導演了《生死同心》，歐陽予倩編導了《清明時節》、《小玲子》、《海棠紅》，夏衍編寫了《壓

歲錢》，沈西苓編導了《十字街頭》，袁牧之編導了《馬路天使》。這些影片的拍攝，標誌著中國電影工作者的成熟。這一時期，蔡楚生又編導了《迷途的羔羊》和《王老五》，前者是我國第一部以流浪兒童為題材的影片。孫瑜則導演了《到自然去》和《春到人間》。

抗戰前夕，有作為的製片公司還有聯華公司和新華影業公司等。一九三六年十一月，聯華公司拍攝完成了國防影片《狼山喋血記》，有力地抨擊了日本帝國主義。張善琨所創立的新華影業公司在這一時期由史東山編導了《長恨歌》和《狂歡之夜》，較受歡迎。一九三六年底，吳永剛在新華公司完成了號召全民抗戰的國防影片《壯志凌雲》。次年二月，新華又出品了著名的《夜半歌聲》，由田漢作詞、冼星海作曲的幾首插曲和主題歌曾唱遍了大江南北。抗戰爆發前夕，新華公司還完成了國防影片《青年進行曲》的拍攝工作。但到一九四一年，張善琨在日軍進入上海租界後，當了電影界的大漢奸。

盧溝橋事變之後，愛國電影工作者紛紛加入抗日救亡的洪流之中。一些記錄抗戰的影片拍攝出來，其中最著名的是對平型關大捷的報導。在國民政府遷於武漢的半年多時間裡，中國電影製片廠先後完成了《保衛我們的土地》、《熱血忠魂》、《八百壯士》三部故事片和五十部左右的紀錄片、新聞片和卡通歌集片。由史東山編導的《保衛我們的土地》是抗戰爆發後完成的第一部表現抗戰的故事片。《八百壯士》則是根據謝晉元將軍的真實事蹟拍攝的抗戰愛國片。全片熱情磅礴，動人心弦。

一九三八年十月武漢失守，國民政府遷於重慶，中國電影製片廠也隨之遷去。因條件所限，到一九三九年底只完成了何非光編導的《保家鄉》和史東山編導的《好丈夫》兩部影片。一九四〇年上半年，又完成了由日本被俘士兵參加演出的《東亞之光》。不久，反映湘北軍民勇抗戰的《勝利進行曲》拍攝完成，史東山的導演處理十分出色。一九四一年五月，中國電影製片廠又完成了孫瑜編導的《火的洗禮》。陽翰笙寫的三個電影劇本《青年中國》、《塞上風雲》和《日本間諜》也拍攝完成。一九三九年秋，沈西苓拍完了他最後的影片《中華兒女》。

由閻錫山投資開辦的西北影業公司在抗戰期間也拍過一些好片子。一九三九

年底，他們完成了優秀的長紀錄片《華北是我們的》（6本），並拍攝了表現西北人民英勇抗敵的《風雪太行山》和《老百姓萬歲》（未完成）。

　　到一九四一年初，國民黨發動第二次反共高潮，抗日影片的攝製基本停頓。唯一較有生氣的是中國的香港。一九三七年抗戰全面爆發和上海淪陷後，一部分進步電影工作者南下，促進了香港影業的發展。一九三九年大地公司完成了蔡楚生導演的《孤島天堂》和夏衍編劇、司徒慧敏導演的《白雲故鄉》，一九四一年一月新生公司完成了《前程萬里》。一九四一年四月大觀公司完成了《小老虎》和《民族的吼聲》這兩部粵語抗戰片。不久，香港淪陷，這一類影片才停止拍攝。

　　一九四五年八月十五日，中國人民取得了抗日戰爭的偉大勝利，中國革命進入了第三次國內革命戰爭時期。儘管國民黨政府對電影業的控制進一步嚴密，但進步電影仍然取得了一定的成就。一九四七年一月，陳鯉庭在中國電影製片廠二廠完成了表現婦女在抗戰中覺醒和成長的《遙遠的愛》。同年三月，中國電影製片廠又出品了湯曉丹導演的描寫戰後知識分子悲劇的《天堂春夢》。一九四七年七月和一九四八年一月，袁俊（張俊祥）先後為該廠編導了暴露國民黨政府抗戰勝利後「劫收」丑劇的喜劇片《還鄉日記》和《乘龍快婿》。年底，該廠還出品了描寫戰後小市民生活的《幸福狂想曲》。

《一江春水向東流》劇照

一九四六年六月，陽翰笙、蔡楚生、史東山、鄭君裏等組織了聯華影藝社，九月開拍第一部影片《八千里路雲和月》，繼之又籌拍《一江春水向東流》的上集《八年離亂》。次年二月《八千里路雲和月》完成上映後，轟動了當時的中國影壇。一九四七年五月，聯華影藝社與昆侖影業公司合併，在中共的領導下，昆侖影業公司先後完成了《萬家燈火》、《關不住的春光》、《麗人行》、《希望在人間》、《三毛流浪記》和《烏鴉與麻雀》等優秀影片。其中《一江春水向東流》上下集完成放映之後，創造了當時電影賣座的最高紀錄。該片無論是在藝術上還是在思想內容上，都堪稱民國電影的精品。

一九三八年以後，解放區人民電影開始興起和成長。一九三八年秋，在八路軍總政治部領導下，延安電影團成立，先後拍攝了紀錄片《延安與八路軍》、《生產與戰鬥結合起來》、《白求恩大夫》、《陝甘寧邊區第二屆參議會》等片。一九四六年七月，延安電影製片廠正式成立，先後拍攝了故事影片《邊區勞動英雄》、新聞片《保衛延安和保衛陝甘寧邊區》。一九四六年十月，東北電影製片廠成立，並拍攝了紀錄片《民主東北》以及一些美術片、科教片和故事片。華北電影隊也在此月成立、並拍攝了《華北新聞》等。一九四九年一月北平和平解放後，北平電影製片廠正式建立。同年十一月，上海電影製片廠也宣告成立。隨著新中國的誕生，中國電影業此後進入了一個全新的發展時期。

二、戲劇的變革

在中國電影業崛起的同時，中國古老的戲劇舞臺也在發生著巨大的變化。

在話劇產生之前，中國戲劇一直以戲曲方式存在。二十世紀初，隨著資產階級民主思想的興起，戲曲改革也漸為人們所注目。當時新產生的早期話劇，主要受日本影響，稱新劇或文明戲。它在辛亥革命後逐漸走向衰落。但改良舊劇的任務，並沒有完成。

五四時期，中國曾發生了一場關於戲曲問題的論爭。主要在陳獨秀和張厚載

之間展開。錢玄同、劉半農、歐陽予倩和宋春舫等人也參加進來。其中心點是對
「舊劇」（戲曲）的估價和態度。話劇則作為對立物而被提倡。陳獨秀等人是「戲
劇改良」的激烈提倡者，他們在一九一八年十月《新青年》上出過一期「戲劇改
良」專號，對舊劇所表現的封建迷信、帝王思想，表演程式的僵化進行了猛烈的
抨擊，雖然不免有著「否定一切」的簡單化傾向，但卻有力地推動了戲劇的變
革。張厚載對「舊劇」持完全肯定態度，雖有持平之論，卻走上了保守的極端。
相比之下，歐陽予倩的《予之戲劇改良觀》和宋春舫的《戲劇改良平論》的看法
比較理性。他們既反對固步自封、不求發展，也不贊成陳獨秀等激烈派的因噎廢
食。因而對五四以後的戲曲變革具有指導作用。

　　一九一九年至一九三七年，是中國戲劇的艱苦跋涉時期。五四新文化運動之
後，歐洲戲劇大規模傳入中國，《新青年》就出版過《易卜生專號》，各國戲劇
名家如英國的王爾德、蕭伯納；法國的莫里哀、白利安；德國的席勒、霍甫特
曼；俄國的果戈理、托爾斯泰、契訶夫等人的話劇作品，紛紛譯成中文。現代話
劇在中國勃然而興。一批為中國現代話劇奠基的作家湧現出來。其中，胡適、郭
沫若、田漢、陳大悲、丁西林、洪深等成績突出，具有開拓之功。

　　胡適的《終身大事》是中國人創作的第一個現代劇本。它描寫了婦女田亞梅
為爭取婚姻自由而奮鬥的故事。雖明顯受易卜生《傀儡家庭》影響，不甚成熟，
卻開了風氣之先。陳大悲此期編寫了《幽蘭女士》、《良心》等劇本，且自導自
演，大力提倡新劇。他還在北京與薄伯英成立了「中華戲劇協社」，發展了兩千
多名社員，舉辦了許多次公演。

　　郭沫若、田漢的話劇創作成就突出。一九二三年前後，郭沫若先後創作了歷
史話劇《卓文君》、《王昭君》、《聶嫈》、《湘累》等。田漢在一九二二年回國之
前已創作了《靈火》、《咖啡店之一夜》等作品。一九二二年到一九三〇年，他
又先後發表了十六個話劇劇本，其中比較重要的有《獲虎之夜》、《名優之死》、
《湖上的悲劇》、《蘇州夜話》等。這些作品具有新奇的形式，絢爛的色彩和沉鬱
磊落的情調，達到了相當的水準。丁西林以幽默喜劇著名，被稱為「獨幕喜劇聖
手」，一生發表劇作十部，著名者有《一隻馬蜂》、《壓迫》、《酒後》、《瞎了一

隻眼》等。

洪深也是中國現代話劇的奠基人之一，「話劇」一名便是根據他一九二八年的提議而得到確認的。此前，或稱為愛美劇，或稱為真新劇、「白話劇」五花八門。此後才趨於一致。洪深不僅是優秀的劇作家，還是優秀的導演和演員，一生共編譯了三十八部話劇劇本，先後導演大小劇碼四十個。一九三六年之前，他的代表作品有《趙閻王》、《五奎橋》、《香稻米》、《青龍潭》等。

各種戲劇社這一時期也廣泛建立起來。一九二一年上海戲劇協社成立，一九二二年北京人藝戲劇專門學校成立。前者排演了《終身大事》、《潑婦》和洪深改譯王爾德的《少奶奶的扇子》等，以《少奶奶的扇子》比較成功。後者則公演了陳大悲的《英雄與美人》，但成績欠佳。一九二五年，北京劇專戲劇系成立，做了大量的西洋話劇評介和社會問題新劇的創作。一九二七年，南國社在上海異軍突起，傾向進步，主要演出田漢創作的一些揭露社會黑暗的作品。其後，中國左翼作家聯盟成立，在中共的領導下，先後組成五十多個左翼劇團在全國各大城市演出進步戲劇，影響巨大。

九一八事變至抗戰全面爆發，是民國話劇發展的一個重要時期。這一時期產生了不少描述敵後志士的活動，或表現同胞愛國情操的反映時代需要的劇本。如田漢的《戰友》、《回春之曲》，歐陽予倩的《青紗帳裏》，章泯的《我們的家鄉》，陽翰笙的《前夜》等。也出現了不少劇團劇社組織，如上海舞臺協會、業餘劇人協會、中國旅行劇團等。以餘上沅為校長的「國立戲劇學校」的成立，是此期乃至整個民國時期戲劇教育的大事。它師資力量強，對戲劇人才的培養，排演制度的建立貢獻至大。除上述提及的劇作外，此期有影響的劇作還有歐陽予倩的《同住的三家人》，洪深的《農村三部曲》、夏衍的《賽金花》和《自由魂》等。

曹禺是此期劇作家中最受人矚目、最光彩照人的一個。一九三三年，還在清華大學念書時，曹禺就完成了他的處女作《雷雨》。它在一天的時間、兩個舞臺背景內集中地表現了兩個家庭和他們的成員之間前後三十年的錯綜複雜的糾葛，寫出了那種不合理的關係所造成的罪惡和悲劇。劇中人物不多，但都通過尖銳的戲劇衝突和富有性格特徵的對話而呈現出鮮明的個性，每一個人都顯示了他作為

社會的人的豐富內容，並以各自的遭遇和命運激動著人們的心弦。全劇場次穿插靈活，結構細密，對白洗練感人，具有強烈的藝術力量。一九三五年，曹禺又創作了《日出》，它在有限的演出空間內，出色地表現了包括上層和下層的複雜社會橫剖面，寫出了二十世紀三〇年代初期受資本主義世界經濟恐慌影響下的中國都市的形形色色的人物活動及性格特徵，人物比《雷雨》多，生活面比《雷雨》廣闊複雜，人物形象鮮明生動。《雷雨》和《日出》的發表和上演，立刻引起文藝界的廣泛注意和熱情讚賞。抗日戰爭前夕，曹禺又創作了《原野》。一九四一年，他還創作了《北京人》。全劇通過日常的家庭生活畫面和家務瑣事的閒談表現人們之間勾心鬥角、唇槍舌劍的緊張氣氛和尖銳衝突，具有內在的扣人心弦的力量，藝術上十分精緻成熟。曹禺的這些作品，標誌著五四以來話劇創作的最新成就，也是最高成就。

　　與新興的話劇相對應，戲曲舞臺在這一時期也精彩紛呈。一些勇於進取的藝術家與文人合作創演新劇碼，古裝新戲與時裝戲應運而生。古裝新戲以梅蘭芳和歐陽予倩的成就最為突出。從一九一五年開始，梅蘭芳（1894-1961），原籍江蘇泰州，生於北京。他先後排演了《嫦娥奔月》、《天女散花》、《西施》、《洛神》及紅樓戲《黛玉葬花》、《千金一笑》、《俊襲人》等劇碼。歐陽予倩在一九一四至一九二八年間共編演京劇新戲二十九個，其中以紅樓戲最有特色，共有《鴛鴦劍》、《饅頭庵》、《寶蟾送酒》、《黛玉焚稿》、《黛玉葬花》等。除了梅蘭芳、歐陽予倩二人之外，四大徽班中的三慶班、四喜班、春台班、和春班等也編排廠不少新戲，如三慶班久負盛名的《三國志》。北京首座新戲院—第一舞臺建成之後，名演員自排古裝新戲形成一種風氣，如楊小樓、王瑤卿、程硯秋、梅蘭芳、尚小雲、徐碧雲、朱琴心、筱翠花、馬連良、高慶奎、雷喜福等都分別排演了自己的新劇碼。這種情況一直到淪陷時期才趨於衰落。競排古裝新戲鍛煉了演員，促進了流派藝術的繁榮，同時也推出了一批戲曲作家，其優秀者有羅癭公、陳墨香、齊如山等。羅癭公與程硯秋默契合作，在一九二一至一九二四年間為程編寫了《紅拂傳》、《玉獅墜》、《青霜劍》、《金鎖記》等十多部劇本。齊如山與梅蘭芳合作二十多年，先後為梅蘭芳編寫了《嫦娥奔月》、《黛玉葬花》、《天女散花》、《鳳還巢》、《花木蘭》等數十個劇本。陳墨香則主要與荀慧生合作。時裝

新戲盛行於辛亥革命後，主要反映當時的現實生活和人們關心的社會問題，是二十世紀現代戲的先導。楊韻譜於一九一四年成立的奎德社是這一時期時裝新戲的主導力量，他們的口號是「針砭時弊，移風易俗」。北平淪陷後，奎德社才解散。梅蘭芳在一九一七至一九一八年間也排演了《孽海波瀾》、《宦海潮》、《童女斬蛇》等時裝新戲，雖數量不多，但頗具代表性。時裝新戲促進了舞臺新技術的採用，這一點在南方更加突出。

五四運動之後，京劇表演流派再度繁榮，流派林立，諸美爭豔，比較具代表性的有老生行中的余派（余叔岩）、言派（言菊朋）、高派（高慶奎）、馬派（馬連良）、麒派（周信芳）、楊派（楊寶森）、奚派（奚嘯伯）等；旦行有梅派（梅蘭芳）、程派（程硯秋）、荀派（荀慧生）、尚派（尚小雲）、筱派（于連泉）、李派（李多奎）等；淨行中有金派（金少山）、郝派（郝壽臣）、侯派（侯喜瑞）等。新流派的創建既得力於他們向前輩的學習，也得力於他們廣收博采，轉益多師；對京劇表演的藝術手段和方法也有不少豐富，而新的人物形象的塑造更為京劇增添了動人的魅力。

一批民間小戲劇種也有變化，它們在辛亥革命前後逐漸積蓄了力量，先後進入大城市，為其發展開拓出新的局面，其中較具代表性的有評劇、越劇、錫劇、甬劇、黃梅戲、揚劇、呂劇等。它們都經過了從業餘到職業，從廣場演出到舞臺，從農村到城市的發展道路。這些劇種的普遍特點是形式短小活潑，表情生動自然，富於生活感，曲調簡單易學，內容真切感人。

民國時期，東西方文藝術交流逐漸增多，中國的戲曲劇團開始到海外演出。最早出國而且影響最大的是梅蘭芳。二十世紀二〇年代，梅蘭芳幾次到日本演出，成為受世界矚目的人物。一九三〇年初他在美國的演出獲得了巨大的成功。隨梅蘭芳之後，程硯秋等藝術家也走出國門，走向歐洲。戲曲以它特有的古老而光輝的藝術和東方民族的美，在世界藝術舞臺上

梅蘭芳在《貴妃醉酒》中飾貴妃

爭得了一席之地。

一九三七年七月七日盧溝橋事變爆發，中國全面抗戰開始。在民族抗戰的旗幟下，戲劇界抗日民族統一戰線組成。在一九三七至一九四五年期間，話劇極為活躍，取得了突出成就。無論是創作數量還是表演效果，均盛況空前。上海戲劇家聯誼會和上海劇作家協會提出了「國防戲劇」的口號，廣泛地團結愛國劇人。在協會的倡導下，國防戲劇作品大量出現，《漢奸的子孫》、《走私》、《回聲》、《秋陽》、《東北之夜》等劇作在各地演出時都盛況空前。上海戲劇界集體創作了三幕劇《保衛盧溝橋》。一九三七年八月十五日，上海戲劇界救亡協會成立，並組成十二個救亡演劇隊，奔赴全國各地及南洋進行抗日宣傳。根據國共合作抗日的協定，國民政府軍事委員會成立政治部，周恩來出任副部長，郭沫若為第三廳廳長，專司宣傳工作，組織抗敵演劇隊、宣傳隊、孩子劇團等熱情宣傳抗日，構成抗敵話劇演劇運動的熱潮。一九四一年以後，抗戰戲劇運動相對集中於城市，專業劇團十分活躍，劇碼生產和舞臺藝術水準得到顯著提高。

郭沫若是此期戲劇界最為突出的代表之一，尤以歷史劇水準較高、影響至大。抗戰期間，主要是皖南事變之後，他先後創作了五幕劇《棠棣之花》、《屈原》、《虎符》、《高漸離》、《南冠草》及四幕劇《孔雀膽》。這些劇作，通過對不同歷史人物的形象和曲折的故事情節，表現了判逆、反抗，敢於主宰自己命運的精神，以及反對侵略，反對投降、反對專制暴政、反對屈從變節，主張愛國愛民、主張團結禦侮、堅貞自守等共同主題，無情地鞭撻了專橫兇殘、貪婪狡詐、卑鄙自私的醜惡靈魂，熱烈歌頌了見義勇為、忠貞剛直的高尚品德，給人以鼓舞和教育。在創作上，郭沫若對劇本所涉及的史料，總是盡可能地搜集占有，精密研究，對有關人物的性格、心理、習慣，當時的風俗、制度、意識形態等，都作十分深入的了解。但在具體創作時，並不拘泥於史料，而是在把握歷史本質的基礎上，根據藝術規律、劇情發展和創作意圖，結合自己的理想和願望大膽構思，使全劇結構、人物刻畫、情節的演變、文辭的錘煉等，都渾然一體，形象逼真而生動，有顯著的戲劇效果。相當數量的抒情詩和歌詞的插入，使全劇感情激越，色彩斑斕，充滿著濃郁的詩意。在郭沫若的這些歷史劇中，以《屈原》一劇成就及影響最大。

在抗戰初期，被戲劇界稱為「好一記鞭子」的三個短劇（《三江好》、《最後一計》、《放下你的鞭子》）曾在各地廣泛演出，收到了良好效果。之後，《保衛盧溝橋》、《台兒莊》、《八百壯士》等許多抗日戲劇相繼上演，也起到了很好的宣傳作用。抗戰初期上的戲劇以獨幕劇為主，到一九三八年底，以獨幕劇為主的劇本達一四二種。抗戰進入相持階段之後，戲劇活動的中心逐漸移向大後方，多幕劇的創作和演出大量增加。在創作上取得突出成就的除郭沫若之外，尚有夏衍、于伶、宋之的、陽翰笙、陳白塵、沈浮、袁俊、吳祖光等。一九三六年冬，夏衍創作了多幕歷史劇《秋瑾傳》，真誠地歌頌了秋瑾反帝反封建的革命精神和殺身成仁、捨生取義的英雄氣概，同時無情地鞭撻了清朝統治者和漢奸走狗。一九三七年，夏衍創作了《上海屋簷下》，從小人物的生活中反映大時代，布局新穎而嚴密，波瀾起伏，緊湊自然，處處散發著濃郁的生活氣息。抗戰頭三年，夏衍先後創作了《一年間》、《心防》、《愁城記》三部劇作。四幕劇《心防》生動地反映了上海淪陷區進步文化工作者艱苦而英勇的鬥爭。一九四二年夏，夏衍又創作了《法西斯細菌》，揭露了法西斯主義的反動本質和國民黨統治的黑暗腐敗。宋之的的劇作有獨幕劇《微塵》、《出征》，多幕劇《自衛隊》、《鞭》、《祖國在召喚》等，都達到了相當高的水準。于伶的作品有《女子公寓》、《花濺淚》、《杏花春雨江南》等，代表作則是《夜上海》和《長夜行》。一九四一年，他又創作了五幕歷史劇《大明英烈傳》，在宣揚民族意識，鼓動人民反抗侵略方面收到了良好的效果。沈浮創作的劇本有《重慶二十四小時》、《金玉滿堂》及《小人物狂想曲》等，描繪了相持階段大後方城鎮的社會生活面貌。陳白塵的《大地回春》、《翼王石達開》，吳祖光的《風雪夜歸人》，袁俊的四幕劇《萬世師表》也是抗日戰爭時期出現的重要劇作。

在中國共產黨領導的抗日根據地，新秧歌運動得到普及，產生了一批優秀的新秧歌劇，如《十二把鐮》、《慣匪周子山》、《牛永貴掛彩》、《全家光榮》等。新歌劇則以《白毛女》為代表。戲曲的創新在根據地也取得了顯著的效果，一些好作品如《逼上梁山》、《三打祝家莊》等無論在藝術上還是語言上，都顯得新鮮而有生命力。

一九四四年二月至五月，全國三十三個文藝團隊在廣西桂林舉行了戲劇展覽

活動，近千人參加了這次規模空前的大會。西南劇展總結了抗戰劇運動的基本經驗和教訓，貫徹了「戲劇到人民中間去」的精神，為迎接抗戰勝利做了準備。

一九四五年八月，中國抗日戰爭取得勝利。戲曲的演出活動在全國各地都達到了高潮。儘管在劇碼上這一時期有不少創新，但在戲曲語言、表演藝術和手法上尚突破不大。其獲得全面的進展，是一九四九年中華人民共和國成立之後。

第四節·
生機勃勃
的各種美術

美術是民國藝苑中內容最為豐富、也最為繁榮發達的領域，可謂是精品紛呈，大師輩出，蔚為壯觀。其中又以繪畫最見成就，它集中體現了中西藝術交匯給中國文化發展所帶至的神奇力量和盎然生機。

一、空前繁榮的繪畫

清末民初，隨著西洋畫在中國的廣泛傳播，中國繪畫蘊釀著一場空前的變革。受新文化運動影響的大批青年畫家，為師法洋畫，飄洋過海，或留學日本，或留學歐洲，孜孜以求。辛亥革命後，陳抱一、江新、梁錫鴻、關良、胡根天、許敦谷、嚴志開等又先後留學日本；徐悲鴻、李超士、林風眠、林文錚、吳大羽、方君璧、聞一多等人則相繼留學歐洲。還有一批土生土長的畫家借學於西洋

畫冊。他們向國內引進和介紹西洋繪畫，從事新美術教育和新美術運動，大大促進了中國近代美術的發展。這些以「藝術救國」為己任的學子們帶著對傳統的超越和藝術新紀元的渴望，成為中國近代美術的最早拓荒者。

李叔同對五四新文化運動和民國美術卓有影響。他是中國西畫運動的最早開拓者，對中國近代早期美術教育也卓有貢獻。一九一二至一九一八年，他在杭州浙江兩級師範學校（後改為浙江省立第一師範學校）圖畫手工科任教，首開室內寫生課、野外寫生課、西洋美術史課和版畫課。根據現場所拍照片證實，一九一四年他在室內寫生課堂竟大膽指導學生畫人體模特兒，實屬中國近代美術教學中的創舉。民國美術史上的一代名流豐子愷、吳夢非、潘天壽等均出自他的門下。周湘是我國近代第一所私立美術學校的創始人之一。他於一九一一年之前在上海創辦的圖畫傳習所培養過劉海粟、陳抱一、張眉蓀等著名畫家。張聿光是中國最早的舞臺布景美術家及美術教育家，同時也是著名的漫畫家。一九一二年，他首任新創辦的上海圖畫美術院的校長。陳抱一矢志於中國西洋畫的教育，從一九二二年起，先後在上海美術專門學校藝術專科師範學校、上海大學美術科等校從事西畫教學。從未留學國外的徐詠青卻是中國最早的著名西洋畫家之一，最擅長畫水彩畫。他的《水彩風景寫生法》是中國最早傳授水彩畫技法的著作之一。在中國美術近代化進程中，這些先驅們率先跨出了學習西洋美術的關鍵一步，把近代西方鉛筆素描、木炭、水彩、粉畫、油畫等畫種傳播到中國，從而打破了中國文人畫單一不變的程式和封閉、沉寂的體系，給中國美術注入了新的生機。

民國初期，許多畫家還顯出中國人從事西洋美術的優秀才華。如李鐵夫在海外期間便多次獲得國際畫理學會大獎，他的油畫色彩技巧在整個民國期間幾乎沒有人可與之比肩。辛亥革命後留學歐洲的李超士是一位成就卓著的藝術教育家，同時是色粉畫在中國的最早拓荒者。他的作品用筆極為和諧，色澤明快，清新自然。過早隕逝的吳鼎是最早到法國研究美術的先行者，又是出色的美術教育家。他除了傳授西洋繪畫之外，還譯著了大量西方美術文稿。由於他們的共同努力，西洋美術才得以在中國廣泛傳播，從而為中國現代美術奠定了基礎。

一九一二年十一月，上海圖畫美術院在上海成立，創辦人為年僅十七歲的劉海粟，一九二一年改名為上海美術專門學校。它培養出一大批馳騁美壇的風流人物。繼上海美專之後，新藝術教育的辦學之風日漸興起。一九一八年四月，中國第一所國立美術院校——國立北平美術學校成立。教師中有著名的美術教育家、畫家陳師曾等。一九一九年秋，李叔同的嫡傳弟子吳夢非、豐子愷、劉質平三人創辦了上海專科師範學校。之後，全國許多地方藝術學校紛紛建立，包括南京美術專門學校、廣州市立美術專科學校、浙江美術專門學校、四川美術專門學校等數十所。這些學校對民國初期新藝術的發展起到了巨大的推動作用。

一九一九年冬，一些藝術家和青年教師聯合成立了中國第一個美育學術團體「中華美育會」，其主要成員都是來自於全國各地的藝術家和教育家。一九二〇年四月，中國第一本全面性的美育學術刊物《美育》創刊，中華美育會即以此刊物為基地，積極開展藝術教育運動。而教育泰斗蔡元培對中國近代美術和美育的突出貢獻為畫壇大家們所難以比擬。他先後出任國民政府教育總長、北京大學校長，力倡科學與藝術，主張學術公開，思想自由，文學與美術上現實派與理想派兼收並蓄。他首創體、智、德、美「四育」方針，把美育作為國民教育的宗旨之一，開創了時代教育的新紀元。

一九二七年以前，雖然北洋軍閥政府腐敗不堪，但美術界因受西方的影響，生機勃勃，畫派林立，畫會紛呈，在短短的十幾年中，出現了近百個美術團體。這些美術社團大部分分布在經濟文化比較發達的滬、寧、蘇、杭、廣東、平津地區，少則幾人，多則幾十人、上百人不等。他們經常舉行各式各樣的畫展，對推動民國初期的美術運動和美術的傳播、美育的發展有重要的推動作用。在這些社團中，由烏始光、劉海粟、陳抱一等組成的「東方畫會」，丁悚、江新等組織的「天馬畫會」以及蘇州美術會、中國畫學研究會、藝術社、北京大學畫法研究會等最具代表性。

五四新文化運動的影響和西洋畫的傳入給中國畫壇以很大的衝擊，中國畫究竟如何發展成為民國初期、特別是五四新美術中提出的首要問題。呂澂和陳獨秀率先舉起了「美術革命」的旗幟，猛烈抨擊傳統臨摹之風，提倡寫實主義，由此

而引起中國近代美術史上空前激烈的大爭鳴，形成革新派與國粹派兩大美術陣營。革新派大都是留學日歐美歸來的青年，如徐悲鴻等，他們強調中國畫改革必須從方法、材料、風格等方面吸收西洋畫法，而具體怎樣改革卻莫衷一是。國粹派以捍衛「國粹」、復興國畫為己任，以金紹城、陳師曾為理論代表。這場論爭是中西文化衝突的必然結果，也是新美術運動在美術思潮上的理論體現。

在民國初期的國畫畫壇上，京派、海派、嶺南畫派三足鼎立。嶺南畫派的開創者是「嶺南三傑」之首的高劍父，他大膽融合了中國畫傳統技法和西洋畫法，由繁趨簡，返樸歸真，創立了自己的獨特風格，高奇峰和陳樹人也都在中西畫法的結合上作了有益的嘗試。海派畫家以吳昌碩為領袖，還有王一亭、吳淑娟、吳石仙、陸恢等。他們繼承了清代揚州畫派的創新精神，並在一定程度上吸收樸素文化藝術的影響，從而使自己的作品面貌一新。而京派畫家都是「國粹」精英，以陳師曾為代表，其著名者有金拱北、姚華、蕭愻、王夢白、湯定之、陳半丁、胡佩衡等。他們大多沿襲清末餘緒，以師法古人為宗，少有遭變創新，僅陳師曾、齊白石等力去陳腐，時出新意。陳師曾還是著名的繪畫史家和傳統繪畫理論家。著有《中國繪畫史》、《文人畫之價值》等，後者至今仍不失為傳統文人畫的一篇經典論著。

通俗美術在民初風行一時。首先，繼晚清之風，畫報出版更趨高潮。最有影響的畫報是高奇峰主編的《真相畫報》，它是一份政治性和藝術性並重的代表性刊物。一九二五年前後為畫報史上鼎盛時代，畫報紛呈，但大多數登刊的是低級庸俗的畫面和內容，《三日畫報》可謂典型。月份牌畫在民初也較晚清更為流行。一九一四年，風俗畫家鄭曼陀首創一種擦筆水彩畫法，表現細膩，生動傳神，人物畫能見肌膚感，一時群起仿效。不久，杭稚英將鄭曼陀開創的畫法用以商品的包裝裝飾，獲得很大成功，門庭若市。

連環畫的出現和流行，是民初通俗美術的特徵之一。連環畫畫面上有對白，發端於一九二一年，普遍採用在畫面上開口，成為一種廣泛接受的固定形式，則始於一九二九年，並歷久不衰，沿續至今。

漫畫在辛亥革命後得到迅速發展，它以鮮明的時代特徵和鬥爭精神一躍而成

為我國繪畫中一門獨特的畫種。五四前稱漫畫為「諷刺畫」、「諧畫」、「寓意畫」、「滑稽畫」等。「漫畫」一詞的出現是在一九二五年。一九二六年，豐子愷以「子愷漫畫」的標題在《文學週報》連載此類畫，同年底出版《子愷漫畫》專集，「漫畫」一詞從此才在我國廣泛採用開來，民初發表過不少政治性和藝術性很強的漫畫作品，如一九一三年在《民國日報》上連載的錢病鶴的《老猿百態》，一百餘幅，像連環畫式地將袁世凱的各種詭計醜化為老猿運動，入木三分地揭露了袁氏的政治嘴臉，堪稱傑作。一九一八年九月，我國第一份漫畫刊物《上海潑克》創刊，以獨特的表現形式轟動一時，為以後興起的漫畫刊物奠定了模式。此期最著名的漫畫家除《上海潑克》的創辦人沈伯塵外，還有黃文農。

一九二八年，在國外學藝十載的徐悲鴻回國，中國的藝術教育由徐悲鴻的歸來而開始呈現出新的面貌。徐悲鴻（1895-1953），九歲開始學畫，一九一六年入上海震旦大學法文系半工半讀。一九一七年五月赴日本學習美術；一九一九年月赴法國留學，入國立巴黎高等美術學校，以校長為師。留學期間，曾參觀歐洲各國各大博物館、美術館，悉心觀摩和研究歷代藝術傑作。一九二七年春回國，受田漢之邀出任上海南國藝術學院美術系主任，同時受聘為中央大學藝術系教授。他強調師法造化，重視基礎訓練，培養了一批批具有堅實功底的美術人才，形成了中國藝術教育中的「徐悲鴻體系」。他

徐悲鴻畫的馬

雖然遠涉重洋去攻習油畫，回國之後卻把主要精力用於藝術教育和改良中國畫。徐悲鴻的畫分為西洋畫與中國畫兩大類，以人物畫為主，其次是動物畫和風景畫。他的大型油畫《田橫五百壯士》，七易其稿而作的中國畫巨構《九方皋》等代表了當時中國油畫主體創作和中國人物畫的最高水準。他筆下的動物以中國畫為主，其中最能反映其個性、表現其思想感情的是他眾多的馬的畫卷。他畫的馬，千姿百態，不僅形神兼備，還被賦予了人格化的特徵，以寄寓自己的理想。

與徐悲鴻同時馳騁於南北畫壇的劉海粟，江蘇常州人，在當時也影響甚巨。

他不僅是一位傑出的畫家，還有自己獨特而完整的美學思想體系和深厚的美術史論造詣，同時又是一位傑出的藝術教育家。他的繪畫注重於個性的揮發，無論是油畫或國畫都充分展示著他特有的性格。他的人物畫創作不如徐悲鴻紮實嚴謹，但天生的豪放性格與氣度決定了他以抒寫造化的油畫風景稱雄畫壇。一九二九年他赴歐遊學三年，與馬蒂斯、畢卡索等繪畫大師交遊論學，弘揚中國藝術，聲譽大振。他出版過一系列關於美術的論著《國畫苑》與《西畫苑》是其名作。在這些著作中，表現主義美學觀一以貫之，為中國美術表現體系及其理論的進一步確立作出了開拓性貢獻。

林風眠（1900-1991），努力融合中西繪畫，希冀為中國畫開出一條新路，也巍然成為一代大師。一九二五年，他從法國學畫歸國，立即被蔡元培委任為國立北平藝專校長。一九二七年後，他又長期擔任全國藝術教育委員會主任委員和國立藝術學院院長，為美術界培養了大批精英，如李苦禪、劉開渠、王朝聞、趙無極、李可染、吳冠中、王式廓等。林風眠的最大貢獻是對傳統中國畫的革新。他的畫一反傳統國畫注重以金石書法線條入畫的風氣，摒棄了傳統的長卷或橫卷形式，皆成方形，畫面不留空白，濃重飽滿，其畫風既近於壁畫和年畫，又有油畫、粉畫乃至瓷器畫等韻味，使人耳目一新。由於他對民國美術的重大影響，人們將他與徐悲鴻、劉海粟並稱「畫壇三重臣」。

傳統國畫也在孕育著自己的大師。民國初年西洋畫風剛剛傳入中國之時，大有壓倒傳統國畫之勢。但不久，國畫又重新占據了統治地位，連一些早先熱衷於西畫的人又紛紛操起了傳統的畫筆。而齊白石、黃賓虹、張大千、溥心畬等獨領風騷，澤被後人。大器晚成的黃賓虹（1865-1955），浙江金華人，在五十歲之前主要是臨古打基礎，五十歲以後，他飽遊名山大川，搜妙寫真。到七十歲以後，他對山水筆墨的理解和應用已達到了極為純熟的階段，而在墨色的應用上已創造出新的境界，線條純熟，亂中有序，墨色濃重，墨氣淋漓，極大地豐富了國畫傳統的表現技法，成為近現代山水畫史上「又一變」的開先者。他的代表作有《賓虹紀遊畫冊》、《賓虹畫語錄》等。雕花木工出身的齊白石（1864-1957），湖南湘潭人，二十七歲始拜師習畫，四十歲後遊歷天下，「五出五歸」，為其「衰年變法」打下基礎。六十歲以後定居北京，在陳師曾的勸告下大膽變法，確立起自

已雄健爛漫的畫風。他山水、人物、花鳥無不精擅，而花鳥更是前無古人，代表了民國年間花鳥畫的最高成就，與吳昌碩有「南吳北齊」之稱。

張大千與溥心畬從民國中期開始稱雄山水畫壇，二人分峙南北，被譽為「南張北溥」。張大千不落時流，獨往獨來，將畢生精力花在傳統中國畫的繼承和發揚上，石濤等人的傑出畫作因他的推崇而重新為世人所重視。一九二七年以前，他主要臨仿石濤，此後，他「放眼江天外」，三度登臨黃山，搜盡奇峰打草稿，領略造化真諦，一躍成為山水傳神的高手，集南秀北雄山水精華於筆端，影響與日俱增。「西山逸士」溥心畬以深厚的文史修養為基礎，其畫作或明秀雅逸，或深厚高曠，充盈著一種和諧靜謐之氣，達到了相當完美的藝術境界。

張大千像

海派畫家在民國中期以「三吳一馮」盛稱。吳湖帆的山水筆法清新、跌宕多姿，設色穠麗，多自然之靈氣，畫面泉石雲煙，浩蕩生動。尤善荷花，豔而不俗，絢爛非常，人稱「吳妝荷花」。在金石書法和詩詞上，吳湖帆也有較高造詣。吳待秋的山水蒼茫秀潤而氣骨堅凝，筆力精粹，彩墨飛舞。吳子深的山水也名噪一時，並擅長竹石。馮超然一生好學不怠，工書善畫，作品秀潤精緻，山水花鳥無所不精，仕女畫更獨步一時。

嶺南畫派傳人中則有方人定、趙少昂、楊善深與何香凝。方人定在高劍父的影響下在技法上折中東西，將中國畫的筆墨功夫、西洋繪畫的明暗用色和日本繪畫的裝飾趣味糅合在一起，來表現現實生活，富於時代氣息。趙少昂的繪畫多以意境勝，筆墨蒼勁，揮灑自如，渲染潤澤，具有獨特的個性和超然的美感。尤善運用色彩，給中國畫注入了新鮮迷人的生命力。楊善深在技巧上兼「嶺南三傑」所長，深穩厚健，雅淡雋永，題材則偏重人物與動物。

西洋畫在民初興盛一時之後，不久有過一段由盛而衰的時期。純粹堅守西洋畫陣地的人很少，只剩下顏文梁、陳抱一、倪貽德、潘玉良、蔡威廉等人。顏文

梁的作品崇尚寫實，一絲不苟；陳抱一對西洋畫抱一而終；倪貽德是西洋畫中的新寫實派；潘玉良在畫壇的影響不亞於顏文梁和倪貽德，她的畫題材很廣，風景人物皆有很高造詣，運筆潑辣粗獷，毫無女性柔弱之氣；蔡威廉是一位元出色的人物畫家，作品還蘊含著現實意義和時代精神。李毅士和汪亞塵等則是中西合璧的佼佼者。

二十世紀二〇年代末到三〇年代末是中西藝術的混流時代，中西合璧的潮流具有承上啟下的意義。劉海粟、林風眠、關良等人著眼於西方現代藝術風格與中國民族特色的融匯，徐悲鴻、汪亞塵等人站在改良本民族傳統文化的立場上向西方借鑑寫實技法；而李毅士、方君璧等則尋找中西兩大傳統繪畫形式的糅合。李毅士在三〇年代十分活躍，他試圖在東西藝術的溝通上建立一種新的秩序，並兢兢業業於試驗，為中國美術的發展積累了有益的經驗。其作品《長恨歌畫意》堪稱民國美術中西合璧的代表作。既有西洋的明暗法與焦點透視，又參以中國畫的意境，在寫實與寫意的結合方面，作了大膽的探索。汪亞塵致力於革新中國畫，因作畫勤奮，被人雅稱「畫砧子」。他融合中西風格的金魚作品尤為出色，徐悲鴻推崇他畫金魚是「中國的第一支筆」。

二十世紀二〇年代末至三〇年代中期，隨著左翼文學運動的發展，左翼美術也得到發展。特別是在版畫領域，在魯迅先生的倡導和影響下興起一場新興的木刻運動，當時影響極大。漫畫在這一時期也迎來了自己的黃金時代。一九二七年秋，中國美術史上最早的漫畫團體「漫畫會」成立。《上海漫畫》、《時代漫畫》、《漫畫生活》是此期最有影響的漫畫刊物。張光宇、豐子愷、葉淺予是當時最著名的漫畫家，尤以豐子愷最有成就。他的作品不入俗流，富寓哲理、詩味與情趣。一九三六年底，全國首屆漫畫展覽會在上海開幕，一九三七年，全國漫畫協會成立，這對漫畫的發展具有重要意義。

在抗日戰爭爆發前的二十世紀三〇年代，美術教育達於極盛。私立上海美術專科學校在劉海粟二十多年的苦心經營之後終於在一九三五年得到官方的正式承認，此時該校已擁有中國畫、西洋畫、雕塑、音樂、藝術教育和圖案六個系，聚集著黃賓虹、潘天壽、潘玉良、王個簃、俞劍華、傅雷等馳名的藝術家和藝術教

育家。北平藝術專科學校進一步發展。私立蘇州美術專門學校、私立上海新華藝術大學等都步入正規。一九二八年三月，國立藝術院在杭州西湖成立，揭開了民國盛期美術發展的新一頁。藝術院人才濟濟，思想活躍，積極倡導新時代藝術，促進中國藝術的復興。這一時期，又有一大批留學歐美的青年畫家回國並執教於各藝術院校，新興的美術社團紛紛成立。他們以創新和中西合璧、促進中國文化復興運動為目標，思想活躍，富於朝氣和創造力，研究方向也多元化、專業化和現代化，從而使中國現代美術呈現出萬花筒般的五彩紛繁。其著名者有蜜蜂畫社、中國女子書畫會、中華全國美術會、藝風社、藝術運動社、決瀾社等。它們給當時的中國畫壇造成強烈衝擊。進一步促使中國美術走向世界。

　　一九二八年以後，美術展覽盛極一時，一般有影響的社團幾乎每年都要舉辦一次大規模的展覽。在風起雲湧般的美展浪潮衝擊下，中華民國教育部在一九二九年四月和一九三七年四月舉辦了兩次大型全國美術展覽。第一次全國美展在蔡元培先生的關懷下籌創舉行，展出作品二二〇〇餘件，時間長達一個月。第二次展出作品一九〇〇餘件，時間近一個月。徐悲鴻和劉海粟還分別在歐洲舉辦了中國近現代繪畫展覽。隨著美展活動的興盛，各種美術刊物也紛紛創辦，重要的有《藝術旬刊》、《美術》、《藝風》、《藝林》、《美術生活》、《北平藝專校刊》等。這些刊物作為美術理論的喉舌，在美術界掀起了新的藝術思潮和爭鳴，而中西融合的思潮呼聲一片。國立藝術院的口號就是「介紹西洋藝術，整理中國藝術，調和中西藝術，創造時代藝術」。它是中國美術理論由近代向現代轉化的歷史性變革。

　　一九三七年七月，抗日戰爭全面爆發。在特殊形勢之下，「美術救國」運動與現實主義藝術結伴而生。在前線戰場，在全國各地，到處都活躍著美術家們的身影。創作活動風起雲湧，前線將士的浴血奮戰，人民的顛沛流離，饑寒交迫，日寇的燒殺擄掠以及漢奸土劣和貪官汙吏的種種醜態，都成為美術表現的主題。木刻漫畫得天獨厚，流行於前方後方，成為新時代現實主義藝術中最得力的勁旅，吳作人組織的「戰地寫生團」，馮法祀的抗戰寫生，李樺的戰地素描等都創作了許多富有時代感召力的作品。吳作人的《空襲下的母親》、《不可毀滅的生命》；馮法祀的《平型關大捷》、《捉蝨子》；唐一禾的《女游擊隊員》；王式廓

的《台兒莊大血戰》；李可染的《為死難者同胞復仇》；陳抱一的《流亡者之群》等從不同的角度，以不同的風格形式揭示了嚴酷的社會現實和民族的時代精神。與此同時，旅行寫生活動極為頻繁，從西南到西北，從山鄉僻壤到戈壁大漠，過去一向無人問津的風土人情和民族生活被美術家們攫住，一變而為洋溢著時代氣息的審美現實。而「十字街頭」美術──抗戰宣傳畫，以獨特的形式被廣泛地高懸於中國的城市和鄉村的十字街頭，極大地發揮了美術的宣教功能，這是大眾化美術的時代高潮。大後方募捐獻金畫展雲起，甚至走向世界，這種募捐畫展以中國畫家張善子的抗日宣傳畫暨籌賑畫展為著名。他不僅在國內多次舉辦畫展，而且多次出國到歐美等地舉辦畫展，宣傳中國人民的抗日鬥爭。

在國家的生死存亡面前，木刻家們自覺運用手中的刻刀為民族解放鬥爭服務。由於取材方便，新興木刻得以蓬勃發展，木刻家們不僅舉辦了多次抗戰木刻展覽，而且出版了許多木刻刊物，辦了各種形式的木刻訓練班。一九三八年六月，中華全國木刻界抗敵協會在武漢成立，一九四〇年被國民黨當局取消。一九四二年一月，王琦、丁正獻等人又在重慶成立中國木刻研究會，不僅在各地有分會，還多次將抗戰作品選送蘇、英、美、印等國展覽，增進了各國人民對中國抗戰的了解和支持。在紅色邊區，木刻藝術的運用更加廣泛，內容則充滿濃郁的生活和戰鬥氣息。活躍於紅色邊區的木刻家有古元、力群、彥涵、江豐和楊涵等。

漫畫在抗戰的新形勢下也迅速發展起來。一九三七年，上海漫畫界成立了「漫畫救亡協會」，並創辦了《救亡漫畫》雜誌。同年八月底，漫協派出的漫畫隊奔赴全國各地，舉辦各種漫畫展覽，創辦各種刊物。較著名的漫畫家有張樂平、華君武等人。

二十世紀四〇年代之後，中國畫壇出現了新的轉機。一方面，畫家隊伍不斷擴大國；另一方面，許多西洋畫家改作中國水墨畫，使傳統繪畫重振旗鼓，中國畫的現代化發展成為事實。李可染、關良、丁衍鏞、陳之佛、朱屺瞻、楊秋人等畫家的作品都在中國繪畫的傳統形式之下滲透著西方藝術精神，中西合璧，意境清新。國畫隊伍也逐漸擴大，江寒汀、伍蠡甫、陸儼少、謝稚柳、賀天健、諸樂

三、王個簃等人脫穎而出，成為這一時期國畫藝術的代表。西洋畫也逐漸走向民族化，張眉蓀、唐一禾、董希文、吳作人、呂斯百等人不僅在其作品中越來越多地運用民族繪畫的技法和神韻，而且在內容上更切近於現實主義，真實地反映了他們生活的時代。尤其值得一說的是吳作人，當時徐悲鴻推崇為「中國藝壇代表人物之一」。他在油畫的民族化和現實主義方法相結合的探索上，取得了令人矚目的成果。代表作有《擦燈罩》、《負水女》、《藏童》等。其油畫風景《青海之濱》、《戈壁神水》、《雪原》等，構圖新穎，境界開闊，既能夠為中國老百姓所欣賞，又具有著令人神往的藝術魅力。因此，時人稱讚說：「中國的西洋畫家走上『西洋畫中國化』的正確路線的已經不少，吳作人即是其中的一位傑出者。」[1]

也是在二十世紀四〇年代以後，僻處西北的敦煌成為藝術家們嚮往的地方，美術界一時興起了「敦煌熱」。許多美術家紛紛湧向敦煌。爭睹和臨摹古老壁畫的風采，尤其是張大千。一九四三年三月，在張大千、向達、夏鼐、閻文儒、吳作人、謝稚柳、董希文、關山月等人的呼籲下，國民政府教育部在莫高窟成立敦煌藝術研究所籌備委員會。高一涵為主任委員，張大千、王子雲、常書鴻等七人為委員。一九四四年一月一日，國立敦煌藝術研究所正式成立，常書鴻為所長。通過藝術家們的辛勤努力，享譽海內外的敦煌學建立了起來。同時，西北和西南地區的藝術考古也蓬勃開展，古代藝術資料被大量發現、搶救，極大地促進了文物和藝術事業的發展。

一九四五年八月，中國人民的抗日戰爭取得了全面勝利。此時，新興的木刻與漫畫也雄踞藝壇，批判現實成為這一時期木刻和漫畫藝術的主要潮流。以漫畫論，張樂平的《三毛流浪記》，丁聰的《現實圖》，華君武的《就位》、《你貪汙》等都極具藝術魅力和社會影響。尤其是《三毛流浪記》，匠心獨運地創作了那時中國貧苦兒童的典型形象，寓辛酸於苦笑幽默之中，有力地揭露了當時中國社會現實的黑暗，雅俗共賞，深受人們喜愛。

新一代畫家趙望雲、蔣兆和、關山月、黎雄才等在此時露出頭角，他們以現

1　楊邨人：《西洋畫中國化運動的進軍——介紹吳作人先生的畫展》，《中央日報》，1945-05-25。

實社會為主要創作來源，著重表現時代精神，以濃烈的「現代風」顯示了與傳統畫家之間的「代溝」。西洋畫家中也出現了一些批判現實主義畫家，如符羅飛、司徒喬、馮法祀、餘本等。他們以作品揭露現實、暴露黑暗、傳達民眾的苦難和心聲。

這一時期，中國畫的現代化在一些傳統的畫家創作實踐中亦始見成果，他們的作品獨樹一幟，成為中國畫壇的一代翹楚。潘天壽、傅抱石、張書旂是其傑出代表。潘天壽善作山水，但以花鳥畫的成就突出。他的花鳥畫，常以古拙之筆，深厚黑色來作畫，意境清新悅目，超塵脫俗，一掃金石派花鳥奇古驕悍之氣，屬吳昌碩的眾弟子中真正能「青出於藍」者。他的《中國繪畫史》也是名著。

傅抱石此期則創作出了大量的人物畫，如《離騷》、《九歌》、《國殤》、《湘君》等。以生花妙筆寫橫溢才氣，所作人物畫縱橫瀟灑豪邁，高古而不柔媚，深得郭沫若等人讚賞。張書旂人稱「白粉主義」者。他一反傳統寫意畫家視白粉為大忌的做法，喜將白粉混融於花鳥畫的色與墨之中，甚至讓白粉在畫面中起主導作用。由於妙用白粉，使他的作品典雅明麗，生機勃發，具有現代精神。其代表作有《百鴿圖》。

二、書法、篆刻、工藝和攝影

書法作為我國傳統藝術中的重要內容，在民國時期也有較大的發展。

民國初年的書法是直承清代餘緒而另有風致。清代阮元、包世臣、康有為等人對北碑藝術的弘揚，到民國初期才真正形成一代風氣。隨著新式學校的興辦，書法教育也日漸普及，各種書畫協會也無不以書法作為研討重點。由於印刷業的發達，刊物的風行，名家墨蹟以及好碑好帖得以廣泛傳播，習書者可博覽擇精，不為某家所囿，因此書壇體態之繁，遠過前代，書家輩出，各領風騷。

民國初期的書法，以沈曾植、吳昌碩、曾熙、李瑞清四家影響最大。沈曾植以博學聞名全國，其書融篆隸碑帖於一體，筆勢頓挫，灑落蘊藉，既富金石氣，

又富書卷氣。吳昌碩不僅畫藝出眾，於書法金石也無所不精。其繪畫成就主要得力於他的書法金石功底。諸體兼善，尤長於篆書和行書，影響極廣，陳師曾、王個簃、沙孟海等俱入其室。李瑞清是近代著名的書法教育家，精研書道，譽滿海內外，只是恪守古人，單調呆板。其功力極深，時人號為「百衲體」。曾熙與李瑞清並稱一時，書法得《夏承碑》與《張黑女碑》之神髓，喜用禿筆枯毫，瘦勁志辣，但流暢圓活。

到民國中期，書壇的風氣又有了進一步的改變。書法家們大都相容並蓄，博採眾長，故躍起於書壇的大家眾多，書體不一。如鄭孝胥碑帖兼長，吳敬恆擅長楷行，周慶雲參習漢隸北碑，易儒善於篆隸行楷。書壇風氣的活躍和風格的多變，加快了書壇近代化的節奏，其中章太炎的「章草」和于右任倡導的「標準草書」影響尤大。為了提高書寫節奏，促進社會的現代化，章太炎極力提倡章草，認為章草是漢字書寫最簡便的方法，因而對章草法帖極為搜求，加以整理。而他的書法成就，則得益於其精深的文字學修養。對章草的提倡確實開創了民國一代新書風。後來于右任在此基礎上進一步發展，推導「標準草書」運動，在書學史上產生深遠的影響。于右任的早期書法以行楷為主，力學北碑，並參入篆草隸法，雄強博大，沉著灑脫。中年以後，精研草書，力求「易識、易寫、準確、美麗」。他從歷代名家的優秀書法中尋找美觀易識的代表性符號，給形體多變的草書定型歸類，釋例說明，集成《標準草書・千字文》，對書法藝術的普及起了劃時代的作用。他的草書以魏碑筆法為脈，博採約取，融會貫通，自成一格，流暢自然，形美筆簡，勁健奇崛，儀態萬千，可謂卓然大家。在二十世紀三〇年代享譽書壇的還有趙子雲和馬公愚。二人皆為吳昌碩之高足。經過二十多年的發展，到民國後期，書壇已是群雄逐鹿。馬一浮、諸德彝、葉品三、邵元沖、華世奎、傅增湘、歐陽漸、駱文亮等各領風騷。而其中之傑出者當數沈尹默。其餘王樹人、潘伯鷹、胡小石、童大年、趙堯生也各有所長。

與中國畫在晚清走向衰竭的趨勢相反，篆刻這門新興藝術在清代乾嘉以後登上了高峰，宗派分立，強手如林。民國時期，由於商品經濟的進一步發展和印刷業的繁榮，碑版及其他古文字的大量出土，篆刻藝術仍方興未艾。一九一三年，西泠印社正式成立，並一躍成為全國篆刻藝術的中心。而民國初期印學家的分布

也主要集中於滬杭、京津和廣東地區。滬杭以吳昌碩、趙時棡影響最大。吳昌碩為西泠印社第一任社長，他在書畫印三方面皆受趙之謙的影響，其篆刻得力於石鼓、漢印、秦璽及鐘鼎款識，同時以書畫法入印，渾穆古樸，遠過前人，在當時影響極大，陳師曾、王賢、錢瘦鐵等皆出其門下。趙時棡精通各體，熟諳古文字，金石學養篤厚，至滬不久，聲名鵲起，一時名流羅振玉、丁輔之輩皆與之遊。其篆刻取法秦金漢印，風格雄壯渾厚。京津地區以陳師曾、陳半丁、齊白石等為代表，尤以齊白石為高，其印師法前人，又跳出藩籬，章法以奇險取勝，單刀深切，不加修飾，寬博自然，韻趣無窮。廣東印壇以易大廠、李尹桑為代表。易大廠之古璽風格獨絕，近世罕有其匹。李尹桑善朱文小璽，運刀乾脆，章法謹嚴，工細渾厚，人稱絕藝。民國中期之後，滬杭印人複有王福庵、趙古泥諸名家，京津則有壽石工和丁二仲以及頓立夫，其中趙古泥較為突出。至二十世紀四十年代之後，方介堪脫穎而出，二十餘年刻印逾萬方，終於爐火純青，享譽海內外。印壇諸「鐵」如鄧純鐵（散木）、錢瘦鐵（厓）、唐素鐵（俶）、汪大鐵等以及喬大壯、黃葆戊等皆為印壇一流名家。

中國是絲綢的故鄉，而民國初期，絲織印染工藝原地踏步，不見起色。刺繡工藝卻異軍突起，人才濟濟，名秀叢起。一九一一年，著名工藝家沈壽在天津開辦了繡工傳習所，一九一四年應張謇之聘，至南通主持女紅傳習所，培養了大批刺繡人才。沈壽是近代蘇繡的代表，她所創造的「美術繡」使蘇繡馳名中外。楊守玉開創了中國刺繡史上獨樹一幟的「亂針繡法」（又稱畫繡）。她吸取了西洋畫的技法與色彩，針法長短不一，交叉組合，使繡面具有陰陽凹凸的油畫效果，極富感染力。中國四大名繡之一的湘繡此時有了長足的發展，一時名家楊季、文谷懷、朱樹芝等為湘繡發展做出了貢獻，而最負盛名的是廖家惠。

民俗工藝雕刻在民國初期尚有一線生機。天津清末藝人張明山所創立的「泥人張」至其子張玉亭時達於鼎盛。張玉亭的作品以古代仕女及當時社會生活的下層市民最具特色，代表作有「王昭君」、「花木蘭」、「三百六十行」及「摩登女郎」、「鍾馗嫁妹」、「吹糖人」、「賣糕人」等，皆形神畢肖，惟妙惟肖。惠山泥人的影響更大，傑出的藝人有丁阿金、周阿生等。木石雕刻民國初年以福建、浙江兩地最為普及。東陽木雕和黃陽木刻各揚一時，而青田、壽山石雕也擅名天

下。湖南的菊花石雕工藝堪稱一絕。著名工藝師戴清升的菊花石雕《梅花屏》等，在巴拿馬萬國博覽會上榮獲金牌獎。竹雕工藝則以江蘇嘉定為最。傳統的木刻年畫業在清末因西方先進印刷技術的傳入而式微，退出城市而轉向農村。在北方的天津，只有楊柳青一帶的年畫水準較高，成就較著。其餘河北武強，山東的陽谷、高密及山西南部地區的年畫也有一定的規模。

傳統的漆器工藝民國初期仍保持了較高水準，比較著名的產地有揚州的「梁福盛」號和福建的「沈紹安」號。「梁福盛」號以生產小件漆器為主，「沈紹安」號則以脫胎漆器享名一時。北京地區的「京式」工藝在民國初期獨樹一幟，內畫壺、風箏、銅器、玉器、地毯和金銀器製作都有較高水準。北京、天津的風箏名家哈長英、魏元泰製作的風箏，北京「文盛齋」製造的宮燈和紗燈參加巴拿馬世界博覽會，均獲得金銀大獎，為中國民間美術贏得了聲譽。

晚清以降，大批西方建築在中國出現，近代西方建築類型和技術湧進中國，使中國的建築出現外來式、中國式和現代化的中國式三種主要形式。在民國初期，外來式和中國式建築涇渭比較分明。外來式建築主要分布在西方列強在中國強占的各租界內，五花八門，各具特色。中國式建築中，最值得稱道的是中山陵，它是中華民國建築史上一項重大的建築藝術成就。一九二七年公開徵圖，條例中規定：「祭堂」圖案須採用中國式，而含有特殊與紀念之性質者，或根據中國建築精神特創新格亦可，著名建築設計師呂彥直的方案在競爭中取勝。工程由姚錫舟承建。全陵在總體上採用傳統的陵墓布局形式，但在局部處理上則時有創新，特別是吸取了新的材料和新的技術工藝，為中山陵增色不少。全陵氣象宏偉壯觀，殿堂又顯得莊嚴肅穆，為稍後將要出現的一幢幢中國式傳統建築樹立了榜樣。

中國近代新型建築主要集中在一些大城市，在西方文化的衝擊下，它突破了封建社會後期技術遲緩發展的局面，形成了微弱但富有創造性的技術體系。二十世紀三〇年代以後，新式里弄、花園里弄建築和公寓式里弄建築，在各個城市廣泛採用，從總體上趨向於環境、空間的拓展和造型、裝飾趣味的追求。在上海這樣的城市，大體量的高層建築三〇年代之後層出不窮，如一九三一年建造的

二十四層的上海國際飯店，其設計藝術已達到了相當高的水準。建築裝飾工藝也伴隨著現代化建築的發展而成長。磚雕、石刻、木裝修、石膏花飾、水磨石、馬賽克、琉璃飾件、青銅裝飾等，都為創造出優美的建築群增輝。上海的滙豐銀行、江海關、沙遜大廈，北平的大陸銀行，天津的老西開教堂等，都凝結著現代建築裝飾的工藝成就的精華。建築教育也開始興盛，各大學建築系相繼成立。但當時著名的建築師多從國外留學歸來，所崇尚的風格也多種多樣。專門的建築學術研究機構很少，最負盛名的是一九二八年朱啟鈐發起成立的「中國營造學社」。學社以整理和詮譯營造古籍和調查測繪古建築遺物為使命。其主要人員劉敦楨和梁思成密切合作，先後走遍了中國十六個省、二百多個縣，考察城市與鄉村居民和傳統城市建築達二千餘處，整理出許多古建築基本知識和歷史發展的框架，為研究中國古建築開闢了康莊大道，並培養和造就了一批中國古代建築藝術的研究人才。

梁思成（1901-1971）是民國時期最負盛名的建築教育家和建築史論家。清華大學和東北大學建築系的創辦者。最早從事敦煌建築藝術研究的創導人。他在大學主講並著有《中國建築史》，內容豐富完整，還應邀赴美講授中國建築，門生遍天下，有「中國建築泰斗」之譽。

清代晚期，中國的陶瓷業面臨了一次深刻危機。民國以後，以景德鎮為代表的中國瓷器業開始轉換發展方向，以工藝美術瓷為主，以仿古細瓷和傳統瓷雕工藝為主要產品與洋瓷競爭，並形成了自己的獨特風格，在瓷質上不僅有「白如玉、聲如磬、薄如紙、明如鏡」的盛譽，同時在工藝瓷裝飾上也豐富多彩，冠絕一時。廣東石灣的陶塑別有一番風韻。在民國時期，石灣陶塑仍保持了較好的發展勢頭，它植根於鄉土民間，工藝手法新穎獨特，潑辣大膽，想像力豐富，生活氣息濃郁，深受國內外的喜愛。

這一時期，北京的特種工藝與國際市場發生了密切聯繫。二十世紀二、三十年代，北京特種工藝品在國際市場上的暢銷達到高潮，年產值都在二百萬美元以上。其中最著名的是景泰藍、地毯、雕漆和玉器等。

民國之初，現代雕塑在中國的美術大地上仍然是一片荒漠。五四運動以後，

一批學子開始留學西方，播下了中國現代雕塑的種子。一九二〇年，上海美專首設雕塑科；之後國立藝術院等開始設立雕塑專業，造就了中國第一批雕塑人才。一九二九年，教育部舉辦第一屆全國美展，共展出雕塑作品五十餘件，早期的一些雕塑家岳侖、王靜遠等都展出了自己的作品。在二十世紀二、三十年代，中國的雕塑家可以江小鶼、李金髮為代表；四〇年代則以劉開渠、王臨乙、滑田友等人為突出。江小鶼的雕塑具有濃郁的近代特色，作品以人物肖像和紀念碑式雕刻為主，以寫實性塑造為特色。其代表作品有《李書平像》、《陳衡恪半身像》、《陳英士烈士紀念碑銅像》等。李金髮除了肖像雕刻和紀念碑式的雕塑外，還創作了一些大型裝飾性建築浮雕，代表作品有《蔡元培胸像》、《鄧仲元像》等。劉開渠是繼李金髮之後崛起的傑出雕塑家和教育家。他的作品造型堅實、雄渾，大氣磅礴，寓意深廣，富於時代感染力和民族風格。其代表作品有《淞滬抗日陣亡將士紀念碑》、《無名英雄紀念碑雕像》、《王銘章騎馬銅像》、《農工之家》、《孫中山先生銅像》等。

值得一提的是，傳統的民間雕塑在民國時期也有發展。最有代表性和藝術性的民間雕刻，當推山西省五臺山龍泉寺漢白玉牌樓雕刻。它由民間石雕藝人胡明珠承建，山西、河北等地的百名藝人共同參加雕刻，歷時七年，於一九二二年秋完成。他們幾乎在一塊完整的漢白玉石上雕刻出數以百計的動物和人物，而且雕刻得如此玲瓏精緻，新穎別致，層次井然，令人歎為觀止，堪稱民國雕刻藝術中的精品。此外，大約完成於一九二六至一九二七年的四川潼南縣復興區馬龍山的巨型臥佛，也是近代民間宗教雕刻中的罕見之作。它全長三十六米，被認為是中國雕塑史上最大的臥佛。

攝影技術傳入中國之後，雖然和新聞有必然的關係，但很長一段時期並沒有成為一門真正的藝術。但民國初期，一些致力於研究攝影藝術的社團建立起來，其著名者有「光社」、「華社」等，中國攝影也開始出現轉機，攝影家們還紛紛送作品到國外參加展覽。郎靜山、劉旭滄等人的作品入選了國際影展並獲獎之後，攝影藝術才開始引人注目。有關攝影的刊物和書籍也陸續出版。這方面的代表著作有劉半農的《半農談影》（第一部談藝術攝影的書籍），上海良友公司出版的《中華景象》和郎靜山的《靜山美術攝影》等攝影作品集。

郎靜山，江蘇淮陰人，民國時期最卓越的美術攝影家和攝影藝術家，中國攝影藝術的先行者和開拓者。他十二歲學習攝影，後入申報館做首任攝影記者。一九二八年，他與同人發起創辦了「中華攝影學社」（簡稱華社）。在攝影藝術上，他善於融匯中西，將中國畫理靈活運用在攝影之中。一九三九年，他以中國畫理創作的《靜山集錦》照相法問世，為攝影藝術開創出了一條新的途徑。從一九三一年起，他連續參加國際攝影沙龍，有好幾百幅作品入選。一九四二年，他以集錦照相法獲英國皇家攝影學會高級會士銜。吳中行也是一位著名的攝影家，他吸取中西繪畫藝術之長，影作具有詩情畫意，清新自然，題材廣泛。曾多次入選英、美等國際影展，代表作有《歸牧》、《水紋》、《竹影搖月》等。盧施福擅長風光攝影，作品技巧嫻熟，靜中寓動，氣勢磅礴，渾厚幽深。吳印鹹則是一位以攝影來表現歷史進程和時代精神的傑出攝影家，他的作品真實地記錄了舊中國人民的苦難和中國革命的歷程。代表作有《難兄難弟》、《吶喊》、《組織起來》等。

　　隨著攝影業的發展，各種攝影家協會紛紛建立，影展也多次舉行。一九二八年三月上海「華社」舉辦了第一次影展，它是當時規模最大、影響最深的展覽。民國中期以後，「華社」一直是中國攝影界最積極活躍的力量。其他比較有實力的團體還有上海的「黑白攝影社」、北平的「光社」、廣州的「景社」、南京的「美社」等。最有實力的攝影家集團是一九四八年三月三日在上海成立的「中國攝影學會」，它幾乎囊括了當時中國攝影界的所有名流，可以說是中國攝影家的大會師。

第十二章

現代自然科學
的奠基

　　民國的三十八年時間，是我國自然科學發展史上一個極其重要的階段。正是在這一時期，現代意義上的自然科學，在中國真正紮下了根基。

新型科研組織和
機構的建立與影響

現代新型的獨立科學組織與機構，不僅是現代科技自身發展的需要，也是反映這種發展程度的一個重要標誌。

在我國，這種獨立組織與機構的出現，是在民國時期。首開風氣的是創立於民國之初的中國科學社。到二十世紀二〇年代中後期，大規模的官辦科研機構如中央研究院、北平研究院、靜生生物調查研究所等也相繼建立。至此，我國的自然科學事業，逐漸步入了體制化、規範化的發展軌道，與此同時，各門學科發展的速度也明顯加快。

一、中國科學社與新文化運動對科學的推動

伴隨著封建帝制的推翻與民國的創建，實業救國，科技救國的思潮在神州大地上廣為蔓延，上自總統孫中山，下至普通知識分子，都熱心於興辦實業，發展科技，以實現近百年來的救國、強國夢。我國早期的現代科學組織，就是在此背景下逐漸建立起來的。其中，最為突出的是中國科學社。

一九一四年六月，在美國康乃爾大學就讀的中國留學生任鴻雋、胡明復、秉

志、趙元任、楊銓、胡適、周仁、章元善、金邦正、過探先等人，受國內形勢的鼓舞，決定成立一個獨立的科學組織。

為了擴大宣傳，製造輿論，他們首先集資編印了一份《科學》月刊，先是在國外發行。一九一五年一月，在他們的努力下，《科學》雜誌又移辦國內，正式同國人見面，成為了民國第一份有影響的自然科學專刊。

經過一年的籌畫，一九一五年十月二十五日，中國科學社舉行了成立大會，任鴻雋等五人當選為董事會理事，並由任氏兼任社長。

從學社的成立及早期工作來看，留學生起著主導作用。這也是整個民國時期我國現代自然科學發展的一大特點。各大組織、機構以至各門學科的開創者，幾乎都是從國外學成歸國的留學生們，他們不僅直接推動了我國的現代自然科學的奠基，還培育、影響了大批後繼者，為現代自然科學事業的持續穩步前進鋪墊了堅實的基礎。

中國科學社一創立，便明確提出了自己的宗旨——「聯繫同志、研究學術，以共圖中國科學之發達」。為此，他們將總部由美國遷回國內，並廣泛聯繫社會各界知名人士，以壯聲威。著名實業家張謇及美國大發明家愛迪生均成為了它的名譽社員。

學社內部按專業類別分工管理，到一九一九年，已有農林、生物、化學、物理、數學、土木、經濟、機械、礦冶、醫藥等專業學科，研究隊伍也不斷壯大。

為了進一步擴大影響、促進學術，中國科學社還定期舉行年會，大力開展各類學術諮詢與演講活動。其中，在江蘇南通舉行的第七次年會，規模宏大，氣氛熱烈，產生了極大的社會反響。一大批社會各界知名人士如梁啟超、蔡元培、張謇、馬良、熊希齡等都應邀加入了學社董事會。

學社十分重視國際間的科技交流，先後多次派代表參加當時的國際科學會議。如一九二六年八月，著名植物學家張景鉞便受派前往美國參加在綺色佳舉行的國際植物學大會。三個月後，學社又選派著名氣象學家竺可楨前往日本東京參

加泛太平洋第三次科學會議。同時，學社還積極邀請國外的科學家前來中國講學，傳遞世界先進科技成果。中外科技交流得以不斷擴大，學術上的閉關自守局面進一步被打破，這成為民國時期我國現代自然科學事業發展的一個顯著特色。此後，許多在國外久富盛名的科學家，如量子力學的創始人尼·玻爾，美國生物學界的泰斗尼登等，都曾前來中國講學。國內學者如著名數學家華羅庚、物理學家張宗燧等，也都曾受派赴歐美留學、訪問，歸國後，便成為各自學科的骨幹力量。事實上，民國自然科學的許多學科都是在直接吸收西方先進科技成果的基礎上，才獲得了迅猛的發展。隨著中外科技交流的擴大，我國的自然科學事業已經逐漸融入到世界科技發展的洪流之中了。

大力創辦專業刊物，向國人傳播科學基礎知識，是中國科學社的又一重要活動。除已有的《科學》月刊外，學社又先後創辦了《科學畫報》、《論文專刊》、《科學叢書》及《科學譯叢》等專門刊物。截至一九五〇年，僅社刊《科學》上，就刊載了國內各領域研究人員的論文三千餘篇。

中國科學社是我國成立最早的現代意義上的獨立自然科學研究組織，它的創建，堪稱我國現代自然科學史上的一件大事。

中國科學社成立不久，五四新文化運動就爆發了。這場偉大的思想啟蒙運動，對我國現代自然科學的發展產生了極其深遠的影響。首先，這一運動廣泛深入的開展，為自然科學的發展創造了良好的思想氛圍。它極力強調科學的實證性，功利性，把科學看成是救國救民，解決一切問題的靈丹妙藥，「科學萬能」，「科學救國」之說一時高唱入雲，它是科學功利性與時代需要的最高結合。這種認識雖有不切實際之處，但卻大大增加了人們追求科學的熱情，激勵著無數青年獻身於科學事業，成為其勇攀科學高峰的強大信念。同時，它強化了科學活動的主體人的現代性，即自主性、自強性、進取性、參與性和開放性，又為科學的發展造就了基本的思想前提。

其次，五四啟蒙運動對科學的倡揚，還直接推動了民國自然科學的發展。新文化運動者們在大力弘揚科學精神的同時，努力做輸入西方科學，大力普及科學知識的工作。在這方面成績最突出的是前文所提到的《科學》雜誌。《科學》本

著專精與普及相結合，介紹科學原理與實用知識並重的辦刊方針，採用橫排和新式標點，對世界科技進行了廣泛的宣傳介紹。尤其可貴的是，它還刊發一篇篇專論，如《科學與工業》、《科學與教育》、《科學與德行》等，具體闡述了科學對振興民族的巨大作用，並探討了中國科技落後和人才培養等問題，一時贏得海內外的廣泛讚譽，成為民國成立以後行銷最廣的學術刊物。

這一時期，除了像《科學》這樣的專門性刊物外，《東方雜誌》、《時事新報》副刊《學燈》、《晨報》、《新生活》等刊物都紛紛設有「科學雜俎」、「科學叢談」、「科學新談、科學世界」、「科學常識」等專門欄目，致力於科學的傳播和普及工作。

就內容而言，給二十世紀的科學帶來革命性變化的相對論、量子力學、放射性原理、攝像術、顯微鏡等重大成果此時都被介紹到中國。這種介紹和宣傳，使五四時代的中國人對西方科學有了一個比較系統的認識，增強了科學意識，也為致力於中國科學事業的人們提供了可資借鑑的理論和信息。

在五四新文化運動的推動下，一批新的學科和科研機構紛紛建立起來，並培養出了一支初具規模的科研隊伍。這一時期相繼成立的比較重要的學術團體和科研機構有中華醫學會、中國農學會、中國學群、京師博物調查會、動物學會、地質學會、天文學會、植物學會、生物學會等一大批。到二十世紀二〇年代，一批民辦科研機構也紛紛建立起來，如任鴻雋等創辦的科學社及化學研究所、胡先驌等創辦的生物研究所等。一九一六年成立的中央地質研究所，標誌著現代意義上的國家科研機構也粗具雛形。這些研究所雖然規模不大，但具有開創性質，在中國科技史上功不可沒。正如著名學者盧於道在評價生物研究所等科研機構時所說的：「它們在我國科學史上是劃時代的。」[1]

與此同時，眾多的自然科學新學科也相繼建立：李四光的地質力學，竺可楨的地理學在中國為首創；科學社的生物研究所開創了中國動物分類學、遺傳學、

1　《中國科學之回顧》，《文化先鋒》第3卷，第4期，1943。

生理學、動物解剖生理學、植物細胞學、育種學等分科。著名數學家熊慶來回國後，建立清華大學和東南大學數學系；竺可楨建起中國第一個地理系——東南大學地理系；秉志則創立了中國第一個生物系——南京高師生物系等。

五四後期，科學與人生觀論戰爆發。在這場論戰中，科學派有力地維護了科學的大旗，批判了那些將歐洲大戰歸罪於科學破產的謬論，對科學研究起到有力的促進作用。翁文灝轟動地質學界的燕山運動理論的提出；物理學上，吳有訓對康普頓散射問題引人注目的研究；化學上陳克恢對麻黃素藥性的研究受到國際化學界矚目的探討，都是在這一時期完成的。

科學發展的關鍵要素是人才的培養。五四時期可謂「奠定了中國現代科技隊伍的家底」。除了被譽為「社會角色意義上的中國第一代科學家」，如任鴻雋、丁文江、翁文灝、竺可楨、李四光、秉志、胡先驌、王璡、侯德榜、姜立夫、茅以升、凌鴻勳、葉企孫、吳有訓，丁燮林等人之外，當代著名科學家楊鐘健、嚴濟慈、貝時璋、馮德培、朱洗等人，也都是在那個時代走上科學之路的。

一九三五年，胡適在中國科學社成立二十周年大會上說：「在此 20 年中，為文化上闢出一條新路，造就許多人才，要算在中國學術上最得意的一件事」，此話完全符合實際。

由於全方位引進西方科學、創建了一批新學科和科研機構，加之在教育體制改革中將自然科學置於教育的核心地位，並造就了一支初具規模的科技隊伍，因而也就基本奠定了中國現代自然科學發展的基礎。可以說，五四時期乃是中國現代自然科學的奠基期。

二、中央研究院與民國科學的發展

南京國民政府成立至抗戰前，是民國自然科學的快速發展期。這一時期對科學發展起到極大推動作用的科研機構，首推中央研究院。

一九二八年六月，中央研究院正式宣告成立。這是我國有史以來第一個現代意義上的官辦國家級專門科研機構。

根據蔡元培一九三五年在國民黨四屆六中全會所作的報告，中央研究院是全國科研機構的中心，它有兩項使命，即進行科學研究並負責指導、聯絡、獎勵學術的研究。各方面的學術成果和研究專案的評估也是由其下屬的各研究所所長及從各名牌大學中聘請的一些教授組成的評議會來開展，評議的結果便作為獎勵與基金分配的根據。

蔡元培擔任院長期間，廣泛搜羅人才，成立各種研究所，並大力扶植諸如中國科學社這樣的科學事業團體，到一九三〇年，研究人員已近二百名，研究所則有物理、化學、工程、地質、天文、氣象、心理、動植物、歷史語言、社會科學研究所等等，但主要以自然科學的研究為主。

研究院通過評議會等各種手段，極力促進國內外學術研究的合作與互助，先後將一大批從國外歸來的留學生網羅和安排到全國各類科學組織中工作，在組織、聯絡和指導全國的科研工作方面，成績卓著。研究院還設出版品國際交流處於上海，加強與國外學術界的交流，極大地推動了我國科學與世界接軌的步伐。

中央研究院成立後，以純粹科學和應用科學兼顧，傳播西方科學新知和本土化科學的研究並重為其特色。天文研究所從事天文觀測、推步研究，並旁及中國古代天文學；地質研究所發現我國第四紀冰川遺跡，並在廬山設有陳列館，陳列冰川地質標本，從事於地層、古生物、礦物、岩石及應用地質等項研究；植物研究所採集和購置的標本達二十餘萬號，從事高等植物分類及藻類、真菌、森林、植物生理、病理植物形態和細胞遺傳等項研究；動物研究所除採集了大量昆蟲、魚類標本外，重點研究了魚類學、昆蟲學、寄生蟲學、原生動物學和實驗動物學五大類；工學研究所則致力於鋼鐵、陶瓷、玻璃、工業材料的研究、試驗與試製。物理學研究所和化學研究所也頗有成績，前者進行電磁、應用光學、地磁等各項研究，並從事物理儀器製造；後者以對分子光譜，繁醇類男女性內泌素的綜合，天然有機物的提取與製造等問題的研究用力尤多。總之，自中央研究院成立後，所屬各研究所都蓬蓬勃勃、卓有成效地開展起了各自領域的研究工作。

一九二九年，國立北平研究院正式成立。這是當時中國僅次於中央研究院的科研中心。它起初規模較小，只有理化、生物、人地三大部，後迅速發展為物理、化學、鐳學、藥物、生理學、植物學、地質學、測繪學等九個研究所及一個經濟研究會，與南京的中央研究院遙相呼應。

中央研究院及北平研究院的成立，是我國現代自然科學發展史上一個具有轉折意義的重大事件，它標誌著我國的現代自然科學事業經過幾代人的努力，最終走上了體制化發展的道路。

除中央研究院及北平研究院外，其他同類機構如實業部北平地質研究所、中央農業實驗所等也紛紛出現，一些重點院校如北京大學、清華大學、中山大學、武漢大學、南開大學、燕京大學等也都設立了研究院（所）。至一九三五年，全國各類專門的科研機構已達七十三個，至一九四九年更是高達一九〇多個，幾乎涵蓋了現代自然科學的各大基礎學科。

在中央研究院等科研機構的組織和帶動下，我國的自然科學事業此後十年間的發展較前一階段明顯加快。地質學方面，李四光在此前研究的基礎上，進而提出東亞地質七種類型構造新說，震驚世界地質學界；生物學領域進步尤速，陳煥鏞和胡先驌的許多重要成果如《中國植物圖譜》等均完成於此期，菌類研究隊伍在此期空前壯大，第一部系統全面的昆蟲學理論著作也得以出版，陳楨則完成了他對螞蟻行為的出色研究；物理學上，吳有訓對單原子和多原子氣體的探研，黃子卿對水三相點精確值的測定，嚴濟慈的光學研究和趙忠堯的核子物理研究，都取得了世界矚目的成果；全國性的數學會和化學會均於此期成立，江澤涵關於拓撲學的研究聞名中外；天文、氣象學及其事業在此期也得到重大發展。著名天文學家陳遵嬀、張鈺哲的主要研究成果紛紛問世，號稱「東亞最新式」的南京紫金山天文臺在此期落成，氣象學大師竺可楨和蔣丙然在民國期間最重要的氣象學論著，也於此期發表。

抗戰之前的十年，的確堪稱民國自然科學史上的一個「黃金時期」，它與國民政府對科學一定程度的重視是分不開的。以南京紫金山天文臺的建設為例，它占地四十七畝，耗資十九萬元，主要設備均由國外購進，要是沒有政府的財力支

援，顯然難以很快建成。正因為得到了政府的重視和支援，我國的天文臺水準才一下子躍居當時的東亞之首，從而為天文學事業趕超世界先進水準創造了條件。

抗日戰爭爆發後，中國的自然科學事業進入了艱苦創業、奮發圖強的發展階段。一方面，位於戰火前沿的平、津、寧、滬、杭以及冀、魯、晉、湘、鄂、粵、桂等省市的科研機構，科技人員紛紛向大後方轉移，即實行所謂「科學內遷」。在這一「保存民族國脈」的「漂泊」式內遷中，中國科學界付出了巨大的犧牲，圖書儀器設備乃至科學家的身心，都受到了嚴重的損害。[2]另一方面，全國各科學研究機構雲集大後方，又為日後科研工作創造了合作研究、密切交流的有利條件，在一定程度上使西遷過程中所遭受的圖書資料儀器設備的重大損失有所彌補。

這一時期，大後方的自然科學研究活動具有以下四個方面的顯著特點。

第一，內遷後的各院所在不放棄原有科研項目的基礎上，紛紛調整研究重心，將主要精力放在應用科學的研究上面。一九三八年，國民黨臨時全國代表大會通過的《戰時各級教育實施綱要》就指出：「對於自然科學，依據需要，迎頭趕上，以應國防與生產之急需。」科學家們根據抗戰需要，自覺地完成了科研方向的調整，特別注重科學在國防軍事及工業生產方面的應用研究。如化學研究重心轉向硝酸、纖維、汽油、酒精、橡膠等方面；物理學則直接注重其在軍事上的應用，昆明的北平物理研究所「已經幾乎全部改作戰爭物品的生產」，大量製造顯微鏡，[3]等等，同時，科研也很自覺地結合西南西北大後方的資源開發，以支援後方工農業的建設。這種戰時科研轉向是時代的趨勢，但隨著時間的推移，其弊端也明顯暴露出來，正如朱家驊所說：「對於純粹科學，大學興趣減少，一切都講應用，似太過分注重應用科學，而忽略了理論的研究。」英國科學家李約瑟

2　關於受損程度及內遷的階段性、內遷路線、內遷後研究機構的布局等情況，參見張瑾、張新華：《抗日戰爭時期大後方科技進步述評》，《抗日戰爭研究》，1994年第3期。此節所述有關抗戰時期科技的發展及特點，多參用此文。

3　李約瑟：《中國西南部的科學（一）物質科學》，《戰時中國的科學》（一），97頁，臺北，中華文化出版事業委員會，1955。

也曾對此種傾向提出過善意的批評。

第二，內遷後的科研院所普遍注重實地科學調查，科學考察因之蔚然成風。特別是地質和生物學因學科自身的特點，更是如魚得水，找到了戰時科研的最佳途徑，獲得了大量第一手的資料和標本。

第三，戰時大後方科研普遍採取合作研究的形式，注重各學科間的橫向聯合，科研能力因此得到強化。

第四，中外科技交流異常活躍，特別是同英美科學界的交流卓有成效，這與李約瑟領導的中英科學合作館的出色工作是分不開的。這一時期，中國科學家的許多成果，都是通過他寄往國外一流科技刊物發表。

整個抗戰時期，中國科技研究在經費，資料，設備嚴重不足的困境之下，仍然取得了巨大成就。當時大後方的科學家曾這樣自豪地評價自己的成績：「這七年間的科學進步與貢獻，比起過去三十年來，在質在量皆有增無減。」[4]這種評價應當說是符合事實的。

據統計，抗戰時期，大後方出版的科技刊物總計在一百種以上。僅通過李約瑟主持的中英科學合作館推薦介紹到國外發表的學術論文在一九四三年就有三十篇，一九四四年和一九四五年增加到一○八篇，其研究內容涉及數、理、化、工程、氣象、地質、生理、動植物學等眾多學科。這些論文比較全面地反映了當時大後方各門學科的研究成果，它們大多發表在國外一流科學期刊，如英國的《自然》、《科學》等雜誌之上，一三八篇論文中被採用的論文占總數百分之七十三，經退回修改後被錄用的論文占百分之十二，實際上論文被採納的比率是百分之八十五。這個數字表明當時中國的科技研究已達到世界水準。

這一時期，各門學科都有重要收穫和進步，物理學方面有張宗燧關於理論物理的開創性研究，王普對核子物理中熱中子的出色探索；數學方面，陳省身在微

4　孫本文：《中國戰時學術》，181頁，上海，正中書局，1945。

分幾何上取得突出成績，華羅庚在華林問題和哥德巴赫猜想問題上有舉世矚目的進展。化學方面則出現了「黃鳴龍還原法」和侯德榜震驚化工界的聯合制城新理論等。從一九四一年開始，教育部學術審議委員會開始評選傑出的科學成果，並予以獎勵。到抗戰結束時為止，共舉辦了五屆優秀成果獎，自然科學和應用科學獲獎者達一一四人之多，並呈逐年上升趨勢。這些獲獎成果基本上反映了戰時大後方科技工作的最高水幹。

在中國共產黨領導的陝甘寧邊區，由於政府初步實行了新民主主義的科技政策，自然科學的研究事業也得到了初步開展。幾百名科學家、工程師及醫生在艱苦的戰爭歲月裏奔赴延安，在用自己的科技為軍民服務的同時，也發展著科技。一九三八年五月，自然科學研究院於延安成立，李富春任院長。兩年後，陝甘寧邊區自然科學研究會也宣告創立，吳玉章任會長，其他如國防科學社，邊區國醫研究會等也紛紛建立起來。為配合邊區軍事鬥爭和經濟建設，他們還進行了許多有益的資源考察與研究工作，在一定程度上為日後的發展奠定了基礎。

戰時中國後方科技在艱苦的條件下仍能有相當的發展，除了前期的科技積累（包括現代科技體制的確立，基礎設施建設和人才成長諸方面），政府的支持等原因外，還有兩大因素不容忽視：一是中華民族的抗戰和大後方經濟發展對科技提出了強大的社會需求，正如恩格斯所說的：「社會一旦有技術上的需要，則這種需要比十所大學更能把科學推向前進」[5]。因此從這個意義上說，中國人民正義的抗日戰爭推動了戰時大後方科學技術的迅速發展；二是蘊藏在廣大科技人員身上的巨大的愛國熱忱和獻身精神，成為加速科學進步的直接動因。據赫景盛的《抗戰七年來之科學》記載，當時「科學家為了國家的富強，民族之生存，社會之建設，真是個個都能守著崗位，埋頭苦幹，無論生活環境困苦到何等地步，仍然按部就班，在那裡努力工作」[6]，這種精神力量的推進作用是無法估量的。

總之，民國時期，我國的自然科學都經歷了從傳統到現代、從無到有的發展

5　《馬克思恩格斯選集》第4卷，732頁，北京，人民出版社，1995。
6　孫本文：《中國戰時學術》，181頁。

變化。其中地質學、生物學起步較早，發展最快，而作為現代科學基礎的數理化發展卻相對緩慢。究其原因，除了近代國人與政府的實用心理作用之外，與客觀的物質條件也有關係。地質和生物學可以較多地利用自然條件，數理化則更需要複雜精密的實驗設備，而當時我國的各高校和研究機關的設備大多極其簡陋，無法勝任，因此很多成果、尤其是較重大的成果往往只能在國外獲得，或部分地依賴於到國外進行實驗，成果完成後也一般只能在國外的刊物上發表。當然還有更深刻的原因存在。那就是數理化學科需要強大的工業作基礎，而在民國，由於帝國主義的壓榨和官僚資本主義的壟斷，我國的民族工業發展舉步維艱，主要工業區都分布在沿海及長江的幾個口岸，工業化水準低下，由此使得數理化發展後勁不足，速度明顯受到影響。

第二節·
地質學和生物學
的率先拓進

一、地質學和地理學

在民國自然科學的各個學科之中，地質學走在最前面。早在一九一二年，南京臨時政府實業部礦政司下就設立了地質科，由章鴻釗任科長。它一成立，便向各省下達公文，徵調地質專業人才、地質參考品及各省地形地貌圖，卓有成效地開展了工作。特別是所長章鴻釗，連續發表《調查地質諮文》及《中華地質調查

私議》，強調地質調查之重要，提出「謀國者，首宜盡地利以裕民財；欲盡地利，則舍調查地質蓋未由已」，進而呼籲：「專設調查所以為經營之基，樹實利政策，以免首事之圖，興專門學校，以育人材，立測量計畫，以制輿圖」[7]，產生了較大的反響，為地質學的誕生創造了條件。

不久，北京政府工商部也成立了以丁文江為首的地質研究所，並招收了第一批地質專業的學生葉良輔、謝家榮、朱庭祐、李學清、劉季辰、王竹泉、李捷、譚錫疇等二十二人，這是我國第一批經過正式培訓的地質專門人才，許多人日後都成為中國地質學的中堅力量。

民國初年，新興的地質學隊伍在丁文江等人的帶領下，對正太鐵路沿線及雲南、川黔邊界地區進行了為時兩年的大規模地質調查，得到了初步鍛鍊。在此基礎上寫成的《正太鐵路沿線地質報告》，成為我國第一篇用中文撰寫的地質報告。

一九一六年三月，中央地質調查所正式成立，丁文江出任所長，這是我國成立最早的一個地質調查與研究機構，也是我國現代自然科學發展史上最早出現的專業研究機構。它下設地質調查、古生物、新生代、經濟地質、工程地質、地球物理、燃料、土壤等研究室。以中央地質調查所的創建為標誌，我國現代地質學的發展開始步入一個嶄新的發展階段。

這一時期，各高校的地質學研究也逐漸開展起來，走在最前面的是北京大學。一九一八年，它恢復了地質系，聘請美國哥倫比亞大學教授葛利普（A.W. Grabau）及著名的地質學家李四光、謝家榮等前往任教，課程逐漸完備，學生人數也不斷增加，呈現出一派蓬勃向上的喜人局面，各方面成果陸續問世。

一九二二年，中國地質學會正式組建，章鴻釗被推舉為首任會長，創辦會刊《中國地質學會志》，一九二六年後，又出版了《地質評論》。

7　《中國地質事業的開拓者──章鴻釗》，《中國科技史料》，1994年第1期。

繼北京大學恢復地學系後，一九二七至一九二八年，南京中央大學、廣州中山大學等也先後成立了地學系，與北京大學南北呼應。

各方面研究的開展、人才的集中、隊伍的壯大，所有這一切為地質學新紀元的到來鋪平了道路；而中央研究院的成立，又加速了這一進程。一九二八年，著名的中央研究院地質研究所正式掛牌，兩年後，北平研究院的地質研究所也創建起來。

接著，河南、湖南、貴州、四川、江西、福建等省都成立了獨立的地質研究機構，地質事業，在大江南北的廣闊大地上開展了起來。

民國地質學取得了輝煌的成就，具體說來主要體現在以下四個方面。

1. 地質調查方面　　地質調查所成立後，隨即開展了大規模的地質調查工作，由王竹泉調查山西，謝家榮調查甘肅、湖北，劉季辰調查雲南、浙江，譚錫疇調查山東，他們足跡遍及黃河、長江兩大流域。一九二一年翁文灝主持所務後，調查範圍進一步擴大，東北至黑龍江，西南至雲南，西北至甘肅、青海，幾乎覆蓋了整個中國版圖。這些大規模的調查，獲取了大量的關於中國各地的地質、礦產資料，為地質學各領域的發展，奠定了堅實的基礎。

2. 地層古生物之研究　　這方面最突出的成就，是對䗴科化石的研究。䗴是一種棲息於淺海海底的單細胞動物，最早出現於主要造煤時代石炭紀早期，絕滅於二迭紀末期，因此，對各類䗴化石的研究，便成為劃分石炭二迭紀含煤地層不可或缺的依據。

李四光、趙石曾等人，以敏銳的眼光及深刻的洞察力，對此進行了專門探討，其中李四光的成績最為傑出。在整個二十世紀二〇年代，他效力研究的一個主要課題便是䗴科化石，先後撰寫了《䗴蝸鑒定法》、《䗴蝸的新名詞描述》、《中國北部之䗴科》、《山西東北平定盆地之䗴蝸》、《葛氏䗴蝸及其在䗴蝸族進化程式上之位置》等一系列專著，成為我國全面系統研究此一問題的第一人。鑒於他在古生物與研究上的這一特殊貢獻，一九三一年，英國伯明罕大學特授予他自然科學博士學位。

3. 地質構造與地層運動方面　這方面課題是整個地質學的一大難點。因此，它的成就大小，也最能反映一個國家地質學的發展水準。在這方面，我國地質學界取得的成就卓著，舉世公認，為祖國的自然科學贏得了榮譽。

早在二十世紀二〇年代初，著名地質學家、中國地質事業的開拓者之一——章鴻釗就大膽地將相對論運用於地質學研究之中，認為「大體言之，時代愈古則距離愈大，地層愈分則失之愈易，兩地相距愈遠，則比較推測之結果愈不可恃」[8]。由此提出著名的「級求法」，即時代與層級間的對比關係，必當由遠而近，以此類推，以時距較大者為單元，以紀為時代單元，將全球以東西經度、南北緯度為准，劃分為無數極小區域，以任何區為中心，列於其周者為帶，由近而遠等等。還提出「時准」概念，即地質單元必須與地層時代（代、紀、世、期）相一致的概念，這在當時令地質界同人耳目一新。

在地殼運動的研究上，李四光、章鴻釗、黃汲清、翁文灝、孫健初等群英薈萃，光彩照人。他們的成就，充分顯示出我國新興地質學界的堅強實力，為地質學日後的進一步騰飛，鋪墊了堅實的基礎。下面，僅就他們的各自成就，略作介紹。

章鴻釗的主要貢獻，是在中生代地殼運動及中國大地構造理論方面。二十世紀二、三十年代，他相繼發表了一系列專論，對此進行了集中論述。在《中國中生代晚期以後地殼運動之動向與動期之檢討並震旦方向之新認識》一文中，他著重論述了震旦方向與地殼運動方向，火山岩系地質時期，震旦運動的五期劃分，震旦運動與火成岩間的關係及震旦運動的成因。文中首先界定了震旦運動這一術語的涵義，並將它劃為五期，五期運動方向多與震旦方向即北東—南西近於垂直，指出它是造成中國東部中生代以後褶皺的側壓力的主要方向。文中還特別論述了造山運動，指出五期運動中均發現有逆掩斷層及倒轉褶曲等，認為這正是造成中生代後造山運動的明顯特徵，所有這些，立論新穎，在當時引起了較大的反響。

8　《中國地質事業的開拓者——章鴻釗》，《中國科技史料》，1994年第1期。

在《中國中生代初期之地殼運動與震旦運動之異點》一文中，他根據震旦運動與火成岩的特點，比較系統地闡述了造成中國東部中生代後褶皺側壓力走向的問題，認為這些力均是東部沿海地向斜沉積所導致的岩漿往返流動所形成的波動引起的。文章對比了太平洋東西岸的造山運動，認為從侏羅紀以來大致相同，力源來自於太平洋中部，涉及到東西大陸沿海各區域。由於放射性所產生的熱量，發生巨大的噴發，噴發的物質形成了月球。月地分離後，地球失去大量物質，由於等壓的調節，導致了一場規模巨大、覆蓋面廣的地殼運動。南北美地殼向西移動，澳洲向東急進，印度與南極大陸相繼分離，印度大陸向北推進，於是造成了太平洋兩岸運動的同時性。在當時中國地殼運動與地質構造理論發展還處於初期階段的情況下，章鴻釗對太平洋區域地殼運動的認識與探索，極富有啟迪性。

不過，在這一方面，成績最大的還是李四光。李四光（1889-1971），湖北黃岡人，一九〇四年赴日留學，一九一〇年畢業於大阪高等工業學校，一九一一年回國參加留學生考試，列為最優等，被清廷賜為「工科進士」。一九一三年他又赴歐留學，五年後從英國伯明罕大學地質系畢業。回國後，一直致力於地質學研究事業，為我國地質學的發展奉獻了畢生的精力。

在李四光以前，人們都認為，中國華北地區在臨近地質時期是一片沙漠，根本不可能存在冰川。而李四光根據自己的研究，大膽推翻了這一論斷。一九二二年，他在英國《地質雜誌》上發表專論《華北挽近冰川作用的遺跡》，明確提出這裡存在過冰川，從而打破了中國地質學界在冰川研究方面的沉寂局面，引起了國內外地質學界的高度重視。

一九二六年，他發表了《地球表面形象變遷之主因》一文，提出了一個全新的論斷，即地球自轉速率的變化，是地殼運動產生的主要原因。對此，時人給予了高度評價，認為「這篇文章可以說為研究地質構造與地殼運動的規律，提出了一份新的藍圖」[9]。

9　《地質力學發展的回顧與展望》，《地質評論》第28卷，第2期，1982。

一九二九年，李四光發表專論《東亞一些構造型式及其對大陸運動問題的意義》一文，提出東亞地質構造有七種形式，並分別命名為：山字型、多字型、帚狀、帚─三角狀、入字型及膝型，而其中山字型是發育最廣泛、最易被識別、因而也是對地殼運動最有用的一種構造型式，這一觀點也引起了地質學界的廣泛關注。

二十世紀二〇年代末至抗戰之前，李四光的一個最為重大的科研成果之一，就是對中國第四紀存在冰川現象的發現和論證。長期以來，國際間充斥著中國內地在第四紀並不存在冰川的結論。但李四光通過親自在太行山麓和大同盆地的實地考察，推翻了這一結論。以後，他繼續在長江兩岸特別是盧山實地進行深入的考察研究，於一九三〇年寫出了中國第四紀冰川地質上劃時代的名著《冰期之盧山》一書。這一發現，不僅對地質學，而且對於古人類學都具有重大價值。一九三五年，李四光應邀到國外講地學，講稿後來整理成《中國地質學》一書出版。這是中國人撰寫的第一部中國地質學，在國內外引起頗大反響，被李約瑟稱之為「第一部內容豐富的地質學著作」。

此外，李四光還修正了長江三峽寒武紀地層的劃分，確定了冰磧層的層位，奠定了南方「震旦系」的分層標準，《火成岩侵入體之新研究法》、《中國北部古生代含煤系之分層及其關係》等，就是反映他這些成就的重要著述。

在二疊紀的研究方面，最有成就的要數黃汲清。當時，對於二疊紀，國際地質界原來是以蘇聯烏拉爾西坡 Perm 地區作為標準地層的，而黃汲清認為，以此作為全球的對比標準，實在不理想。於是，他根據自己在中國南方實地考察的資料，並參考前人的研究成果，提出中國的二疊紀應分為船山統、陽新統、東平統的看法。為此，他陸續發表了《中國南部之二疊紀地層》、《中國南部二疊紀珊瑚化石》等六部專著，引起了國際社會的矚目，並最終取得了國際地質學界的認可。在一九三三年召開的第十六屆國際地質會議上，美國著名地質學家舒可特（Schu Chert）宣讀的世界二疊紀總結論文，採用的就是黃汲清的研究成果。

一九二六年，在泛太平洋科學會議上，翁文灝代表中國地質學界首次提出了中生代侏羅、白堊紀時期的大規模造山運動，並命名為燕山運動（因在我國燕山

一帶表現最為明顯而得名），引起了強烈的反響。

一九二八年，由著名的石油地質學家孫健初撰寫的區域地質研究專著——《山西太古界地層之研究》，對地層提出了嶄新的劃分方法及命名，為開展區域地質研究作出了表率。六年後，他又根據自己在黃河上游及長城沿線的地質調查結果，寫成《南山及黃河上游之地質》與《黃河上游之地質與人生》的論著，對賀蘭山一帶的地層及地質構造，提出了全新的見解。

4. 北京人之發現　北平地質調查所成立後，十分注重地質調查工作，他們運用現代科學方法及手段，對北京周圍地帶進行了大規模的勘察。一九二九年十二月二日，斐文中等人於北京西南周口店猿人洞底發現了北京人完整的頭蓋骨，引起了全球科學界的矚目。

由於以上諸方面的重大成就，在中國現代自然科學發展史上，地質學成為最輝煌的一門學科。

與地質學相關，這一時期，我國的現代地理學也獲得了較快的發展。國內各高校如東南大學、國立中山大學、國立清華大學、浙江大學、北平師大、東北大學等都先後設立了地學系。一九三四年，我國還正式成立了全國性質的中國地理學會。一九四〇年，又正式創建了最有影響的研究機構——中國地理研究所。民國時期，地理學的研究成果主要體現在以下幾方面：

區域地理方面中國地理研究所對漢中盆地進行了集中考察，先後出版了二百多頁的《漢中盆地地理考察報告》，並附圖集一冊，詳細論述了漢中盆地的地形、地貌、水文、氣候、資源等方面的狀況，成為這方面研究的代表作。

1. 經濟地理方面　中國地質調查所完成對江西、湖南兩省的調查後，先後發表的《江西南部鎢礦地質志》與《湖南之銻礦》，是這一方面研究的典範。其他的專著如《貴州遵義土地利用》、《四川桐油之生產與運銷》、《福建之茶》、《雲南省呈貢縣落龍河區土地利用初步調查報告》等，不勝枚舉。

2. 地形與地圖繪製方面　民國時期，我國地理學研究人員的足跡幾乎踏遍了

祖國各個角落，吳尚時的《東北地形》、《巫峽》，丁驌的《新疆之自然區域》，黃汲清的《秦嶺及四川地質志》，劉季辰的《江蘇地質志》，侯德榜的《黃河志地質志略》，翁文灝的《中國山脈考》，便是他們為後人留下的豐碩成果。

一九二四年，丁文江、翁文灝、曾世英等合作出版了中國分省地圖集，將全國劃分為二十二區，並分別繪製了地文及人文兩種圖示，為地學界普遍採用。此外，亞新地學社及中國地理教育研究會也各自出版了一些有價值的地圖集。

3. 土壤方面　中國地質調查所出版了《中國土壤概要》，附千萬分之一的土壤概圖，極富學術價值，而其《四川之土壤》，則成為分省土壤志的典範。

二、生物學

在我國現代自然科學發展史上，生物科學也是起步較早，發展較為迅速的學科。它的繼起，不僅為地質學的拓進提供了助力，也為其他各門學科作出了有力的示範。

早在辛亥革命勝利之後，各大院校便先後設立了生物學系或相應專業。如南京高師一九一二年設立農科，北京農業專科學校一九一三年設立生物專業，北京大學一九一六年創設生物系等，開始進行人才培育、創建標本室及實驗室，從事生物學的基礎研究工作。

由於國內各方面條件的限制，我國生物學研究人員的早期論文都是在國外完成並用外文寫成的，如錢崇澍一九一六年發表的《賓州毛茛的兩個亞洲近緣種》，一九一七年發表的《鋇、鍶、鈰對於水綿的影響》，就分別屬於我國現代植物分類學，植物生理學方面最早的專論。

此後，在科學思潮的推動下，生物學研究逐漸為國人所看重。一九一八年，杜亞泉等人編寫的《植物學大辭典》問世，其後，《動物學大辭典》也隆重推出，填補了生物學發展的一項空白。

正是從這一時期起，我國早期生物學工作者開始了大規模的植物採集與研究活動。如執教於北京大學的鐘觀光，從各省採集植物標本數千號，奠定了北京大學植物標本室的基礎；錢崇澍在南京高等師範學校設立植物標本室，研究江蘇全省植被；陳煥鏞於金陵大學森林系創設樹木標本室，對各類樹木展開專項研究；任教於東南大學的胡先驌，一九二二年率隊入浙江及江西內地，開展了大規模的採集工作。

在這些早期生物學者的努力下，一九二二年，中國科學社生物研究所在南京宣告創立，下設動、植物兩大部，植物部由胡先驌、錢崇澍主持，動物部由秉志等人主持。這是我國最早成立的現代生物研究機構，它的出現，極大地推動了早期生物科學的發展。

不久，我國第一部大學動物學教本——《近世動物學》由薛德焴編譯出版，一些地方院校如東南大學、金陵大學、東吳大學也紛紛添設生物學系。生物學越來越受到國人的重視，發展步伐也大大加快。

一九二七年，中國自然科學社宣告成立，並著手生物學方面的研究。接著，在中華教育文化基金董事會的大力支持下，秉志、胡先驌等人又在北平創立了著名的靜生生物調查所，分設植物與動物兩部，由胡先驌、楊惟義、壽振黃等人負責。初期，調查所主要在河北省進行標本採集工作，後得到基金會的幫助，力量日益壯大，出版了《靜生生物調查所彙報》專刊，成為國內生物學界一份極具影響力的刊物。

由於北方生物學迅猛發展的影響，南方生物學研究也逐漸開展起來。一九二九年，國立中山大學農村植物研究所成立，陳煥鏞主持其事，研究人員專門搜集兩廣、湖南的植物，其中，以對海南島的採集規模最大、收穫最豐，所得標本不下十萬號，成為當時國內最大的研究基地之一。

一九三〇年，享有盛名的中央研究院植物研究所與北平研究院植物研究所先後成立，分別由秦仁昌、劉慎鍔負責。前者一九三四年後在羅宗洛主持下，擴充內容，相繼設立分類學、生理學、藻類學、真菌學、形態學等研究室，使得研究

範圍逐漸向縱深擴展。後者則主要從事對我國西北部與北部植物的研究。

此外，比較有名的研究機構還有中央研究院自然歷史博物館與西部科學院，前者主要進行分類學、寄生者及海洋生物調查研究，後者則由中國科學社於一九三〇年在重慶北碚創建，是我國西部最早設立的一個生物研究機構。

隨著各方面專項研究的進展和研究隊伍的壯大，一九三三年，中國植物學會在重慶北碚召開了成立大會，其專刊《中國植物學會雜誌》每年出版一卷，每卷四期，同時還發行不定期的英文刊物，向國外植物學界介紹我國的研究成果，以增進交流，擴大影響。兩年後，中國動物學會也於北平宣告成立，至抗戰前夕，會員已達一百餘名。

抗戰爆發後，各大機構紛紛西遷，研究工作受到了一定阻礙，但隨著一些新機構如「西北植物調查所」、「雲南農林植物研究所」等的設立，生物學繼續保持了較好的發展勢頭。至一九四八年，中央研究院的八十一名院士中，生物一組就占了二十五名之多，幾乎達到了三分之一。他們之地中大多數都是中國現代生物學各相關學科的創始人，在各自的領域裡均作出了突出的貢獻。

下面，分類對各領域的主要成績作一概述。

1. 植物分類學　在我國現代植物學中，植物分類學的研究起步最早，而這在很大程度上要歸功於我國著名植物分類學家、植物分類學的奠基者陳煥鏞教授。我國植物分類學的發展，是與他的名字分不開的。

陳煥鏞（1890-1971），廣東新會縣人，自小隨父親在美國長大並受西式現代教育，一九一九年獲哈佛大學科學碩士學位，一九二〇年學成歸國，先後在金陵大學、東南大學、中山大學任教。一九二七年，他出任中山大學植物學系主任，在此期間，他多次率隊赴香港、廣州北江、鼎湖山等地採集標本，短短的一年時間之內，便搜集到珍奇標本二千餘號，為日後的研究準備了充分的材料。一九二八年，他親手創建了中山大學農林植物研究室，並陸續創建了植物標本室、圖書室、植物標本園及實驗隊，使之迅速成為南方植物學的一個重要基地。

為了更進一步展開研究，從一九二八年七月至一九三四年二月，陳煥鏞率領中山大學農林植物研究所採集隊，在廣東全省範圍內展開了規模宏大的採集工作，採集次數達九十多次，歷時二一一三天，足跡遍及全省五分之三的地區，所得標本二八九六七號之多，不論在科、屬、種數上均超過香港植物園五十年所採集的標本數。[10]截至一九三八年，該所儲存的珍貴植物標本已達十五萬餘號，躍居全國同行領先地位，也為趕超世界權威機構奠定了基礎。

在豐富的標本基礎上，一九三〇年，陳煥鏞主持的農林植物研究所編輯出版了植物分類專刊 Sunyatsenia 中山大學農林植物研究專刊，成為我國首次發行的英文版植物學學報，在國內外植物學界產生了深遠影響。

一九二九至一九三七年，他與胡先驌合作，出版了五卷本的《中國植物圖譜》，成為研究植物分類學的重要參考書。

由於在這一方面的巨大成就，一九三〇年，陳煥鏞應邀出席在印尼首府雅加達舉行的第四屆太平洋科學會議。同年，又受我國政府及學術團體的派遣，作為中國五人代表團團長，出席在英國劍橋大學召開的世界植物學第五次大會。正是基於我國植物學的較大進展，大會議程特增加了中國植物研究這一議程。在大會上，陳煥鏞代表我國植物學界作了《中國近十年來植物科學之發展概況》的發言，詳細介紹了我國植物學研究的成就，引起了各國代表的廣泛關注，他們聽完發言後，紛紛表示支持我國的植物研究工作，同時大會還推舉他與胡先驌為國際植物命名規律委員會委員。一九三五年，他又出席了在荷蘭召開的世界植物學會第六次大會，並被大會選為世界植物學會常務委員會副主席。

2. 植物形態學　植物形態學也是這一時期發展較快的一個領域。從一九二二年起，張景鉞等人便致力於此一領域的研究，對植物形態的發生與形成、實驗光線對植物發生與特化的影響，提出了一整套全新的見解，從而成為這一領域的卓越奠基者與研究骨幹。

---

10 《國立中山大學農林植物研究所概況——第一次五年報告》，1934年5月。

各類植物的具體研究：

蕨類植物方面，主要的成就是秦仁昌編輯出版了《中國蕨類植物圖譜》，共四卷，詳細闡述了各類蕨的特性，並附有大量的圖譜。這是當時蕨類研究的最重要書籍。

藻類植物研究起步較晚，進入二十世紀三〇年代後才有所起色。其中，李良慶的淡水藻研究、曾石奎的海藻研究比較突出，發表的專論達十餘篇之多。

菌類植物的各個種類，此期也都展開了研究，戴芳瀾、鄧叔群等人最有成績。其範圍涉及到竹鞘寄生菌、白粉病菌、赤星銹病菌、藻菌、茯苓等各類，而且在每個領域都有獨到的貢獻。鄧叔群主要研究的是黏菌、縱裂菌、黑殼菌、盤子菌、多孔菌、木耳科菌、多刺菌等類菌。進入三〇年代以後，菌類研究隊伍逐漸壯大，沈其益的半知菌研究、王雲章的鏽菌研究、賀俊峰、王明德的華北真菌研究、閻賀玉的黑穗病菌研究都取得了一定的成績。

1. 動物遺傳與行為學　這一方面最有成就的是金魚遺傳學領域的研究。主要成就者陳楨（1894-1957），為我國早期著名的生物學家，魚類遺傳學的先驅者，動物行為學的創始人之一。

陳楨早年留學美國，師從摩爾根，專議遺傳學，回國後即任東南大學農學院動物系教授並兼中國科學社研究員。

在實驗方法上，陳楨以一九〇〇年西方學者重新發現孟德爾遺傳定律之後，用不同的觀點與方法研究遺傳問題的經驗為基礎，進一步提出聯合運用實驗交配法、胚胎學、細胞學和生物統計學的方法，這在當時可謂是一大創舉。

自一九二三年起，陳楨就開始研究金魚的演變問題。他先後調查和觀察了南京、揚州和上海所有金魚玩賞家多年來所收集珍藏的稀有品種的標本及其飼育場，並以通訊方式收集天津、蘇州與廣東等地的金魚品種資料，基本上掌握了全國所有常見的品種及大部分的稀有品種資料。

在此基礎上，一九二五年他寫成《金魚外形的變異》，發表在《中國科學社

生物研究所論文叢刊》上，一時引起了國內外的廣泛稱讚，時至今日，仍被當作動物遺傳學的經典實驗事例。

此後，陳楨的勁頭更足，研究愈加深入。他對金魚的交配，用細胞學與胚胎學的方法進行了一系列大膽的實驗，在金魚的變異、發育、遺傳、進化等各方面都提出了系統的看法與主張，先後發表專論十多篇，許多都達到了世界領先水準。

動物行為學研究，也是陳楨著力攻克的一個重大課題。在當時，這仍是一門新興學科，只在一些先進國家才開展有這種研究。為了填補我國的這一空白，一九三一年，陳楨在清華招收了我國第一批動物行為學研究生。一九三五年後，他又將螞蟻社會對個體活動（主要是築巢）的影響這一無人涉足的嶄新課題，列入自己的研究計畫。經過一系列的反覆實驗，他提出：「社會性的增進在螞蟻中比在人類或其他動物（鼠、母雞、金魚）中要大得多」，其原因則是「螞蟻遠較人類、狐、母雞、金魚具有更高度的社會性的緣故，以致它們更容易受到隔離或成群的影響」，而「螞蟻群體的大小對於個體活動工作效率的影響基本上是沒有區別的」新見解[11]。與此同時，他還注意到，螞蟻的築巢能力隨個體而異，因此，他便著重探討「螞蟻中的領導蟻與隨從蟻之間的關係，檢查領導蟻與隨從蟻之間在生態和生理上的區別，研究被隔離的領導蟻和隨從蟻的築巢活動，組成人工的領導蟻群和隨從蟻群，並作為整體來研究這些群體的行為」[12]。

這些研究，為我國動物行為學這一新興學科的進一步發展，奠定了良好的基礎。

2. 昆蟲學　這方面的成果較多。比較突出的有胡先甫的專著《中國昆蟲名錄》。它收錄了當時全國的各類昆蟲一萬八千多種，不僅在國內，而且在世界生物學界也居於領先地位。

---

11 《著名生物學家陳楨教授》，《中國科技史料》，1994年第1期。
12 同上。

農業昆蟲學方面的重要專論，以尤其偉的《中國蟲害問題及其解決之我見》為代表。它列舉了當時已調查的重要害蟲二七八種，並提出了一系列的「防重於治」的解決方案，受到了同行的關注。

一九三四年十月，「昆蟲趣味會」在南通成立，其主要活動便是討論昆蟲問題及搜集標本。該會自費創辦的《趣味的昆蟲》，一九三五年四月起發行，具有較高的學術價值。

一九三五年十月，我國昆蟲學史上第一部較為全面、系統的基礎理論專著—《蟲學大綱》出版，作者是我國著名的農業昆蟲學奠基人尤其偉。該書的內容豐富，他根據我國自己的材料，立足於中國的現實來構築昆蟲學體系，具有重要的學術價值。它的出版，為當時綜合性大學和農科大學的昆蟲學教學提供了較完備的教材，在國內外都產生了較大的影響。

3. 微生物研究　在原生動物研究方面，王家楫等人取得了較大成績。他們自1925 年起，先後調查了南京及廈門的淡水和海水裡的鞭毛蟲、纖毛蟲、根足蟲、寄生鞭毛蟲等，發表了有價值的專論十餘篇。

細菌研究方面，湯飛凡最為突出，他先後擔任過上海中央大學醫學院教授、細菌學系主任、上海雷氏德醫學研究院教授、細菌學系主任、英國國立醫學院研究員等職，在美國的《實驗醫學》、《細菌學》、《免疫學》等雜誌上，陸續發表了《疱疹病毒的免疫學研究和疱疹性腦炎問題》、《對疱疹致病因數的進一步實驗》、《對狂犬病病毒和疱疹病毒的補體結合反應》等多篇專論，為細菌學、病毒學研究作出了重要貢獻。

此外，秉志、董聿茂、壽振黃、何錫瑞等人分別在解剖學、普通無脊椎動物研究、鳥類及最高哺乳類研究方面，發表了一些有見地的論著，取得了一定的成績。

第三節・

數學、物理學
與化學的進步

進入民國後，我國的現代數學、物理、化學也取得了一定的進展，並有國際性的學術貢獻。不過，與地質、生物學相比發展速度相對緩慢。

一、數學

民國以後，專門的數學研究機構遲遲未能建立起來，甚至在中央研究院、北平研究院成立之後，也未設立數學研究所。各高校及教育部選拔出國留學生的考試中，也沒有數學科，這一切與清末算學的迅速發展形成了鮮明的反差。

我國學者早期數學研究的論文，也是在國外撰寫並發表的。一九一八年，中國人在國外發表的第一篇數學專論《具有邊界條件的線性積分─微分方程》刊載在享有世界聲譽的學術刊物《美國數學會會刊》（Transactions of the American Mathematical Society）上，全文共分九大部分，作者胡明複。胡氏早年赴美留學，一九一四年獲康奈爾文理學士學位，後又入哈佛大學專攻數學，一九一七年獲數學博士學學位，成為我國現代第一位數學博士，我國最早研究現代數學並取得一流成就的數學家。

一九二一年，中國人在國外發表的第二篇數學專論——《無窮乘積的若干定理》在日本《東北數學雜誌》上刊出，作者陳建功，陳氏曾三次留學日本，師從日本著名數學家藤原松三郎，專攻三角級數論。歸國後先後擔任浙江大學數學系教授、系主任，臺灣大學教務長兼代理校長、中央研究院數學研究所研究員、美國普林斯頓高等學術研究院數學研究所研究員，在國內外都具有一定的聲譽。

論文刊出後，產生了較大反響，著名數學家蘇步青曾對其給予了極高的評價，認為它「是一篇具有重要意義的創造性著作，無論在時間上或品質上，都標誌著中國現代數學的興起」。七年後，陳建功又成功地解了於刻畫一個能用絕對收斂的三角級數來表示的函數這一難題，其論文發表在日本帝國科學院一九二八年的院刊上。次年，他獲得了博士學位，並發表了日文撰寫的《三角級數論》，不僅對他個人近幾年來的研究進行了歸納總結，還吸收了當時最新的國際成果，成為國際上最早研究三角級數論的專著之一。該著刊行後，陳建功名聲大震。

除美國外，在歐洲的德國，一九二五年也出現了一篇由中國人撰寫的數學專論，而且刊登在由海伯特及著名科學大師愛因斯坦合編的德國最著名的數學雜誌上，作者俞大維，也是一位早期數學博士。

隨著越來越多的人從事數學研究，國內數學研究逐漸發展起來。一九三五年，中國數學會宣告成立。三年後，會刊《中國數學會學報》正式出版，在當時的中國，這是唯一的數學專刊。

大學中開設數學系的主要有清華大學、北京大學、浙江大學、武漢大學、南開大學及中央大學。在這些大學中，浙大與清華最為突出，分別成為南北數學研究的中心。

直至一九四七年，中央研究院數學研究所才建立起來，由此可見這一學科在我國的進展速度。此外，與民國時期的地質學、生物學的發展相比，數學的發展還有一個顯著的不同，即在它的發展歷程中，是高校而不是官辦的研究機構始終占據主導地位。

這一時期，數學領域的成績，主要體現在四個方面：

1. 拓撲學　拓撲學是現代數學界新興的一門學問。在它興起之前，數學研究的主要物件不外為數與圓形的性質，所涉及的大多是直線、圓周等簡單曲線。但隨著數學的進展，研究範圍逐漸擴展到廣義的圓形而遠遠突破了曲線、曲面，即使是曲線也未必有切線，因此，如何對曲線下定義便成了一大難題，所有這些基本既念的澄清及相關的結論便是拓撲學的研究範圍。拓撲學的運算包含極限觀念，極為抽象，一般人都望而卻步。然而，以江澤涵為代表的我國早期數學家，卻知難而上，為攻克這一難題作出了積極的貢獻。

江澤涵是我國現代著名的數學家、中國拓撲學的奠基者，中國數學會的主要創始人之一。一九二七年他考取了清華大學唯一的一名留美數學專修生，之後僅用了一年時間，便學完了哈佛大學所有相關課程，獲得了碩士學位，並榮獲了「哈佛學侶」的榮譽稱號。

獲得哈佛大學的博士學位後，江澤涵又赴普林斯頓大學，師從著名的拓撲學大師萊夫西茨。一九三一年，他關於尼爾森不動點類理論的研究論文，發表在《美國科學院進展》上，成為我國學者發表的第一篇拓撲學專論。

歸國後，他進入北京大學數學系任教，一九三二年到清華研究院講授拓撲學課程，這是我國高校中第一次正式開設的拓撲學課程。

其後，他又先後在國內外數學雜誌上發表學術專論十五篇，成為我國拓撲學的傑出奠基者，並有力地影響和推動了我國現代數學其他方面的發展。

2. 數論研究　這是民國時期我國現代數學成就最大的一個領域，代表人物有楊武之、華羅庚、鐘開英、陳傳璋等。

在我國現代數學史上，熊慶來「慧眼識英才」，破格選拔華羅庚到清華大學深造，一直被傳為佳話。然而，很少有人知道，最先從上海《科學》雜誌上發現這位「英才」並大力向熊慶來推薦的另一位「伯樂」，他便是我國現代數論研究的先驅者，我國近代以來致力於研究華林問題並取得相當成就的第一位數學家─楊武之教授。

華林問題，是現代堆疊數論中的一個經典問題。英國著名數學家華林（Waring）曾於一七七〇年提出一個大膽的設想：每個正整數都是四個平方數之和，並由此引申出一系列加性數論問題。但長期以來，一直沒有人能給出精密的論證。楊武之運用初等方法研究三次多項式的華林問題，終於證明了任何正整數都是九個三角垛數（亦稱「三角數」，系指數列 1，3，6，10，…中整數）之和，這是我國現代數學界關於數論研究的第一個重要成就。

繼楊武之之後，著名數學家華羅庚也由於在這方面的傑出貢獻，而成為現代數論的又一奠基者。華羅庚早在上初中時，就在上海《科學》雜誌上發表了《蘇家駒之代數五次方程式解法不能成立之理由》，指出了《學藝》雜誌第十七期第十號上刊登的蘇家駒教授的論文《代數的五次方程式之解法》的謬誤所在。一個不知名的自學青年竟指出了一位赫赫有名的數學教授的科學性錯誤，這引起了楊武之的關注，於是，在他的推薦下，熊慶來向華羅庚發出了邀請，這位數學奇才從此踏上了專業研究的道路。

一九三六年，在中華文化教育基金會的資助下，華羅庚赴英國劍橋大學深造，主攻華林問題、哥德巴赫猜想及其他問題，先後寫成學術專論十八篇，分別發表在英、法、蘇、印度及德國的雜誌上。

回國後，華羅庚在西南聯大任教期間，完成的論文達二十餘篇。

一九四一年，華羅庚的第一部專著——《堆疊係數論》發表。書中詳細探討了令人棘手的華林問題及哥德巴赫猜想問題，其中許多結論，至今仍被當作經典引用。

3. 分析數學　熊慶來《關於整函數與無窮級的亞純函數》是這方面的主要成就之一，文章獲得國際社會的高度評價，此後國際數學界也因此稱他所定義的無窮極為「熊氏無窮級」。

此外，在圻泰的半純函數與極限研究，王福春、陳建功、周鴻徑、程民德、徐瑞元的優氏級數研究，周煒良的代數函數研究，也均取得了較為突出的成績。

4. 微分幾何　這一領域取得顯著成就的主要有蘇步青、陳省身、孫光遠等數學家。

還在日本仙台東北帝國大學做學生時，蘇步青就顯示了他非凡的數學才華。他寫成了第一篇數學專論《一個定理的擴充》，刊登在日本的權威刊物——《日本學士院紀事》上。一九三一年，他由帝大畢業，獲博士學位，回國後在浙江大學任教，一年後便成為浙大數學系主任。此後，他率領弟子們鑽研微分幾何，不斷地開創著嶄新的局面。在一般舊微分幾何、曲幾何、曲線網、線幾何等領域都取得了相當的成績，為日後中國微分幾何學派的形成作了堅實的鋪墊。

在普林斯頓攻讀的陳省身，二十世紀四〇年代後著力進行 Guess—Bonnet 公式的重新證明工作，短短的兩年時間裡，就發表了數篇「在微分幾何方面精心獨詣的文章」，著名幾何學家霍甫因此稱讚說：「微分幾何進入了一個新的時代」，由此也可見其造詣之深。

抗戰期間，數學研究由於受社會環境的影響較小，並沒有停滯，相反還加快了發展步伐，新刊出的論文達一〇四篇之多，是前二十年的三倍。

二、物理學

我國現代物理學的發展主要也是在進入二十世紀三〇年代之後。

在此之前，我國學者物理學方面的研究大多也是在國外完成的，國內從事物理學研究工作的人很少，研究機構更是寥寥無幾，各高校中也只有北京大學、東南大學、北平師範大學、清華大學、燕京大學、金陵大學等幾所大學設有物理系，而且教員大多聘自於外國人，設備也極簡陋。

標誌著現代物理學步入新的發展階段的是一九二八年中央研究院物理研究所的設立，作為我國第一個現代物理研究機構，它的成立具有轉折意義。

不久，北平研究院也創立了物理研究所及鐳學研究所，與側重電磁學、X

光、地球物理學的中央研究院物理研究所不同的是，它主要從事的是光學、壓電效應、天文物理及放射性礦物的研究。

此後，各院校紛紛設立物理研究所，研究隊伍逐漸擴大，各方面的專著及論文也不斷增多。乘著這股發展的東風，一九三二年，中國物理學會在北平宣告成立，來自全國各地的物理學者為著一個共同的目標進行了熱烈的討論。學會成立後，馬上創辦了專刊《中國物理學報》，以刊載各方面的研究成果，擴大交流。

這一時期，我國現代物理學在以下幾個方面取得了顯著成績。

1. X 射線研究　此領域最有成就的，首推我國早期著名的物理學家吳有訓及何育傑。

吳有訓早年入美國芝加哥大學物理系深造，回國後曾擔任清華大學、西南聯合大學教授、中央大學校長及中國物理學會理事長等職。二十世紀二○年代，他便將目光瞄向了康普頓散射這一學術前沿課題。在當時，對於康普頓的散射理論，學術界仍持有異議，因為其實驗證明不夠縝密嚴謹。吳有訓立志攻克這一難題。經過無數次的實驗，一九二四年，他與康普頓合作撰寫了《經過輕元素散射後的鉬 kd 射線的波長》，兩年後又發表了《在「康普頓效應」中變線與不變線的能量分布》及《在「康普頓效應」中變線與不變線的強度比率》兩篇極有分量的專論，最終證明了這一理論，自此，國際物理學界才對「康普頓效應」理論學信不疑。

由於這一突出貢獻，一九二七年，剛滿三十歲的吳有訓獲得了諾貝爾物理學獎，康普頓效應也因此改名為「康普頓——吳有訓效應」，這是我國現代物理學的一大驕傲。

二十世紀三○年代，吳有訓進入清華大學，主攻 X 射線對單原子及多原子氣體的散射問題，是當時國內物理學研究隊伍中「最早而最有成就者」。其主要代表作有《單原子氣體散射之 X 線》，一九三○年在英國《自然週刊》上發表，開闢了我國物理學界在國內研究而在國外發表成果的先河。另有七篇專論也都在美國《科學院月刊》、《物理雜誌》等國外權威刊物上發表。由於這些成就，

一九三五年他被德國自然研究者皇家學會吸納為會員。

何育傑也是與吳有訓一樣享有國際聲譽的我國現代物理學開拓者，早在一九一七年他任教於北大物理系期間，就發表了《X射線與原子內部構造之關係》。此外，他從德文翻譯成英文的《波動力學通論》，文筆流暢，深受國內外學者的好評。在晚年翻譯的介紹國外物理學進展狀況的著作如《自然之結構》、《物質與量子》等也獲得了同行的稱讚。

2. 核子物理學研究　王普、趙忠堯、王淦昌等人較有成績。王普在中子及裂變物理學領域，趙忠堯在原子核子物理學領域，王淦昌在中微子研究方面均作出了較大貢獻，他們都是我國核子物理學的傑出開拓者。

一九三五年，王普赴柏林大學留學，專攻核子物理學，正是從這一時期起，他開始了對中子的研究。三年後，他證實了熱中子可導致半衰期為二點三分的28AL β 發射體的生成，測定了熱中子在 AL 中的吸收係數（0.037cm2/g）和相應的截面（1.6×10-24cm2），並且證實了 AI 在熱中子能區中不存在共振能級的原理。

一九三九年，王普在卡耐基學院工作期間，與羅伯茨合作，連續發表了四篇短文，集中論述了鈾及釷在裂變中發射緩發中子理論，在國際核子物理學界產生了極大反響。

趙忠堯於一九二一年考入美國加州理工學院研究部，師從著名的物理學家、諾貝爾物理學獎的獲得者密立根教授。留學期間，他就發現了硬 Y 射線通過重物質時產生的反常吸收與特殊輻射，這實際上就是正負電子對產生和湮滅過程的最早實驗證據。

一九三一年趙忠堯歸國後，進入清華大學從事原子核子物理學研究工作，先後在國內外刊物上發表了九篇專論，其中《硬 Y 線與原子核之相互作用》得到了英國著名物理學大師歐納斯特・盧瑟福的高度稱讚。

3. 電磁學　這方面的主要成就，有葉企孫的磁導率研究。早在二十世紀二〇

年代初，年青的葉企孫就與美國同仁合作測定了普朗克常數 H 值，後為物理學界沿用十六年之久。

此後，他著力研究高壓對磁體磁導率的影響，先後測定了鐵、鎳、鈷和兩種鋼在高壓下的磁導率，並進行了縝密的理論分析，在當時這是一項開創性的工作。

一九二五年，葉企孫在清華大學創辦物理系，以培育物理學人才著稱。許多知名學者如錢偉長、錢三強、楊振寧等人，均出自於他的門下。

4. 理論物理學　在這一領域，張宗燧最為人矚目。一九三八年，張宗燧還在英國留學期間，就在權威雜誌《英國皇家學會會刊》上發表了諸如《雙分子的吸附作用的統計理論》等多篇論文。一九三九年在瑞士求學期間，又寫出了高水準的專論《包含介子的過程對於方位角的依賴》，發表在英國《劍橋大學學報》上。回國後，張宗燧進入中央大學繼續從事理論物理學的研究工作，並發表了多篇論文，其中《一個二元固體溶液的彼德—愷爾克伍德的配分函數的一個補充》發表在美國《化學物理雜誌》上。另外，在英國、丹麥等國的刊物上也不時有他的文章刊載。

黃子卿對溶液中分子間相互作用的研究也有一定成績。他一九三五年測定水的三相點精確值為 0.00981℃，被國際溫標會議確認為標準資料。

5. 其他領域　這一時期，我國現代物理學在其他一些領域也有所進展。

光學方面，嚴濟慈、吳大猷等人較為突出。嚴濟慈先後在國外專刊上發表論文十九篇（至抗戰前夕），其中與錢昌照合作撰寫的《壓力對於照相片感光性之影響》發表在法國的《科學院週刊》上，與鐘盛標合作撰寫的《氧與臭氧紫外吸光比較》發表在德國的權威刊物《自然科學週刊》上。吳大猷在抗戰期間「研究工作毫不正常」的情況下，寫出了一本《多原分子之結構及其振動光譜》的專著和十九篇論文，同時還指導了楊振寧等傑出的科技人才走上物理學研究之路。

相對論與宇宙論研究方面，周培源撰寫了大量的論著，為了趕追世界先進水

準，一九三六年他還特意遠赴普林斯頓大學，追隨相對論的創立者、國際物理學界的泰斗愛因斯坦，專攻相對論與宇宙論。

跨聲速流動方面，郭永懷值得一提。他曾留學美國帕薩迪那加州理工學院，師從當代的航空大師馮·卡門，專攻可壓縮流體跨聲速流沙的不連續這一航空業久久難以逾越的「聲障」，終於在一九四五年成功地通過了這一難題的博士論文答辯。由於他的卓越貢獻，三年後跨聲速飛行即獲得成功。

三、化學

民國初期，我國化學事業比較落後，國內連一本現代化學方面的論著也沒有，各高校的化學教師，也幾乎都是外國人。

一九一五年中國科學社成立後，出現了第一篇由中國人寫的現代化學文章《化學元素之命名說》，不過仍以介紹為主。此後，直至二十世紀二〇年代初，化學事業並無多大進展。

在二十世紀二〇年代的中國化學發展歷程中，有兩件事不容忽視，一是一九二二年中國化學工業會的成立，它出版了《中國化學工業會會志》，開始刊載國內學者的化學專論，不久，在大洋彼岸的美國，中國化學會也宣告成立；二是一九二四至一九二五年間，陳克恢所從事的麻黃素藥性研究，其成果受到國際社會的關注。

總的看來，我國現代化學的真正進展，是在二十世紀三、四十年代。

其一，從研究機關來看。

實力最雄厚的中央研究院化學研究所及北平研究院所屬的化學研究所，均是這一時期的產物，特別是前者，在兩任所長王璡、莊長恭的有力領導下，在多原子的吸收光譜，分子光譜、分子和原子常數、熱力學常數的測定等方面，研究工作在國內均處於遙遙領先地位。

地方各省也大都設立了研究所，根據各地的實際情況，進行了資源的開發利用，如廣西化學研究所，一九三六年就開展了九四〇項工作，其中七八一項是對礦產品進行分析，因為廣西礦藏資源極為豐富，但一直未得到合理開發。

此期，私立研究機構也有一定發展。其中，天津的黃海化學工業社、上海的中華化學工業研究所、協和醫院、雷氏德醫學研究院的工作較為出色。

在各高等院校中，化學人才較為集中，資金也相對充裕，既能從事基礎性研究，也能從事應用研究，所以，高校也成為民國化學發展的一個重要陣地。

其二，從一般的研究概況來看。

這一時期，我國化學事業各個領域都得到了學者們的關注。從一九四四年印行的《中國化學會十周年紀念刊》的總結上，我們便可清楚地看出這一點。所選入的十五篇論文，幾乎囊括了現代化學的十五個分支學科，而且篇篇論文都極有分量。

在此，僅就其中四個領域作一概述。

1. 無機化學領域　理論研究方面有溶解和絡合物的研究、放射性同位素的研究；應用研究方面則有無機材料的加工、制城工藝、電鍍及電解等的研究。

2. 有機化學領域　有機定性分析方面，有儀器及技術的改進、各類有機化合物的定性分析；有機化學理論方面，有結構與性質的關係、立體化學的研究、反應歷程的研究等；有機合成方面，有對經典反應的改進，新的合成反應的研究等。

3. 無機化學領域　研究的內容較為廣泛。無機定性分析方面，有分析技術的改進；無機定量分析方面則有分析技術的改進，一般理論的完善；物理化學分析方面，主要有發射光譜的運用及電位滴定等項研究。

4. 物理化學領域　物理常數的測定方面，有單質及化合物的物理常數測定；熱力學與熱化學方面，有單元組分體系熱力學函數計算、溶液的熱力學函數計

算、相平衡及化學平衡的研究，以及量子力學、分子光譜，吸咐理論的研究等。

其三，從中國化學會的成立及其後化學研究的成就看：

一九三二年，教育部召開全國化學討論會，討論化學譯名、國際化學及課題標準三大問題。一時間，各省化學研究者雲集南京，盛況空前。乘此形勢，中國化學會宣告成立，陳裕光當選為會長。學會以發展中國的化學事業，聯絡同志為宗旨。

為促進中國化學事業與國際化學的交流，一九三二年，中國化學會創辦了以英文撰寫的《中國化學會會志》（*Journal of Chinese Chemistry Society*），曾昭倫擔任主編，主要對外發表國內學者的化學專論。

與此同時，化學會還創辦了對內發行的《化學》雜誌，由戴安邦擔任主編，主要是報導各地化學的進展及研究論文摘要；之後又增辦了《化學通訊》，專門刊載會務活動，加強會員聯絡，報導國內學術動態，由吳承洛擔任總主編。

化學會成立後，發展迅速，一九三二至一九四〇年間，會員就從一九〇人增加到一六四四人。

中國化學會的成立，是我國化學發展史上的一個里程碑，在它的帶動下，各項研究工作如火如荼地開展了起來，其中，最突出的成就，是發明了「黃鳴龍還原法」與「侯氏制城法」。

黃鳴龍（1898-1979），江蘇揚州人，一九一九年赴歐留學，一九二四年由德國柏林大學畢業，獲有機藥物化學博士。

抗戰爆發後，他進入位於雲南的中央研究院化學研究所工作。他在艱難險惡的戰爭環境下，排除空襲警報的一再干擾，利用從藥房買回的驅蛔蟲的植物藥山道年及僅有的鹽酸、氫氧化鈉、酒精等試劑和溶劑，在防空洞中進行山道年及同類植物的立體化學試驗，結果獲得了極大成功，取得了四個變質山道年，這在國際上尚屬首例。

一九四四年，黃鳴龍赴美國哈佛大學深造，在哈佛大學實驗室中，他在國內研究工作的基礎上，又作出了一個重大發現，這就是他的還原法。

當時，國際上的化學還原實驗，還必須使用無水水合肼和金屬鈉，而無水水合肼價格昂貴，金屬鈉易爆，因此，做起來極不方便且效果也很差。

黃鳴龍經過多次實驗，對這一過時的還原法提出了大膽的改進方案。經他提出的新還原法，不但不需要昂貴的無水水合肼及易爆的金屬鈉，而且時間也由原來的四五天縮至只需兩三小時。「黃鳴龍還原法」為國際社會所普遍採用。

中國化學界在二十世紀三、四十年代的另一重大成就，是侯德榜發明的「侯氏制城法」。

從二〇年代起，侯德榜就致力於純鹼制法的研究。一九三二年，他在紐約出版了專著《純鹼之製造》，將蘇爾維制城法的秘密第一次全部公之於世，美國化學家威爾遜譽之為「中國化學界對世界文明所作的重大貢獻」。

一九三九年，侯德榜又率先提出聯合制城理論，將蘇爾維制城工業與氮氣工業合二為一，這樣既能充分利用食鹽中的鈉與氯，避免產生大量的含氯化鈣的廢液，使用鹽率一下子高達百分之九十八，又變間斷生產為連續生產，大大縮短了工藝流程，與蘇爾維及德國的查恩制城法相比，又大大前進了一步，「為世界制城技術辟一新紀元」[13]。

由於這一卓越成就，英國皇家學會、美國化學工程學會等機構紛紛推舉他為名譽會長，美國機械師工程協會還推舉他為終身名譽會員，以表達對他的敬意。

這是世界化學工業的一個重大發現，也是中國化學界的一大驕傲。不過，偌大一個中國，僅此兩項成績較為突出，反映出我國的化學科學仍然比較落後。

---

13 李社川、陳歆文：《侯德榜》，73頁，天津，南開大學出版社，1986。

第四節·
醫學、天文學、
氣象學和工程學

　　民國時期，我國的醫學、天文學、氣象學、工程學及其相關事業，也都得到了一定程度的發展。

一、醫學

　　民國以後，隨著現代西方醫學的進一步東傳，我國的西醫事業在晚清基礎上又有了新的進步。

　　這一時期，著名的西醫院校有協和醫學院、瀋陽醫學院、同濟醫學院等，其中協和醫學院成就最為突出。

　　研究團體和機構中較早成立的是中華醫學會，一九一五年由一些留學生及英美教會在我國創辦的醫校畢業生髮起，它是中國人自己組織的、歷時最久的全國性的學術團體。同年十一月，該會主編的《中華醫學雜誌》創刊，此後除一兩次脫刊及一次短期更換刊名外，一直維持不衰，成為中國醫學界最為權威的學術刊物。該會成立之後，便致力於引進近代西方醫學，一九一六年由該會發起的醫學名詞審查會，在統一西醫名詞中譯名稱方面做出了突出貢獻。

另一較早的組織是中華民國醫藥學會。它成立於一九一五年八月，主要由留日學醫歸國者所組成，一九二三年前只出年刊，此後則刊行《中華民國醫藥學雜誌》。

其他重要的組織還有中國博醫學會，全國醫師聯合會，中國生理學會、上海雷氏德研究所等。

從具體研究成果方面看，民國時期我國西醫也獲得了較大的發展。

1. 解剖學　解剖學在當時尚屬一門新興的學科，民國之初，國內很少有人注意到它，進入二十世紀二〇年代後，研究者日益增多，其中馬文昭的線粒體研究以及紅血球內的核質研究最引人矚目。此外，中國科學社生物研究所的孫宗彭、吳功賢也有較大貢獻，前者從事的是白鼠胃的表皮細胞在饑餓時的形態變化研究，後者研究的則是細胞內的哥基氏體。

2. 放射線應用　放射線應用同樣是一門新興的課題，得到各國醫學界的關注。在我國，起步稍晚，直至一九一八年時，才有首例應用放射線治療之事，即由北京大學醫學院及協和醫學院的謝之光、吳靜共同主持的放射線治療試驗，試驗在一定程度上獲得成功。

3. 營養學　一九二一年王贊卿與西方學者合作分析三十五種中國食物成分並寫成專論，成為國人在這方面的第一篇論文。此後，研究者漸多，其中王季臣的燕窩及皮蛋之成分及蛋白質研究、王兆之的皮蛋研究，亦有一定成就。此外，國人這方面的專論還有《中國醫院膳食調查》、《嬰兒與膳食委員會》、《汕頭居民小便成分》等。一九二六年中國生理學會成立後，研究工作更是蓬勃展開。

4. 瘟病防治　這一方面以伍連德最為出色。伍氏不僅是我國現代醫學衛生事業的先驅者，還是我國現代防疫體制的奠基人、著稱於世的「鼠疫鬥士」。一九一一年，在他的有力領導下，肆虐一時的東北大鼠疫四個月內就被撲滅。接著，他還倡議與主持了在我國召開的萬國鼠疫大會。後來，又為流行於我國的幾場鼠疫及霍亂疫病的相繼撲滅作出過突出貢獻。

伍連德一生著述豐富，主要作品有用英文與王吉民一起合撰的《中國醫史》、《鼠疫概論》等，各種專論則有數百篇之多。

與西醫相比，民國時期中醫的發展道路要坎坷些。由於在診斷及治療的方式上，兩者之間存在著較大的差別，因此，彼此間的矛盾日益暴露，廢止中醫的呼聲不斷高漲，中醫的處境也日益困難。廢止中醫之論始於清末，不過僅出自民間，而民國後廢中醫論者漸多，遂成為一股極大的勢力。這一時期的北洋政府，南京政府，對於廢中醫之論也基本上持贊成態度，以壓制中醫。如民國元年新定學制，便將中醫摒於教育門外。一九二九年中央衛生委員會又通過了餘雲岫的廢止中醫案。為爭取合法地位，擺脫窘困的處境，中醫界進行了長期的鬥爭。民國元年新定學制頒行後，中醫界隨之便舉行了「救亡」請願，一九一四年十一月，神州醫藥總會葉晉叔等代表一九省市中醫「救亡」請願團向北洋政府教育部，國務院請願，要求中醫加入學系，此後大的請願活動共有九次之多，如一九二九年三月十七日全國醫藥團體代表大會反對廢止中醫案，一九二九年十二月全國醫藥團體臨時代表大會反對歧視中醫等。另一方面，自二十世紀二〇年代起，中醫界為求得生存，還積極提出「中醫科學化」口號，並發展成為一種運動。在此鬥爭歷程中，傳統的中醫學也不斷得到發展，取得了可喜的成績。

在中醫基本理論的研究方面，惲鐵樵一馬當先。一九二二年，他撰寫《群經見智錄》，對《易經》、《內經》的基本理論提出創見，成為我國近現代研究中醫理論的集大成者。該書站在現代科學的高度上，科學地解釋了《內經》體系，指出《易經》與《內經》的基礎在四時，二者的主要理論都是從研究自然界最明顯，最常見的變化規律而來，這樣就揭開了《易經》、《內經》的神秘外衣。五行、六氣皆為四時而設是惲氏的又一創論。基於這一思想，惲鐵樵第一次強調指出五行相生的順序與四時遞變相同，所謂「內經五臟即四時的五臟」，一句話揭示了中醫基本理論、特別是髒象理論的奧秘，說明了中醫基本理論的科學性，在客觀上也捍衛了傳統中醫體系的完整性。

楊則民的《內經之哲學的檢討》，是對《內經》研究的另一力作，也是現代中醫界最早自覺運用辯證唯物主義思想系統地研究《內經》的專論。作者以維護

中醫體系為己任，在剖析了當時研究《內經》的幾種傾向後，旗幟鮮明地提出《內經》的指導思想即是辯證法。接著，作者詳細闡釋了《內經》的基本內容，第一次從哲學高度強調中西醫體系不同，並提出獨到的改進中醫的見解，為《內經》研究的拓展作出了空前的貢獻。

此外，張錫鈍的《衷中參西錄》也是此期中醫學研究的碩果。他在前人基礎上，發展了髒象學說和解剖生理互證，重點研討了肝左脾右說，腦為元神心為識神說，難經言心臟七孔三毛與近代解剖的關係，並且進一步提出了三焦即輸尿管，心力衰竭與腎不納氣相通，腦充血與薄厥相近，難經論肺為五臟六腑之所終始相當於生理學上的小循環等匯通學說，從而推動了中醫理論的發展。

張錫鈍有「實驗派臨床大師」的美譽，他的《衷中參西錄》也是中醫臨床方面的傑作。

該書在現代中醫書中流傳最廣，至今仍經得起檢驗。張錫鈍自覺地接受現代實驗科學方法，在一切可能的條件下通過切身體會來求知，他的這種一絲不苟、細緻觀察和描述病情、體驗藥效的研究方法，開闢了一代新的學風。後人在評價他時，指出他的最大成功處即在於：建立完整的病歷，及時總結經驗，把感性認識逐步提高到理性認識。

在傷寒論研究方面，代表性的作品有曹穎甫的《傷寒發微》、陸淵雷的《傷寒論今釋》、包識生的《包氏醫宗》、譚次仲的《傷寒評志》、黃竹齋的《傷寒論集注》、陳伯壇的《讀過傷寒論》、餘無言的《傷寒論新義》、閻德潤的《傷寒論評釋》等。由傷寒論的研究我們便可明顯地看出民國時期醫學的進展。

這一時期，傷寒論的研究遠遠突破了對張仲景原文的校訂、訓詁及對個別疑難條文的闡釋，而進入到基本理論問題的開創性拓展階段，由此而取得的一系列突破，充分顯示出現代中醫學的進步。

對傷寒病名的含義，各家對照中西學說，提出了許多深刻的見解；對西醫感染性疾病的理論核心——細菌學說，一半以上的論著都給予了詳細的闡述；另外，在傷寒轉變、六經含義、六經提綱及一些重要條文的解釋上，也均取得了較

大的突破。[14]

在西方醫學東傳方面，以丁福保最為引入注目。他一生致力於翻譯醫書、出版雜誌、組織醫會、創辦醫院、療養院，著述豐碩，被譽為是一代學術名家。

一九〇〇年，丁福保編印了第一本通俗的西醫常識書《衛生學問答》。一九一四年，他將由日文譯成的六十八種醫學著作編成《丁氏醫學叢書》，第一次比較全面地向國人介紹了現代西方醫學知識，一舉獲得柏林及羅馬的萬國博覽會最優等獎。

自民初至二十世紀三〇年代早期，丁福保的一項主要工作是編輯《中西醫學報》，歷時二十年，迅速而又大量地把現代醫學知識介紹給國人，適應了當時中國醫學界渴望新學的需要，對促進中醫界了解西醫作出了重大貢獻。據統計，他這一段時間的譯作超過了自一八五一年合信起的所有教會譯著的西醫著作之總和，此後很長時間，也沒有人在介紹和普及西方醫學方面能與他相提並論。在傳播西醫的同時，丁福保還極力主張中醫科學化。「中醫科學化」這一口號最早便是出自於他。因此，在民國醫學史上，丁福保的地位不容忽視。

此外，在整理中醫文獻方面，丁福保、何廉臣、裘吉生、曹炳章等人也有貢獻。他們整理出版醫學書籍數千種，其中代表性的成果有《中國醫學大辭典》、《中國藥學大辭典》、《四部總錄‧醫藥編》等；在開辦中醫教育培養中醫人才方面，此期共創辦了中醫學校百餘所，其中成就較大者約三十餘所，中醫因而後繼有人。同時，中醫報刊也出版不少，約五百種，較重要的約一百種左右，中醫組織團體則達一千多個。

總的看來，這一時期，我國的現代西醫、中醫學均有了長足的進步。雖然在發展歷程中，二者一度出現了對立與抗爭，但最終的趨勢則是中西匯通，一部民國醫學史便證明了這一點。在現代中醫發展歷程中，最早提出並且貫徹始終的一

---

14 趙洪鈞：《近代中西醫論爭史》，255-261頁，中西醫結合研究會河北分會，1982。另此節關於醫學方面的論述，多參用此書。

個口號便是「中西醫匯通」。中西醫既有矛盾的一面，也有相融、互補的一面，只有走匯通之路，才能使得彼此都得到健康的成長。

二、天文學與氣象學

民國之初，我國的天文與氣象事業尚未分家，天文觀測及研究很大程度上附屬於氣象工作。

民國政府遷都北京後，教育部派員接管了清政府的欽天監，建立了「中央觀象臺」，並成立了歷數科，由高魯主持。

一九一五年，中央觀象臺以中國天文學會的名義出版了《觀象叢報》，月出一冊，每冊的前半部分以天文為主，也包含氣象資料，後半部分則都是氣象記錄，其中大多是依據國外氣象資料加以編譯而成。雖然如此，在當時仍在一定程度上起到了普及天文知識的作用，並且和國外出版物的交換，也打開了一條中國天文氣象事業與國際交流的管道。

民主、科學思潮的傳播，使國人對天文，氣象事業逐漸重視起來，天文氣象事業因此不斷得到發展。1922 年十月，中國天文學會在北京成立，兩年後出版了《中國天文學會會報》。1924 年十月，中國氣象學會也在青島宣告成立，張謇、高魯擔任名譽會長，蔣丙然、竺可楨分別擔任會長及理事。天文與氣象這才實現了初步分工。

1928 年二月，國立中央研究院分別建立了天文研究所與氣象研究所，自此，二者正式「分家」，各自走上了規範化的發展道路，研究和建設的成果也不斷問世。

天文事業方面，最突出的成績是 1934 年南京紫金山天文臺的落成，這是我國規模最大的一座國立天文臺，也是我國自己建立的第一座現代天文臺。其大部分儀器都由國外購進，設備精良，擁有包括 600 毫米反射大赤道儀（當時遠東最

大望遠鏡)、135毫米超人差自動子午儀在內的現代化設備,一時號稱「東亞之最新式」。此後,我國的天文事業逐漸聞名於世。

天文學研究隊伍中,以陳遵媯、張鈺哲最有成績。前者在 1930—1937 年間,先後出版了《流星論》、《宇宙壯觀》、《星體圖說》、《民國二十五年六月十九日全食》、《恆星圖》等 7 部專著。

張鈺哲早年在美國獲得博士學位,並發現「中華」號小行星,回國後於 1933 年出版了專著《天文學論叢》。

抗戰時期,中央研究院天文所西遷,在昆明東郊建立了我國西部第一個天文臺,並於 1941 年成功地觀測了日全食。

氣象學和氣象事業方面,也有一定進展。1929 年,南京欽天閣氣象臺落成,至 1933 年,全國各地的氣象臺已增至 7 處。

研究機構中,中央研究院氣象研究所做了大量工作,發表的有價值專論不少,其中《華北雨量的變率》較為著名,它指出華北地區大部分地帶雨量的變率都超過 20%,因此華北旱災頻繁;此外,他們的重要研究成果還有《拉薩之氣候》、《西藏高原及其四周之雨量》、《四川氣候區域》、《中國高空氣候初步檢討》、《中國氣候區域新論》、《中國夏季風之進退》等。

氣象學研究隊伍中,蔣丙然、竺可楨、陳遵媯、陳正祥等成績突出。竺可楨 1929 年起就擔任中央研究院氣象研究所所長,著力進行地面測候、高空測候及利用國內外預測報告按日繪製天氣圖來預告未來天氣的研究工作。1931 年,他出版了專著《中國氣候區域》、《南京一年來之颶》;蔣丙然對氣象學基本理論和颱風研究有素,曾著《實用氣象學》、《氣候學》、《氣象器械及其觀察法》等;陳遵媯則著有《農業氣象學》、陳正祥著有《中國之霜期》、張印堂著有《雲南氣候的特徵》等。

三、工程學

民國時期，我國的現代工程學事業在清末基礎上，又有了較大發展。

一九一三年，中華工程師會宣告成立，著名的鐵路工程師詹天佑出任會長。該會成立後，很快便刊行《中華工程師學會會報》，並出版了詹天佑的《京張鐵路工程紀要》、《京張鐵路標準圖》及《華英工程字彙》等，以宣傳工程科學。

此後至二十世紀二〇年代，我國工程學的主要成就是著名的機械工程學家劉仙洲編寫的六卷本的中技教科書《機械學》，這是我國第一本由國人自編的工科大學教科書。

二十世紀三〇年代後，水利工程學及橋梁工程學進展迅速，為世人所矚目。

一九三二年夏，傑出的水利工程學家李儀祉領導完成了引涇第一期工程，灌田二十餘萬畝，之後進一步擴大工程，更使灌田面積猛增到七十多萬畝，開創了我國現代化灌溉工程史上的新紀元。

一九三三年黃河大決口後，李儀祉調整研究方向，將其主要精力放在研究黃河水利資源的綜合利用問題、西北灌溉問題、水土保持問題、農林牧業結合問題、黃河中游灌區的排水改城等一系列重大疑難問題之上，並被任命為黃河水利委員會委員長兼總工程師。為了解決黃患之禍，他先後發表學術專論五十餘篇，為我國現代水利工程學的發展作出了卓越的貢獻。

橋梁工程學方面，最有成就的是我國現代著名的橋梁工程學家茅以升和李國豪。

茅以升於一九三四年十一月擔任錢塘江大橋這一重大工程的總工程師，負責主持大橋工程的設計及施工工作。在他的領導下，一九三七年九月十五日，錢塘江大橋落成，全長一三二二米，上層行走汽車與人，下層鋪單軌鐵道，氣勢極為恢弘。它的建成使滬杭甬鐵路貫通，東南七省的公路連接成網，在我國現代工程學史上，又寫下了輝煌的一頁。

李國豪一九三八年赴德留學，一九四〇年發表專論《懸索橋按變位理論的實用計算》一文。在這篇論文中，他首次提出橋梁建築史上的變位理論實用計演算法，把懸索橋承受壓力的計算形象地變化為軸向拉力的梁來計算，從而改變了以往那種直接求證橋梁承受壓力的計算方法，為橋梁工程專家們解決了一項重大疑難問題，推動了橋梁工程學的進展。

機械工程學在抗戰時期也有一定發展。據經濟部核准的專利統計，一九三八至一九四四年，機械及工具類發明創造及專利申請達到六十件。一九四四年六月中國鋼鐵專家周志宏因其對大後方合金及合金鋼的煉製有許多發明、改進，而獲美國芝加哥鋼鐵廠鋼鐵技術研究會金質獎章一枚，成為世界冶金界有特殊貢獻的二十一位中之一位，為我國的科學界贏得了榮譽。

第十三章

人文社會科學
新學科的建設

　　中國傳統學術分為經、史、子、集四大類，尤以經學和史學為大宗，其他種種學問，都包含在這些學術裡面。晚清時，西方新式學術開始傳入中國，進入民國後，這些學科逐漸在中國落戶並發展起來。它們擴大了中國人的學術視野，豐富了傳統學術的內容，構成中國文化的嶄新部分。

　　除了自然科學之外，民國人文社會科學新學科的崛起也蔚為壯觀。從五四時期到二十世紀二、三十年代，「社會科學」一詞已廣為流行，有關社會科學的系統理論和

方法論一類的著作層出不窮，以「社會科學」為名的專門學術刊物已有不少，還出現了「中國社會科學家聯盟」這樣的文化學術組織，這表明，中國人此時已認識到社會科學具有不同於自然科學的學科性質和獨立品格。

民國新興的人文社會科學門類很多，包括有政治學、經濟學、文化學、社會學、民族學、民俗學、教育學、心理學、美學以及法學、倫理學、邏輯學、新聞學等。這些學科的發展速度和發育程度各不相同，但大多都萌芽於清朝末年；五四新文化運動對其形成和發展均產生了較大影響；最遲至二十世紀三〇年代（大多是 20 年代），各學科已初步形成了自己的學科體系。

由於受到世界觀和方法論的明顯制約，民國新興的人文社會科學大體可分為以西方各種資產階級學說和以馬克思主義為指導的兩大流派，一般說來前者占據著主導地位，後者則具有較強的學術生命力，代表著學科的發展方向。不過，無論是哪個流派的學者，起初都經歷過一段較長時間仿效西方學說的階段，然後逐漸於不同時間、不同程度上注意到將西方學術理論同中國的實際相結合的問題，努力於建設屬於中國、適於中國、對中國社會的發展有益，對人類學術文化有獨特貢獻的中國學術。這種「中國化」的努力，在抗戰時期及以後普遍更為自覺，影響也至為深遠。

本章分節就其中比較重要的幾個學科的發展情況，分別加以概述。

政治學、經濟學
和文化學的發育

一、政治學

近代意義的政治學，清末民初時開始從西方傳入中國。五四以後得以大量傳播開來，至二十世紀二〇年代後期和三〇年代之初，在中國已基本形成一門獨立的學科。

對西方政治學的翻譯和介紹，是民國政治學得以形成和發展的前提。二十世紀二、三十年代，幾乎所有西方重要的古典和近代的政治學說，都在中國得到了程度不同的介紹。以政治學名著的引進為例，這一時期就先後翻譯和重譯了柏拉圖的《理想國》，亞里斯多德的《政治論》，拉斯基的《政治典範》和《政治》，丹林的《政治學說史》，羅素的《政治理想》，基特爾的《現代政府原理》，加納的《政治科學與政府》以及巴路捷斯的《政治學及比較憲法論》，波拉克的《政治學史概論》，傑斯的《現代民制政體》和浮列爾的《政治哲學導言》等。特別是美國著名政治學家加納的著作及其思想，對中國政治學的發展影響甚大。他的名著《政治科學與政府》一書，在我國就先後出現了林昌恆和孫寒冰等人的多種譯本，直到二十世紀四〇年代末，該書仍然是當時各大學流行的各種政治學講義

最主要的藍本之一。

在介紹西方政治學的同時，我國學者也開始建構自己的政治學科體系，最初這主要體現在他們所編著的一系列政治學教材和普通讀物之中。張慰慈的《政治學大綱》，高一涵和楊幼炯的兩本同名著作《政治學綱要》，鄧初民的《政治科學大綱》是當時較有影響的開拓之作。張慰慈堪稱我國近代資產階級政治學的奠基人之一。他的《政治學大綱》一九三〇年由商務印書館出版，對政治學的基本問題作了較詳細清楚的說明，產生了廣泛的影響。鄧初民開始講政治學時，用的就是張氏的書作為課本。張慰慈的其他著作還有《政治制度淺說》、《政治概論》等。

高一涵的《政治學綱要》問世於一九三〇年，最初由神州國光社出版。曾再版幾次。它的特點是對中國的政治制度論述得特別詳細。這是政治學中國化的早期努力。

薩孟武、楊公達、李聖五、周紹張、黃開山、桂崇基、倪競存、陳築山等人，也都對中國政治學的創建作出過各自的貢獻。薩孟武曾著《政治之基礎知識》和《政治學概論》（1932），日後還著有《政治學與比較憲法》等書；楊公達的代表作為《政治科學概論》（1930）；李聖武著有《政治學淺說》（1932）和《政治學新論》（1933）；黃開山以《政治學的諸重要問題》（1932）一書著名；桂崇基的著作有《政治學原理》（1933）；倪競存和陳築山分別於一九二八年出版了各自的《政治學綱要》。

二十世紀二〇年代末至三〇年代初，政治學的各分支學科也有人開始了研究。沈敬銘著《政治形態論》（1933）、韓道之著《政治地理學》（1932）、鄒謙著《政治心理學》，在各自的領域均作出了可貴的嘗試。

一九三二年九月一日，中國政治學會在南京成立，有會員八十多名。張慰慈、周鯁生、杭立武、張奚若、高一涵、王世傑、錢端升等二十二人當選為幹事。這是一個全國性的政治學組織，它的成立，對中國政治學的發展起了重要的推動作用。一九三五年六月，該會在南京召開了第一屆年會，其中心議題有三：

外交策略；改進吏治；大學政治學課程的標準。次年七月又召開了第二屆年會，議題有四：憲法草案；地方行政；外交策略；非常時期之國民政治教育。這屆年會有十一人當選為理事，王世傑任理事長。抗戰時期的一九四二年十一月，第三屆年會在重慶召開，當時有會員一三六人，大多是大學裡的政治學教授，其中六十四人出席了會議。這屆年會主要討論了兩個問題：戰後重建世界和平問題和政治建設機構問題。

大學政治學系的設置和政治學課程的開設，是民國政治學學科建設的重要內容。據統計，民國時期全國有二百多所大學，其中設立有政治學系的就有近五十所，約占百分之二十五。北京大學、清華大學和中央大學的政治學系最為有名。各大學政治學系所安排的主要課程有政治學原理，政治思想史、政法制度史、中國行政和中國憲政等。

抗日戰爭和解放戰爭時期，中國政治學繼續得到發展。此期政治學科建設有一個明顯的特點，即中國化的努力更加自覺了。表現在教材上，不僅注重「參照各國政治的新近趨勢」，並且「針對我國的現時需要，而另立一種研究系統」。劉靜文、陳之邁等所編著的流行一時的《政治學》課本，都突出地注意到這一點。與此相應，在闡述政治學理論時，也更注重使用中國的材料。表現在研究上，則是更趨重對中國政治史和現實政治問題的探討，爭取為中國的政治建設服務。陶希聖、蕭公權、曾資生、王贛愚、王鐵崖、周鯁生、楊幼炯、錢端升、李劍農等人，是此期最為著名的政治學家。陶希聖和蕭公權分別著有《中國政治思想史》；曾資生的名著為《中國政治制度史》；王贛愚著有《中國的政治改進》。周鯁生和王鐵崖以研究國際政治法和條約著稱，前者的名著為《日本暴行與國際法》，《國際公法的新發展》；後者的名著有《戰爭與條約》、《新約研究》。楊幼炯的代表作是《政治建設論》和《近代中國立法史》。錢端升則著有《民國政治史》等。

此外，王亞南的《中國官僚政治研究》，王世傑的《比較憲法》，董霖的《中國政府》，王希和的《政治淺說》，鄧文玄的《政治藝術論》，朱亦松譯的《政治學與其他社會科學》，也都對此期的政治學研究做出了各自的貢獻。蔣介石的

《政治的道理》，陳立夫的《民生主義政治學》，藉助於政權的力量，在這一時期也發生了一定影響。

總之，民國時期的政治學以資產階級政治學為主流，它一方面受到西方資產階級政治學的巨大影響，另一方面又受到國民黨政權明顯的政治制約。但與此同時，馬克思主義政治學也成為一支不容忽視的、充滿活力的學術力量。

早在五四時期，共產黨人張太雷就在上海大學主講《政治學》。一九二六年，惲代英又推出《政治學概論》一書。李劍農則在武漢大學擔任政治學教授，長期講授政治學課程，所著《政治學概論》，一九三四年由商務印書館出版，銷售很廣。他的觀點雖還有非馬克思主義的成分，但卻受到馬克思主義的深刻影響。他的其他名著還有《中國近百年政治史》和《戊戌以後三十年中國政治史》。

對馬克思主義政治學學科體系建設貢獻最大的政治學家，當推鄧初民。鄧初民（1889-1981），湖北石守縣人。二十世紀三〇年代初，曾任中國社會科學家聯盟主席。一九二九年，他在昆侖書店出版《政治科學大綱》一書，以後又於一九三二年和一九三九年分別出版《政治學》和《新政治學大綱》。特別是其《政治科學大綱》，在民國時期產生了重要影響，堪稱中國馬克思主義政治學的奠基之作。在這些著作中，他全面系統地闡述了政治學的性質、概念、研究方法及其在社會科學中的地位。以馬克思主義的世界觀和方法論論述了階級、國家、政府、政黨、革命等政治範疇的基本原理。他的基本觀點「不僅在當時，而且對於我們今天從事政治學研究仍然有著意義」[1]。

到二十世紀三〇年代，我國運用馬克思主義觀點來講授和研究政治學已蔚然成風。特別是毛澤東在研究中國社會的實際政治問題中所寫下的一系列光輝著作，不僅豐富和發展了馬克思主義的政治學說，而且為中國共產黨領導中國民主革命奪取最後勝利，奠定了堅實的政治理論基礎。

1　張友漁：《紀念著名的社會科學家鄧初民同志》，《政治科學大綱》代序一，北京，中國社會科學出版社，1984。

二、經濟學

經濟學最初傳入中國，是在晚清時期。它早期的譯名有富國策（學）、富國養民策（學）、理財學、計學、生計學、平准資生學、經濟學等，最後統一於「經濟學」[2]。1912 年，孫中山在上海講演時主張採用「經濟學」的名稱，這對「經濟學」的統一使用起了推動作用。五四運動後，「經濟學」名詞的使用才逐漸趨向一致。[3]

民國以前，西方和日本經濟學的中文譯著出版過不少，中國人自己編著的經濟學著作也已出現，[4]京師大學堂還於 1902 年設立了通商與理財科，講授經濟學的課程。進入民國後，特別是到了五四時期，資本主義經濟發展處於「黃金時代」，西方資產階級經濟學的引進成為時代的迫切需要，因此，有關經濟學的譯本和論著成倍地增加。與此相應，開設經濟學課程和設置有關學科的大學也逐漸增多。1919 年，南京高師即成立商業專修科，南開大學也于同年設立商科，1923 年更誕生了上海暨南商科大學。

經濟學最初都是附屬於商科的，後來又與政治學合併，出現了一些「政治經濟學」系，如 1928 年武漢大學在其社會科學院中設立政治經濟學系，1929 年，暨南大學也成立了政治經濟學系。至於大學中成立獨立的經濟學系，除了北京大學等極少學校成立較早外，都是 1928 年和 1929 年以後的事。

從 20 世紀 20 年代開始，在北京大學、中央大學、上海交通大學等高校裡，出現了不少經濟學會。留美中國學生也組織過類似的學會。這些學會有的還辦有專門刊物，如北大經濟學會就創辦了《北大經濟學會半月刊》。

---

2 中國傳統的「經濟」意指「經世濟國」，直至晚清設「經濟特科」時，此意仍然沒有改變。今天所說的「經濟」一詞系從日文引進，而賦予它現代意義則是20世紀之初的事。1903年，京師大學堂的經濟學教習日本人杉榮三郎編寫了《經濟學講義》，這大概是最早取名「經濟學」的中文本。
3 葉世昌：《經濟學譯名源流考》，《復旦學報》，1990年第5期。
4 據統計，戊戌政變到辛亥革命期間，出版有關西方經濟學的著作約有42種，中國人自己編寫的介紹西方經濟學說的書，較重要的也有15種之多（見《中國大百科全書·經濟卷》，1046頁，北京，中國大百科全書出版社，1988）。

當時，成立較早、影響較大、持續時間較長的學會組織，為中國經濟學社。它是經濟學家自行組織的學術團體，每年舉行常會，宣讀專業論文。1924 年和 1927 年，留美學生經濟學會，中央大學和上海交通大學經濟學會先後併入該社。1930 年，中國經濟學社修正社章，設總社于南京，表明其宗旨為：提倡經濟學術研究，討論現代經濟問題，編譯各種經濟書籍，贊助中國經濟學之發展。該社成員甚多，遍及全國各地，其規模之宏大，在當時各學術團體中恐怕僅次於中國科學社。[5] 此外，民國時期較重要的經濟學團體，還有陳翰笙 1931 年與進步青年創建的「中國農村經濟研究會」等。

20 世紀 20 年代末、30 年代初，國民政府及各高校先後成立了一些經濟學研究機構，這對經濟學的發展是一個有力的促進。其中影響較大的有陳翰笙主持的中央研究院社會科學研究所，陶孟和主持的北平社會調查所（前身為中華文化教育基金董事會社會調查部），南開大學的經濟研究所，和北京大學研究院的社會科學部。30 年代中期以後設立的還有武漢大學法科研究所經濟學部，中央大學政治經濟學研究所等。

中研院社會科學研究所的經濟學研究，主要包括經濟史、工業經濟、農業經濟、勞動問題、對外貿易、財政金融與統計等科目，特別是對中國經濟史的研究頗有成績。該所自 1932 年起開始出版《中國近代經濟史研究集刊》（後改為《中國社會經濟史集刊》），受到中外經濟史家的重視。此外，它們所組織進行的社會經濟調查也很有影響。

民國經濟學在理論上缺乏獨立建樹，主要是吸收和傳播西方近代資產階級經濟學說，並以此來觀察、分析和研究中國的經濟問題，開始建立自己的經濟學學科知識體系。

20 世紀 20 年代後，在中國幾乎可以找到西方任何一家經濟學派的著作。德國歷史學派流行於 20 年代及以前。受此派觀點影響，不少中國經濟學家贊成採

---

5 秦孝儀：《中華民國文化發展史》第二分冊，935、958-959頁，臺北，近代中國出版社，1981。

取保護關稅政策，以發展中國的工商業。直到 30 年代初，商務印書館還出版了此派的代表性著作《經濟學歷史方法論》（羅雪爾著）和《重商制度及其歷史意義》（施穆勒著）。

20 世紀三、四十年代，中國最流行的經濟學說是以奧地利學派柏姆—巴維克為代表、以邊際效用學說為核心的經濟學。柏姆—巴維克的代表作《馬克思體系的終結》、《資本實證論》、《資本與資本利息》，都有過中譯本出版。其他邊際效用學派的名著如克拉克的《財富的分配》，傑文茲的《政治經濟學理論》，也都被譯成中文，廣為流傳。

劍橋學派代表人物 A.馬歇爾和庇古的學說，也曾在 30 年代流行於中國，不少大學還以馬歇爾《經濟學原理》的英文原本書作為教材。

相對於傳播現代西方經濟學的熱鬧情形而言，此期對早期西方經濟學說的介紹不免顯得有些冷清，郭大力、王亞南和林光澄等少數幾人致力於這項工作，譯有穆勒的《經濟學原理》、李嘉圖的《經濟學及賦稅之原理》和杜爾哥的《財富之成立及其分配》等著作。

有關西方經濟學發展史譯著的大量出版，是此期譯介國外經濟學的一個明顯特點。僅一九二一至一九三八年間，就出版這方面的譯著近 50 部，比較流行的有吉德・裏斯特和英格拉姆的幾本《經濟學史》；韓納和司科特的兩本《經濟思想史》以及史盤的《經濟學說史》。這些譯著的出版，對中國學者拓展眼界，原原本本地了解西方經濟學起了積極作用。

在了解西方經濟學的基礎上，中國人自己撰寫的大量的經濟學理論書籍和教材也紛紛出版。據統計，一九二一至一九四八年間，僅商務印書館所出版的這類著作就達 30 本之多。其中，最為流行的有影響的是劉秉麟的《經濟學》和趙蘭坪的《經濟學》。前者 1919 年已出修訂本，1925 年後曾再版 10 餘次；後者在體系上屬於邊際效用學派，一九三三至一九四七年間就印行了 26 版，可能是民國

時期再版次數最多的經濟學理論書籍。[6]

此外，馬寅初的《中國經濟的改造》（1935）、《經濟學概論》（1943）也是 20 世紀三、四年代有影響的經濟論著。其特點是比同類著作更注意反映當時西方的新流派學說。如在《經濟學概論》一書中，他就簡要地介紹了一般均衡、無差異曲線、消費傾向、乘數論等當時比較時髦的西方經濟理論。此書在抗戰後的中國一度廣為流行。

雖然，上述著作主要根據西方理論來構建體系，但都程度不同地涉及中國的經濟資料和經濟問題，並以此來進行理論的說明，這是民國經濟學建設的基本方面。

馬克思主義經濟學說在民國時期也得到傳播。1919 年，李大釗在《我的馬克思主義觀》一文中稱其為「社會主義經濟學」，認為其本質特點是「以勞動為單位，以勞動者為本位」，並宣稱：「馬克思是社會主義經濟學的鼻祖，現在正是社會主義經濟學改造世界的新紀元」。李達、瞿秋白、蔡和森、陳獨秀、陳望道等人，也都曾宣傳過這方面的思想。1931 年，郭沫若還翻譯出版過馬克思的《政治經濟學批判》一書。不過，最早系統地闡發馬克思主義經濟學說的，要算沈志遠的《經濟學大綱》。該書 1934 年由北平經濟出版社出版，對日後的馬克思主義經濟學產生了一定影響。

在馬克思經濟學思想的傳播過程中，《資本論》的翻譯出版具有重要意義。這一經濟學巨著從 1919 年起就陸續有枝節片段的譯述，到了 20 世紀 30 年代後，陳啟修、潘冬舟、侯外廬、千家駒等進而翻譯出版了該書部分內容的譯本。1938 年秋，郭大力和王亞南首次從德文原版將《資本論》全部譯畢，交付讀書生活書店出版，這不僅是對傳播馬克思主義經濟思想的積極貢獻，還為中國經濟學家以馬克思主義觀點分析經濟問題提供了範例。其影響是既深且遠的。

6　關於西方經濟學的傳播、中國學者經濟學著作的流行情況及有關數位，多採納李競能先生《西方資產階級經濟學在舊中國的傳播》一文，見《中國大百科全書‧經濟卷》，1045-1047頁，北京，中國大百科全書出版社，1988。

1946 年，王亞南出版《中國經濟原論》一書，首次大膽地運用《資本論》的結構體系、方法範疇分析舊中國的經濟形態和社會性質，為實現馬克思主義經濟學「中國化」，做出了有益的嘗試。

民國時期，接受馬克思經濟思想指導，研討中國社會經濟問題較有成就和影響的經濟學家，首推陳翰笙。陳氏為江蘇無錫人，早年留美，獲博士學位。他曾多次赴蘇聯，後加入中國共產黨，回國後受到蔡元培的賞識，領導中央研究院社會科學研究所的工作，並組織成立了中國農村經濟研究會，任理事長。1929—1934 年間，他先後率領王寅生、錢俊瑞、孫冶方、薛慕橋等大批科研人員對江蘇、華北和廣東等地農村作過三次大規模的調查，寫成《畝的差異》、《帝國主義工業資本與中國農民》、《廣東農民生產關係與生產力》等論文和著作，以馬克思的研究方法和確鑿的經濟事實說明了中國半殖民地半封建的社會性質，為當時及以後的中國培養了不少有作為的經濟學家。

此外，民國時期還出現了一批以資產階級經濟學和社會學的方法所作的有價值的經濟調查和統計成果。如北平社會調查所及其前身社會調查部，1927-1931 年間對河北、山東棉花販運的調查；對河南、山西等 9 省糧食的調查；對北平和上海工人工資、生活費等的調查；對百年來銀價變動、中國內外公債和賠款的研究和統計等，都是有成績的[7]。金陵大學農業經濟學系所進行的農家經濟調查和土地利用調查也值得一提。其農家經濟調查持續了 5 年（1921-1925），範圍廣及 7 省 17 縣 2644 個田場；土地利用調查則持續了 4 年（1928-1931），所及範圍更廣，遍及 22 個行省、168 個地區。所調查的內容具體細緻，並寫成報告發表，對了解當時的農村經濟大有助益。[8]

除了對農村經濟的調查研究較有收穫外，民國經濟學家對貨幣問題也進行過不少有益的探討，如二十世紀三〇年代初美國推行白銀政策，對中國經濟產生直接衝擊時，馬寅初等人就曾致力於研討此一問題、紛紛提出積極的應對措施。

7　有些調查與中研院社會科學研究所合作進行。

8　施建生：《經濟學》，3-4頁，《中華民國科學志》（一），臺北，中華文化出版事業委員會，1956。

財政學、會計學、貿易學等經濟學分支學科,在民國期間也均得到了發展,並開始了各自的學科建設,由此可見這門學科內容豐富之一斑。

三、文化學

文化學作為一門人文社會科學,誕生於民國時期,同其他新興學科一樣,它也是從西方引進,然後逐漸在中國發展起來的。

「文化」一詞德文為「kultur」,英文為「Culture」,原從拉丁文「Cultus」而來。我國古老的辭彙中也有「文化」一詞,意為「文治教化」。但具有現代意義的「文化」一詞,乃清末從日本引進,是對「Culture」的意譯。直到五四以前,它常常與「文明」混用。五四新文化運動的開展,標誌著現代文化意識在中國蔚然興起。中國的先進知識分子認識到要救亡圖存、振興中華,只進行單一的政治變革是遠遠不夠的,同時還必須進行封建文化傳統的深層變革,否則就連民國這塊招牌也將難以保住。於是,人們開始空前關注起文化問題來。五四時期,有關中西文化的比較、評論的文章大量發表,還出現了梁漱溟的《東西文化及其哲學》(1922)這樣有影響的研究文化問題的專著。人們圍繞著中國文化發展道路的核心問題,展開了各種各樣的文化論爭。在論爭中,對有關文化概念的內涵、文化的起源、結構、特性、變遷的規律等問題,紛紛發表了各自的意見。如關於文化概念的內涵,就出現了多種有代表性的觀點。梁漱溟在《東西文化及其哲學》一書中認為:「文化是民族生活的樣法」;胡適在《我們對於西洋近代文明的態度》一文裡,提出了與梁漱溟接近的看法,不過將文明與文化作了區別,指出:「文明是一個民族應付他的環境的總成績;文化是一種文明所形成的生活方式」,先有文明,後才有文化。梁啟超則借用佛教名詞來闡釋文化定義,在《什麼是文化》一文中他說:「文化者,人類心能所開積出來之有價值的共業也。易言之,凡人類心能所開創,歷代積累起來,有助於正德、利用、厚生之物質和精神的一切共同的業績,都叫做文化」。這顯然是一種廣義理解文化的唯心主義解釋。再如,關於文化的起源問題,也有不同的意見。梁漱溟認為,文化的根源在

人的所謂「意欲」，意欲方向不同，產生的文化也就不同。由此，他得出其「整齊好玩」的中、西、印三大文化路向說。共產黨人瞿秋白、楊明齋等則針鋒相對，在批評梁漱溟「意欲」說的同時，闡發了對文化起源的唯物主義理解。正是在東西文化問題的研究和爭論中，人們的文化意識不斷加強，對文化本身問題的認識也日益深入，從而為文化學學科的建立創造了條件。可以說，五四時期是民國文化學的孕育階段。

從現在掌握的資料來看，「文化學」這一名詞至少在一九二四年即已出現，李大釗該年在《史學要論》中指出，歷史學有三大系統：普通歷史學、特殊歷史學和歷史哲學。特殊歷史學當稱人文學或文化學，記述部分則可稱為人文史或文化史。但「文化學」這一概念的廣泛使用，卻是二十世紀二〇年代末、三〇年代初以後的事。獨立的文化學學科，也是在這一時期才建立起來的。一九二八年，陳序經在其課堂與演講中都明確提出「文化學」的概念，將之與其他學科並列齊稱。同年，謝頌羔出版了專著《文化的研究》，認為文化包含有八個方面的內容，依次是：哲學—科學，美術，倫理，社會學的慣例，政治與法律，宗教，社會的安寧與幸福，人生的極致。在他看來，機械、交通、聲光化電只是文化的工具，唯有人格的提高，智識思想的進步，才是真正文化的表現。在該書中，他從科學、宗教、道德、美術、文學、音樂六個方面，對文化學的問題進行了闡釋。此後兩年，陸續出版的有關文化學的論著，主要有孫本文的《文化與社會》、《社會的文化基礎》；許仕廉的《文化與政治》；葉法無的《文化評價ABC》和《文化與文明》等。此外，美國文化學家愛爾烏德的《文化進化論》，日本文化學名家西村真次的《文化移動論》，也分別於一九三〇年被譯成中文出版。這兩本理論譯著，對民國文化學的研究產生了較大影響。

一九三三年，朱謙之撰成《文化哲學》一書，由商務印書館出版。這是我國學者大膽自創比較完整的文化學體系的開始。在該書中，作者運用所謂文化的「歷史研究法」，對文化的結構進行了獨特的分析：

第四階段 藝術	第三階段 科學	第二階段 哲學	第一階段 宗教	文化階段	文化類型
C		E	A	宗教	知識生活
H		G		哲學	
				科學、藝術	
				政治 法律 經濟	社會生活
D		F	B	教育	

在他看來，文化內容因本質的不同，表現為宗教、哲學、科學和藝術，又因進步的程度不同，表現為有層次之宗教的文化，哲學的文化，科學的文化，藝術的文化。宗教的文化以印度為代表，哲學的文化以中國為代表，科學的文化以西洋為代表。而一切文化歸根結柢又都趨向於藝術化。這種觀點，很容易使人想起梁漱溟的文化路向學說。朱謙之指出，要把握文化的全局，必須對各文化類型自身進行橫縱雙向的觀察，同時還需將其與各文化階段聯繫起來作綜合的透視，這樣，全部文化的各部分分別呈現為各種類型，每一種類型又均可顯現其發展的階段，由此了解一個立體的文化。朱謙之的文化學說雖然主觀唯心主義色彩濃厚，但對於文化結構問題的有些認識，即使在今天看來，也仍不失一定的思想價值。

朱謙之之後，認真研究過文化學並有所成績的學者，主要有黃文山、閻煥文、陳序經、餘天休等人。黃文山很自覺和熱心於在中國發展文化學，二十世紀三〇年代曾在廣州中山大學參與發起成立中國文化學學會，並於一九三八年二月，以該會名義出版《文化學論文集》一書。在該書中，他探討了「文化學建設論」、「文化學方法論」、「文化學法則論」、「中國文化建設的理論問題與文化學」、「從文化學立場所見的中國文化及其改造」等內容。後來，黃文山又將此書中的有關部分加以擴充，出版過《文化學的建立》和《文化學的方法論》兩本小冊子，對文化學建立的可能性、路向、文化學研究的方法問題，進行了專門探討。至此可以說，文化學作為一門獨立的社會科學新學科，在中國已經奠基下來。

閻煥文、余天休這一時期分別著有《文化學》、《社會文化研究法》等著作。

陳序經是這些人中成績較為突出的一個。他乃民國時期最有代表性的全盤西化論者。在二十世紀三〇年代激烈的文化論爭過程中，他激發出研究文化理論問題的強烈興趣，曾發表《中國文化的出路》、《東西文化觀》和《南北文化觀》等多種論著，闡發過文化具有整體不可分解性等思想觀點。一九三九年起，他正式在西南聯大講授文化學的課程。一九四七年，撰成並出版《文化學概觀》一書。在該書中，他先簡要論述了文化的分類、意義、文化與文明的關係、文化學發展史，並從倫理、宗教、政治、經濟四個方面分析了文化的內涵。然後，再說明文化形成的環境（如地理的、生物的、心理的、社會的）基礎，文化的空間性和時間性（如空間上的成分分析，時間上的層疊的分類）等問題。最後從一致與和諧，回顧與前瞻，自由與平等，模仿與創造，個人與社會、國家與世界，東方與西方，南方與北方八個方面，對文化的特性、發展、轉換、地域性進行了較為全面的闡述，形成了一個內容豐富、邏輯嚴密、框架龐大的文化學體系，應當說它大體代表了民國文化學研究的最高水準。不過，其缺失也很明顯，那就是鋪陳過寬，好些問題只是泛泛而論，顯得深度不足。特別是把文化的整體不可分性強調到極端的程度，既不符合文化自身發展的規律，也有害於文化交流的實踐，它是陳氏長期固執的全盤西化論偏見在文化學中的反映。

這一時期，有影響的文化學理論譯著，有費孝通譯馬淩諾夫斯基的《文化論》（1946）、周俊章譯史密斯的《文化傳播辯論集》（1940）、楊宙康譯的《文化起源論》等。

二十世紀三、四十年代，文化學的各分支學科即部門文化學也有了初步發展。文化人類學、文化社會學、文化教育學、文化歷史學、文化統計學和文化形態學等領域，均有譯著和論著出版。林惠祥對文化人類學的研究最有成績，1934年，他著《文化人類學》一書，結合社會進化論派、傳播學派的意見，采各家之長，融合成一體系，從物質文化、社會組織、宗教、藝術、語言文字五個方面，系統論述了該學科的各種問題，在學術界產生了較大、較持久的影響。陸德英翻譯出版的戈登·維瑟《文化人類學》（1944）一書，也值得一提。文化教育學方

面，蔣徑三研究較有成績，他著有《文化教育學》一書。此外，楊杏庭的《文化教育學概論》（1941）、錢穆的《文化與教育》（1943）、李旭的《教育文化》（1947）也各有貢獻。文化社會學方面，以朱謙之 1947 年在商務出版的《文化社會學》一書的探討最為系統。文化形態學方面，則以王文俊翻譯的《文化形態學研究》和林同濟著的《文化形態史觀》較有影響。至於文化歷史學方面，其理論研究要遠遠落後于文化史的研究實踐。這一時期大量出版的有關中外古今的千姿百態的文化史著，表明人們文化意識日益增強的同時，史家的文化學素養卻還顯得明顯不足。這種情狀，事實上一直延續到今日。

民國時期，在文化學的研究方面，馬克思主義者也作出過貢獻。從李大釗、瞿秋白、楊明齋到毛澤東和張聞天，都發表過關於文化理論問題的精闢見解。特別是毛澤東在《新民主主義論》一文中所闡發的一些觀點，如認為「一定的文化（當做觀念形態的文化）是一定社會的政治和經濟的反映，又給予偉大影響和作用於一定社會的政治和經濟」，早已成為概括文化和政治經濟關係簡明扼要的經典之論。遺憾的是，由於種種原因，他們卻沒有建構起關於文化學的理論體系。

第二節 ·
社會學、民族學和民俗學的演進

一、社會學

西方社會學在清末時開始傳入中國，嚴復、章太炎等人為其先驅。民國建立後，其傳播範圍日益廣泛，研究水準不斷提高，逐漸形成較為獨立完整的學科體系。在民國新興的人文社會科學各學科之中，社會學的發展是較為突出的。

　　民國社會學的發展，大體經歷了三個階段，一九一二至一九二七年為其形成或奠基階段；一九二七至一九三七年為其成長階段；一九三七年以後為建設階段。其在形成階段，又以五四運動為界，劃分為前後兩個時期。

　　五四運動之前，社會學在中國尚處於萌芽狀態。這一時期誕生了我國最早傳播社會學的團體——北京社會實進會（1913 年成立）；出現了第一個大學社會學系——美國人葛學博教授創辦的上海私立滬江大學社會學系（1913 年成立）；北京大學和清華大學也分別於一九一六年和一九一七年較早地開設了社會學的課程。陶孟和與梁宇皋合著的《中國鄉村與都市生活》，於一九一五年出版，這大約是我國學者出版最早的社會學專著。此期問世的值得一提的社會學著作，還有陳長蘅的《中國人口論》（1918），它是國人最早論及中國人口的專著，也是我國使用統計圖表討論社會問題的嚆矢。

　　五四運動後，中國社會科學的研究走向高潮，一批在國外攻讀社會學的留學生陸續回國，他們在國內各個大學紛紛成立社會學系，普遍開設社會學課程，培養社會學專門人才。與此同時，為改進社會而進行的各種社會調查活動，也蓬勃開展起來。傳播西方社會學的譯著和中國人自己編著的社會學著作，得以大批問世，這一切，都為社會學在中國的紮根奠定了基礎。

　　一九二一年，廈門大學創辦社會學系，成為中國人自辦大學設立社會學系的開端。此後，燕京、復旦、清華、武漢大學都開辦了社會學系。當時，除大學文科普設社會學課程外，一些法政學院和工商科學校也開設此課。據許仕廉統計，一九二六至一九二七年，國內六十所大學開社會學課程共三〇八科，其中以開社會理論、社會問題為最普遍，關於社會調查、社會立法、社會服務與行政的只有三十八科。

　　早期共產黨人，也特別重視傳播與研討社會學。一九二二年以共產黨人為骨

幹創辦的上海大學，便以社會學為其三個重點學科之一。瞿秋白擔任該系主任，親自講授「現代社會學」和「社會科學概論」兩門課，深受學生歡迎。當時，用辯證唯物史觀來探討社會理論問題的，還有蔡和森、李達等人。李達一九二六年出版《現代社會學》一書，探討了社會學的性質、社會的本質、結構、起源、社會意識、進化與變革、社會思想與運動等問題，成為我國馬克思主義社會學最早的系統性著作。

為適應教學和研究的需要，這一時期翻譯出版了大量的社會學書籍。同時，也出版了不少中國人自編的社會學著作，除李達的《現代社會學》之外，較重要的還有德普、延年合著的《社會學入門》，常乃德著的《社會學要旨》，這是一般社會學理論書籍的代表；許仕廉著《社會與教育》，顧複著《農村社會學》，兩書分別開闢了中國部門社會學新領域—教育社會學和農村社會學；許仕廉著的《社會問題》和馬超俊著的《中國勞工問題》，成為研討社會問題的濫觴；孫本文著的《社會學上的文化論》，屬於最早傳播美國社會學名家烏格朋文化社會學說的名著，它對幼苗期的中國社會學的研究，產生了一定影響。

在此期的社會學發展史上，社會調查占有著一定地位。這一時期的社會調查以工農的生活狀況為主要內容。多是在外籍教授的主持下，由中外學者聯合完成的。其調查的成果也多用英文發表，著名的有《北京：一種社會調查》（1921），《中國農村經濟》（1924），《華南農村生活》（1925）等。中文出版的則有《沈家行實況》（1924）。此外，毛澤東所寫的《中國社會各階級的分析》等文，也是此期社會調查的傑作。

由於注重實地的社會調查，研討社會調查方法論的論著也因之出現，領先之作為一九二七年出版的蔡毓驄的《社會調查之原理及方法》，樊弘的《社會調查方法》。

這一時期，致力於發展社會學的團體組織除前文提到的北京社會實進會外，還有餘天休一九二二年發起成立的中國社會學社。該社出版有《社會學雜誌》，在二十世紀二〇年代初中期為推進社會學做過一些工作。後來，由於其自身活動不力，為社會學界所普遍不滿。一九二七年，燕京大學社會學系創辦《社會學

界》雜誌，取代《社會學雜誌》成為此後學人發表專業成果的重要園地。

一九二七年以後，中國社會學進入到顯著發展的成長階段。

隨著階級矛盾的日益尖銳，國共政治鬥爭的加劇，中國到底向何處去的時代抉擇，把認識中國社會的任務越發嚴重地擺在了每個知識分子的面前，這對社會學的發展形成強烈的「社會期待」。這一階段所發生的中國社會性質論戰、中國社會史論戰和農村社會性質論戰，不僅推動了社會學理論的建設，也直接促使了社會學者對社會現實和改革運動的關懷，因之，社會學的各種理論競相呈現，應用社會學發展得更快，社會調查的廣度和深度，也都達到了前所未有的水準。

為了適應中國社會學教學和科研的需要，一個真正名副其實的全國性社會學會——中國社會學社，經過南北社會學界兩年的反覆磋商，於一九三○年二月在上海宣告成立。第一屆理事會由許仕廉、吳景超、陳達、陶孟和、潘光旦等九人組成，選舉孫本文為正理事。機關刊物為《社會學刊》，由孫本文主編。從一九三○年至一九四七年間，學社共舉行了八次年會，真正起到了組織和推動中國社會學發展的作用。

此期還出現了兩個全國性的社會學科研機構：北平社會調查所和中央研究院社會科學研究所。前者最初成立於一九二六年，為中華教育文化基金董事會的社會調查部，一九二九年正式改名為北平社會調查所，所長為陶孟和。該所發行《社會研究》半月刊和《北平生活費指數月報》，編輯《中國勞動年鑑》。南京中央研究院社會科學研究所籌設於一九二七年，社會學組由陳翰笙、王際昌主持。這兩個機構對於社會學的重要貢獻，主要在於組織進行了大量有價值的社會經濟的調研工作。除了在本章「經濟學」部分已提到過的有關論著外，較有影響的調查成果還有陳翰笙的《現今中國之土地問題》（1933）、李景漢的《北平郊外之鄉村家庭》（1929）和《定縣社會概況調查》（1933）、陶孟和的《北平生活費之分析》（1930）等。

據有的學者統計，一九二七至一九三五年，全國大小規模的調查報告共有九

〇二七個[9]，可見調查的發達程度。這一時期的社會調查同前期一樣，極其重視經濟因素，所不同的是主持人都為中國人，範圍和規模更大，調查更深入，對認識中國當時的社會經濟狀況貢獻不小。

社會學研究的其他領域，此期也取得了豐碩的成果。

在社會學體系和基本理論的探研方面，孫本文較有成績。孫本文（1891-1979），字時哲，江蘇吳江縣人，我國社會學最為重要的開拓者之一，他早年留學美國，獲社會學博士學位，回國後曾任中央大學社會學系教授，長期致力於社會學的教學、科研和組織工作，是民國學院系統社會學界最有影響的人物。

孫本文學識淵博，著述等身，有關社會學的著作幾乎涉及這一學科的所有重要方面。其中較為著名的有《社會學原理》、《社會進化》、《社會學大綱》、《中國社會問題》、《現代中國社會問題》、《當代中國社會學》和《社會學名詞》等。《社會學原理》出版於一九三五年，是他的代表作，也可以說是二十世紀三〇年代至四〇年代中國學院系統社會學在理論上的代表作。該書兼采歐美各家教本之長，將其融會貫通，使社會學知識成為一個有機的體系，且多用本國材料，附有四一六個社會學專用名詞，頗有創新意識。不足之處在於，材料多來自書本，有很濃重的「經院」味，對馬克思主義社會學及其方法懷有強烈的偏見。

與孫本文等人不同，李達、許德珩和鄧初民等人此期則繼續研討和闡發馬克思主義的社會學理論，代表作有李達的《社會學大綱》（1937）和許德珩的《社會學講話》（1936）等。

在社會問題的研究方面，這一時期也較此前大有進步。關於人口問題的研究，名家彙集，著作極多。許仕廉著有《中國人口問題》和《人口論綱要》；孫本文著有《人口論ABC》，並組織中國社會學社在第二屆年會上共同討論人口問

9　王康：《社會學史》，278頁，北京，人民出版社，1992。當時，不屬於北平社會調查所和中研院社科所系統的調研成果，重要的還有言心哲的《農村家庭調查》，喬啟明的《江寧縣淳化鎮鄉村社會之研究》，朱漢章的《泗陽縣社會調查》等。與此同時，蘇區的社會調查也很有特色。著名的成果有毛澤東的《興國調查》、《長崗鄉調查》和《才溪鄉調查》。

題，主編《中國人口問題》一書；柯象峰的《現代人口問題》收有極豐富的統計資料；陳達為此期最為權威的人口學家，他一九三四年出版的《人口問題》，是一部較為完整系統的人口著作。此外，其他重要的人口論著還有言心哲的《中國鄉村人口問題之分析》，楊振先的《人口學原理》等，這都表明中國人口問題的研究已經比較深入。人口學家們還大多提出了限制中國人口數量，提高人口素質的正確主張，對當時的中國具有積極意義。

由於二十世紀二、三十年代中國勞工問題的嚴重，這一方面的問題也受到了社會學家們的重視。其中最重要的成果有陳達的《中國勞工問題》和駱傳華的《今日中國勞工問題》，前者以理論分析見長，後者以內容豐富著稱。

關於社會問題研究其他方面的著作，值得一提的還有潘光旦的《中國之家庭問題》、柯象峰的《中國貧窮問題》等。

在分支社會學方面，發展最快的是農村社會學。都市社會學的研究剛剛開始起步。楊開道著《農村社會學》，主編《農村生活叢書》，言心哲著《農村社會學概論》和《農村社會學導言》，為這門學科的發展作出了貢獻。一九二九年，馮和法出版《農村社會學大綱》，以馬克思主義為指導，比較深入地探討了農村社會學的理論問題。該書曾多次再版，是當時影響較大的著作。

邱致中和吳景超開拓了中國的都市社會學研究。邱致中主編有《都市社會學叢書》；吳景超一九二九年出版《都市社會學》，簡明扼要地闡述了這一學科的諸多理論和實際問題，並提出了以發展都市救濟農村的主張，在當時產生了較大反響。

此期還出版了不少社會調查方法方面的論著，黃枯桐、馮銳、張錫昌、楊開道、言心哲等人都有這方面的專著出版。其中內容最充實、為當時人所稱道的是李景漢的《實地社會調查方法》（1933）一書。

一九三七至一九四九年，為民國社會學的建設階段。這一階段的主要特點是，研究隊伍相對集中；社區研究，特別是對少數民族社區的研究較為發達；社會行政和社會服務事業的研究受到高度重視。就其精神而言，「社會學中國化」

的努力總體說來更加自覺。

抗日戰爭爆發後，隨著各高校的西遷，幾乎所有社會學的精英學者都雲集西南，將那裡變成了社會學的教學和科研基地。

在戰爭的特殊環境下，社會行政和社會服務的活動增多，促使社會學者加強了這方面的學術研討。有的高校社會學系還因之增設了社會事業和社會行政的科目，有關研究著作也大量湧現。主要有言心哲著的《現代社會事業》和主編的《社會事業與社會建設》；馬宗榮的《社會事業與社會行政》；王克的《中國社會服務事業》；曾友松的《戰時社會行政研究》等。國民政府社會部（1940年成立）研究室主任張鴻鈞主編的《社會行政概論》，對社會行政學的理論說明較為明晰系統。他所主編的《社會行政叢書》也較有影響。其中吳榆珍撰寫的《社會個案工作方法概要》是我國個案工作的第一本理論著作。

社區研究在這一階段的社會學發展中占有重要地位。一九三七年，中國社會學社舉行以「中國社會學之建設」為主題的第六屆年會，全會一致通過了陳達提出的「國內各大學積極推行社區研究」的提案，並形成決議。抗戰期間，社會學者疏散到西南民間，得以更直接面對現實，於是社區研究蔚然成風。

所謂社區研究，就是以美國的人文區位學理論、特別是英國的功能學派的理論和方法為指導，結合中國的實際，進行現代社區的實地調查和分析。它不僅注重了解社區的靜態情形，還要探查其變遷態勢，強調社區之間的文化和制度比較，以動態地把握社會的總體結構。吳文藻是這種研究最有影響的早期倡導者。他的學生費孝通、李安宅、林耀華，以及老輩學者陳達，為此期最有成績的實踐者。

費孝通早在一九三六年即於江蘇省吳江縣開弦弓村作過調查，寫成《江村經濟—中國農民的生活》（1939）一書，生動地描述了中國農民的消費、生產、分配和交易等體系，引起了國際社會人類學的關注。抗戰時期，他接替吳文藻主持雲南大學社會學研究室的工作，率領研究人員集中調查了祿村、易村和玉村，將其部分成果合成《鄉土中國》（1945）等書出版，以中國的事實說明鄉土社會的

特徵，勾畫出一些中國基層社會結構的原則，並對社區研究作了理論概括，具有較高的學術價值和社會學理論意義，受到了國際學界的重視。

李安宅此期主持了華西大學邊疆研究所，他和林耀華的主要貢獻，是對少數民族社區所進行的研究。

陳達主持的清華大學國情普查研究所，也是致力於社區研究和社會學中國化的重要機構。該所在雲南地區進行了一些有創造性的戶籍調查。他本人在此基礎上，還寫出了《現代中國人口》（1946）等具有國際影響的專著。

在社會學的理論建設方面，孫本文厥功甚偉。他此期出版的《現代中國社會問題》（1942）、《社會心理學》（1946）和《當代中國社會學》（1948），是致力於社會學理論中國化建設的代表作。《現代中國社會問題》概括論述了當時中國主要的社會問題四十餘個，集此項研究之大成；《社會心理學》綜合世界各學派的理論之長，結合中國的實際，構成較為完整的社會心理學體系；《當代中國社會學》則總結了社會學傳入中國半個世紀的歷史，明確提出了「今後社會學者應致力於中國化的社會學之建立」的任務。此外，這一時期，以他為主任委員的社會學名詞審查委員會，最終審定並於一九四一年公布社會學譯名一五七九個，這對社會學在中國的生根，意義也非同尋常。

總之，以孫本文為代表的社會學理論建設和以費孝通為翹楚的社區實地研究，表明中國的社會學已進入一個自覺發展的階段，雖然他們的工作離「社會學中國化」任務的完成還很遙遠，但卻對今後中國社會學的發展，產生了積極而深遠的影響。

二、民族學

民族學作為一門以民族共同體為研究物件的獨立學科，大約於十九世紀中葉在西方興起。二十世紀初年，西方民族學的一些研究成果被介紹到中國，「民族」

一詞也在這一時期廣泛使用開來。[10]但當時尚無「民族學」這一名詞，用的是「民種學」或「人種學」。民國元年，教育部頒布的大學學制及其學科內，列有人類學及人種學，但當時僅有北京大學一校設有人類學課程。陳映璜在北大講授此課，並於一九一八年出版《人類學》一書。蔡元培留學德國時，專習民族學三年，回國任北大校長後，設人類學講座。這是民族學在我國教育中的萌芽。

作為一門獨立的學科，民族學在中國的正式誕生是一九二六年的事，其標誌是蔡元培發表《說民族學》一文。在此文中，蔡氏認為，「民族學是一種考察各民族的文化而從事於記錄或比較的學問」[11]，雖然觀點未必切當，卻是首次在中國提出民族學的定義。一九二八年，他在中央研究院內專設民族學組，自兼主任，開始組織有關民族學的調查和研究活動。一九三〇年和一九三四年，他還分別發表《社會學與民族學》、《民族學上之進化觀》兩文，比較系統地闡述了對民族學的見解，從而成為我國民族學有遠見的開拓者和奠基人。[12]

除了中央研究院內設置了民族學研究機構外，中山大學也於一九二七年設立了人類學組，探究民族問題。中央大學、金陵大學、清華大學、燕京大學、輔仁大學、中法大學、華西大學、嶺南大學等校都設置過民族學課程。林惠祥著《文化人類學》於一九三三年由商務印書館出版，這是當時教育部規定通用的民族學課本，產生了較大影響。抗日戰爭和解放戰爭時期，清華大學還設立了人類學系。西北大學和蘭州大學則設立了邊疆政治系，均開設民族志、民族史和民族學方面的課程。

在整個民國時期，民族學常常與人類學糾纏在一起，有時簡直是實同名異。這並不奇怪，因為它最初只是人類學的一個分支，後來獨立了出來。近現代的英、美等國，民族學與社會人類學、文化人類學的研究物件和範圍基本接近，這種情況自然也影響到民國。與此同時，和社會學、民俗學甚至文化學的關係也極

10 林耀華認為最早使用「民族」一詞的是梁啟超，見之於他1899年寫《東籍月旦》，見《關於「民族」一詞的使用和譯名的問題》，《歷史研究》，1963年第2期。
11 《蔡元培選集》，255頁，北京，中華書局，1959。
12 秋浦：《民族學在中國的傳播和發展》，《民族學在中國》，北京，中國經濟出版社，1993。

為密切。像楊堃、楊成志、吳文藻、費孝通等人都是這幾個學科的著名學者。這幾個學科在民國時期往往都以民族研究為其重要內容，一方面對民族學的研究起到一定的推動作用，另一方面也對民族學學科體系的建設產生了某種消極影響。

我國第一個民族學學術團體，是由楊堃等人發起、成立於一九三四年的中國民族學會。會員的論文主要在中山文化教育館出版的《民族學研究集刊》上發表。《民族學研究集刊》創刊於一九三六年，是我國最早以民族學為研究物件的專門刊物。到一九四八年為止，一共出版了六期，刊登了不少關於民族學理論探討和具體研究的專題論文。抗戰爆發後，學會會址西遷，一九三八年由會員創辦《西南邊疆》月刊在昆明出版，一九四一年會址移到成都，一九四四年底出版了一期《中國民族學會十周年紀念論文集》，此後未有更多的活動。

抗戰時期，國內學者遷至西南、西北少數民族聚居的邊疆地區，這為廣大學者提供了研究便利，於是民族學成為一個熱門。這期間出現了許多研究民族問題的機構和刊物，如中央研究院歷史語言研究院出版《人類學集刊》和《人類學叢書》；國民黨政府蒙藏委員會出版《邊政公論》和《邊疆通訊》；中國邊疆學會出版《中國邊疆》；中國邊疆文化促進會出版《邊疆研究》和《邊疆》；大夏大學社會研究部出版《民族學論文集》；邊事研究社，南開大學文科研究院，金陵大學邊疆社會研究室，貴州邊疆文化研究會等分別出版有《邊事研究》、《邊疆人文》、《邊疆研究通訊》、《邊鋒旬刊》和《邊鋒月刊》等。外文刊物則有華西大學邊疆研究學會編輯出版的《華西邊疆研究學會雜誌》。

民國民族學在理論研究方面缺乏獨立建樹，主要是介紹和傳播西方民族學一些學派，如進化學派、歷史學派、法國民族學派、英美功能學派的有關學說。並在西方學說的指導下，從事民族問題的調查與研究工作。

蔡元培是進化學派學說在中國最有影響的傳播者。孫本文和黃文山均受教於美國著名人類學和民族學家鮑亞士，在傳播英美歷史學派方面貢獻較大，特別是黃文山，曾編輯《民族學研究集刊》，所著《民族學與中國民族研究》一文較有影響。北平輔仁大學為傳播德奧歷史學派的中心，該校教務長德國人雷冕主講民族學，所用課本即為《文化史學的民族學方法概論》。屬於歷史學派的中國民族

學者還有陶雲逵、戴裔煊、吳澤霖等人。他們三人均曾以文化圈理論為指導進行研究，代表作分別為《西南部族之雞骨蔔》、《僚族研究》、《干欄——西南中國原始住宅的研究》、《貴州苗夷社會研究》等。

楊堃、凌純聲、楊成志、芮逸夫、徐益棠、衛惠林、胡鑒民，為法國民族學派在中國的著名代表。特別是楊堃，在傳播此派的理論方面貢獻尤大。所著《人類學大綱》、《民族學與人類學》、《民族學與歷史學》、《法國民族學之過去與現在》、《法國民族學運動之新發展》、《民人學與民族學》，是這方面有影響的論著。楊堃早年留學法國，一九三〇年前後曾在巴黎民族學研究所進修，回國後擔任過雲南大學社會學主任等職，除以上提到過的論著外，他的其他著述還有《灶神考》、《甘肅土人的婚姻》等。

凌純聲、楊成志、芮逸夫也都是民國著名的民族學家。凌純聲的主要著作有《松花江下游的赫哲族》、與芮逸夫合著的《湘西苗族調查報告》；楊成志的代表作為《雲南民族調查報告》；徐益棠著有《雷波小涼山之俉民》一書。衛惠林和胡鑒民則進行過高山族和羌族的調查。這一派人數雖然不少，但比較分散。

功能學派在民國以燕京、清華、雲南三所大學為基地，力量較為集中。代表人物為吳文藻、費孝通、林耀華、李安宅、田汝康等。一九三五年，吳文藻邀請英國功能學派的創始人之一的布朗到燕京大學社會學系講學。年底，他發表《功能派社會人類學的由來與現狀》一文，對該派學說進行了系統的介紹。從二十世紀三〇年代起，中國功能學派的代表人物開始用功能觀點進行民族調查，出版了不少著作。代表作有費孝通與王同惠合著的《花蘭瑤社會組織》，林耀華著的《涼山夷（彝）家》，田汝康著的《芒市邊民的擺》等。此派在國際上曾產生過一定影響。[13]

以上四派學人還翻譯出版了不少西方民族學的名著，如摩爾根的《古代社會》（楊東蓴等譯），羅伯特·路威的《初民社會》（呂叔湘譯），魏斯勒的《社

---

13 關於民國民族學學派的劃分及其代表人物的分派情況，李紹明《民族學》一書中的第二節「民族學發展史略」。參見李紹明：《民族學》，成都，四川民族出版社，1986。

會人類學概論》（鐘兆林譯），鮑亞士的《人類學與現代生活》（楊成志譯）等。

馬克思主義民族學在民國也得到了初步傳播，但尚未成派。其重要理論經典恩格斯的《家庭、私有制和國家起源》一書，分別有楊賢江1929年和張仲實一九四六年翻譯出版的兩種著名版本。抗戰時期，中共中央在延安建立了民族學院，進行了一些民族調查與研究。

在整個民國時期，民族學研究最大的收穫，在於進行了大量的民族調查，撰寫了不少調查和研究報告。抗戰之前，這類調查已有不少，如一九二八年，商承祖赴廣西淩雲調查瑤族；一九二九年，林惠祥赴臺灣調查高山族；一九三〇年，淩純聲、商承祖赴東北松花江調查赫哲族；同年，龐新民、姜哲夫、張倓調查廣東北江瑤人；一九三一至一九三二年，何聯奎調查浙東佘民；一九三五年，費孝通和王同惠赴廣西調查象縣瑤人；同年，劉咸率領中國科學社生物研究所等七名團體人員赴海南調查黎人等。其所寫的調研報告，除前文已提到過的之外，著名的還有顏複禮、商承祖著《廣西淩雲瑤人調查報告》；林惠祥著《臺灣番族調查報告撮要》、《臺灣番族之原始文化》；龐新民著《廣東北江瑤山雜記》；何聯奎著《佘民問題》、《佘民的圖騰崇拜》；劉咸著《海南黎人刻木為信之研究》、《海南黎人文身之研究》等。

抗日戰爭和解放戰爭時期，民族學的調查研究並未因戰亂而中斷，而是繼續有較大發展。此期重要的調查主要在西北和西南地區進行。如一九三九年芮逸夫和龐勳琴調查苗人及仲家；一九四〇年，吳定良調查貴州苗民，著有《水西苗調查紀要》；一九四一至一九四六年，淩純聲、芮逸夫和馬長壽等調查四川理番羌民；芮逸夫和胡慶鈞調查川滇交界敘永的苗民，芮氏著有《苗語釋親》，胡氏著有《川南敘永苗民人口調查》；陶雲逵調查雲南新平縣楊武壩魯魁山倮族社會，著有《大寨黑夷之宗族與圖騰制》；衛惠林率領中央大學邊政系學生調查青海互助縣土人，著有《青海土人之社會組織》；芮逸夫和石鐘調查四川興文縣琪縣僰人，著有《僰人考》等。此外，李安宅對藏族的社會歷史調查也很有名。

這一時期，關於西南少數民族的調查研究最多，尤其是苗族更為突出。民國期間，僅有關苗族的調查文章就不下百十篇。這些調查和研究報告，不僅為其他

相關社會科學的發展提供了有益的資料，也為漢族人民深入了解少數民族、以及少數民族的自我認識創造了條件，從而促進了各民族之間文化的融合。

三、民俗學

民俗學是研究各民族民俗發生、發展、影響及其規律的一門人文科學。我國有世界上最為豐富的民俗學材料和最早的民俗研究，但現代意義的「民俗學」，卻由國外舶來。

「民俗學」這個中文名詞，周作人一九一三年即已從日本引進[14]。不過此一名詞正式為國人所知，還是在一九二二年。同年十二月，北京大學《歌謠週刊》的「發刊詞」中明確宣稱：「我們相信民俗學的研究，在現今的中國確是很重要的一件事業。」

民國民俗學的發展，大致可分為兩個時期：一九一八至一九二七年為其發端與開拓時期；一九二七至一九四九年為奠基與開展時期。[15]

北京大學的歌謠徵集活動是民國民俗學最初的源頭。一九一八年，新文化運動健將劉半農、沈兼士等人為了創造新文學特別是新詩，想到民俗材料中去尋找活力和養分，因此開始注意起歌謠。在校長蔡元培的支持下，他們發起了一個歌謠徵集運動，並於一九二〇年成立了歌謠研究會，兩年後又創辦了《歌謠週刊》。在週刊的發刊詞中，他們聲言要把「民俗學」當成當時中國「很重要的一件事業」來做，而以收集、整理和研究歌謠作為其突破口。該刊的主持人為周作人和常惠。一九二三年五月，北京大學又成立了「風俗調查會」，公開發表了張競生擬定的一份內容豐富的《風俗調查表》，對當時民俗學的研究起到了指導和

---

14 周作人：《兒歌之研究》，《歌謠週刊》，第33、第34合期，1923。他在附記中稱，此文系10年前舊作。
15 此分期說系採用中國民俗學史專家王文寶的說法，見其遼寧大學出版社1987年版的《中國民俗學發展史》。此外，重要的分期說還有楊成志先生的三階段說（即把中山大學民俗學會的成立及以後幾年突出為一個時期，見其《我國民俗學運動概況》）。楊堃先生則分得更細，為五階段（見其《我國民俗學運動史略》一文）。

推動作用。

風俗調查會曾組織會員調查北京妙峰山、東岳廟、白雲觀等地的風俗，還舉辦了風俗物品展覽等活動，引起了一些報刊如《京報副刊》等的重視和支持。這一時期，社會上出版的有關民俗的書籍，也顯然比以前增多了。其中較重要的有胡樸安一九二三年出版的《中華全國風俗志》，它是我國出現的第一部全國風俗志，收集保存了全國各地區許多有用的風俗材料，具有重要的學術價值。該書和一九一二年張亮采撰寫出版的《中國風俗史》，成為我國民俗學史、志最早的兩部學術專著。

一九二七年底以前，中國較重要的民俗學調查和研究組織，還有顧頡剛等人成立的廈門大學風俗調查會等。

在中國民俗學的發端和開拓期，其主要的研究活動和取得的最突出成績，均表現在歌謠方面，僅歌謠的收集就達一萬多首[16]。除歌謠外，關於民間故事和民俗的調查、整理和研究，也取得了一些成果。顧頡剛是這一時期民俗研究成就最大者。他率先對吳歌進行搜集整理，發表《吳歌甲集》等著作，曾引起沈兼士、魏建功的通信討論，對我國歌謠的搜集和研究影響極大。同時，他還廣泛徵求孟姜女故事的有關材料，進行歷史和地理的多方面分析和比較，撰寫了《孟姜女故事的轉變》、《孟姜女故事之歷史的系統》等文，還編輯了《孟姜女故事歌曲甲集》等書，後來又不斷對其加以擴展和深化，為民間故事的搜集與研究，樹立了一個出色的範式。

此外，顧頡剛還直接組織了著名的妙峰山廟會調查活動，調查的結果在當時的報刊上以「妙峰山進香專號」的形式連載，引起了社會的廣泛關注和興趣。後來，他將其編成《妙峰山》一書，在民俗調查方面又樹起了一面旗幟。由於他在以上三方面的突出成績，劉半農贊他為「中國民俗學上的第一把交椅」。[17]

16　王文寶：《中國民俗學發展史》，59頁，瀋陽，遼寧大學出版社，1987。
17　羅香林：《關於〈民俗〉的平常話》，中山大學《民俗週刊》，第81期，1929。

從一九二七年底開始，中國民俗學正式進入新時期—奠基和開展階段，其標誌是中山大學民俗學會的成立。一九二七年十一月，顧頡剛、容肇祖、鍾敬文、董作賓等發起成立該會，隸屬語言歷史學研究所，選舉容肇祖為主席。學會制定了簡章，宣稱其宗旨為「調查、搜集及研究本國之各地方、各種族之民俗。」隨後，他們按計劃開展了一系列民俗學活動，如徵集會員、舉辦民俗學傳習班、成立「風俗物品陳列館」，發行民俗學刊物等。

一九二七至一九四四年間，中大民俗學會陸續出版了《民間文藝週刊》、《民俗週刊》和《民俗》季刊三種學術刊物。《民俗》季刊品質最高，發表了不少高品質的民俗學研究論文，主編為楊成志。此外，他們還出版了民俗叢書，十八年中共出了六十種，涉及歌謠、故事傳說等各種類型資料的整理和研究成果。[18]

在中大民俗學會的影響下，全國各地特別是南方三〇年代初掀起了一個民俗學運動的高潮。福建、廈門、杭州、寧波、安徽徽州、廣東汕頭等地都紛紛成立民俗學會，發行民俗研究刊物，其中尤以鍾敬文、婁子匡、江紹原等在杭州的活動較為活躍和有成績。他們於一九三〇年夏發起成立「中國民俗學會」，出版《民俗週刊》，並組織編印了兩集《民俗學集刊》，刊登了不少有價值的文章和資料。

不過，中山大學民俗學會自身在此後幾年卻漸趨沉寂。

一九三五至一九三七年，是中國民俗學很活躍的一個時期。此期北京大學歌謠研究會和《歌謠週刊》均得以恢復。一九三六年五月，影響全國的民俗學會組織——風謠學會正式成立，顧頡剛被該會第一次年會選為會長。中山大學民俗學會在沉寂了幾年之後，也在此期由楊成志恢復了活動。《民俗》季刊就是這時創辦的。同時，婁子匡還在杭州編輯出版了有影響的《孟姜女》月刊。

抗日戰爭爆發後，中國的民俗學受到了摧殘，但並未停止發展。一九四三年冬，顧頡剛和婁子匡在大後方的重慶成立中國民俗學會，次年又以學會名義出版

---

18 楊成志：《我國民俗學運動概況》，《楊成志民俗學譯述與研究》，北京，高等教育出版社，1988。

兩人主編的《風物志集刊》。在上海，李白英、錢小柏也編輯有《新中國報》之《民俗週刊》，並成立「中國民俗學社」，繼續堅持學術活動。

　　總之，一九二七年後，中國民俗學得到了較大發展。據不完全統計，此期產生的各種民俗學會組織就有十餘個，創辦的有關民俗學刊物達三十餘種。收集到的民俗資料空前繁富，尤以北平、廣東、浙江和福建的報刊發表的徵集、調查的本地及外地的民俗材料最為突出。同時，研究論著的數量和品質也都有顯著提高。

　　在民俗學理論方面，此期主要以介紹和傳播西方與日本的學術思想為主。比較重要的譯著有楊成志譯英國民俗學家班尼的《民俗學問題格》，江紹原譯瑞愛德的名著《現代英吉利謠俗及謠俗學》，胡愈之譯倍松的《圖騰主義》，鄭振鐸譯《民俗學淺說》，楊堃譯汪繼乃波的《民俗學》等。

　　在介紹西方民俗學理論的同時，中國學者也在試圖摸索著建立自己的理論體系。一九三四年出版的方紀生著《民俗學概論》和林惠祥著《民俗學》兩書是這方面最為系統的論述，特別是前者在闡述民俗學理論時，大量利用了中國材料，很有意義。鄧子琴一九四七年出版的《中國禮俗學綱要》一書，則是從民俗學的一個方面做出的體系建構嘗試。此外，還有不少重要的論文，如張瑜的《民俗學的性質範圍和方法》、何思敬的《民俗學問題》、容肇祖的《風俗學試探》、薛汕的《科學的民俗學發凡》等都對中國民俗學的理論進行了有見地的探討。

　　不過，儘管如此，我國民俗學在理論體系上的建設卻仍然很不充分。其民俗學研究主要受西方人文學派、人類學派和精神分析學派三大學派的影響。其中，影響最大的又是人文學派。[19]

　　此期民俗學發展的最大成績，表現在對中國各民族民俗的具體研究上。這種具體研究範圍極廣，舉凡生產、生活、文化和信仰各方面的習俗，以及家族、村社組織和制度等民間文化的傳承方面，都有涉及，成果也極為豐碩。除了前面已

19 楊成志：《民俗學三大學派的異同解釋》，《楊成志民俗學譯述與研究》。

經提及的之外，較為重要的著作還有顧頡剛編《孟姜女故事研究》（1-3冊），錢南揚編《祝英台故事集》，江紹原的《發須爪》，黃芝岡《中國的水神》，朱雨尊的《民間謎語全集》、《民間歌謠全集》、《民間神話全集》，李家瑞的《北平風俗類征》，尚秉和《歷代社會風俗事物考》，常任俠的《民俗藝術考古論集》，芮逸夫的《伯叔姨舅姑考》等。

對境內各少數民族民俗的研究，是此期民俗學研究的一大熱點，由於本書「民族學」部分對此已有介紹，此不贅述。

第三節 ·

教育學、心理學
和美學的開展

一、教育學

教育活動與人類相伴而生，但教育成為一種專門的學問卻產生於近代。我國的教育發展有著源遠流長的歷史[20]，而真正的教育學卻很年輕。

---

20 我國古代，「教」與「育」二字往往分開使用，《說文》曰：「教，上所施下所效也；育，養子使作善也。」但也有連用的，如《孟子・盡心上》就有所謂「得天下英才而教育之，三樂也。」「教育」作為一個具有現代意義的常用片語，是清末開始的。「教育學」一詞亦然。

民國教育學的演進，大體經歷了三個時期，即民元以後的奠基時期；1927年以後的發展時期；抗戰以後的繼續發展時期。

民初教育學承繼於清末，主要是仿效日本。那時所開設的教育哲學、教授法、教育史和學校管理等科，大多都是從日本翻譯過來的。就其內容來說，則以歐洲教育學的創始人赫爾巴特的學說為主。我國學者自己編著的教育學書籍民初時也開始出現。一九一三年，蔣維喬著《教授法講義》；一九一四年，張子和著《大教育學》；同年，張毓聰著《教育學》等。這些書籍，雖還是以國外的某些教本為依據，但畢竟在自我消化上邁出了第一步，使中國從此有了自己的教育學科。[21]

五四時期，中國教育學有了顯著的進步，這與美國著名哲學家和教育學家杜威來華講學有直接關係。杜威在華兩年零兩個月，主要演講大都是關於教育學的，如長篇專題講演有教育哲學十六講；現代教育趨勢三講；短篇講演有「教育家的天職」、「平民教育的真諦」、「職業教育的精義」等數十篇。這些演講，當時的各種報刊紛紛登載。他的代表作《民主主義與教育》（譯為《民本主義與教育》），也由商務印書館等單位翻譯出版。

杜威教育學的核心是：提倡教育的普及化，注意培養人的個性和獨立人格，以養成學生自動自發自治的能力，重視實驗的精神，並強調兒童在教育中的重要性。這些學說對中國傳統的封建教育精神形成衝擊，顯示了教育學的進步。

蔡元培、蔣夢麟、黃炎培、胡適、郭秉文、陶行知和陳鶴琴等著名教育家，都是杜威教育思想的信奉者、闡發者和實踐者。除蔡、黃二人外，其餘幾人還都是杜威的門生。這就使得當時及以後民國的教育學和教育改革事業，受到杜威深刻而長遠的影響。

這一時期，對教育學的發展起到推動作用的重要刊物，有蔣夢麟主辦的《新教育雜誌》；重要組織有一九二二年由東南大學等機構發起成立的「中華教育改

---

21 黃濟：《教育哲學》，243頁，北京，北京師範大學出版社，1985。

進社」（調查和刊布「中國教育統計概覽」為該社較為突出的貢獻之一），還有黃炎培一九一七年創辦的「職業教育社」等。

在教育學體系的建構方面，此期中國學者作出了不少探索。王熾昌著《教育學》（1922），范壽康著《教育哲學大綱》（1923），余家菊著《教育原理》（1925），肖恩承著《教育哲學》（1926），這些著作在思想體系上，雖大多不出杜威教育學的範圍，但也有例外和初步突破之處。如范壽康的《教育哲學大綱》就可作代表。該書以德國教育學家那篤爾的體系為基本，敢於對世界權威提出批評，在教育邏輯、倫理和教育美學方面，闡述自己獨立的見解，顯示了一定程度的創新精神。

除教育學基本理論外，此期的教育研究還包括東南大學根據六類語體文書統計等方法進行的字彙研究；為推行道爾頓制等實驗學校而進行的有關研究；以漢字心理、識字閱讀（包排橫直排問題）等為內容的讀法研究；以測量學生的智力、學力，服務於招生分級等為內容的測驗研究等。艾偉、劉廷芳、沈有乾等人在讀法研究方面成績顯著；陳鶴琴、廖世承、周調陽等人對測驗的探討較為深入。由於這些研究大多屬於教育心理學範圍，是教育學和心理學的交叉學科，在「心理學」部分，我們還要較詳細地談到。

值得指出的是，這種將教育研究和心理研究結合起來，力圖將教育學建立在心理和生理學研究基礎上，使教育科學化的努力，確是此後民國教育學與世界該學科發展保持一致的一個趨向。

一九二七年，國民黨大體確立了在全國的統治地位後，對教育有了相對的重視，教育有所發展，教育學的研究也因之大有進步。這一時期，致力於教育研究的專門學術機構，主要有中山大學教育系成立的「教育學研究所」，它發行《教育研究》雜誌，出版了教育學譯述和著作幾十種；一九二九年成立的「中華兒童教育社」，以專門研究小學、幼稚和家庭教育為其特色，發行《兒童月刊》；一九三一年成立的「中國測驗學會」，發行《測驗雜誌》；一九三二年成立的「中國社會教育社」，以探討普及社會教育為旨趣；一九三三年成立的「中國教育學會」，側重於研究生產教育、師資訓練和非常時期的教育發展問題等。

當時，公私大學中設有教育學院的有暨南大學和山東大學等八所；設有教育學系的有北京大學和復旦大學等十七所；教育與哲學合系的有武漢大學和南開大學等四所；教育單獨成院的有江蘇教育學院和湖北教育學院等。這些機構都致力於研討教育問題，培養教育和教育學研究專門人才。

從教育學研究內容來看，各個方面也都很活躍，出現了不少成果。

教育學理論體系的建設方面，吳俊生的《教育哲學大綱》（1934），姜琦的《教育哲學》（1933）和楊賢江（署名李浩吾）的《新教育大綱》（1930）是最有代表性的著作。吳氏之作被認為是「體系較為完整，內容較為充實，而且有自己獨立見解的一本書」，其主要理論取向為實用主義；姜琦的著作則是以三民主義系統建構教育學理論體系的名作；楊賢江的《新教育大綱》，最早用馬克思主義的觀點系統闡明教育的基本原理，並批判了對教育功能的各種資產階級錯誤觀點，在當時及以後的很長時間內都產生了積極影響。

此外，還有張懷等人用宗教哲學觀點闡釋教育學說，建構自己的教育學體系（著有《教育哲學》）的嘗試，由此可見當時教育學理論多元化及分呈活躍之態。

在教育行政的研究方面，莊澤宣、陳友松、黃玉湖、張文昌等人頗有成績。莊澤宣重點研究了浙江教育輔導制度；陳友松以分析全國教育經費見長；黃玉湖和張文昌主要關注中學教育行政，黃氏對中學校長的職務分析，張氏對於中學教務的研究，均受到學界重視。

在教材教法的探究方面，較重要的有中山大學教科所關於小學生字彙、讀法、作文和錯字問題的研究；楊錫齡關於兒童閱讀興趣的調研；陸志韋、黎錦熙等人對國語教育的研討等。

學制課程的研討方面，最富於探索精神和改革意向的是提倡生活教育的曉莊師範，實行村治的山東建設研究院，倡導平民教育的定縣實驗區和試驗民眾教育的江蘇教育學院的有關嘗試。至於測驗研究，則主要體現在對古氏智力測驗的訂正、對皮納西門智力測驗的修改等方面。一九三五年陳選善著《教育測驗》、王書林著《心理與教育測量》，為這方面集大成的成果。

其他方面，如朱君毅的教育統計學研究，莊澤宣、陳學恂對民族性與教育關係的探討等，也值得一提。

這一時期，教育學界人士已普遍重視尋求既適合國情、又順應世界潮流的新教育。進入抗戰以後，這一努力更加自覺了。抗戰時期，中國教育研究的中心任務，是如何迅速普及教育，提高民眾素質，激發愛國情操和增強民族精神。因此，師範教育和心理教育的研究受到格外重視。

此期還出現了許多師範研究所，如中央大學師範研究所，西北師範學院師範研究所和中山大學師範研究所等。國民黨政府教育部於一九三八年頒布了「師範學院規程」，新建了國立師範學院，國立西南聯大師範學院等專門訓練師資和教育研究人才的高級學府多所。此外，重要的教育研究機構還有國立民族生理心理研究所，四川省立教育科學館和廣西省教育研究所，私立的中國民生建設實驗院。[22]

在上述眾多的研究機構中，以中央大學、西北師範學院和中山大學的師範研究所較有成績。中央大學師範研究所注重教育心理的研討，出版有《教育心理學報》，在艾偉的主持下，對大中小學以及社會教育心理的研究，無論是廣度還是深度，都達到了當時的最高水準。西北師院師範研究所則側重於中等教育的各種研究，在李蒸的主持下，對師資和國文教讀的改進、英語課本和寫作錯誤的分析、注音符號等問題的探討，貢獻良多。中山大學師範研究所設有教育和心理兩個學部。教育學部分成教育理論、教育行政、教材教法和教師問題四個部門；教育心理學部分成理論心理、測驗統計、學習心理和職業心理四個部門。兩個學部分工合作，頗能反映當時中國的教育學研究風氣。

二、心理學

我國自古以來有著豐富的心理學思想，但心理學成為一門獨立的學科門類，

---

22 其創辦人為中國民生教育學會的骨幹邰爽秋。

卻是近代之事，民國以前，顏永京、王國維等人曾翻譯出版過幾本西方心理學的著作，學堂裡也出現過一些心理學教科書，那是心理學在中國的最初介紹。進入民國後，這門學科才逐漸在中國紮下根來。

民國心理學的發展，可以劃分為兩個時期，一九二二年以前為創建期，一九二二年以後為發展期。

一九一七至一九二二年期間，中國人建立了自己第一個心理學實驗室——北京大學心理實驗室（1917）；出版了中國第一本高品質的心理學大學教材——陳大齊的《心理學大綱》（1918）；創辦了中國第一個心理學系——南京高師（後改為東南大學）心理學系（1920）；成立了中國最早的心理學學會組織——中華心理學會（1921），並首次發行了中國的心理學專門刊物——《心理》（1922）。

中國現代心理學當之無愧的奠基人是陳大齊（1886-1983）。陳大齊系浙江海鹽人，民國初年任北京大學心理學和哲學教授。一九一七年，在北大校長蔡元培的支持下，他創辦了北大心理實驗室，次年又出版了我國心理學的奠基之作《心理學大綱》一書。該書較全面、準確地概括介紹了當時西方科學心理學的豐富內容和最新成就，突出闡明了心理學的定義及其與相關學科的區別與聯繫，歸納並強調了心理學獨特的研究方法。它是陳大齊根據自己多年教學的講義修訂而成的心理學著作，問世後大受歡迎，十年間共出十二版，對於心理學在我國的安家落戶，起到了有力的奠基作用。

此外，在民族心理學、審判心理學和兒童心理學方面，陳大齊也做過一些早期譯介工作。尤其值得一提的是，他還是最早投身於五四新文化運動的心理學家。一九一八年和一九一九年，他在《新青年》和《北京大學日刊》上分別發表了《斥「靈學」》和《心靈現象論》兩篇著名的戰鬥檄文[23]，以現代心理學原理為武器，對當時的扶乩之風和中外靈學會假科學名義鼓吹的神靈論進行有力的剖析和批評，顯示了剛剛誕生於中國的心理學的威力和魅力，對當時提倡科學、破

---

23 此兩文不久之後即被編入當時很有影響的《迷信與心理》一書。

除迷信產生了相當的影響。

繼陳大齊之後，以心理學為武器投身到五四新文化運動中，在當時的思想文化界產生過較大影響的心理學家還有唐鉞。他在「科玄論戰」爆發後，發表《機械與人生》等論文，以科學精神反對玄學，起到了明顯積極的作用。

民國時期，中國心理學界曾產生過兩個重要的組織，一個是前面提到的中華心理學會，它一九二一年成立於南京，會長為張耀翔，發行會刊《心理》。該會最盛時，會員曾達二三五人。由於後來學術活動不經常，組織逐漸渙散，一九二六年後基本上不再有活動。一九三四至一九三六年間，心理學工作者隊伍擴大，影響日增，為適應心理學發展的需要，陸志韋等著名心理學家重新發起成立全國規模的中國心理學會。成立大會於一九三七年一月二十四日在南京召開，公推陸志韋為主席，以上年發行的《中國心理學報》作為正式會刊。後因日本全面侵華戰爭爆發，學會的活動和刊物被迫停止。

除《心理》雜誌和《中國心理學報》之外，各大學和研究機構還出版了一些心理學期刊。其中比較重要的有國立中央大學心理系等主辦的《心理學半月刊》、《心理教育實驗專篇》、《教育與心理》、《心理季刊》、《教育心理研究》和《心理建設》等。

與此同時，各種心理學著作也大量出版。據統計，一九二〇至一九四〇年，我國所出版的各類心理學書籍共有三七一種，其中編著二〇六種，譯著一六五種。尤以教育心理、測驗和兒童心理部分為多。

高等院校建立心理學系或專業，開設大量的心理學課程，是民國心理學建設的又一重要內容。繼東南大學一九二〇年創建第一個心理學系之後，上海復旦大學於一九二五年建立了心理學院；清華大學於一九二六年建立了教育心理學系，後改為心理學系，北京大學也於同年建立了心理學系。此外，全國還有十餘個大學設立有心理學系、教育心理學系（如廈門大學）或哲學心理學系（如金陵大學）。

這些大學心理學系或專業設置的課程門類較多，幾乎涉及從心理學概論到實

驗心理學、應用心理學、變態心理學和社會心理學等所有心理學的重要分支內容。

除大學心理學系或專業之外，其他學科或專業也有開設心理學課程的，特別是教育學系或專業。民國時期，一般中等師範學校對心理學課程也都非常重視，將其作為學生的必修或選修課程。

中國心理學是在傳播近代西方心理學的基礎上發展起來的。民國時期，幾乎所有西方心理學的重要新成果、有影響的學派著作和思想都得到了傳播。構造主義學派大師馮德和鐵欽納的名著《心理學導言》、《心理學》，分別由吳頌皋於一九二三年，金公亮於一九三一年譯成中文出版；美國機能主義學派創始人詹姆士、杜威以及後起之秀桑代克、吳偉士的名著也被大量譯成中文，如詹姆士的《心理學簡編》（伍況甫譯，1933）、《論情緒》（唐鉞譯，1944）；杜威的《思維與教學》（孟憲承譯，1936）；吳偉士的《心理學》（謝循初譯，1933）；桑代克的《教育心理學》（陸志韋譯，1926）等。

行為主義學派是在民國心理學界產生廣泛而深刻影響的學派，其創始人華生的許多著作都被譯成中文出版。如《行為主義的心理學》（臧玉淦譯，1925）；《1925 年心理學》（張耀翔等譯）等。著名心理學家郭任遠不僅大量介紹了行為主義心理學，而且在實驗和理論上均有所發展，引起了國內外心理學界的關注。

格式塔學派和精神分析學派也受到民國心理學界的重視和介紹。在這方面，高覺敷、肖孝嶸的貢獻最為突出。肖孝嶸是首先把格式塔心理學介紹給國內的人，「格式塔」一詞由他首先譯出，現已在國內通用。一九三三年，他出版《格式塔心理學原理》一書，率先對此派心理學作系統的介紹。繼他之後，重要的譯著還有高覺敷譯考夫卡的《兒童心理學新論》（1933），譯勒溫的《形勢心理學原理》（1945），譯苛勒等的《格式心理學之片面觀》（1935），傅統先譯考夫卡《格式塔心理學原理》（1936）等。

引進精神分析學派最有成績的是高覺敷。他繼夏斧心一九二九年譯佛洛德《群眾心理及自我分析》之後，於一九三六年分別高品質地譯出了弗氏的代表作

《精神分析引論》和《精神分析引論新編》，對我國心理學的發展，產生了積極影響。

除上述各流派的譯介外，民國時期，特別是 20 世紀 30 年代，還出現了不少高品質的、宏觀介紹與總結西方心理學史的翻譯和著作。翻譯如陳德榮譯的《心理學史》（1931），謝循初譯的《現代心理學派別》（1934），高覺敷譯的《實驗心理學史》（1935）；著作如陶孟和的《現代心理學》（1922），崔載陽的《近世六大家心理學》（1926），邰爽秋的《心理學的派別》（1935），郭一岑的《現代心理學的概觀》（1937）等。

當然，民國的心理學家們並沒有停留在對西方心理學的簡單介紹上，而是有所創造，有所發展，在基礎研究和應用心理方面，都取得了一定的成果。

關於心理學的基本理論，郭任遠、潘菽、郭一岑等人有突出表現。郭任遠（1898-1970），廣州汕頭市人，曾留學美國。他對行為主義理論的研究和批評，產生過世界影響。一九二一年，他發表《取消心理學上的本能說》，批評鋒芒直指心理學權威美國哈佛大學心理系主任麥獨孤，並且觸及美國行為主義的創始人—華生。此文震驚美國心理學界。此後幾年，他相繼發表《我們的本能是怎樣獲得的》、《反對本能運動的經過和我最近的主張》、《一個心理學革命者的口供》、《心理學裡面的鬼》、《一個無遺傳的心理學》等文（1928 年合為《郭任遠心理學論叢》，由開明書店出版）。觀點雖不免有點「機械論」的色彩，但捍衛心理學的科學性，在當時的中國具有啟蒙作用。郭任遠在二十世紀二、三十年代還出版過一系列研究和提倡行為主義心理學的著作，如《行為學的基礎》、《行為主義心理學講義》、《行為學的領域》等。對我國行為主義心理學研究的開展貢獻最大。

此外，他關於鳥類胚胎發育以及訓練貓不吃老鼠的實驗研究，也受到了國際心理學界的重視和好評。

潘菽十分注重心理學基本理論建設，特別是關注中國心理學走向。他在二十世紀三〇年代關於中國心理學發展的預言，曾在心理學界引起廣泛討論。代表作

有《心理學概論》、《社會的心理基礎》和《心理學的應用》等。

郭一岑、曹日昌是民國辯證唯物主義心理學的早期倡導者。郭氏一九三四年編譯《蘇俄新興心理學》，為中國最早介紹蘇聯心理學的譯著之一。一九三七年，他編著《現代心理學的概觀》，批評了西方現代心理學派在立足點上的二元論和機械唯物論的通病，認為心理學必須以辯證唯物主義作為哲學基礎，並強調其社會性，為我國辯證唯物主義心理學體系的創建，作出了可貴的探索。其主要論著還有《遺覺之研究》、《內分泌研究對於心理學的關係》等。曹日昌的名著則是 1939 年出版的《新心理學方法的建立》。

在生理心理學的研究方面，汪敬熙有不少創造性的成果。他對白鼠活動與性週期關係的研究，對皮膚電反射與汗腺分泌關係的研究，對兩棲類胚胎行為的研究，都有引人矚目的突破。特別是關於皮膚電反射的研究，在當時居於世界領先水準。他還是第一個將電子儀器引入中國用於腦功能研究的人。唐鉞在白鼠的研究方面也較有成績。

教育心理學，特別是漢字心理學的研究，在民國時期一直很活躍。艾偉（1890-1955）是這方面最為傑出的代表。他一九三八年首創中國教育心理研究所並任所長。所著《漢字問題》一書積二十五年研究而成，對提高漢字學習效能，推動漢字簡化以及漢字中直排改為橫排等，均作出了重要貢獻。其著作除《漢字問題》外，還有《教育心理學論叢》、《教育心理實驗》、《教育心理學大觀》（三冊）、《閱讀心理》等。

二十世紀二、三十年代，漢字心理學的研究最為發達，內容包括音形義之間的關係、橫直排問題、字辭彙的調查以及教學問題、書法心理等多方面的研究，對推動心理學中國化起了重要作用。在這方面，取得過成績的還有劉廷芳、沈有乾、周先庚、龔啟昌等人。劉廷芳是第一本《漢字心理學》的作者；沈有乾用眼動視察研究法，在中文閱讀橫直排問題上有創見；周先庚發表過一系列漢字心理實驗方面的重要論文，還熱衷於閱讀心理實驗儀器的設計與改良，發明了四門速示機。對於漢字的完形結構，他也撰文進行分析，提出漢字分析三要素，即位置、方向及時間連續，為實驗工作提供了基礎。此外，他還研究得出了一條 7 歲

至 70 歲受試者的識字能力曲線，當時心理學界稱之為「周先庚曲線」。[24]

兒童心理學和心理測試研究，是民國心理學最受社會關注，取得成績也較大的一個領域。幾乎所有民國著名的心理學家都曾在此一領域有所作為。其中，陳鶴琴、肖孝嶸、黃翼、孫國華、廖世承、陸志韋是成就較大的幾位。

陳鶴琴（1892-1982）一九二三年創辦鼓樓幼稚園，作為兒童心理研究的實驗園地。一九二五年，他根據觀察、實驗、教學和研究積累的資料，寫成《兒童心理之研究》（上、下冊）。一九二一年又與廖世承合作出版《智力測驗法》一書。不僅在研究方法和結論上，有力地啟發了同行，而且成果還很快轉化成社會效益，獲得了廣泛的社會影響。

肖孝嶸側重於兒童心理學基本理論的研究，代表作有《兒童心理學》、《實驗兒童心理學》、《兒童心理學及其應用》。在測驗方面，他的主要成績是著手修訂了「墨跋智力量表」。黃翼側重於兒童心理學的實驗研究，最有影響的作品有《兒童對奇異現象的解釋》、《兒童繪畫之心理》等。孫國華最為重要的論文首推一九三〇年發表的《初生兒的行為研究》。

廖世承對民國心理學的較大貢獻，在於心理測驗。他除了與陳鶴琴編著了《智力測驗法》之外，還編制了《廖世承道德意志測驗》、《廖世承團體智力測驗》等。一九二五年，他出版《測驗概要》一書，為心理測驗理論和方法方面的重要總結之作。

陸志韋在兒童心理學研究方面的代表作為《中國兒童的無限制聯想》。在測驗方面的主要貢獻是一九二九年和一九三六年兩次修訂比納、西蒙智力測驗。此外，他還是民國時期心理學學科建設最重要的組織者和領導人之一，有著廣泛的心理學興趣，致力於心理學教學，培養了大批心理學人才。高覺敷、張耀翔等人也是如此。高覺敷在系統傳播西方心理學方面尤有傑出表現，他的不少譯著，都成為了影響久遠的心理學漢譯名著。

---

24 李樹珍：《建國前漢字心理研究述評》，《語文導報》，1985年第5期。

工業工程心理學和醫學心理學，在民國時期也有初步發展。陳立是我國最早從事工業工程心理研究的心理學家，一九三五年他即出版了名著《工業心理概論》。丁瓚為中國現代醫學心理學的著名倡導者，著有《心理衛生論叢》、《青年心理修養》等書。

總之，心理學是民國社會科學的重要一翼，為日後中國心理學的發展，打下了較為堅實的基礎。

三、美學

中國現代意義上的美學，開端於二十世紀初的王國維。但作為一門有系統體系的獨立學科，它的建立還是在進入民國以後，確切地說，是在二十世紀二〇年代前後。

大體說來，民國美學的發展可以分為三個階段：二十世紀二〇年代及以前為初創和奠基階段；三〇年代為鼎盛階段；四〇年代為繼續發展階段。

第一階段主要是全力介紹西方美學，同時開始了建構美學學科體系的初步嘗試。

一九一五年一月一日，徐大純在《東方雜誌》上發表《述美學》一文，首次比較全面地介紹了美學的性質、內容、分類以及與藝術的關係，大體勾勒出現代美學學科的基本框架。劉仁航一九二〇年翻譯出版了日本著名美學家高山林次郎的《近世美學》一書，對古希臘至近代西方美學的發展、主要的美學思想加以了譯述，這是中國讀者最早見到的關於西方美學發展史的系統之作。

在民國美學的奠基過程中，蔡元培、呂澂、黃懺華、陳望道、范壽康等人發揮了重要作用。

蔡元培是我國最早接觸西方美學，傳播西方美學的先驅之一。早在一九一二年就任教育總長時發表的《對於教育方針之意見》中，他就公開提出要實施「美

育」的宗旨。一九一七年，他發表《以美育代宗教說》一文，闡述其美學美育觀點、批判宗教蒙昧主義，產生了巨大影響，使美育得到全社會的廣泛重視。一九一九年，中華美育會成立，發行會刊《美育》。許多報刊也都紛紛刊登美學美育文章，形成了一個頗有聲勢的美育運動。

與此同時，蔡元培還在北京大學率先開設美學課程，親自編寫美學教材並授課。他一九二一年講過十餘次美學，並著手撰寫《美學通論》，可惜未能寫完，現保存下來的手稿僅有《美學講稿》、《美學的趨向》和《美學的物件》三種。但儘管如此，他在全國範圍內卻起到了一種垂範作用。到二十世紀二〇年代中期，全國高校和藝術專門學校開設美學課，開展審美教育活動，已經成為一種很普遍的現象[25]。也是在二十世紀二〇年代，我國各類藝術和美術專門學校紛紛創立起來，藝術和審美教育開始突破傳統的師徒授藝方式，逐漸走向近代科學化，這些與蔡元培的倡議和支持都是分不開的。

五四前後的美育運動，是新文化運動的一個有機組成部分，它使美學的創立成為一種迫切的時代需要，不僅有力地推進了西方美學在中國的廣泛傳播，而且直接促成了中國現代美學體系的自我建構。

這一時期，被源源不斷翻譯、介紹進來的西方美學思想，已不限於康得、叔本華、尼采、席勒、黑格爾等人，同時也涉及歐美日本的各種現代美學學說。其中特別是裏普斯、克羅齊、廚川白村美學學說的影響，最為深入而廣泛。此期重要的美學譯著有英國馬歇爾的《美學原理》（1922，蕭石君譯），日本黑田鵬信的《美學綱要》（1922，俞寄凡譯），德國耶路撒冷的《美學綱要》（1922，王平陵譯）等。介紹和評述西方美學的重要論文有《栗泊士（即裏普斯）美學大要》（1920，澄權譯），《現代之美學》（1924，俞寄凡譯），《康得審美哲學概論》（1924，虞山譯）等。評述西方美學史的論著，則有黃懺華的《美學史略》等。

在引進和融化西方美學的過程中，一些美學家開始思考並建構美學體系。他

---

25 聶振斌：《中國近代美學思想史》，222頁，北京，中國社會科學出版社，1991。

們最初採取的主要方式是選擇外國美學家的著作作為述作的間架，而後摻見自己的若干見解。這一時期，出現了呂澂、陳望道、范壽康的三本同名著作《美學概論》和徐慶譽的《美的哲學》，它們可以稱之為此種努力的代表。

呂澂（1896-1989），字秋逸，江蘇丹陽人。近代著名的美學家和佛學家。《美學概論》是他一九二一年寫成，一九二三年由商務印書館出版的嘗試構築美學體系的著作。在此書中，他對美學的研究物件、方法、美的價值、美的觀照以及藝術審美等問題，都提出了自己初步的見解，成為近代中國有關美學體系的第一本較為系統的著作，它標誌著中國現代美學體系建構的真正開始。不過，其主要觀點明顯是介紹多、創見少，這種情況持續了整個二〇年代。

陳望道和范壽康的《美學概論》均出版於一九二七年。他們的著作同呂澂前書一樣，以裏普斯的「移情說」為理論框架，探討了美的材料、美的內容及分類、美感、美的判斷、審美經驗與物件等美學基本問題。徐慶譽的《美的哲學》出版於一九二八年，他力圖博采西方各派美學理論的優點，「將美學美術及美三大問題，合一爐而冶之，分析其同異，總合其大綱，敘述其歷史，批評其得失；其目的在使讀者對於美的問題，能得一系統的概念，以窺美的全部」。[26]

就對美學問題的探討本身而言，上述各家相比之下，徐慶譽的著作後來居上，探索性更為明顯，而陳望道的著作則較為系統和準確，這與他較早接受唯物辯證法思想的影響不無關係。

二十世紀三〇年代是中國美學發展的鼎盛階段。這一時期，引進西方美學的學術活動空前活躍，譯介和評述西方美學的學術理論隊伍不斷擴大。譯文譯著數量也是空前之多。據不完全統計，僅譯著就有四十本，歐洲和日本的美學著作各十二本[27]。俄羅斯的美學譯著也達十本以上。其中較為重要的譯著有克羅齊的《美學原論》（1931，傅東華譯）；格羅塞的《藝術的起源》（1937，蔡慕暉譯）；盧那卡爾斯基的《實證美學的基礎》（1939，齊明譯）等。較為重要的論文則有

---

26 徐慶譽：《美的哲學》，4-5頁，北京，中華書局，1928。
27 盧善慶：《近代中西美學比較》，6-7頁，長沙，湖南出版社，1991。

蔣徑三的《新康得派的美學說》，朱光潛的《近代實驗美學》等。

構築美學體系的工作，在此期也得到發展。朱光潛的《談美》，呂澂的《現代美學思潮》，李安宅的《美學》，金公亮的《美學原論》，是這方面最為重要的理論著述。

文藝美學，中西比較美學特別是比較文藝美學的顯著進步，成為此期美學發展的一大特點。在這方面，朱光潛、宗白華、鄧以蟄、俞寄凡、張澤厚等人成績突出。

宗白華是此期致力於中西比較美學研究的傑出美學家。他二十世紀三〇年代中期曾作《論中西畫法的淵源與基礎》、《中西畫法所表現的空間意識》等文，以極富靈性的筆觸揭示了中國藝術的美妙之處及其中西藝術在美學上的不同追求，對以後該領域的研究，產生了深遠影響。同期，中西比較美學方面的代表作還有朱光潛《中西詩在情趣上的比較》，張其春《中西意境之巧合》，徐訏的《論中西的線條美》等。

鄧以蟄二十世紀三〇年代的美學研究與宗白華齊名，當時有「南宗北鄧」之稱。鄧以書法美學研究擅長，所著《書法之欣賞》一文，系統探討中國書法美學，認為「書法者，人人用指、腕與心運筆之一物以流出美之筆劃也」，並力圖從書體、書法、書意和書風四個方面來進行專門的闡發，提出了許多精到之見。

此外，豐子愷著《藝術趣味》、《藝術叢話》，俞寄凡著《人體美之研究》，張澤厚著《藝術學大綱》，也是藝術美學研究方面的重要著作。

二十世紀三〇年代乃至整個民國時期最為傑出的美學家，當推朱光潛。朱光潛（1897-1986），安徽桐城人。曾留學英、法、德等國。從二〇年代起即開始研究美學，終其一生從事美學事業，「他研究美學時間之長，問題之深入，理論之系統，著述之豐富，在中國近代美學史上是無與倫比的」[28]。截至一九四九年，

---

28 聶振斌：《中國近代美學思想史》，272頁，北京，中國社會科學出版社，1991。

他發表有關美學的專著主要有《給青年的十二封信》、《談美》、《文藝心理學》、《悲劇心理學》、《詩論》，並譯有克羅齊《美學原理》等。

《談美》一書寫於二十世紀二〇年代末，出版於一九三二年，是朱光潛寫給青年人介紹美學知識的著作。它以深入淺出、活潑有趣的方式探討美學理論問題，在社會上引起了很大反響，為二〇年代西方美學的介紹作了一個小結，同時也為創建中國獨立的美學體系做出了新的努力。正如有的美學史研究者所指出的，「從他開始，中國現代美學理論建設才逐步擺脫了介紹多、創見少的局面，而進入了以自身闡述為主的階段。由介紹為主到闡述為主，這是現代美學發展史上的重大一步。」[29]

朱光潛的美學理論是建立在接受克羅齊美學影響並對之加以修正基礎之上的。其核心觀點認為：「美不僅在物，亦不僅在心，它在心與物的關係上面」，美「是心物婚媾後所產生的嬰兒」，「美之中要有人情也要有物理，二者缺一都不能見出美。」同時，他強調審美與現實要保持「適當的距離」。距離不及，容易使人回到實用世界，距離太遠，則又使人無法了解欣賞。這在當時都是富於創見的觀點。

此外，朱光潛還主張人們應具有廣泛的美學趣味，以充實生活。他提出「怡情養性」的美學功能說，崇尚「靜穆」的美學境界，發展王國維的境界說，創發「詩境」論，總結出「從心所欲、不逾矩」的藝術美創造規律，在美學王國裡自由翱翔，取得了豐碩成果。無疑，他屬於那種一生都沉醉在美的追求與美的研討意義上的真正美學家。

進入二十世紀四〇年代後，民國美學得以繼續發展。此期美學發展的一個最為顯著的特點，是唯物主義美學體系的異軍突起，它「為在美學界結束長期由唯心主義觀點一統天下的局面吼出了第一聲」。[30]同時，文藝美學的研究也繼續呈現出蓬勃向上的趨勢。

---

29 鄧牛頓：《中國現代美學思想史》，168頁，上海，上海文藝出版社，1988。
30 陳偉：《中國現代美學思想史綱》，349頁，上海，上海人民出版社，1993。

這一時期，構築美學體系方面的重要著作有蔡儀的《新美學》，蕭樹英和傅統先的兩本同名著作《美學綱要》，洪毅然的《新美學評論》等。重要的譯著則有周揚譯車爾尼雪夫斯基的《生活與美學》，朱光潛譯克羅齊《美學原理》等。

在美學體系的建構上，此期最有貢獻的是蔡儀。蔡儀（1906-1992），湖南攸縣人，中國現代著名的唯物主義美學家。一九四二年，他出版了《新藝術論》一書，一九四四年又寫成《新美學》一書並於一九四七年正式出版。《新美學》是民國時期第一部建立唯物主義美學體系的美學專著。在此之前，李大釗、瞿秋白、魯迅、周揚和毛澤東等人雖然都曾闡發過一些唯物主義美學思想，並對有些唯心主義美學觀念提出過批評，但這種闡發和批評均是零碎的。真正從美學方法、美的本質、美感到藝術以及美、美感和藝術的種類，系統地、多方面地揭露此前舊美學的矛盾，力圖將美學建立在馬克思主義唯物論的體系之上的美學家，首推蔡儀。他在此書中對美學一系列基本問題，都做出了融會貫通的唯物主義的解釋，並提出了「美是典型」等創造性見解。雖然，其學說總體上看尚帶有一定的機械唯物論色彩，但卻為今後中國美學的發展指明了基本方向，奠定了正確的理論基礎。

這一時期，對文藝美學的發展作出過貢獻的主要有李長之、朱光潛、鄧以蟄和錢鍾書等人。李長之、鄧以蟄重點觀照於美術，代表作分別為《中國畫論體系及其批評》和《畫理探微》；朱光潛和錢鍾書則側重於詩歌和文論。前者的代表作是《詩論》，後者的名著則為《談藝錄》。他們都是學貫中西的學者，以中西融會的美學眼光來研討各種文藝問題，因而取得不同凡響的成果。

第十四章

文化傳播業和
體育事業的發展

　　民國時期，新聞事業（報刊、通訊社、廣播）、出版業、圖書館業、博物館業等現代文化傳播事業開始創建或在清末起步的基礎上繼續發展。現代體育事業也開始興起，體育運動漸漸開展了起來。

第一節 ·
民國新聞業

　　新聞事業在民初曾有過長足的發展。據統計，武昌起義後的半年內，全國的報紙由 10 年前的 100 多種激增至 500 種。新出版的報刊中，有新建立的各級政權機關的機關報，如四川都督府創辦的《都督府政報》、雲南軍督府創辦的《雲南政治公報》等；有新成立的各資產階級政黨的政黨報紙，如國民黨的《亞東新報》、《民國新聞》、《中華民報》，共和黨—進步黨的《國民公報》、《庸言》、《大共和日報》，自由黨的《民權報》，無政府主義團體的《晦鳴錄》、《民聲》等；有一些資產階級知識分子為追求資產階級民主、鼓吹共和而創辦的報刊，如章士釗在上海出版的《獨立週報》；還有一批研究自然和社會科學的學術性報刊、文藝報刊和一些民族資本主義企業創辦的、以推銷產品為主要目的商業報刊。但好景不長，報刊出版業很快遭到了袁世凱和各地反動官僚的鎮壓，至 1913 年底只剩下 139 種，其中大部分是被軍閥收買利用的報刊如《亞細亞報》、《益世報》，黃色小報如《晶報》、《新世界報》等。袁世凱垮臺後，一些被查封的報刊恢復，並出現了一些新創辦的報刊，到 1916 年底共有報刊 289 種。繼續執政的皖系軍閥仍然執行禁錮言論的政策，封報捕人的事件時有發生，到 1918 年底，全國報刊總數又下降到 221 種。隨著新文化運動的開展，湧現了一批新式報刊，其中最負盛名的是《新青年》。《新青年》原名《青年雜誌》，1915 年 9 月由陳獨秀在上海創辦，1916 年 9 月第二卷起改本名，1917 年遷北京，初期主要是提倡民主和科學，五四後成為宣傳馬克思主義的主要陣地，1920 年 9 月後成為中國共產

黨早期組織的機關刊物。五四時期宣傳新思潮的重要報刊還有李大釗和陳獨秀於1918 年 12 月創辦的小型週報《每周評論》；北京大學學生在 1919 年一月同時出版的《新潮》雜誌和《國民》；毛澤東等於 1919 年 7 月在長沙創辦的《湘江評論》；周恩來主編、創刊於 1920 年 1 月的《覺悟》月刊等。由於新式報刊的大量創辦，到 1921 年全國共有報刊 550 種。

受報刊出版業的影響，民國初期通訊社也有了很大的發展。1912-1918 年的五六年中，新創的通訊社不下 20 家。較有影響的有北京的民生通訊社（1917）、北方通訊社（1917）、新聞交通通訊社（1918）、新聞編譯社（1918），上海的民國第一通訊社（1912），長沙的湖南通訊社（1912）、大中通訊社（1917）、中華通訊社（1916），武漢的武漢通訊社（1916）等。新聞編譯社影響最大，這個通訊社由邵飄萍創辦，社址設在北京南城珠巢街，每天下午 19 時左右發稿一次，外地郵寄，本埠由社員騎自行車分送。到 1926 年，通訊社增加到 155 個。

1923 年中國人自辦的廣播電臺誕生。1923 年 1 月，《大陸報》、中國無線電公司兩家合辦的廣播電臺正式廣播「廣播新聞和音樂節目」，電臺呼號 XRO，波長 200 米，發射電力 50 瓦特。1926 年 10 月，哈爾濱無線電臺正式廣播，呼號 XOH，波長 280 米，功率 100 瓦特，頻率 1071 千周。隨後，北洋政府又在天津、北京等地開辦廣播電臺。1927 年 5 月天津廣播無線電臺開始播音，呼號 COTN；9 月北京廣播無線電臺也開始播音，呼號 COPK。此外還出現了一批商辦廣播電臺。

隨著新聞事業的發展，新聞學的研究活動也初步地開展了起來。1918 年起，北京大學增設新聞學課程，聘徐寶璜主講，供文科各系選修，開我國大學設新聞學課程之先河。同年 10 月，邵飄萍協同蔡元培、徐寶璜創辦了我國第一個新聞學研究團體北京大學新聞學研究會。該會於次年四月創辦了《新聞週刊》，這是我國第一個新聞學刊物。徐寶璜在新聞研究會的講義，1919 年以《新聞學》為名出版單行本，1930 年改名《新聞學綱要》，這是我國第一部現代新聞學著作；邵飄萍的講義 1923 年以《實際應用新聞學》出版，是我國最早的一部採訪學著作。新聞學研究會存在兩年，培養了 70 名左右的學員。

一九二四至一九二七年第一次國共合作時期，國共兩黨在報業上也進行了合作。當時，國民黨各級地方機關報基本上都是國共兩黨合辦的。如北京的《新民國》的主要撰稿人有李大釗、何孟雄等；武漢的《民國日報》由董必武任社長；國民黨浙江省黨部機關報《浙江週刊》的工作人員中國共兩黨黨員參半；國民黨湖南省黨部的《新民》，由共產黨人李維漢主編。至北伐前夕，全國 19 個省市出版的國共合作辦的報刊達 66 種。1925 年 12 月在廣州創刊的國民黨中央執行委員會宣傳部機關刊物《政治週報》也是國共兩黨黨員共辦的，前 4 期由毛澤東主編。這時期，國民黨報刊的另一特點是工農兵報刊的興起，如 1924 年 10 月在上海創辦的中華全國總工會機關報《中國工人》；國民黨中央農民部於 1926 年 1 月在廣州創刊、毛澤東主編的《中國農民》，毛澤東的《中國社會各階級的分析》等文就發表在這一刊物上；中國青年軍人聯合會於 1925 年 2 月在廣州創辦、王一飛任主編的《中國軍人》等。

　　中國共產黨早期的重要報刊有：中共上海發起組除將《新青年》改組為機關刊物，於 1920 年 8 月創辦《勞動界》週刊，11 月出版了《共產黨》月刊；北京共產主義小組於 1920 年 11 月創辦《勞動音》；廣東共產主義小組也創辦了《勞動者》。1921 年 8 月，中國勞動組合書記部機關報《勞動週報》在上海創刊。1922 年 1 月，中國社會主義青年團機關刊物《先驅》創辦，鄧中夏、施存統等人先後任主編；次年 8 月，停辦《先驅》，創辦團中央公開的機關報《中國青年》。1922 年 9 月，中國共產黨中央第一個機關刊物《嚮導》在上海創刊，曾先後遷往北京、廣州、武漢出版，至 1927 年 7 月停刊，共出 201 期。蔡和森、陳獨秀等先後任主編。

　　一九二七至一九三七年第二次國內革命戰爭時期，國民黨方面建立和發展了以中央通訊社為中心的龐大的新聞事業網，以《中央日報》為中心的黨政軍報網和以中央廣播電臺為中心的廣播網。中央通訊社於 1924 年 4 月成立於廣州，屬國民黨中央黨報，1927 年隨北伐軍遷到武漢，寧漢合流後，中央通訊社於 1928 年遷往南京，與 1927 年 6 月創辦屬蔣介石系統的中央社合併，中央通訊社在南京建立總社，在上海等重要城市設分社或派通訊員，形成了一個全國通訊網。國民黨中央委員會機關報《中央日報》於 1928 年 2 月在上海創刊，次年 2 月遷往

南京，社長初由國民黨中央宣傳部長葉楚傖兼任。在對革命根據地進行軍事「圍剿」的過程中，國民黨軍事系統於 1931 年 5 月在南昌創刊《掃蕩報》。國民黨其他派系也辦了自己的報刊，如國民黨改組派主辦、於 1928 年 5 月在上海創刊的《革命評論》，新桂系軍閥主辦、於 1931 年 5 月在上海創刊的《民團月刊》等。1936 年，國統區報刊共有 1763 家，其中國民黨黨政軍報刊約占三分之二。國民黨中央廣播電臺於 1928 年 8 月 1 日正式播音，英文呼號 XKM，發射電力 500 瓦特。1932 年又新建了一座 75 千瓦電力的發射台，電臺呼號改為 XGOA，這是當時亞洲發射電力最大的廣播電臺。後又逐步發展地方廣播電臺，並允許民間經營教育性、商業性、宗教性廣播電臺。至 1937 年 6 月，國民黨官辦和民營廣播電臺已有 70 餘座。為了控制全國的廣播事業，國民黨在 1936 年成立中央廣播事業指導委員會。國民黨還實行嚴密的新聞檢查制度，嚴禁一切進步或革命報刊出版，任意扣壓、刪改或砍殺稿件，逮捕和殺害進步報人記者。如於 1934 年 11 月暗殺《申報》主持人史量才等。

這一時期，中國共產黨方面的主要報刊有：1927 年 10 月在上海創辦機關理論刊物《布林塞維克》，至 1932 年 7 月停刊共出 52 期，瞿秋白等編輯。1928 年 11 月又在上海創刊了中共中央機關報《紅旗》，1932 年 8 月後與中共江蘇省委出版的《上海報》合併為《紅旗日報》。1931 年 12 月，《紅色中華》在江西瑞金創刊，初為中華蘇維埃共和國臨時中央政府機關報，1933 年 2 月臨時中央遷到中央蘇區後改為中共中央、中央工農民主政府、中華全國總工會、共青團的聯合機關報，中央紅軍長征後一度停刊，1935 年 11 月在陝北瓦窰堡復刊，1937 年 1 月改名為《新中華報》。與《紅色中華》同時創刊的《紅星報》是中國工農紅軍軍事委員會的機關報，初由鄧小平主編，遵義會議後由陸定一主編，在中央紅軍長征途中，是中共中央和中央軍委的唯一報紙。1931 年 7 月，中國共產主義青年團蘇區中央局機關報《青年實話》在瑞金創刊，至 1934 年 9 月終刊，共出 130 期。1933 年 2 月，中國共產黨蘇區中央局機關報《鬥爭》創刊，至長征開始時停刊共出 73 期，主要刊載中共中央決議、指示和中央負責人的文章。1931 年 11 月，紅色中華通訊社（簡稱「紅中社」）在瑞金成立，這是中共創辦的最早的通訊社之一，其任務是抄收國民黨中央社電訊和蘇聯塔斯社的英文電訊稿，

編輯《參考消息》和《紅色中華》，對外播放中、英兩種文字的電訊等，1937 年 1 月改名為新華通訊社。

　　這一時期中間政派創辦的重要報刊有：人權派 1928 年 3 月在上海創刊的《新月》，聞一多、徐志摩等主編；中國託派組織在 30 年代初創辦的《無產者》、《十月》、《火花》；第三黨 1930 年 9 月在上海創辦的機關刊物《革命行動》；中國國家社會黨 1932 年 5 月在北平創辦的黨刊《再生》；1925 年 10 月創刊的中華職業教育社機關刊物《生活》週刊，1926 年 10 月由鄒韜奮接辦，九一八事變後由於抨擊蔣介石的對日妥協政策於 1933 年 12 月被國民黨政府查封，後鄒韜奮於 1935 年 11 月創辦《大眾生活》週刊等。中國左翼作家聯盟先後創辦了《拓荒者》、《萌芽》、《北斗》、《文學月報》等報刊。重要的學術期刊有 1928 年 10 月在廣州創辦的《國立中央研究院歷史語言研究所集刊》；1930 年創刊、故宮博物院文獻館編輯出版的《文獻叢編》；1934 年在北平創刊，顧頡剛、譚其驤主編的《禹貢》等。《申報》創刊於 1872 年，《大公報》創辦於 1902 年，這一時期分別由史量才、張季鸞主持，由於進行了一系列有效的改革，並對國民黨的政策有所批評，影響大增。

　　由於左翼文化運動的開展，1931 年 10 月，我國第一個研究無產階級新聞學的群眾團體——中國新聞學研究會在上海成立，由《申報》、《新聞報》、《時報》等報的進步新聞記者及民治新聞學院、復旦大學新聞系部分師生組成，有成員 40 多人。1932 年 3 月又在上海成立了中國左翼新聞記者聯盟，1935 年秋創辦中華新聞社以對外發稿，1936 年 5 月停止活動。

　　抗日戰爭時期，國統區的新聞中心從南京、上海向重慶、桂林轉移。重慶有《中央日報》、《大公報》、《掃蕩報》等 22 家報紙。《中央日報》於 1938 年 9 月 1 日在重慶復刊。桂林一度成為國統區進步報刊的中心。《救亡日報》於 1937 年 8 月在上海出版，上海淪陷後停刊，1939 年 1 月在桂林復刊；《國民公論》1938 年 9 月在武漢創刊，1939 年 1 月遷桂林出版，是當時影響較大的綜合性時事政治刊物；田漢主編的《戲劇春秋》1940 年 11 月創刊，1942 年 10 月停刊，是當時全國最大的戲劇刊物。抗戰時期，國民黨一方面進一步擴大了《中央日報》，

除重慶版外，還發行成都版、福建版、安徽版、梧州版；另一方面發展了地方黨報，據 1944 年統計，各省市黨報有 41 家，縣市黨報 397 家；同時也擴大了軍報系統，至 1943 年有軍報 200 家。據 1944 年國民黨中央宣傳部新聞處統計，國統區報刊共 1000 多家，其中國民黨黨部、軍隊和三青團的就有 670 多家。抗戰初期，國民黨的廣播事業受到了極大的削弱，抗戰前夕國民黨官辦電臺 20 多座，到 1938 年僅餘六七座。1937 年 11 月 20 日，國民黨政府宣布遷都重慶，兩天后，中央台停止在南京的播音，次年 3 月 10 日在重慶恢復播音，這期間，漢口廣播電臺、漢口短波廣播電臺和長沙廣播電臺聯合代替了中央台的播音任務。西南最大的昆明廣播電臺也於 1940 年 8 月開始播音。經過恢復和重建，至 1944 年，國民黨官辦電臺已達 23 座。

中共領導的各抗日根據地也興辦自己的報刊。在延安出版的《新中華報》，1939 年 1 月起改作陝甘寧邊區政府機關報，同年 2 月 7 日起成為中共中央機關報，1941 年 5 月 16 日與《今日新聞》合併，改為《解放日報》。《解放日報》至 1947 年 3 月 17 日終刊，共出 2130 期，社長博古，總編輯楊松（後為陸定一），這是抗日根據地出版的第一張大型日報。抗戰時在延安出版的報刊還有 1939 年 1 月創刊的八路軍總政治部機關刊物《八路軍軍政雜誌》；1939 年 4 月創刊、中共中央青年運動委員會主辦的《中國青年》；1939 年 10 月創刊的中共中央機關刊物《共產黨人》；1940 年 2 月創刊的陝甘寧邊區文化協會機關刊物《中國文化》等。其他抗日根據地的重要報刊有晉冀豫的《中國人報》、晉察冀軍區的《抗敵三日刊》、冀中根據地的《冀中導報》、晉西北根據地的《新西北報》、冀東根據地的《冀東日報》、山東根據地的《大眾日報》等。抗戰時期，經中國共產黨一再交涉，國民黨政府同意中共在國統區公開出版報刊，於是，《群眾》週刊於 1937 年 12 月在漢口創刊，1938 年 12 月遷至重慶。1938 年 1 月，中共在國統區公開出版的第一張機關報《新華日報》在漢口創刊，社長潘梓年，總編輯華崗，1938 年 10 月遷重慶出版，1941 年 1 月皖南事變發生後，《新華日報》發表了關於皖南事變真相的報導和評論。

抗戰時期民主黨派的報刊有：中華民族解放行動委員會（第三黨）機關刊物《抗戰行動》於 1938 年 2 月在武漢創刊，武漢淪陷後停刊；中國青年黨機關報

《新中國日報》於同年6月在漢口創刊，武漢淪陷後遷成都出版；中國民主政團同盟機關報《光明報》於1941年9月在香港創刊等。

在淪陷區，日偽為控制新聞報導出版了六七百種報刊，建立了五六十座電臺，成立了「中華通訊社」等機構。進步的文化工作者冒生命危險在淪陷區出版和發行抗日報刊，僅天津、上海兩地大約出現了100多種抗日報刊。1938年1月，《文匯報》在上海創刊，積極宣傳抗日救亡運動，大量刊載各地抗戰的新聞，日銷量一度達到近10萬份，居上海各報之冠，日偽機關曾多次予以襲擊，1939年5月被迫停刊，後於1948年9月在香港復刊，次年6月遷回上海出版。

抗戰勝利後，國民黨接收了全部日偽報刊、通訊社、廣播電臺及其他新聞事業。《中央日報》、中央通訊社和中央廣播電臺都由重慶遷回南京。1946年，國統區已登記的報刊共有984家（實際有1832家），發行量共200萬份。到1947年12月，國統區共有廣播電臺129座，其中國民黨中央廣播事業管理處所轄的42座，其餘為各省市公營、私營電臺。全面內戰爆發後，國民黨加強對新聞的控制，《新華日報》、《群眾》於1947年2月被迫停刊，從此，中共在國統區不再有公開出版的報刊。民主黨派的《民主報》、《民眾日報》等也被封閉。

解放戰爭時期，解放區新聞事業又有新的發展。出現了一批新的報刊，其中最主要的是《人民日報》。1946年5月15日，中共中央晉冀魯豫分局機關報《人民日報》在河北邯鄲創刊，社長張磐石，總編輯袁勃；1948年6月15日與晉察冀分局機關報《晉察冀日報》合併，報名採用《人民日報》，成為中共中央華北局機關報，社長張磐石、總編輯張放之；1949年3月15日遷至北平出版，同年8月改為中共中央機關報，社長胡喬木，總編輯鄧拓。抗戰勝利後新創辦的報刊還有1945年11月創刊的中共中央東北局機關報《東北日報》，1949年5月創刊的中共中央中南局機關報《長江日報》等。一些被迫停

被搗毀的《新華日報》營業部

刊的報刊恢復了出版。經中共中央和毛澤東批准，把具有光榮傳統的《解放日報》和《新華日報》，分別交給上海和南京。1949 年 4 月 30 日，南京《新華日報》創刊；5 月 28 日，中共中央華東局兼上海市委的機關報《解放日報》出版。同年 6 月，中國民主同盟機關報（後改為民主黨派聯合機關報）《光明日報》創刊。

誕生於紅軍時代的新華社在人民解放戰爭轉戰中進一步成長壯大。1937 年 1 月，「紅中社」改名新華社。1939 年初，根據中共中央決定，新華社改變社報合一體制而單獨建立自身的組織機構。抗日戰爭期間，新華社的分支機構逐步遍布全國各抗日根據地。1947 年 3 月，新華總社在國民黨軍進占延安前兩天撤離，小部分人員隨毛澤東、周恩來等轉戰陝北，大部分人員轉移到晉冀魯豫區的太行。1948 年春，轉戰陝北的新華社工作人員和從太行轉移來的新華總社在平山縣西柏坡村會師。1949 年 3 月 22 日，新華總社遷至北平，為其成為國家通訊社奠定了基礎。新華社還從 1940 年 12 月 30 日起試辦了口語廣播，延安新華廣播電臺隨之誕生，這是中共試辦的最早的一個口語廣播電臺，由於技術原因曾於 1943 年春暫時停播，後於 1945 年 9 月恢復播音，1947 年 3 月從延安遷移到瓦窯堡，改名為「陝北新華廣播電臺」繼續播音，1949 年 3 月遷到北平後和新華社分開，改名為北平新華廣播電臺，新中國成立前夕改名為北京新華廣播電臺，後又改名為中央人民廣播電臺。從此，我國的人民廣播事業發展到了一個新時期。

第二節 ·
圖書出版業
的發展

　　民國初期成立的出版機構有中華書局、正中書局、廣益書局、群益書局、北新書局、開明書局、民智書局、大東書局、亞東圖書館、泰東圖書館等。中華書局創辦於民國元年，創辦人陸費逵，出版的社會科學書籍有《民約論》全譯本、《新文化叢書》等；出版的文藝書籍有張聞天《青春的夢》，李劼人的《死水微瀾》、《暴風雨前》，劉海粟的《世界名畫集》和鄭午昌的《中國畫學全史》等；出版了大型古籍叢書《四部備要》和最後一種正史《清史稿》；出版的工具書有《中華大字典》、《實用大字典》等；出版了《歐美名家短篇小說叢刊》，翻譯英、德、美、俄、法、意、匈、西班牙等十幾個國家的優秀小說。北京北新書局印行了魯迅的短篇小說集《吶喊》、《彷徨》；散文詩集《野草》；論文集《墳》；雜文集《熱風》、《華蓋集》、《小說舊聞鈔》、《唐宋傳奇集》等。泰東圖書館出版創造社叢書本和辛夷小叢書本等，其中有郭沫若創作的第一部詩集《女神》和第二部詩集《星空》，郁達夫的短篇小說集《沉淪》和《蔦蘿集》。亞東圖書館出版了《獨秀文存》、《胡適文存》，蔣光慈的早期著作《紀念碑》、《短褲黨》、《鴨綠江上》等。

　　中國共產黨上海發起組於 1920 年 9 月成立「新青年社」，除出版《新青年》雜誌外，還出版《新青年叢書》。中國共產黨成立後，1921 年 9 月 1 日在上海創

辦了人民出版社，翻譯出版馬克思主義理論著作和其他宣傳革命的書籍，後併入新青年社。1923 年秋，新青年社被查封後，11 月又創立新的出版發行機構——上海書店，至 1926 年 2 月被查封。同年 11 月，中共在武漢建立長江書店，繼承上海書店營業，兼辦出版和發行，由瞿秋白領導。後在上海創辦了上海長江書店，與武漢長江書店並存。1925 年 6 月，中共在上海創建了第一個印刷機構崇文堂印書局，旋改名為文明印書局。上述新青年社、人民出版社和上海書店等，先後出版了《馬克思全書》3 種，《列寧全書》4 種及一些單行本以及史達林的《列寧主義概論》即《論列寧主義基礎》。還出版了瞿秋白翻譯的《無產階級的哲學——唯物論》、《社會科學概論》、《新社會觀》、《社會科學講義》等。

　　一九二七至一九三七年期間，出版業獲得了較快的發展。其中以商務、中華、世界三大出版社規模最大。創辦於 1897 年的商務印書館至 20 世紀 30 年代已達全盛時代。在上海設有制度完備的總務處、總編譯所、總發行所以及機械、技術十分完善的印刷總廠；同時在北京、香港設有印刷分廠，在全國各省市和重要商埠先後設有 85 處分館，在海外也有分館。這一時期出版了《叢書集成》、《萬有文庫》、《幼童文庫》、《小學生文庫》、《中學生文庫》、《百科全書》、《王雲五大辭典》、《中山大辭典》等。中華書局在抗戰前夕也盛極一時，到 1937 年資本增至 400 萬元，年營業額約達 1000 萬元，在全國各大、中城市和新加坡設分局 40 餘處。這一時期印行的有影響的書籍有：1930 年開始出版《社會科學叢書》；1934 年開始影印《古今圖書集成》，至 1940 年全部完成；1936 年出版《辭海》、田漢翻譯的莎士比亞名劇《哈姆雷特》和《羅密歐與茱麗葉》、李劼人翻譯的福樓拜名著《包法利夫人》等；1937 年出版《外交大辭典》、《經濟學大辭典》等。世界書局刊行雜誌《紅雜誌》、《紅玫瑰》、《世界月刊》等，還出版了小說《江湖奇俠傳》和林漢達編的《英語標準讀本》等書籍。1936 年，商務、中華、世界 3 家的出版物占全國出版物的 71%，至於出版的圖書總類據 1935 年和 1936 年的統計，占 40%，社會科學占 28%。

　　國民黨政府大力扶持官方出版機構正中書局。正中書局出版的書籍有國防教育叢書 10 種，時代叢書 20 餘種等。大東、開明和上述商務、中華、世界、正中六家出版社是當時出版界的「六強」。上海開明書店從 1935 年起開始出版《開

明文學新刊》，收錄五四新文學運動以來的優秀文學作品，以散文集為主，如朱自清的《背影》、《歐遊雜誌》、《倫敦雜記》，茅盾的《速寫與隨筆》，葉紹鈞的《未厭居習作》，夏丏尊的《平屋雜文》等。

這一時期新成立的出版機構較有影響的有：1927 年創立的光明書局，出版了謝冰瑩的《從軍日記》，錢杏邨編的《中國新文學運動史料》、《現代十六家小品》，譚正璧編的《中國文學史大綱》和金則人譯的蘇聯肖霍洛夫的長篇小說《靜靜的頓河》等；1935 年成立的文化生活出版社，從成立起出版《文學叢刊》10 餘年，共編選出版了魯迅、茅盾、王統照、鄭振鐸、曹禺、臧克家等 80 多位中國現代文學家的 160 種作品，還出版了其他叢書、專集、選集；同年成立的專出英語讀物的競文書局，出版了葛傳槼編著的《怎樣讀通英文》等書籍。生活、新知、讀書三大書店也創辦於這一時期。生活書店於 1932 年 7 月 1 日在上海成立，由鄒韜奮等主辦，出版《生活》週刊、《大眾生活》、《永生》週刊等 10 餘種期刊，還出版了文藝作品、社會科學、革命書籍等 400 多種圖書。新知書店於 1935 年 8 月成立，由錢俊瑞主持，出版了錢俊瑞、章乃器、朱楚辛等集體著作的《中國貨幣制度往哪裡去》，錢亦石、姜啟石等集體著作的《意阿戰爭與第二次世界大戰》，孫冶方譯述的《帝國主義鐵蹄下的阿比西尼亞》，狄超白的《通俗經濟學》等書籍。讀書出版社 1936 年由李公樸創辦，出版《讀書生活》、《大家看》、《認識月刊》等雜誌，還出版了艾思奇的《哲學講話》（後改名《大眾哲學》）等一批書籍。抗戰勝利後，生活、讀書和新知三家出版社合併為生活·讀書·新知三聯書店。新成立的書局還有野草書屋、大華書局、作者書社、新文化書社等。

這一時期，國民黨大力推行文化專制主義，嚴厲查禁革命進步書刊。自一九二九至一九三一年，國民黨先後制定和頒發了《宣傳品審查條例》、《出版法》和《出版法施行細則》，嚴格限制不利於自己統治的書刊發行。據不完全統計，一九二七至一九三六年僅查禁的社會科學書刊就達 676 種，如《魯迅自選集》、《茅盾自選集》、郭沫若的《中國古代社會研究》、艾思奇的《哲學講話》等。

抗日戰爭爆發後，國統區寧滬等地出版社相繼內遷。商務印書館總經理處、

正中書局、生活書店、讀書出版社等遷移到了重慶。桂林成為國統區僅次於重慶的第二個出版中心，共有書店、出版社 179 家，出版書籍上千種。在上海「孤島」時期，進步出版界甘冒風險，出了許多進步書刊，其中胡愈之等於 1938 年初在上海租界裡成立「複社」，出版進步書刊。複社出版的第一本書是斯諾的《西行漫記》（即《紅星照耀中國》），這本當時第一次詳細介紹紅軍長征的書出版後廣為流行。之後，複社又出版了《列寧全集》、《論持久戰》等書，並于 1938 年夏出版了《魯迅全集》，全書共 20 卷，600 餘萬字，收集了魯迅從 1906 年棄醫從文以來的絕大部分著述和譯作。「孤島」時期出版的圖書還有上海良友圖書公司出版的鄭振鐸編著的《中國版畫史圖錄》，中華書局出版的柳亞子所著《南社紀略》等。抗戰勝利後，國統區各進步書店堅持出版進步書刊，如上海生活書店出版了恩格斯的《反杜林論》；上海亞東圖書館出版了新譯的《馬克思致庫格曼的信》；石家莊新中國書局印行了《魯迅全集》等。國民黨發動內戰後，對進步書店施加壓力，查禁書刊，封閉書店。生活書店到 1947 年 5 月被迫停業，上海、北平、武漢、廣州、西安等地的進步書店也因國民黨的迫害而停業。

從抗戰開始，人民出版事業得到發展。1938 年在延安創辦了延安解放出版社，這是中共中央在抗日戰爭中設立的第一個大型出版機構，印行了《列寧選集》、《史達林選集》、《馬克思恩格斯論中國》、《列寧史達林論中國》等著作。抗戰時期，中國共產黨還在國統區公開建立出版社，主要有 1938 年在武漢創刊的出版社，出版了一批馬克思主義著作和抗戰書籍，如列寧的《共產主義運動中的「左」派幼稚病》、《論反對派》、《國家與革命》和《吳玉章抗戰言論集》等。新華書店於 1937 年 4 月 24 日在延安誕生，此後在西北、華北、華中各地相繼建立了一批新華書店。抗戰勝利後，延安解放出版社和各解放區的出版社，及各地新華書店印行了一批馬列主義經典著作，毛澤東著作和其他革命書刊，如《無政府主義還是社會主義》、《唯物論與經驗批判論》、《抗日戰爭勝利後的時局和我們的方針》等。全國各大城市陸續解放後，中共中央指示要發展人民出版業，保護私營出版業，沒收國民黨官辦的出版業，相繼建立了國營出版社 21 家，後增至 54 家，有 200 多家私營出版社逐步走向聯合，進行集體經營。

20 世紀 80 年代有人統計，一九一一至一九四九年 9 月共出版圖書約 10 萬

種。一九四〇至一九四八年 8 月各解放區出版圖書 5300 種[1]。這個數目還是很不全的。據北京圖書館《民國時期總書目》編輯組最新統計，僅北平、上海、重慶三家圖書館所藏中文圖書，就已達到 124040 種。[2]

第三節 ·
圖書館和
博物館事業

　　近代圖書館產生於 19 世紀末，在民國成立以後，則更加大量地出現，尤其是通俗圖書館已深入到某些中小城市和縣城。北京圖書館的前身京師圖書館，在李端棻、羅振玉、張之洞的奏請下，於 1909 年建立，1912 年 8 月在北京廣化寺開放，次年 6 月呈准教育部設分館於宣武門前青廠，同月，熱河文津閣《四庫全書》移交京師圖書館收藏。此外，北京還建有京師通俗圖書館、午門圖書館、中央公園圖書館等。1915 年，北洋政府教育部頒布了《圖書館規程》和《通俗圖書館規程》，後者第一條規定：「各省治、縣治應設通俗圖書館，儲集各種通俗圖書，供眾人之閱覽。各自治區得視地方情形設置之。私人或公共團體公私學校及工廠，得設立通俗圖書館。」據統計，到 1916 年全國省市縣級圖書館 23 個，其中民國間建立的 8 個，讀者不多。通俗圖書館與省市縣官辦圖書館相比，數量多，讀者廣，影響大，到 1918 年，全國有通俗圖書館 286 個，巡迴文庫 259 個，閱報所 1825 個。

1　苑柏華：《從統計數字看中國圖書出版事業的發展》，《圖書情報工作》，1981年第1期。
2　邱崇丙：《民國時期圖書出版調查》，《出版史研究》第2輯，164頁，北京，中國書籍出版社，1994。

隨著新文化運動興起，新圖書館運動在 1917 年留美學圖書館學畢業回國的沈祖榮等倡導下逐漸發展起來。沈祖榮於 1914 年由武昌文華大學美國人韋棣華資助去美國紐約公立圖書館學校專攻圖書館學，1917 年回國後，他和韋棣華的助手余日章一起攜帶有關新式圖書館的各種影片、模型、統計表等前往各省進行宣傳，反對封建藏書樓，主張按美國式建立面向大眾開放的新式圖書館。1919年，擔任北京大學圖書館主任的李大釗在《在北京高等師範學校圖書館二周年紀念會上的演說辭》中也指出，古代藏書樓和現代圖書館在作用上是根本不同的，前者不過是藏書的地方，管理員不過是守書的人，而現代圖書館是教育機關，是研究室，不僅要管理圖書，還要使各種書籍發揮作用。1920 年夏，北京高師開設了圖書館講習會，同年秋，韋棣華在武昌文華大學創辦圖書館科，從此，圖書館人才的培訓受到教育界的重視，促進了新式圖書館事業的發展。1922 年，韋棣華髮起以美國退還的庚款來推廣中國的圖書館事業。1925 年春，鮑士偉代表美國庚款委員會來中國調查圖書館事業的情況，在各地講演 50 餘次，提倡設立美國式的圖書館，推動了新圖書館運動。早在 1918 年 3 月，戴志騫發起成立北京圖書館協會，此後在開封、南京、上海、天津等地出現了一些地方性圖書館協會，最後於 1925 年 4 月在上海成立了中華圖書館協會。由於新圖書館運動的興起，據 1925 年不完全統計，當時全國各類型圖書館已發展到 502 所，藏書 310餘萬冊，最多是北平市 43 萬冊，江蘇省 41 萬冊。其中，建立了不少專業性圖書館，如 1922 年在上海出現了我國第一個少年兒童圖書館——上海少年兒童宣講團圖書館；同年，虞恰卿創辦了商業圖書館，收藏商業經濟圖書兩萬餘冊；1923年世界語協會創立上海世界語圖書館；1924 年又創立專收報刊資料的人文圖書館，收集近百年的報紙雜誌；1925 年又成立了上海圖書館學圖書館。

隨著馬克思主義的傳播，還出現了面向勞動人民宣傳革命理論的圖書館，如1920 年毛澤東在長沙創辦的文化書社；1921 年五一勞動節建立的上海通信圖書館；1922 年唐山建立的「工人圖書館」、天津建立的「工人圖書館」；1923 年南昌建立的「平民圖書館」等。

民國初期，清末創辦的華北博物院（1905）、南通博物苑（1905）等又有發展，並興辦了一些新的博物館。1912 年 7 月，在北京國子監舊址設立了歷史博

物館，以原太學器皿百餘件為基本陳列品；1913 年，在北平創辦交通大學北平鐵道管理學院博物館，陳列各種交通模型以及圖表等展品；1914 年建立北平古物陳列所；1915 年創辦南京古物保存所；1916 年河北博物院籌建，1918 年開始展覽後定名為天津博物院；1923 年，北疆博物院成立；1925 年 10 月故宮博物院成立等。

　　一九二七至一九三七年十年內戰期間，國民黨政府於 1927 年 12 月和 1935 年 5 月以教育部名義兩次頒布了「圖書館規程」，1932 年又頒布「民教館暫行規程」，在各地提倡辦圖書館和民教館。於是，圖書館數迅速增加。據 1930 年統計，全國共有各種圖書館 2935 所，與 1925 年相比有大幅度增加。1936 年統計，全國有各級各類圖書館 5196 所，比 1925 年 502 所增加 10 倍，其中普通圖書館 1502 所，學校圖書館 2542 所，民眾圖書館 990 所，機關團體圖書館 162 所。1928 年，原京師圖書館與北海圖書館合併改稱北平圖書館，藏書 50 萬冊，藏有文津閣《四庫全書》、《永樂大典》等珍本。中央圖書館始籌備於 1933 年 1 月，負責接受各出版社呈交新書，接受教育部撥存中文書 47000 冊及殿試策卷千餘本，並負責出版品的國際交換，到抗戰發生前已有藏書 18 萬冊。當時最大的私立圖書館是商務印書館的東方圖書館，系由「涵芬樓」蛻化擴充而成，1931 年底藏書已達 50 多萬冊，1932 年日本轟炸上海時該館被炸毀。抗戰前夕，全國 1900 多縣幾乎每縣、市政府所在地均設有公立或私立圖書館。在這期間，還將各地原有的通俗圖書館改為「民眾教育館」，1935 年統計，全國民眾教育館 1225 所，較大的民眾教育館還出版民眾教育月刊。

　　與此同時，共產黨領導的各根據地由於條件艱苦，只能設立一些「讀書班」、「書報室」、「俱樂部」之類，利用圖書開展一些宣傳教育活動。真正形成的圖書館只有蘇維埃中央圖書館，是在江西瑞金工農民主政府成立後建立的，現江西瑞金博物館還收藏著當時的圖書 1000 多冊。

　　這一時期，博物館事業又有發展。1928 年 6 月，國民黨政府派人接收故宮博物院，10 月公布故宮博物院組織法及理事會條例。從 1929 年起到 1931 年九一八事變，是民國期間故宮博物院的鼎盛期。一批專家學者應邀組成各種專門

審查委員會，對文物進行審核和鑒定，修建「延、北、保、壽」四庫集中存放各宮的文物，逐步建立起嚴格、周密的文物保管制度，開闢了宋元畫、明畫、清畫、玉器、銅器等 30 多個陳列室，出版影印字畫、圖書文獻 200 多種，定期發行《故宮月刊》、《文獻叢編》等刊物，使故宮博物院成為全國有影響的綜合性古代藝術博物館。

國民黨控制北平時的
故宮博物院

1933 年 4 月，中央博物院開始在南京籌建，初由傅斯年任籌備處主任，後改聘李濟接任，籌建中的中央博物院分自然、人文、工藝三館，另設負責行政的總辦事處。1935 年 9 月，中央博物院理事會成立，推舉蔡元培為理事長，11 月，蔡元培主持中央博物院奠基式，工程後因抗戰爆發而暫停。中央博物院籌備處還著手從事藏品建設，北平古物存列所、北平歷史博物館所存文物均劃歸中博籌備處，還接收、收購、採集了斯文赫定在新疆採集的 3 箱古物、東莞容氏之頌齋藏品 32 件、盧江劉氏善齋青銅器百餘件等。這一時期，許多省市博物館也先後建立，較有影響的有河南省博物館、浙江省立西湖博物館、廣西省立博物館等。一些重要的科研機構、大學也開始建立各式博物館，如：1929 年 1 月，中央研究院歷史語言研究所接收原北京歷史博物館籌備處，改名為國立中央研究院歷史博物館籌備處；次年 1 月，中央研究院又組織了自然歷史博物館籌備會；同年，原震旦博物院擴建於震旦大學內，並劃歸該校管理，改名震旦大學博物院；1932 年，北平靜生生物調查所設生物通俗博物館，闢有展出動植物標本的展室 7 個；1933 年，廈門大學文學院設文化陳列所，收藏考古、風俗等文物；等。隨著博物館事業的發展，1935 年 5 月 18 日，中國博物館協會在北京成立，協會在對全國博物館進行調查的基礎上編輯了《中國博物館一覽》，該書是了解 20 世紀 30 年代中國博物館成就的主要參考書之一。

一九三七至一九四五年抗日戰爭時期，我國圖書館、博物館事業遭日寇嚴重摧毀。早在 1932 年，日軍就狂轟濫炸商務東方圖書館。七七事變至 1938 年底，沿海大部分圖書館均遭到毀損劫奪。湖南大學圖書館於 1939 年在一次轟炸中 20

分鐘內化為灰燼。重慶大學圖書館和遷入重慶的許多圖書館在轟炸中也多有損失。據統計，抗戰時期，在淪陷區和戰區共損失圖書館 2118 所，民教館 835 所，藏書損失 1000 萬冊以上。日寇還到處搶劫我圖書資源，如南京淪陷後各館貴重圖書被劫走 70 萬冊以上。各地博物館的文物、設施也遭搶劫和破壞，據 1945 年 10 月「戰時文物保存委員會」統計，戰時文物損失共 360 多萬件又 1870 箱，古跡 741 處。

當時少數圖書館、博物館到處搬遷。北平圖書館、中央圖書館等輾轉遷入四川。北平大學、北平師大、北洋工學院三校圖書館遷入西安，合組西北聯大圖書館，後又由西安遷入陝西城固，與陝西省圖書館合併組成城固圖書館。浙江省圖書館則攜中西文珍本圖書 10 萬冊跋涉於永康、麗水、富陽、建德間，其中文瀾閣四庫全書在 1938 年 3 月轉移到了貴陽，1944 年又遷重慶。其他各省和大學圖書館也被迫西遷。故宮博物院、中央博物院籌備處等博物館也遷入內地避難。

抗戰時期，共產黨領導的抗日根據地的圖書館事業有了一定的規模。1937 年 5 月，延安中山圖書館成立，1938 年遭日機轟炸，工作一度停頓，1940 年 7 月正式開館，胡喬木擔任館長，到 1941 年該館藏書有 5000 餘種，1 萬餘冊。1938 年，魯迅圖書館成立，藏書約萬餘冊，主要服務於邊區一般在職幹部。綏德子州圖書館也有一定規模，到 1945 年 10 月，藏書已達 6000 餘冊。

解放戰爭時期，由於國民黨發動內戰，圖書館、博物館繼續遭受損失。抗戰前夕，全國有圖書館 5196 所，到 1949 年全國解放前，總共只剩下 300 餘所。在此期間，全國只有 13 所博物館開展正常工作。內遷的圖書館、博物館陸續回遷。北平圖書館北歸後，接收汪偽書籍近 60 萬冊，開放了 15 個閱覽室和研究室，編纂了館藏圖書目錄、索引、蒙藏文經典目錄等，還購入一批珍貴古籍。中央圖書館於 1946 年 5 月遷回南京，接收了上海東亞同文書院、近代科學圖書館、汪偽中央圖書館、澤存書庫及汪精衛私人圖書計 60 萬冊，開放了成賢街閱覽室，又在新街口和頤和路增設 2 所閱覽室。中央博物院籌備處於 1946 年底遷回南京後，接收了汪精衛、陳長蘅等人寓所文物數千件，及上海和平博物館、北平歷史博物館兩館全部文物，1948 年正式接收北平古物陳列所文物 5300 多箱，

還接受了許多捐贈文物。故宮博物院也於 1947 年將文物運返南京。國民黨逃亡之際，運走了大批文物、圖書、檔案，如南京中央圖書館全部善本書 13 萬餘冊。

這一時期，解放區新建了東北圖書館、承德市圖書館、長春市圖書館、張家口市圖書館、冀中群眾圖書館、山東濰坊特別市圖書館、膠東圖書館等。東北圖書館 1947 年開始籌備，1948 年 8 月 10 日在哈爾濱正式開館，1948 年 11 月東北全境解放後又遷到瀋陽。該館先後接收了偽哈爾濱市圖書館、長春偽「皇宮」的藏書及國民黨「國立瀋陽博物院籌委會圖書館」、「遼寧省立圖書館」的藏書，1948 年底共有藏書 60 萬冊，內有文溯閣《四庫全書》、宋元珍本、明清善本抄本、清內閣大庫明清檔案等。該館是當時全國範圍新建立的規模最大的圖書館。

第四節 ·
現代體育事業的興辦

民國初期和北洋軍閥統治時期，是近代體育運動體制在中國開始建立的時期。作為「三育」之一的體育在學校中的位置得以確立。民國初年的學校體育沿襲清末，仍以兵式體操為主，實際上只是一種軍事訓練，內容不過是軍隊的整隊（立正、稍息、看齊）、佇列（各種轉法、步法、隊形變換等）。由於教育界極力主張體育近代化，1915 年，教育部不得不規定「引導學生於體操正課（兵式體操）之外，為種種有益之運動」。這樣，學校有了課外活動的規定，西方傳入的各項活動有了合法的地位。新文化運動中，軍國民主義與學校的兵式體操進一步

受到抨擊，體育作為學校三育的地位進一步得到確認。陳獨秀在 20 世紀初就主張「三育並重」，1915 年 10 月，他在《新青年》雜誌第 1 卷第 2 號上發表《今日之教育方針》提倡「獸性主義」，主張人生在 10 歲以前應以體育為主。毛澤東於 1917 年 4 月以「二十八畫生」的筆名在《新青年》3 卷 2 號發表《體育之研究》一文，重申學校教育必須「三育並重」，甚至從某一角度說，體育應占「第一的位置」。1917 年 9 月，惲代英在《青年進步》第 4 期上發表《學校體育之研究》一文，猛烈抨擊了學校的兵操體育，認為它「無異於軍隊之從鞭策、教令中得來學問，使許多學生蹺課」；不蹺課者「或用力過度致傷器官或肢體」，也是有害無益。1919 年 10 月，「全國教育聯合會」在太原召開第五次會議，通過了《改革學校體育案》，提出「近鑒世界大勢，軍國民主義已不合教育之潮流，故對學校體育應加以改進」，提出減少兵操時間，增加體育時間，實行二十分鐘課間操及課外活動等措施。從此，有些學校正式掛牌廢止兵操，有的自動將「體操課」改稱「體育課」，內容改以普通體操、田徑、球類、遊戲等項目為主，兵操體育在學校中日漸衰落。1922 年 1 月，當時的教育部公布了「壬戌學制」，次年又公布《新學制課程標準》，正式把學校的「體操科」改名「體育科」，剔除了兵操，轉而以田徑、體操、球類、遊戲等為主，學校體育進入了新的歷史時期。

從這一時期開始，現代體育運動競賽體制也建立起來。1910 年在南京舉辦的「全國學校區分隊第一次體育同盟會」，比賽專案有田徑、足球、網球、籃球共 4 項，這次運動會漸具近代競賽的雛形，在辛亥革命後被追認為「第一屆全國運動會」。1914 年 5 月 21 至 22 日在北京舉行舊中國第二屆全運會，比賽項目增加為田徑、足球、網球、籃球、排球、棒球 6 項，有 96 名運動員參加。1924 年 5 月 22 日至 24 日在湖北武昌跑馬場舉行舊中國第三屆全運會，男子比賽項目增加了游泳，另有拳術、體操等表演項目，引人注目的是，此次運動會第一次有女運動員參加，競賽項目有獎品而無錦標。參加這次全運會的分華東、華南、華西、華北、華中 5 個代表隊，男女運動員共 340 餘人。

除了全運會外，地區性運動會也於此期出現。如華北和華中運動會等。華北運動會從 1913 年至 1925 年每年都舉行，連辦 12 屆，第二屆後成立了「華北聯

合運動會」這一組織，1929 年後改稱「華北體育聯合會」（簡稱「華北體聯」）；第一屆華中運動會於 1923 年 5 月在武昌舉行，在此前後成立了華中體育聯合會，第二屆、第三屆華中運動會分別於 1924 年 5 月和 1925 年 4 月在長沙、南昌舉行；華東區則有「東方八大學運動會」，到 1926 年共舉行了 12 屆。這一階段，湖南、福建、四川及京、津等地還舉辦過省市運動會。

與此同時，中國運動員還參加了前八屆遠東運動會。第一屆遠東運動會 1913 年在馬尼拉舉行，以後每兩年一屆，到 1927 年是第八屆，前八屆都是中、日、菲三國選手的比賽，比賽專案開始有田徑、籃球、排球、足球、棒球、網球和游泳 7 項，第八屆起田徑中的全能單設錦標。中國曾於 1915 年在上海舉辦的第二屆遠東運動會上得了總錦標和排球、足球、棒球 3 項單項錦標，推動了國內體育運動和競賽的開展。

現代體育社團隨著現代體育運動的興盛也組織起來。地區性的除已提及的華北體育聯合會、華中體育聯合會外，還有 1912 年成立的北京體育競進會，1914 年在蘇州成立的華東大學體育聯合會，1920 年在廣州成立的華南體育會等。1927 年以前，沒有領導全國體育運動的正式官方組織，屬於民間性質的全國性體育組織先後有 3 個：1910 年召開第一次全運會時，成立了與運動會同名的「全國學校區分隊第一次體育同盟會」的體育組織，有董事 25 人；1922 年 4 月，中華業餘聯合會在北京正式成立，會長張伯苓；1924 年 8 月，中華全國體育協進會在上海成立，推選張伯苓為名譽會長，這是舊中國最主要的全國社會體育組織。

1927 年至 1937 年，為中國近代體育發展較快的時期。1927 年 12 月，南京國民政府大學院（1929 年改稱教育部）召集社會名流舉行會議，成立了全國體育指導委員會，在中央政府第一次設立了專門管理體育的組織。1929 年 4 月，南京國民政府頒布《國民體育法》，誕生了中國的第一部體育法。1932 年 8 月在南京召開了第一屆全國體育會議，擬訂並通過了旨在貫徹體育法的《國民體育實施方案》，規定全國體育行政管理系統為：教育部設體育委員會，下設主管體育科，主管體育之督學；各省、直轄市教育廳（局）設省市教育廳（局）體育委員

會，下設主管教育股、主管體育之督學或指導員；各縣及縣級市設縣市體育委員會，下設主管體育組、主管體育指導員。1932 年 10 月，在體育指導委員會的基礎上又成立教育部體育委員會。全國的一些地方，主要是沿海的幾個省和它們下屬的市縣，按法令的要求也先後成立了體育委員會。另有中央黨部民訓部體育科、黨政軍學體育促進會、軍委訓練總監部體育科等機構。

學校體育朝規範化方向發展，在全國範圍內初步形成了制度。1929 年 8 月，教育部頒布《中小學課程暫行標準》，規定了各門課程包括體育課的課時標準。一九三一至一九三二年，正式公布了《初級中學體育課程標準》、《高級中學普通課體育標準》、《小學體育課程標準》和《幼稚園遊戲課程範圍》，對中小學體育課教學內容、時間、方式均作了具體規定。1936 年，教育部編印出版《高中男生體育教授細目》、《初中男生體育教授細目》、《初中女生體育教授細目》、《小學體育教授細目》等，成為中國第一套較完備的中小學體育教科書。國民黨當局還把軍事訓練和童子軍訓練列為學校正式課程，規定高中以上學校以軍事訓練為必修科，實行 2 年，共 6 學分；小學和初中以童子軍為正式課程，訓練內容包括紀律、禮節、操法、結繩、旗語、偵察、救護、炊事、露營等。《國民體育法》、《國民體育實施方案》及 1936 年 2 月頒布的《暫行大學體育課程綱要》等規定，大學體育每週兩小時，必修 4 年。但學校體育發展不平衡，有些學校以放羊式教學為主，只是老師領著學生玩；有些學校則走向「選手體育」的弊端，運動設施為少數幾個選手占用。

這一時期，社會體育也打下了一定的基礎，陸續修建了一些公共體育場館。1929 年 1 月，國民黨政府訓練總監部通令全國各縣、市教育局，每縣、市至少應有設備完全的公共體育場一個。同年 8 月，又公布《各縣市公共體育場暫行規程》，規定各縣應「至少設立公共體育場一處，逐漸推至市鎮鄉村」。1932 年 9 月，《國民體育實施方案》規定各省、市體育場的面積應有 80 畝；縣體育場面積至少應有 30 畝。據統計，1929 年全國已擁有公共體育場（所）1139 個，1936 年增至 2863 個。但各地發展不平衡，有名無實者不少。《國民體育實施方案》還規定，各省、市應選擇一個模範城鎮或鄉村作為體育實驗區，實驗民眾體育的推行辦法，實驗區的主要工作包括：每年舉辦業餘運動會 2~4 次；舉辦各種球類

比賽；組織國術班及各種業餘健身團；巡迴體育與國術指導；每年舉行成年男、女健康比賽；舉辦體育演講、壁報、展覽，出版書刊等。根據上述規定，廣東省1932 年建立了民眾體育實驗區，此後，江蘇、浙江、安徽等省和國民黨軍隊也都相繼設立了體育實驗區。

國內競賽也開展得越來越頻繁和正規，並參加了奧運會等主要國際體育活動。舊中國第 4 屆全運會於 1930 年 4 月在杭州舉行，首次改為以省、市為參加單位。運動會分為男子組和女子組，男子組項目有田徑、全能、游泳、足球、籃球、排球、網球、棒球共 8 項；女子組項目有田徑、籃球、排球、網球共 4 項；男子運動員 1219 人，女子運動員 498 人，分屬 22 個參加單位。第五屆全運會於1933 年 10 月在南京舉行。男子組增設「國術」，女子組增加游泳、鐵餅、壘球和國術 4 項；男子組運動員 1542 人，女子組 706 人，參加單位 30 個。這屆運動會打破了 20 余項田徑和游泳全國紀錄，劉長春的百米跑成績達到 10 秒 7、200米達到 22 秒 1，郝春德的跳遠為 6.912 米等紀錄都是此時創造的。香港選手獲女子游泳全部第 1 名。第 6 屆全運會於 1935 年 10 月在上海舉行，參加單位 38個，運動員 2700 人，增加了舉重、馬球、小足球、摔跤、自行車等比賽和表演項目，共打破 19 項田徑、游泳全國紀錄。

地方運動會此期也舉辦得很熱鬧。第 13 屆至 18 屆華北運動會分別於 1928年、1929 年、1931 年、1932 年、1933 年、1934 年在北京、瀋陽、濟南、開封、青島、天津舉行。1935 年後因局勢動盪不再舉辦。華北運動會前後共舉行18 屆，歷時 20 餘年，是舊中國舉辦時間最長、參加範圍最廣、水準最高、影響最大的地區性運動會。第 4 屆至第 6 屆華中運動會分別於 1930 年、1934 年、1936 年在安慶、武昌、長沙舉行，雖影響不及華北運動會，但對華中地區體育運動的開展起到一定的推動作用。1933 年 9 月，西北運動會在寧夏首府舉行。省市運動會也有所發展，山東從 1929 年至 1935 年共舉辦了 8 次省運會，江蘇、安徽省運會在這一時期開過 4 次，浙江從 1930 年到抗戰前夕召開過 5 屆省運會，湖南第 10 屆至第 14 屆省運會也在這一時期舉行。

此外，中國運動員還參加了 1930 年 5 月在日本東京舉行的第 9 屆遠東運動

會和 1934 年 5 月在菲律賓馬尼拉的第 10 屆遠東運動會，除原中、日、菲 3 國外，第 9 屆增加了印度，第 10 屆又加入了印尼和越南，由於日本企圖使偽滿擠入遠東運動會，中國表示堅決反對，遠東運動會，第 10 屆後不再舉辦。

在十年內戰期間，中國共參加了兩次奧林匹克運動會。1932 年 7 月，第 10 屆奧運會在美國洛杉磯舉行。國民黨政府最初不打算派運動員出席，後因日本策劃派兩名運動員代表偽滿洲國參加，於是在倉皇中拼湊了由沈嗣良、劉長春、申國權、劉雪松、宋君復 5 人組成代表團，其中劉長春為唯一的運動員，參加 100 米跑和 200 米跑，因旅途疲倦、體力不支，在預賽時即被淘汰。1936 年 8 月，第 11 屆奧運會在德國柏林舉行，國民黨政府派出了一個擁有 140 人（其中運動員 69 人）的代表團參加，參賽項目有足球、籃球、游泳、田徑、舉重、自行車等，但除符保盧的撐竿跳高以 3.80 公尺的成績取得復賽權外，其餘均在初賽中被淘汰。

與此同時，蘇區的體育也開展了起來。蘇區體育在行政上歸教育部門領導，在中央由教育委員會部門主管，在地方則由省、縣、區教育部門及鄉教育委員會分管。1933 年 4 月，成立了中華蘇維埃共和國赤色體育會，作為組織和領導全蘇區赤色體育運動的領導機構。在基層，由俱樂部及其所屬的「列寧室」負責體育的組織工作，俱樂部或列寧室在體育方面組織開展籃球、足球、乒乓球、雙槓、爬杆、打秋千等活動。部隊以師為單位設立俱樂部，以連為單位設列寧室，注意開展一些軍事體育項目如射擊、刺殺、劈刀、跑步、爬山、過障礙、爬雲梯、木馬、投手榴彈等，每逢「五一」、「七一」、「八一」等節日，常舉行各種規模的運動會。機關幹部的體育運動以籃球等球類項目為主。兒童團、少先隊、共青團以及蘇維埃大學、紅軍大學、通信學校等，體育活動都很活躍。蘇區還經常開展各種體育競賽，最大的一次運動會是 1933 年 5 月 30 日至 6 月 3 日在瑞金舉行的中華蘇維埃共和國第一次運動大會，比賽項目有籃球、排球、足球、乒乓球、田徑等。

抗日戰爭期間，體育工作遇到了嚴峻的形勢。1940 年 10 月，國民黨政府在重慶召開了全國國民體育會議第二次大會，蔣介石到會講話，強調強國必先強

身，充分肯定了體育的重要性。1941 年 9 月，又公布了《修正國民體育法》。抗戰爆發後，教育部體育委員會隨國民黨政府遷到漢口，在漢口召開了第五屆會議，後又遷重慶，於 1940 年和 1941 年召開第六屆、第七屆會議，修訂章程，改名為國民體育委員會，下設學校體育組、社會體育組和研究組。還在中央軍事委員會政治部下設體育科，主管軍隊體育訓練方面的事務；1943 年，又成立中央團部體育指導委員會等。

學校體育方面，抗戰時期，由於學校大量內遷，體育場地、經費都比戰前更為困難。廣大體育教師為推動學校體育的開展，做了許多努力，採用了適當簡化動作、自製教具教材、推行簡便易行的運動方式，盡量利用自然環境搞登山、游泳、越野跑等運動。國民黨政府也為此採取了一定的措施。1940 年，頒布《各級學校體育實施方案》，規定各校「應有合理之行政組織」，多數中學和部分小學設立了體育處或體育組。1942 年後，教育部組織人員編寫了各種體育教材及體育參考書，到 1946 年為止，已出版中小學體育教材 13 種，體育參考書 10種。1943 年春曾制定《學生體格標準》，也搞過小學生運動技能標準。不過，學生體質和運動水準仍呈下降趨勢。

社會體育方面，抗戰開始後，體育場活動大多停頓，為促其恢復，1939 年修訂頒布了《體育場規定》、《體育場工作大綱》、《體育場輔導各地社會體育辦法大綱》。1942 年，又頒布《分期設置體育場辦法要點》，通令各省、市擬訂設置計畫，限期完成。1944 年再將上述檔合併修正為《體育場工作實施辦法》，通令全國實行。據統計，1944 年全國共有公共體育場 2029 個，但許多乃是有名無實。1942 年 6 月，《體育節舉行辦法要點》頒布，規定 9 月 9 日為體育節，各地應在這一天前後舉辦各種國民體育活動和運動會。國民黨中央黨部民訓部還規定了 12 個體育節日，命令各級黨部提倡推行，節日期間，都要進行相應的體育活動和比賽。12 個節日是玩燈節、踢毽節、踏青節、兒童節、競渡節、衛生運動節、游泳節、露營節、國慶日、室內運動節、狩獵節，基本上是每月一節。

抗日根據地繼承了十年內戰時期蘇區的優良傳統，也很注意體育運動的開展。黨中央和邊區政府的領導多次發表過提倡體育運動的言論。1942 年 9 月 9

日，毛澤東曾給重慶《新華日報》題詞：「鍛煉體魄，好打日本」。朱德在 1942 年延安「九一」運動會期間曾題詞：「運動要經常」。為加強對體育工作的組織領導，1937 年上半年陝甘寧邊區成立了體育運動委員會，由邊區政府主席林伯渠任名譽會長；1940 年和 1942 年又成立了延安體育會和新體育學會，分別由李富春和朱德擔任名譽會長。為適應邊區體育發展需要培養人才，1941 年還在延安大學設置了體育系。這一時期，延安出版了《體育遊戲教材》、《手榴彈投擲教材》等技術書籍。當時在延安，幾乎每個星期天，體育會都安排體育比賽（以球類居多），而每逢「三八」、「五一」、「五四」、「八一」等節日，也基本都安排大型運動會。1942 年 9 月 1 日至 6 日，延安舉行了擴大的「九一運動會」，這是抗戰時期革命根據地最大的一次運動會。由朱德擔任會長，正、副總裁判分別為李富春和肖勁光。比賽專案有田徑、籃球、排球、游泳及武裝爬山、武裝爬障礙、射擊、投手榴彈等軍事項目，此外，還有網球、足球、棒球、馬術等表演項目，運動員共 1300 多人。在其他抗日根據地，八路軍、新四軍也注意結合軍事訓練開展各項體育活動。

解放戰爭時期，國內最重要的賽事是於 1948 年 5 月在上海舉行的第 7 屆全運會，共有 58 個隊的 2677 名男女運動員參加了這次運動會。比賽項目，男子有田徑、游泳、舉重、拳擊、足球、籃球、網球、排球、壘球、乒乓球等；女子有田徑、游泳、籃球、網球、排球、壘球、乒乓球等；還有表演項目。這次運動會共打破田徑和游泳全國紀錄 17 項，創造舉重新紀錄 5 項，大多是港、台和華僑所創。但本屆運動會也極為混亂，一是窮，大會需經費 450 億元，國民黨政府只撥給 40 億元，因此，大會拼命弄錢，賣門票、做廣告，甚至交通車都用來拉觀眾，而運動員、裁判員無車坐，有人戲稱此次運動會是「錢運會」；二是凶，觀眾打觀眾，運動員打裁判，打風甚盛。

一些地方省市也繼續舉辦運動會。如臺灣省曾於 1946 年 10 月、1947 年 12 月和 1948 年 12 月分別舉辦了 3 次全省運動會；湖南省於 1943 年 10 月舉行了第 16 屆省運會，於 1947 年 4 月舉行了第 17 屆省運會。該省是民國時期最重視體育事業的省份。自 1905 年舉辦第 1 屆省運會到 1948 年第 17 屆止，儘管時局多變，但始終連續不斷，對全省體育的發展有不少促進作用。

抗戰勝利後，中國還參加一些國際性的體育比賽，其中最重要的是參加1948 年在英國倫敦舉行的第 14 屆奧運會。總領隊為王正廷，總幹事為董守義，運動員 33 人，參賽項目有足球、籃球、游泳、田徑、自行車等，但各項均未能進入決賽。可見與世界相比，中國當時的體育運動水準還很低下，亟待提高。

第十五章

社會風俗
的變遷

　　民國時期，在西方文化的進一步傳播和影響下，社會風俗的各個方面都發生了一系列變化，具有新的時代特點。本章即對這一時期的社會風俗作一概述。

第一節 ·

西式風俗的時髦
與民國風俗的演化

民國肇建，實行對外開放政策，加之中弱西強的現實和學習先進的願望，都使中國社會崇洋之風日盛，西式風俗也越來越時髦。這率先、突出地表現在衣、食、住、行這四個與民眾生活最密切的方面，這四個方面的西風、西俗也最容易潛移默化地影響國人。

一、西式服裝的流行與傳統服飾的改造

民國建立後，人們的精神為之一振，輿論普遍認為「民國新建，亟應規定服制，以期整齊劃一。今世界各國，趨用西式，自以從同為宜」。

但實際情況並不如意，一段時期內，中國人穿什麼的都有，有穿長衫、馬褂的，有穿西裝、中山裝的，也有的人中西服裝混穿，上身著西裝，下身著中褲紮綁腿，頗為滑稽。總之，「西裝、東裝、漢裝、滿裝，應有盡有，龐雜至不可名狀」。

民初政府也想統一限制，並曾仿照西方服飾，頒布了服制條例。但由於其不合中國國情，而沒能實行下去。南京國民政府建立後，頒布了新的《服制條

例》，兼顧中西服飾，規定男禮服為長衫、馬褂，女禮服為上衣下裙，公務人員須著中山裝。而對於平常所穿的便服，則未做具體的硬性規定。

與「易服」緊密相關的是剪辮。民初由於政府強制實行剪辮政策，效果顯著。後來雖然廢止了這一政策，但風氣所趨，剪辮已成為時代潮流。

民國男子的服裝，主要有長衫、馬褂、中山裝、西裝等。這些衣服的款式、尺寸、顏色等都有一定的格式。例如長衫，多用藍色，為大襟右衽，長至腳踝上二寸，袖與馬褂齊長。在下擺處左右兩側，還開有一尺左右的衩。至於馬褂，多用黑色衣料製成，對襟窄袖，下長到腹，前襟釘有五顆扣子。

中山裝據傳是孫中山先生改造英國式獵裝而成，四個口袋表示「國之四維」，前襟五個扣子表示「五權憲法」，袖口三個扣子表示「三民主義」，以此提示人們穿衣不忘愛黨愛國。因為這種關係，中山裝很為世人所歡迎。「無如政界中人，互相效法，以為非此不能側身新人物之列」。

民國時期的時裝表演

民國婦女的服裝，在二十世紀二〇年代以前，一般是上衣下裙。二〇年代以後，因受西方服飾及生活方式的影響，穿衣才日趨時髦起來，當時最時髦的女服是旗袍。

民國婦女的旗袍是在以西式服裝的風格來改造傳統旗袍的基礎上形成的。其袖口縮小，滾邊變窄，長度縮短，腰身收緊，充分突出了女性的曲線美。到了二十世紀三〇年代，旗袍的風格又有了變化，開始流行高領長袖旗袍，後來又改行低領短袖旗袍。前期旗袍長過腳面，走起路來衣邊掃地，後期旗袍則短至不過膝。四〇年代旗袍式樣才最後固定下來，袖子縮短（夏天則取消），長度縮短，領高減低，並省去了煩瑣的裝飾，使其輕便舒適。除旗袍外，民國婦女的服飾還有大衣、西裝、長裙、圍巾、手套等。

西式帽子與鞋子也是國人的重要服飾。民國時期人們所戴的禮帽，「分冬、夏二式，冬用黑色毛呢，夏用白色絲葛，其制多用圓頂，下有寬闊帽檐，穿中、西服裝都可戴此帽」。

至於鞋子，民國時亦無統一定制。布鞋、膠鞋、皮鞋都有人穿，洋式皮鞋尤為城市居民所喜愛。中國女子在穿洋皮鞋的初期，還不太「懂行」，許多人穿的洋皮鞋很狹小，而後跟甚高，這就容易導致畸形。而之所以如此，是因為當時婦女們雖然不再廣泛裹腳，但受傳統審美觀的影響仍以腳小為美，這樣在選鞋上就看重「小」而不惜擠足適履了。以後，婦女們總結了教訓，對洋鞋的知識又有了進一步的了解，所買來穿的鞋就挺合適了。

總的說來，民國時人們的服飾是中西兼具，但總的趨向是西化。國門的打開，思想的開化，政治經濟的進步，西風的東漸，是其社會背景方面的原因。就個人而言，身著新式服裝去突出自己以贏得別人讚美；引起他人關注；模仿上層人物衣著，力求與他們同化；以西式服飾標榜洋化，吸引異性。這些服飾心理同趨時髦的心態一道，促成了民國時期西式服裝的流行與普及。

二、時髦的西式飲食及其影響

隨著西式飲食的不斷輸入及其影響的日益擴大，中國飲食業的舊有格局已被打破，中國傳統菜肴的一統地位動搖了。西菜、西點、洋糖、洋煙、洋酒大量出現於中國飲食市場，與中國川、魯、粵、淮揚等各大菜系的美味佳餚，中式糕點，傳統茅臺、西鳳等名酒交相輝映。全國各地都出現了西餐館和西式點心店，西餐西飲成了時髦食品，成為中國飲食市場的一個有機組成部分。下麵我們就分別介紹。

民國時期，傳入中國的西菜菜系主要有六大類：法國菜、英國菜、美國菜、俄國菜、德國菜、義大利菜，這其中以法國菜最有影響。在中國飲食市場上大量出現的西菜的種類，具體而言，主要有以下幾種：

1. 冷菜類　又可分為沙司類，如馬乃司沙司、沙拉醬、芥末醬等；醃製品，如鹹肉、鹹魚等；沙拉類，如土豆沙拉、雞蛋火腿沙拉、蘋果沙拉、番茄沙拉等。

2. 熱菜類　這是西菜的主菜，根據選料的不同，又可分為水產類，如熏魚、煎大蝦；家禽類，如牛排、烤牛肉、火腿扒、烤羊腿；蔬菜類，如煎土豆、炸土豆球，咖喱菜花；蛋品類，如煎雞蛋品、火腿炒雞蛋等。

3. 湯類　主要有奶油湯，如奶油大蝦湯、奶油蘑菇湯、奶油黃瓜湯；泥子湯，如菠菜泥子湯、土豆泥子湯、胡蘿蔔泥子湯。此外還有紅蔥湯、魚湯、水果冷湯。

4. 米麵食品　有奶油蛋糕、麵包片、牛奶大米粥、燕麥粥、布丁。

整個民國時期，上述西菜雖然都已進入中國，但由於食品的口味等原因，中國人適應的程度也大不相同。冷菜、熱菜較受歡迎，而某些湯類、米麵食品類如紅蔥湯、布丁則始終無法真正立足。

當時，來華洋人越來越多，對西式菜肴的需求也越來越大。在大城市，在西

風、西俗薰染下，中、上層人士多以吃西餐、西菜為榮。由於這兩種因素，西菜館在中國的大都市日益普及。中國最早的西菜館，出現於鴉片戰爭前的廣州。民國初年，廣州的西菜館主要集中在東堤大沙頭和沙基穀埠等繁華地帶。以後，則移至陳塘十八甫，以及惠愛路、財廳路、昌興街等地。廣州的西菜館，比較講究。在菜肴方面，各店都力求味道純正，使中外食客能吃到地道的洋菜。在口味方面，則以英、法兩式為主。在裝飾方面，充分考慮到了吃西餐的人都有崇洋講究的心理，因此注意將室內布置得雅潔、舒適。雅座設有門簾、電鈴，非經顧客召喚，絕不擅自入內，努力迎合西方人的習慣。在服務方面，則熱情和藹，彬彬有禮，隨時聽從顧客的招呼，絕不和客人吵架，違反者則被開除。除了上述措施，還借鑑西俗，實行女招待服務，此舉雖吸引了更多的食客，卻也帶來一些問題。由於食客的需要，女招待不只做端茶奉酒、迎來送往的工作，有些「一變為時裝盛飾，陪酒清歌以博顧客歡心，甚或狂言浪語，打情罵俏，乃至猥褻狎邪者有之」。

上海於一八四三年十一月正式開埠，此後洋人紛至遝來，西菜館的重心很快就移到那裡了。到了民國，上海的西菜館開始向社會開放，此前則主要面向洋人食客。德大西菜社是較早面向中國食客的西菜館，該菜館向客人提供德式西餐。上海西菜館的最大特徵是品種齊全，英、意、法、德、俄等菜一應俱全，最著名的英式西菜館是大西洋西菜社，意式西菜館則首推天鵝閣，法式西菜館當數喜樂邁。喜樂邁菜館是現在上海最負盛名的紅房子西菜館的前身，主要經營蝸牛肉、芥末牛排、紅酒雞、乳酪小牛肉等菜肴。華東俄菜館是著名的俄式西菜館，它的名菜是「羅宋湯」，是把牛肉、牛骨、香菜、土豆、辣椒等放在一起烹製而成，味美價廉，中下層食客也吃得起，因此生意興隆。

西菜館落足北京是在清末，但數量不多。進入民國，到了一九一四年，北京較出名的西菜館才有四家。以後則有所發展，到一九二〇年發展到十二家。這些西菜館，被北京人稱為番菜館和大菜館，「有為外國人設者及為中國人設者二種。中國人設者多在前門西一帶，趨時者每在此宴客，其價每人每食一元，點菜

每件自一角五六分至二三角不等」[1]。據當時的報紙記載,「醉瓊林」、「裕珍園」、「得利」等著名的西菜館經常是高朋滿座,無論是套菜還是點菜都供不應求。很多菜館還增加了其他服務專案,如包伙、送菜上門、提前預訂等。西菜的日益盛行,對於中菜形成了衝擊,以至到了二十世紀三〇年代,北京一些中菜館的廚師也開始承認西菜確有其長處,注意兼收並蓄、取長補短了。他們大膽使用傳統中國菜拒絕使用的番茄、土豆、生菜、洋蔥、蓮花白等西式蔬菜,對於西菜調味品如味精、咖喱、番茄醬等也一概接納,並參照改進後的西菜烹調技術,創出了一些深受食客歡迎的新品種。這些人中的代表人物首推西來順飯莊的創辦人褚祥。

在武漢,西菜館有大、中、小三種類型。據《漢口小志》記載,一九一三年漢口大旅社所設的「瑞海西餐廳」為武漢首家西菜館。此後,海天春、第一春、美的卡爾登、大中美等西菜館陸續開業。到三〇年代,武漢西菜業已形成很大規模,且生意興隆,而中菜卻有些不太景氣了。當時武漢有大中型西菜館二十六家,小型西菜館更多。這種局面出現的主要原因一在於湧入此地的洋人與日俱增,二在於該市各種轉口貿易日益繁榮,洋商買辦較多,以致形成了吃西餐的風氣。

除上述城市外,天津、重慶、瀋陽等地也有不少西菜館。如重慶,「民國光復,罐頭之品,番餐之味,五方來會,煩費日增」。

民國時西菜在大城市中的普及流行,有多方面的原因,而人們的「崇洋」和「嘗鮮」心理是其主因。有的人確實適應並習慣了吃西菜,而更多的人則是始終不能適應,在心裡並不真正認為西菜好吃。二十世紀二〇年代初期,《晨報》在北京做了一次民意測驗。在被試者中,回答愛吃中菜的人有一九〇六人,占總人數的百分之七十七;回答愛吃西菜或兼食中、西菜的加起來才有五七〇人,只占總人數的百分之二十三[2]。由此可見中國人的飲食習慣並不那麼容易改變,一些人吃不慣西菜卻仍呼朋喚友去西菜館,主要是為了顯示身分地位或為了趕時髦。

1　邱鐘麟:《新北京指南》第2編,北京,中華書局,1914。

2　《晨報副刊》,1912-08-09。

西式糖、煙、酒也是在晚清時期傳入中國的。進入民國以後，它們迅速普及，其速度及程度要比西菜快且廣，有些品種在某些地區甚至逐漸取代了中國固有的東西。

當時，「舊者衰，新者起。新舊代興，因之日推而日廣」。西式糕點、糖果、紙煙、啤酒、葡萄酒、果汁果露、咖啡汽水大量出現於中國飲食市場，並占有越來越多的領地。首先是大中城市，至於廣大中小城鎮和農村地區，吃餅乾蛋糕、喝洋酒咖啡汽水雖不普及，但西式紙煙卻較流行。

具體而言，就糖果糕點來講，當時雖是中式西式並存，兩者有相同點也有不同點，但因西式糖果糕點口味更佳而日益占據上風。糖果兩者相同之處寥寥而相異之處甚多，中式糖果有繭糖、芝麻糖、牛皮糖、蔥糖等，西式糖果則主要有紐結糖、太妃糖、方登糖、水果糖、巧克力糖。中式糖果與西式糖果的制做原料、制做工藝、製作方法、口感味道都大不一樣，西式糖果以其味道更佳而壓倒了中式糖果。到了民國中後期，中式糖果在市場上基本上銷聲匿跡了。

就煙來講，民國時期雖仍有大批的農民用「煙袋鍋」吸旱煙，但紙煙已遍及城市和農村地區，稍有財力的吸煙者已習慣於吸紙煙了。這種情況甚至在盛產煙葉、大姑娘老太太都拿長煙杆吸旱煙的東北地區，也是如此。「縣人無論老幼男女，嗜葉子煙者頗多，雖盛夏亦終日不去口，近則多用紙煙，亦如之，蓋成習癖矣」[3]。在當時的大中城市，紙煙之流行，已波及普通婦女。「近數年來，閨人競尚吸紙煙，開風氣之先者，厥為上海，各地效而尤之，幾蔓延全國。推原上海女界吸紙煙之開山鼻祖，實為曲院中人，所吸率舶來品紙煙，其莖絕細，迨不逮纖指之半，一吐吸間，恆耗青蚨二三十翼，大家婦女爭試焉，咸以此為時髦。一煙之微，必盛以金盒，配以金鬥。閨房粉閣間，幾以吸煙為正課。在昔閨中事，曰焚香讀書，曰然脂寫韻，今則悉以吸煙代之」[4]。吸煙竟成了女子「閨房正課」，此言雖不免誇張，但也可以想見此種風氣之盛。

3　《義縣志》，1931年鉛印本。
4　胡樸安：《中華全國風俗志》下篇卷九，133頁，上海，大達圖書供應社，1936。

民國時期，人們所喝的酒的種類非常繁多，已不亞於今日。除了中國自己發明的黃酒外，還有來自印度的阿剌克酒，即白酒——它自元代傳入我國，以及來自歐美的洋葡萄酒、啤酒等。西方的啤酒是在清朝末年傳入中國的，十九世紀八〇年代英國人在上海創辦了福利釀酒廠，開始生產啤酒，這是中國境內出現的最早的啤酒廠。中國人自辦啤酒廠則始於民國初年。一九一五年，中國人創辦了自己的第一家啤酒廠——北京雙合盛啤酒廠，生產五星啤酒，其牌號一直沿用至今。以後，外資、中資的啤酒廠越辦越多，競爭也越發激烈，啤酒廣告屢見不鮮。如天津明星啤酒公司在《大公報》上大做廣告，「國貨啤酒，商標馬棋；中西醫士，疊經化驗；眾口一詞，衛生妙劑；功能殺菌，開胃健脾；有益身心，實非淺鮮；零售批發，一概從廉」[5]。為了讓更多的人了解啤酒，酒商們還組織人力寫了大量的文章刊登在報紙雜誌上，宣傳啤酒的好處。這些，確實起到了一定的作用，使喝啤酒之風在都市中逐漸流行。需要指出的是，民國飲啤酒的人士中，少有拿啤酒做宴飲酒的，多數人都拿它當飲料喝，這是遵循西俗的結果。

　　西式葡萄酒也是在清末傳入中國的，一八九八年中國人張弼士就創辦了自己的葡萄酒企業——張裕釀酒公司。到了民國，該公司的各種葡萄酒產品已很齊全了，著名的品種有金獎白蘭地、味美思和玫瑰紅。除張裕釀酒公司外，民國時較著名的葡萄酒廠還有建於一九三七年的吉林通化葡萄酒廠，以及建於四〇年代的北京上義葡萄酒廠。

　　總的說來，民國時期中國的葡萄酒廠數量並不多，但產品品種卻不少，計有甜葡萄酒、半甜葡萄酒、幹葡萄酒、半幹葡萄酒、加料葡萄酒，以及葡萄酒的變種白蘭地。除了起泡葡萄酒即香檳酒外，當時世界上的葡萄酒品種，中國都已能生產。從其市場占有情況來看，它同啤酒一樣，也基本上以社會中上層人士為銷售對象。而這些人士之所以願買葡萄酒，除了知道它有益健康外，還因為這種酒是洋人的或用洋法釀制的，他們可以以飲這種酒來表示現代、體面、排場。

　　西式飲食在中國的風行，給中國飲食業帶來了如下有益的影響。

5　《大公報》，1928-05-10。

其一是豐富了中國飲食的品種，改善了中國飲食的結構。西菜與中菜在用料、烹製手法、食用方式上都不太相同，雙方長期磨合的結果是一些西菜的中化和一些中菜的西化，這就大大增加了菜肴的品種。在糖果、糕點、煙酒方面，西品被接受得更快更普遍，填補了中式食品的很多空白。

其二是改善了不良的傳統飲食方式和進餐習慣。中國的傳統宴會和家庭用餐，都是眾人擁坐，湯菜置於桌上，大家湯匙、筷子齊下，往往伸到同一個盆、碗、盤裡，不太衛生。而西式吃法是人各一器，互不侵擾，這樣比較衛生。一些中國人開始仿效，只是仍然使用筷子。

其三是簡化、改良了中國傳統的宴客習慣。中國傳統筵席過於講求排場，往往造成很大浪費，而且筵席禮節過多，使人多感不便。西方飲食文化傳入中國後，人們漸受其影響，由於深感其便，一些人就開始模仿學習。到了民國時期，中國人的宴客習慣已有了很大改變，注意了合理上菜、配菜。一般的家庭宴席，菜肴、點心、水果合起來也不超過十五六種，既讓客人吃得好，又較為快捷、省事、不浪費。

最後，西菜的傳入，還使國人認識到飲食不僅應講究味道，更應重視營養，認識到了科學飲食的重要性，從而興起了研究食品科學的風氣。新的研究成果被轉換成商品投入市場，促進了中國飲食工業的發展。

三、都市新居

民國時期，中國人的居室是中西、土洋兼而有之。但在大中城市，西式房屋已與中式民居分庭抗禮，而且越來越受人們的青睞，西式房屋也越建越多。而洋人的推波助瀾，更使其成為一種社會風氣。

此種新式民居，可以分為三種類型：里弄建築、花園洋房、高層公寓。

新式里弄建築是在改造了中國傳統低層院落式住宅的基礎上發展起來的，它

使後者由「合院」變為「聯立」式。最初的新式里弄出現於上海，多為三間兩廂二層聯立式。等到了二十世紀二、三十年代，上海的新式里弄住宅有了較大的發展，開始向多層次、大縱深擴展，並增加了衛生設備，圍牆的高度也逐漸降低或者拆掉，式樣也多采英式、西班牙式，已經非常接近外國聯立式住宅了。當時，北平、天津、南京等一些大城市，也有不少新式里弄住宅，而且同上海一樣，里弄內有總弄、支弄，總弄通大街。

花園洋房在民國時期開始在中國的城市、名山大川、避暑聖地大量修建。這些洋房多采國外建築形式，英式、法式、德式、西班牙式、混合式應有盡有。當時，住花園洋房、西式別墅成了身分高貴的象徵，以至於修建之風日盛一日，不再只局限於大中城市，連遵義這樣的小城市也有了花園洋房。歷史上有名的「遵義會議」，就是在一個軍閥的花園洋房裡召開的。在貴州，甚至連桐梓這樣的小城，洋樓也已不稀罕。楊成武將軍回憶說：「桐梓城小洋樓特別多，一幢幢，一座座，相當講究，據說貴州省的許多軍閥、官僚、富商發了財都在這裡建一幢別墅，一則炫耀自己的富有，二則金屋藏嬌，待我們紅軍進城時，這些達官貴人早逃之夭夭了。」[6]

高層公寓至二十世紀三〇年代才在中國大規模出現，且多集中於大中城市。其原因除此時中國人已掌握高層建築的建造技術外，還在於一九三〇年前後的世界經濟危機，與西方聯繫甚廣的中國也受到了影響。特別是上海、北平等大城市，商品滯銷，金融委靡不振，商人們頗感生意難做，只有投資房地產才較為可靠。而此時大城市的人口又越來越多，住房已相當緊張，正是蓋高層公寓的好時機，在這種情況下，中國的高層公寓開始大規模出現了。當時有名的高層公寓有北平王府井的迎賢公寓，上海滬西的炮臺公寓、高納公寓、畢卡第公寓、達華公寓等。

高層公寓內設套房，用於出售或出租。套房小者有一間臥室，一間起居室，另備廚房、浴室、儲藏室。大者還另設餐廳、書房、僕人室。無論大小套房，其

---

6 《楊成武回憶錄》上冊，106-107頁，北京，解放軍出版社，1987。

內部都有傢俱、石壁爐臺、壁櫥、電灶、冰箱等設備。這樣高級的住所，其收費自然不低。

除民居外，旅館也應算做居室，是其另一類。民國時期，舊式、新式旅館並存，半舊半新式的旅館也不在少數。當時的新式旅館，多采西方標準，不同於平房大院的中國舊式旅店，雙方的差異表現在以下幾個方面：在建築高度上，舊式旅館多為平房，間或有些樓閣，層數也很少，顧客難有「欲窮千里目，更上一層樓」的機會。而新式旅館一般都是三層以上的洋樓，如上海華懋飯店，高 77 米，共十一層。在建築材料上，舊旅館多用木材，雖雕梁畫棟，但不夠堅固，也難抵禦火災。新式旅館多用鋼筋水泥磚石，不但堅固、耐火，而且飾有石雕，並不影響其藝術性，北京飯店的中樓，即可為證。在內部結構上，舊式旅館設有客房、伙房、飯店，有的還在天井周圍設有營業茶座。但總的說來，仍難以滿足顧客的各種需求。新式旅館在外部或樓頂大多闢有花園，供客人遊玩，內部則設有客房、餐廳、酒吧間、舞池、彈子房、會客廳、理髮室、小賣部，盡力滿足顧客的各種需求。在通風、採光、供暖、淋浴方面，舊式旅館做得都不太好，也不很重視這些問題。而新式旅館則相反，牆上一般都闢有大窗，注意通風採光；房內又設有暖氣設備，杜絕了炭盆取火可能招致的火險；室內亦設衛生間，隨時供應冷熱水；上下樓則有電梯；室內還有電燈、電話。在管理方面，雙方也有本質的不同。

雙方也不能說沒有一點相同處。在客房的出租上，都實行分等經營、按質論價。客房有等級區別，價錢及房間的裝修、布置按房間等級的不同而區別開來。當時的新式旅館，較著名的有廣州的維多利亞旅館、萬國酒店，上海的禮查飯店、華懋飯店、百樂門飯店，天津的帝國飯店，北平的北京飯店、六國飯店，青島的德國飯店，南京的揚子江旅館、英商旅館等。

四、日益便利的新式交通

清朝末年，中國就已呈現新、舊交通並存並立的局面，只是到了民國，新式

交通日益發展，逐漸占據了主導的地位。而舊式交通則因自身的不合時宜而逐漸退出歷史舞臺，只保留在一些偏遠的地區。新式交通即西式交通，從廣義上講，是指陸運之鐵路、公路，火車、汽車；水運之輪船；空運之飛機以及郵政、有線無線電報電話等。

民國建立伊始，無論是官方還是民間，都積極倡建新式交通。經過若干年的努力，中國的新式交通業有了較大發展，老百姓「行」的條件有了較大改善。

朱德騎自行車像

在陸運方面，民國初年，實行鐵路國有政策，但由於戰爭頻繁，破壞力巨大，中央政府和地方政府均無力築新路。南京國民政府成立，天下稍定，國家路政建設有了發展的契機。國民政府正視現實，除中央籌資修路外，還准許各省政府根據本省交通的需要，報請中央批准後，自己籌款或省營或民營來修築新鐵路。這樣國營、省營、民營鐵路同時並進，以期遍及全國的鐵路網早日建成。就實際情形看，江浙、山西、東北地區的鐵路建設較有起色。江浙新修了杭江鐵路，閻錫山在山西新修了同蒲鐵路。同蒲路具有「只出不進」的特點，其軌距與其他鐵路相同，但它用的是三十二磅的鋼軌，與普通的五十五磅鋼軌不同，「每軸載重，正太為十四噸，同蒲路為八噸半，約占其半，車鉤高同」[7]。這樣一來，閻錫山的火車可在其他路上行駛，而一般的火車卻無法駛上同蒲路。東北的鐵路網最為發達。據一九二四年的統計，當時全國鐵路總長約一二〇〇〇公里，而東北鐵路總長就有六千多公里，占全國鐵路總長的半數。

中國公路的建設，在民國時代經歷了三個時期。第一個時期是從一九一二至一九三一年，一九三二至一九三七年是第二個時期，八年抗戰是第三個時期。民

7　金士宣：《中國鐵路問題論文集》，41頁，南京，京華印書館，1935。

國建立不久，多數省份都開始修建公路，從事軍運和長途汽車民運，其形式有省辦也有民辦，民族資本汽車運輸企業不斷湧現。這樣到了一九三〇年，全國公路已長達二萬七千多公里。一九三二年，南京國民政府在「全國經濟委員會」下設立了「公路處」，具體指導全國的公路建設，取得了很大的成績，從一九三二年到一九三七年，中國新築公路二萬多公里，完成了京滬、京閩、滬桂、京魯、京黔、京川、汴粵、京陝、洛韶九大幹線及其百餘條支線的修建。這時全國公路已達十餘萬公里，初步形成一個全國互通的公路網。一九三七年七月抗日戰爭全面爆發後，大規模的築路計畫已無法實施，國民政府因時而變，將「公路處」併入交通部，重點修築對抗戰有戰略意義的西北、西南公路。

一九三〇年上海南京路

　　汽車是公路運輸的重要工具。民國時行駛在中國公路上的汽車，幾乎全是進口貨，其中又以美國通用公司的「雪佛蘭」、克萊斯勒「道濟」以及福特汽車廠的福特車最為有名。翻開當時的報紙，這幾種車的廣告比比皆是。「道濟新六缸車各部件的構造，機件的裝配俱含有美滿的特色。道濟汽車周身之堅固，大梁之結實，舵輪之靈便以及車膀子之良美，俱能表顯道濟汽車精良的成色超群異眾」[8]。通用公司和福特公司也不甘寂寞，前者宣傳自己的新款「雪佛蘭」很受歡迎，「新雪佛蘭之暢銷實超出最樂觀之預料，蓋今年九月新車之造至一百萬

8　《大公報》，1928-06-18。

輛」[9]；後者經過長期努力，使福特車的銷量在二十世紀四〇年代位居中國第一。

火車的通行，使百姓可以自由地往返各地。汽車的大量湧入中國，則促成了中國眾多的長途運輸公司的建立，而這又便利了人們的行止。

在水運方面，民國建立以後，除原有的輪船運輸公司如輪船招商局、甯紹商輪公司、日清汽船會社等外，一些新的公司如民生公司也紛紛成立，並取得了不俗的業績。拿民生公司來講，它於一九二六年由盧作孚創辦，二十多年後，已擁有一四〇多艘輪船，總噸位達五萬多噸。各輪船公司，在中國沿海、內河聯手開闢了很多航線。沿海航線以上海為中心，北為北洋航線，南為南華航線。北洋航線的主要口岸是天津、大連、青島、煙臺、威海、營口。其航線有上海──煙臺──天津，上海──海州，上海──青島，上海──營口，煙臺──大連──天津，大連──天津──上海等。南華航線的主要港口有寧波、福州、廈門、汕頭、廣州。其主要航線有上海──寧波，上海──溫州，上海──福州，上海──泉州，廣州──澳門。至於內河航運，也以輪船為主，木船已擔當次要角色，主要用於短途或中短途載客，就航運的範圍而言，北至鴨綠江，南到珠江，都有輪船在行駛營運。

在空運方面，一九二九年，中國航空公司成立。不久，歐亞航空公司和西南航空公司也宣告成立。中國航空公司是一家中美合資企業，它在中國開闢了三大幹線、十幾條支線。三大幹線是滬平、滬粵、滬蜀線。滬平線飛機自上海起飛，經南京、濟南、天津最後到北平；滬粵線是從上海出發，經溫州、福州、廈門、汕頭、香港到達廣州；滬蜀線由滬漢、漢渝、渝蓉三段組成，由上海到武漢，武漢至重慶，最後再由重慶至成都。除國內航線外，還開闢有國際航線，直抵美國、菲律賓。歐亞航空公司於一九三一年成立，為中德合資，其合作夥伴是德國漢莎航空公司。該公司在中國開闢了兩條定期航線和五條不定期航線。兩條定期航線是北京──廣州、包頭──蘭州線，五條不定期航線是西安──天水──蘭州、安西──平涼──蘭州、蘭州──涼州──肅州、肅州──西安──哈密、

9　《盛京時報》，1928-11-26。

長沙——衡陽——廣州線。西南航空公司為中國獨資企業，老闆為陳濟棠，成立於一九三三年，辟有五條航線：廣州——龍州——環州、梧州——貴陽、南寧——昆明、廣州——福州、廣州——欽州線。

民國時期，中國境內還有一些航空公司，如日本人占領中國東北後建立的「滿洲航空株式會社」以及抗戰結束後陳納德創辦的「中美民用航空公司」等。

就乘坐飛機的乘客而言，多是公務人員或有錢人，一般老百姓是坐不起的。

綜上所述，伴隨著西風的東漸和中國趨向現代化的發展，民國時期民眾的生活習俗較前相比，在某些地域如城市地區，某些方面如衣、食、住、行，某些人群如非赤貧階層中有了較大的變化。在保留了一些傳統內容的同時，在總體上「西化」了。

談到民國風俗逐漸「西化」的原因，很多人只從宏觀上去找，這有其道理，但並不能解決一些微觀現象問題。要解決後者，還必須深入研究民國時期人們的趕時髦心理。

民國建立後，人們多願意穿西服、食洋菜、住洋房、坐汽車，這可稱之為趕時髦了。這種趕時髦是一種驚人的力量，是社會發展的一種潛在的推動力。它與一個國家民眾的生活息息相關，能迅速而廣泛地影響到多數人，改變世人的生活習慣。

當然，趕時髦並不是一定意味著社會進步，正如民國時人們穿西裝、吃西餐並不等於中國已成為發達國家。但趕時髦確實只能在一定的社會環境中才能發育生長。社會組織越先進，時髦扮演的角色越重要，反之則越小。因為在一個很少變化的社會裡，諸事諸物皆照舊，人們相互之間也都很了解，人們就很難產生趕時髦的心理。民國時期，社會組織較以前發達，社會財富也因商品經濟的發展而有增加，且在分配上出現了較大的差異，新式家庭地位已經確立，趕時髦的心理有了生長的肥沃土壤。而且，它並不只是新女性和公子哥們的特有物，它在當時幾乎成為社會各階層人士實現生活現代化的一種激勵力量，只是各有輕重罷了。對此人們只要看看西式衣、食、住、行的普及率就會明白這並非妄言。

第二節·

各風俗領域
的其他變革

民國風俗的變革，不僅體現在衣、食、住、行方面，它還涉及娛樂、社交、節日、婚姻、生育、喪葬等領域。

一、新式公眾娛樂活動的普及

民國的公眾娛樂活動多種多樣，與以往不同的是，新式娛樂如看電影、看話劇、逛公園在一些地區逐漸占據了主導地位，看戲等舊式娛樂活動已不再一統天下。

民國建立以後，中國電影業大力發展。就電影製片廠來說，先後有數十家；就所拍影片講，有成百上千部；就電影觀眾講，有數千萬人；就電影導演、演員講，也出現了一大批享譽海內外的人物。這使得看電影成了當時民眾極為重要的娛樂手段。電影院建立之多，使民國政府不得不專門下文，規定：男與女不可混坐，不得放色情影片，最晚於午夜子時散場等[10]。

---

10 中國第二歷史檔案館：《中華民國史檔案資料彙編》第3輯，175頁，南京，江蘇古籍出版社，1991。

民國的電影主要有六類：武打片、偵探片、愛情片、社會片、時事片、紀錄片。

中國第一部武俠片，是明星公司一九二八年拍的《火燒紅蓮寺》。該片放映後，大大滿足了觀眾的娛樂心理，很受觀眾的歡迎，於是連拍續集，共拍了十八集。其他公司見此情形，也搶拍「火燒片」，相繼拍出了《火燒青龍寺》、《火燒白雀寺》、《火燒靈隱寺》、《火燒百花莊》等。火燒片多了，觀眾就不耐煩起來，於是就有了女俠片的拍攝熱潮。在中國人眼中一向扮演柔弱角色的女子，竟成了威風凜凜、武藝高強的俠客，這自然頗吊觀眾的胃口。這樣，《女俠紅蝴蝶》、《荒江女俠》、《王氏四俠》、《白玫瑰》等影片就紛紛拍出上映了。

偵探片首次出現於電影院是在一九二一年。該年七月，中國第一部偵探片《閻瑞生》公映，它是根據真人真事改編的。該片引起了巨大轟動，觀者如潮，在上海某家影院「連映一星期，共贏洋四千餘元」[11]。各電影公司見偵探片如此賣座，就紛紛搶拍這類影片，而且大多拍得很離奇。像《紅粉骷髏》、《新婚大血案》、《古屋魔影》、《美人血》、《警魂歌》、《神出鬼沒》都是如此，但也確實吸引了一些文化層次不高但又喜歡熱鬧的觀眾。

愛情片中較著名的有《海誓》、《愛情與黃金》、《紅樓夢》、《野草閑花》、《三個摩登女性》、《三笑》等。

武打、偵探、愛情題材的娛樂片，占據了二十世紀二〇年代中國電影市場的主流。由於觀眾素質良莠不齊，加之一些製片廠只考慮賺錢，就導致了娛樂片越拍越離奇，連裸體鏡頭也出現了，有的影片如《金錢之王》，「無論男女演員，皆半裸式」[12]。這種情況引起了有識之士的憂慮，他們提出了「迎合觀眾心理與提高觀眾眼光」的問題，指出前者是「死路一條」，後者才是正道，因為「藝術的欣賞，不僅在博得群眾的一笑而已」[13]。

---

11 《新聞報》，1923-04-08。
12 《電影月報》第3期，1928-06-01。
13 《大公報》，1928-06-12。

有這種認識的電影工作者，是拍攝民國社會片、時事片的主力。一九一四年，幻化公司拍攝的揭露鴉片罪惡的《黑籍冤魂》，是中國第一部社會時事片。以後，揭露軍閥混戰的《春閨夢裡人》，描寫世態人情的《難為了妹妹》，反映抗日的《共赴國難》、《東北三女子》、《風雲兒女》、《八百壯士》、《塞上風雲》、《長江萬裏》、《東亞之光》，揭露民國末年社會黑暗的《萬家燈火》、《還鄉日記》、《大團圓》、《八千里路雲和月》、《一江春水向東流》、《烏鴉與麻雀》等先後拍攝上映。由於這些影片反映了人們關心的社會現實問題，在一定程度上表達了民眾的心聲，因此很受觀眾的歡迎。

民國時期的紀錄片為數不少，且具有觀賞性，其題材很廣泛，從風景、名人、社會活動到戰爭，應有盡有。

名人紀錄片，較為著名的有《孫中山》、《孫傳芳》、《吳佩孚》、《馮玉祥》、《中國人民領袖毛澤東》等。風景紀錄片則有《西湖風景》、《盧山風景》、《長江名勝》、《北京名勝》、《上海風景》、《南京名勝》、《神秘的西藏》等。紀錄社會活動的影片也不少，如《強行剪辮》、《國民大會》、《滬太長途汽車遊行大會》、《中國國民黨全國代表大會》、《遊藝大會》、《天主教大彌撒》、《新政治協商會議籌備會成立》等。內容為戰爭的紀錄片有《武漢戰爭》、《抗日血戰》、《十九路軍血戰抗日》、《北伐大戰史》、《長城血戰史》、《空軍戰績》等。此外，還有體育紀錄片，如《全國運動大會》、《中外足球比賽》等。

由於民國時期的影片如此之豐富，觀眾又很多，這就很自然出現了一些明星與影迷。而他們的出現，又促進了電影這一重要的公眾娛樂活動的普及。

除電影外，跳舞與看話劇也逐漸成為重要的公眾娛樂活動。

在城市地區，隨著西風的強力薰染，交際舞已較為流行，成為中上層人士重要的娛樂方式。當時，一些大飯店不僅經常舉辦舞會，而且還通過各種方式加以宣傳，如北京六國飯店的大門口，就長期貼著讚美交際舞的春聯「以安賓客，以悅遠人」。為滿足客人的需要，各飯店還招募大量舞技上佳的舞女，對於不會跳的人進行輔導，對於羞怯的賓客則進行鼓勵。

除跳舞外，觀賞舞蹈也是民國公眾的一項娛樂活動。被觀賞的具有表演性質的舞蹈有芭蕾、現代舞、各國民間舞蹈。也有按照西方舞蹈方法編排的中國民間舞。由於當時的舞蹈，多是西舞或西化了的舞蹈，因此跳舞與觀舞的人，多是些有新文化修養的人。

新劇即西傳的話劇也是當時一些都市居民的娛樂手段，看話劇已成為民國都市居民習以為常的娛樂活動。從民國話劇的劇碼看，初期是由鄭正秋等人領頭排演的家庭戲。這類戲多講的是家庭瑣事，因其貼近生活，普通觀眾挺愛看。當時比較著名的家庭劇有《童養媳》、《尖嘴姑娘》、《虐妾》、《虐婢》、《怕老婆》、《妻妾爭風》等。家庭劇的熱潮持續了一段時間，到了社會矛盾日益突出的二十世紀二、三十年代，話劇的主要題材就開始轉向社會問題了。曹禺的《雷雨》、《日出》，洪深的《趙閻王》、《少奶奶的扇子》，歐陽予倩的《車夫之家》都是這一題材的話劇，上演後深受觀眾歡迎，並成為經典名劇。

九一八事變爆發後，抗日題材的話劇開始成為主流。《放下你的鞭子》、《飛將軍》是其代表作。話劇在此時，娛樂性質大為減退，已成為鼓舞人民抗戰的有力「武器」了。

二、社交方式的變革與西式禮節的流傳

進入民國以後，隨著西方文化傳播的進一步擴大，公眾的社交方式也變得豐富起來，並隨地域、城鄉、社會階層的不同而有所不同。當時的社交方式還處於轉型期，總體上還不太固定，因此不同的人群恪守各自的習慣，並隨社會的發展而多多少少都有些變化，這就使民國社交方式呈現出變動性的特徵，其趨勢是由中轉西，受西式風俗影響越來越大。

打招呼是當時最常見的社交活動，也是最基本的社交活動。人們在這種活動中常用的禮節有鞠躬、作揖、點頭、脫帽鞠躬。鞠躬、作揖是中式社交方式，點頭禮則是西禮中最普通的。如果戴著帽子，須把帽子摘掉再點頭。施禮時可視物

件不同或停或行，如遇長者，則必須停下腳步行禮。點頭這種社交方式在當時的一些農村地區也已不再陌生，而為一些農民所採用。脫帽鞠躬禮是一種西禮，它與鞠躬這種中禮相同之處在於二者都是表示恭敬的禮節，不同之處在於前者只在正式隆重的場合中使用，而後者則使用得較頻繁也較隨意。在施脫帽鞠躬禮時，施禮者用右手握住帽前緣中央將帽取下，雙腿采立正姿勢，上半身向前傾斜四十五度後恢復原狀。一般而言，還禮者亦應鞠躬回禮，但長者或上級可以略略欠身點頭即算回禮。

拜親訪友也是常見的社交活動。傳統方式較為簡單，一般不預先通報時間而隨意性較大，客來主人往往留其用飯。而西方方式則有一些講究：朋友間拜訪，時間一般安排在下午四點到五點之間，或晚上八點左右，拜會日則多選星期天。如是首次拜訪，則時間不宜過長，以二三十分鐘為宜。拜訪時，先按門鈴，次將名片遞與門房，進門後即脫去外套、帽子、手套，將其掛於衣帽架上再入客廳，與主人握手寒暄。握手，是訪友中經常用的社交方式，在這方面，中國人西化的程度最深。握手時二人相距一步，握後上下微搖，受禮者為男士可重一些，如為女士則需輕握。受禮者如為長者或上級，則不可搖動。其中的規矩也挺多，如「與位高於我者見面時，必由位高者先伸手」；「與婦女見面時，必須由夫人先伸手」；「握手時不可混雜，尤忌作交叉式，如忙中偶爾失檢必須重為之」[14]等。主人與客人握手寒暄完畢，雙方落座，主人一般備煙茶待客。送客時，女主人先與來訪者告別，但不送出客廳，男主人則一直把客人送到門口，並幫客人穿衣。最後，二人握手告別。受人拜訪後，一般應於近期內回訪，但雙方都不輕易留客人用飯。

宴會、茶會、舞會也是民國時司空見慣的社交活動。

中式宴會講究男女分座、輩分高低。八仙桌分上位、下位，位尊者居上位，位卑者居下位，不可亂坐。西式宴會則於舉行前，由主人先發請帖，寫明時間地點，時間一般安排在中午十二點半或一點，有時安排在晚上。客人接帖後應於

---

14 吳光傑：《歐美禮俗》，4-5頁，重慶，重慶商務印書館，1945。

二十四小時內回復，言明來或不來。如去則應夫妻二人赴宴，一般不攜帶子女或其他親友。因為西式宴會講究「派對」，主人預先算好男女客人的數量，並安排一男一女互為「派對」，主人夫婦則必須分開坐。吃飯時客人按桌上名片落座，席間以「派對」為主談話，但對周圍的人也應照顧到。飯後往往有娛樂活動，客人不能馬上告辭，可稍留片刻再與主人告別，但勿驚動他人。

茶會的時間往往選在下午四點至六點，主人或發請帖或登報通知客人，多由女主人發出。茶會地點不定，室內室外皆可。茶點或由侍者或由主人取給客人，其間大家可以自由交談。

舞會多在夜間舉行，「大抵九時開始，十二時以後終局」。舞場禮節完全西式，通常有以下幾種：與已婚女士跳舞，先征得其夫同意；一曲舞畢，男士應將女舞伴送至原處，並鞠躬致謝；主動求舞者只能是男士；女士不願跳，男士不可勉強。

三、新舊並存的婚喪習俗

民國時期，西方基於自由戀愛、男女平等基礎上的婚俗已通過多種管道傳入中國並影響著都市青年。雖然在廣大農村，人們仍遵循傳統婚俗，但在一些不很偏僻的地方，婚俗也多多少少有些改變，增添了一些新內容。

民國時新式婚姻，可分兩類。一類是完全西化的婚姻，照搬西洋婚俗習慣，大都市中的洋派人家遵循此俗。另一類是中西兼采，但以西俗為主的婚姻。縣城、中小城市甚至農村地區的一些人家多遵從此種改革了的婚姻習俗。

依大城市中完全西化了的婚姻習俗，青年男女結婚前要訂婚。男方送給女方金戒指或鑽石戒指為訂婚禮物，女方也送給男方飾物。男女方兩家的親戚朋友都要參加訂婚儀式。也有些更摩登的青年，乾脆就在報紙上登「訂婚」啟事，既時髦又省事。

「劉忠麟，吳惠麟訂婚啟事：我倆承董自新、陳三葆二位先生介紹，擇於國曆十一月三十日在蘇州訂婚。復員期間，一切從簡，特此敬告諸位親友。」[15]

至於結婚啟事，在當時就很普遍了，但其目的不是為了省事，而是為了通知親朋好友。依照西俗，結婚是不可以登個啟事就完事的，因此，啟事中不能登「一切從簡」、「謹此敬告」之類的話。試舉一例如下：

「王一敏先生及夫人之長女夢蓮與張達強結婚啟事：婚禮謹於國曆三十五年十月二十日十二時在靜安寺路家中舉行」。

親朋好友看到啟事或接到請帖後，往往先送禮。西俗只能送物品，但國人稍做變通，也送錢；西俗只給女方送禮，收禮後女方立致函謝，國人又變通之，也給男家送禮。

婚禮一般在午前或午後舉行，地址或在教堂或在自家住宅。但不論在哪裡，都得有證婚人。親朋好友參加婚禮時，須穿長禮服。如婚禮在教堂舉行，則先去教堂；婚禮在自家住宅內舉行，則直奔其宅慶賀。

所有典禮完畢，眾人齊集新郎家客廳，由新郎的好友作為代表致詞，新娘為大家切蛋糕，分送客人。大家再玩一會，這時有人想走就可以走了。

這種婚禮總的說來簡單而鄭重，也正因為如此，它較受人們歡迎。在其啟發之下，集體婚禮也在中國出現了，當時的報紙對此多有報導。「上海市社會局主辦之勝利紀念集團結婚典禮，昨晨十時，在中正中路浦東大廈舉行……錢市長親臨證婚，儀式簡單，莊嚴隆重，參加結婚者共四十二對。男女童子提宮燈花籃前導，魚貫步入禮堂，相對行禮後，由社會局現代局長萬克信（何惕庵代）宣讀證詞，錢市長分別發給結婚證書……至十一時三十分禮成。」[16]

另一類新式婚俗中西兼具，其形式也已逐漸流行、固定，「其儀式，設一喜

15　《文匯報》，1945-11-30。
16　《文匯報》，1945-12-26。

堂，用證婚人、主婚人、介紹人、男女儐相、男女來賓、奏雅樂，濟濟一堂。禮畢，在飯館設席答謝。一日即可了事，至多不過兩日。城市內結婚多仿行之，鄉間仍不多見也」。

其禮也有一定的程式，多為時人所仿用，各地或有差別，也不是很大。其順序基本如下：司儀入席，奏樂，男女賓入席，男女主婚人入席、面外立，證婚人和介紹人入席、左右對立，新人入席、面內立，奏樂，證婚人讀證書，證婚人用印，介紹人用印，新郎和新婦用印，證婚人為新郎和新娘交換飾物，新郎和新娘對立行三鞠躬禮，新人致謝證婚人和介紹人、行三鞠躬禮，奏樂，新人向男女族尊長行三鞠躬禮，新人向男女賓致謝、行一鞠躬禮，男女賓答謝、行一鞠躬禮，新人退，奏樂，男女賓退，司儀退。

民國時，喪俗也是新舊並存，處於漸進革新之中。政府號召人們實行火葬，但並未禁止土葬。一則中國土葬傳統根深蒂固，二則土葬亦不違西方習俗，並不顯陳舊落後。因此當時的新舊喪葬習俗之爭，主要指的是儀式、過程之爭。

在廣大的農村地區，人們遵循的仍是傳統的習俗。其程式大致如下：

第一，入殮。「親喪居廳事，三日大殮，朝夕上食」[17]。死者氣絕前後，即給他換上新衣新褲新鞋。氣絕後則以紅綢或紅布蓋面，棺材停於堂中，家人則在棺前焚燒紙錢並燃香，闔家舉哀。隨後孝子著孝服，赴親友家報喪。

第二，報廟。人死後第二天或第三天晚上，各親友陸續來弔唁，攜帶錫箔、紙錢等。喪家則約請鼓樂、僧道，設壇做法事，鼓樂喧天。孝子則至廟中，多為城隍或五道廟，焚香點紙。

第三，開弔。親戚朋友獲知下喪日期後，即送來祭禮，喪家則設宴款待。開弔的日期，至多三天，少則一天。有錢人約請僧道或鼓樂作佛事，開弔的最後一項是辭靈遣棺。

17 《無極縣誌》，1936年鉛印本。

第四，出殯。「或延僧道禮懺，行遣奠禮。戚友素服送殯，安厝而返」。其過程為移棺、送靈、撒路錢、安神。

第五，下葬。喪家將死者入土，並添土掩埋成為丘堆，孝子在墳上添些新土，並焚香燒紙，痛器而返。在上述傳統喪儀中，有不少弊端。當時的開明人士指責喪家死了人還要宴客收禮，實在可恥。

當時城市中的西式喪儀，則較為簡略。先是人去逝後，其子女親戚或發書信或在報上登訃告，告之死者生前親友、同事。

哀啟：顯妣李母侯太夫人慟於民國十七年陽曆十一月十日酉時壽終正寢。擇於十二月十三成主，十四開吊，十五日發引。恐認不周，謹此報聞，孤哀子李宜長泣血稽顙。喪居奉天小南門裡交通銀行路東胡同本宅[18]。

親朋好友看見訃告或接到書信，一般都於約定時間內來奔喪，男士左臂佩黑紗，女士胸首碼黑紗結，帶著挽聯、挽幛、鮮花等物。喪禮開始後，先奏樂，再獻花讀祭文，然後全體人士向靈前三鞠躬。死者生前好友扶柩而出，死者子女隨其後，來賓次之，至公墓或火葬場。其時，「火葬、公墓在都市上猶可見」矣[19]。

---

18 《盛京時報》，1928-12-02。
19 鄧子琴：《中國風俗史》，340頁，成都，巴蜀書社，1988。

第三節·

移風易俗

　　在民國風俗的變遷中，政權的積極幹預，曾產生相當影響。這其中包括當權的民國政府和進行革命鬥爭的共產黨政權兩種類型的努力作用。由於兩者本質的不同，它們所做的移風易俗的工作，其指導思想與方法也就不同。前者採用硬性命令的方式，雖不乏改良社會的意圖，但其根本目的是為維護統治秩序；後者雖也使用行政手段，但更注意發動群眾，以移風易俗促進人民革命。

一、漸進改良式的移風易俗

　　民國建立不久的一九一五年七月，教育部即成立了「通俗教育研究會」，致力於改良小說、戲曲及與普通百姓生活息息相關的事項，「以挽頹俗，而正人心」[20]。經過努力，短短一年時間，就在全國設立了二三六家通俗圖書館。對於小說，規定獎勵那些宗旨純正，有益於國家社會的，思想優美、有益於世道人心的，灌輸科學知識、有益於文化發達的；而對於宗旨乖謬、妨礙社會秩序，內容淫邪、違反良善風俗的小說則予以禁止。在通俗教育研究會的提議下，教育部對《黑奴籲天錄》、《愛國二童子傳》等小說給予了褒獎。員警廳則對《花柳繁華

---

20 中國第二歷史檔案館：《中華民國史檔案資料彙編》第3輯，101頁。

夢》、《迷魂陣》、《風流分屍案》、《風流太守》、《名妓爭風》、《風流現形記》、《男女串騙奇談》、《妻妾吃醋》、《歡場夢》、《美人蛇毒計》、《花柳夢》、《尼姑現形記》、《九屋龜》、《新貪歡報》、《姑娘思女婿》、《大姑娘十八摸》、《姐夫戲小姨》、《小大姐偷情》、《繡榻野史》、《肉蒲團》、《房中奇術》、《燈草和尚》、《金瓶梅》等小說予以查禁。應當承認，這些黃色讀物的查禁，在當時的條件下雖沒能貫徹到底，但對於社會風氣的改善還是有積極意義的。

對於戲劇，通俗教育研究會也制訂了《審查戲劇章程》，鼓勵「編譯或排演外國劇本，有益於中國人心風俗者」及「改革舊劇不良之點而有益於世道人心者」。對於情節淫穢、有傷風化和兇暴悖亂、影響人心風俗的劇碼則力主禁演。從一九二二年八月員警廳抄送通俗教育研究會禁演「淫邪戲目」單上看，被禁演的戲劇有《狐狸緣》、《遺翠花》、《小上墳》、《瑞雲庵》、《嫖院》、《廟中會》、《陰陽河》、《小逛廟》、《紡棉花》、《葡萄會》、《富春樓》、《逆倫報》、《十二紅》、《後妻害夫》、《梵王宮》、《賣身投靠》、《打櫻桃》等。《拾玉鐲》、《珍珠衫》也在被禁之列。可見時人對「色情」的認識，還受到封建傳統道德的深刻影響。

除此以外，通俗教育研究會還曾呼籲作家編寫提倡勤儉、艱苦樸素等美德的小說，「以激勵國民，挽回崇儉風氣」；請教育部轉飭內務部查禁淫殺怪異畫片，認為此舉「似於改良風俗之道，不無裨益」。

南京國民政府建立後，也著手社會風俗的改良工作，其涉及面更廣，至二十世紀三〇年代開展新生活運動，其移風易俗活動達到高潮，抗日戰爭爆發後基本停頓。

一九二八年，國民政府明令廢止舊曆，頒行新曆。通令各省區舉行大規模的宣傳活動，公告民眾，將一切陰曆年節，及在陰曆節日裡進行的娛樂、賽會和有關習俗一律加以改革，使其按照國曆日期舉行。

具體到節日改革，國民政府是這樣考慮的：「查廢止舊曆，業於本年嚴格執行，所有舊曆一切節日，亦因之連帶消滅。惟念移風易俗，宜取漸衰漸勝之道；

執因執革，或張或弛，自當權衡輕重，斟酌變通，以期無礙推行……當此除舊布新之際，似宜另定相當之替代節日，以資民間休息及娛樂」[21]。因此規定除中秋節外，其他舊時節日一律改用國曆月日計算。以陽曆一月一日為元旦，一月十五日為元宵節，五月五日為端陽節，七月七日為七夕，七月十五日為中元，九月九日為重陽節，十二月八日為臘八。從其實踐效果看，很不理想，除元旦逐漸使用陽曆計外，其他節日仍照循陰曆。

一九二八年五月，國民政府內政部頒布《禁止婦女纏足條例》，規定未滿十五歲的幼女已纏足的，必須立即放足，未纏的禁止再纏；十五至三十歲的纏足婦女，應在六個月內放足；三十歲以上的纏足婦女，勸其放足，但不予強制。違反上述規定的家長，要被處以一元至十元的罰金；勸導不力的村長或街長由市縣政府予以懲戒，借機騷擾敲詐百姓的不僅受懲戒，情節嚴重的還要被判刑。這種纏足風俗的改革收到了一定的效果，城市婦女纏足者幾近於消失，但農村仍有一些婦女纏足。

當時，各地還有人蓄髮辮和蓄奴養婢。對於這些惡俗，政府也明令禁止。一九二八年五月，內政部頒布《禁蓄髮辮條例》，規定凡蓄髮辮的男子，須于條例施行三個月內將髮辮剪除。逾期未剪的，城市男子由主管部門指派專人會同員警去剪；鄉村男子則由主管部門督飭村長率鄉丁去剪。

一九三二年，行政院通過《禁止蓄奴養婢辦法草案》，決定禁止蓄奴養婢應分勸告、解放、救濟、處罰四步執行。規定凡蓄奴養婢者必須於規定期限內釋放奴婢，被釋放的人如不願意走，則雙方改為雇傭關係，給付工資，雇主與被雇傭者都有解除雇傭關係的自由。未成年的奴婢有家可歸者，應送其回家，無家可歸者，應送當地救濟院，或送慈善機構撫養。已成年的奴婢，都可以自由婚配，另謀職業。仍蓄奴養婢者依據《刑法》第三一三條「使人為奴罪」，將被交由司法機關處理。

---

21 中國第二歷史檔案館：《中華民國史檔案資料彙編》第5輯第1編文化分冊（1），429頁。

禁止蓄辮的措施很快收到了實效，到二十世紀三〇年代中期，頭上留辮的男子已很少見了。蓄奴現象也得到遏制，但養婢仍較常見，只是換以慈善關係或收養養女的名義。行政院為此在一九三六年一月公布了《禁止養婢辦法》，並交由員警部門施行。它規定蓄婢者和婢女本人都必須向主管部門登記，「已經登記之婢女，即無條件解放，恢復自由」；「已滿十六歲而無家可歸之婢女，執行機關得徵求其本人同意，代為擇配」；「凡蓄婢者對已登記之婢女抗不解放時，應送司法機關依法辦理」。[22]

對於彌漫民間的迷信之風，國民政府也曾給予一定的整治。如一九三〇年二月，下令取締供鬼神的錫箔、紙炮、冥強、紙錢、黃表、符籙、文疏等一切冥器物品的生產經營活動。同年四月，國民黨中央執行委員會發布《神祠存廢標準》，確認先哲類神祠，如伏羲、神農、黃帝、孔子、孟子、嶽飛、關羽祠；宗教類神祠如佛教廟庵、道教寺觀、伊斯蘭教清真寺、基督教教堂皆可存在且受政府保護。古神神祠如魁星、東岳大帝、龍王、城隍、土地、灶神、風神、雨神、雷公、電母等祠在科學發明以後，「證明並無崇祀之意義，亟應詳加更正」[23]。至於送子娘娘、財神、齊天大聖廟、瘟神、宋江廟、狐仙廟、二郎神廟等皆為淫祠，「實屬有害社會，應由各地方行政長官，隨時查考，如查有合於淫祠性質之神，一律從嚴取締，以杜隱患」[24]。

為了進一步改變迷信風俗，內政部還於一九三二年頒布法令，禁止蔔筮、星相等傳播迷信的活動。

婚喪嫁娶方面，在中央的支持下，南京市率先進行改革，禁用開路大神、五獸、八駿、八仙、十二花神亭、十八羅漢亭、西方接引佛、金山、銀山等有濃厚迷信色彩的儀仗。一九三三年，國民黨中央民眾訓練部制定《革除公務人員婚喪壽宴浪費暫行規程》，明令「凡婚喪壽慶等事，除親族或確有戚誼者外，不得濫

---

22 中國第二歷史檔案館：《中華民國史檔案資料彙編》第5輯第1編文化分冊（1），489〜490頁。
23 同上書，501頁。
24 中國第二歷史檔案館：《中華民國史檔案資料彙編》第5輯第1編文化分冊（1），501頁。

發通知函件，如喜帖訃文之類，並不得用公務機關名義代表代收」[25]。

　　一九三四年二月，蔣介石發起「新生活運動」，其中有不少移風易俗的內容。一九三四年四月，國民黨中央民運會頒布《民俗改善運動大綱》，其原則是以科學常識破除迷信，以正當娛樂代替惡習，以簡儉宗旨代替禮節，以軍事訓練整齊行動。同時還頒布了《民眾衛生習慣指示綱要》，幫助百姓去除不講衛生的惡習，其要點有二十四項，主要的有勤洗澡、不隨地吐痰、不亂扔雜物、不吸煙喝酒、不嫖賭等。一九三五年三月，國民黨中央民眾訓練部又制訂《倡導民間善良習俗實施辦法》，指出「倡導民間善良習俗，應以實行禮義廉恥、整齊清潔、簡單樸素、迅速確定、共同一致之新生活為準則」[26]。對於婚姻，它提倡男女平等的合理婚姻，逐漸改善舊式婚姻；提倡集團結婚；限制早婚惡習；提倡結婚登記。對於喪葬，它提倡以哀敬為主，革除一切無謂虛文；以鞠躬為限，廢除跪拜禮節；設立公墓，破除風水迷信；提倡速殮速葬，深葬火葬等。

　　總之，國民政府對移風易俗活動還是較為重視的，因為它認識到：「風俗的力量，通常比任何力量來得偉大，來得長久……所以，要知道每一國的情形，首先便要注意到風俗，而要達到每一國家的統治，也非首先注意到風俗不為功」[27]。同時，隨著移風易俗活動的持久開展，在一些方面也多多少少收到一點實效。但由於種種原因，其對封建傳統舊風俗的變革又是很不徹底的。

二、以革命為宗旨的移風易俗

　　共產黨革命根據地的移風易俗，以革命為宗旨。首先表現為解放婦女。當時農村婦女處於社會最底層，受舊習俗的毒害最深。共產黨人認識到，要動員廣大婦女奮起革命，必須首先領導婦女自身起來反對一切封建的風俗和習慣，使她們

---

25 同上書，441頁。
26 同上書，444頁。
27 同上書，449頁。

在革命中與男子一樣起來參加剷除封建的鬥爭，只有這樣，才是婦女獲得解放的唯一出路。

根據地的婦女解放，體現在許多方面，如：男女平均分配土地；打破一切束縛婦女的舊禮教；廢除買賣包辦婚姻；禁止虐待童養媳；反對丈夫無理打罵婦女；婦女有參加蘇維埃之權，男女有受同等教育之權利；男女工資待遇一律平等；青年婦女有言論行動的自由。根據地政府還採取了許多實際措施，主要有以下幾點。

動員、組織婦女參加婦女運動、蘇維埃工作和其他社團活動，鼓勵她們走出家門，投身實際鬥爭，以克服各種封建迷信觀念與小農意識，做根據地的主人。根據地的婦女運動的內容非常豐富，如開辦婦女勞動學校、訓練班、識字班；組織婦女宣傳隊、宣傳婚姻法、宣傳放足等。

制定法令，以法律形式肯定在婦女問題上移風易俗的合理性，並規定其方向與主要內容。第二次國內革命戰爭時期，蘇維埃中央執行委員會頒布了《中華蘇維埃共和國婚姻條例》，確定男女婚姻以自由為原則，廢除一切封建的包辦買賣的婚姻制度；禁止童養媳；實行一夫一妻制，禁止一夫多妻制；禁止蓄妾納婢；打破婦女守節制。此條例還廢除男女婚姻中的聘金、聘禮及嫁妝，禁止男女五代以內親族血緣的婚姻。抗日戰爭時期，陝甘寧邊區政府於一九三九年四月頒布了《陝甘寧邊區婚姻條例》，規定男子滿二十歲，女子滿十八歲可以結婚；「男女婚姻照本人之自由意志為原則」；「實行一夫一妻制，禁止納妾」；「禁止包辦強迫及買賣婚姻，禁止童養媳和童養婚」。對於婦女離婚和離婚後財產、子女的處理，條例也有明確規定。夫妻雙方任何一方「感情意志根本不合，無法繼續同居者」、「虐待他方者」、「不能人道者」、「以惡意遺棄他方者」等都可申請離婚[28]。離婚後婦女未再結婚，又無職業財產的，男方須給以幫助，至婦女再婚時為止，但最多以三年為限。婦女所帶的孩子，則必須由男方給付生活費，至滿十六歲為止。這樣，婦女的權益真正得到了保護。一九四四年三月，《修正陝甘

28 《陝甘寧革命根據地史料選輯》第1輯，41頁，蘭州，甘肅人民出版社，1981。

寧邊區婚姻暫行條例》公布，替代了《陝甘寧邊區婚姻條例》。兩者內容基本一致，但增添了「少數民族婚姻，在遵照本條例原則下，得尊重其習慣法」；「女方在懷孕期間，男方不得提出離婚，具有離婚條件者，亦須於女方產後一年始能提出（雙方同意者不在此限）」；「非結婚所生之子女，與結婚所生之子女享受同等權利，不得歧視。經生母證實其生父者，政府得強制其生父負責教養費」等內容[29]，對婦女權益的保護更趨完善。

根據地移風易俗的另一個重要內容，是改變人們長期以來養成的不衛生習慣。具體辦法為：每月舉行一次衛生運動，發動群眾有組織的分組打掃環境；焚毀髒物，清洗臭水溝；不吃腐爛的東西；掩埋腐屍，並對放過死屍的地方進行石灰水消毒；不與傳染病人共吃共用，將病人送往醫院治療。以後又開展衛生防疫活動，提出了更高的目標和更有力的措施，防止反動分子利用群眾的迷信觀念大造謠言，說什麼天災人禍的流行，只有誠心拜佛才能免除，把清潔衛生變成群眾運動。以後，陝甘寧邊區又先後頒行了《陝甘寧邊區衛生行政系統大綱》、《陝甘寧邊區衛生處組織條例》、《陝甘寧邊區衛生委員會組織條例》等規章，對其加以立法規定。

根據地的移風易俗，還反映在禁煙禁賭方面。第二次國內革命戰爭時期，臨時中央政府於一九三二年發布《為多種雜糧禁種毒品事》，從反毒品和擴種糧食兩個方面，講明了禁種鴉片的理由。同時組織人力，每人備一把鐮刀，集體行動，去幫助農民剷除煙苗。對於煽動群眾種鴉片的壞分子則予以嚴厲處罰，對抗除煙苗者予以制裁。抗日戰爭時期，各根據地還制訂了《禁煙禁毒條例》，將毒品分為鴉片、嗎啡、高根、海洛因、各種煙毒配合或化合丸藥這五類。規定吸食毒品的人，三十歲以下的，限期三個月戒絕；四十歲以下的，限期六個月戒絕；六十歲以下的，限期一年內戒絕；六十歲以上的，須於兩年內戒絕。對於販毒者，處以罰金並判刑，情節嚴重者可判死刑。

對於賭博，根據地政府也嚴加禁止。

---

29 同上書，435-436頁。

為破除群眾中的封建迷信觀念，革命政權除通過各級組織進行廣泛的思想教育外，還發動進步群眾砸神像、禁鬼神、扔祖牌、驅神漢。同時，運用專政手段打擊、取締影響很壞的一貫道等迷信團體的迷信活動。以後，還頒布法規，規定那些以反革命為目的、利用宗教迷信煽惑無知群眾破壞革命政權的要判處死刑。

總之，在共產黨人的領導下，通過發動群眾，認真落實，取得了顯著成效。

首先，它破除了群眾中的一些封建迷信觀念，如宗族家族觀念、大男子主義、天命論、宿命論等。

其次，使婚姻習俗發生了本質變革。通過改變婚姻制度，婦女權利得到普遍保障，使根據地的婦女在很大程度上擺脫了封建禮教的束縛，擺脫了世俗的偏見，提高了社會地位，激發了她們的解放意識，使婦女在革命根據地各條戰線、各項工作中真正發揮了半邊天作用。

最後，促進了根據地社會文明程度的加深，使長期處於一盤散沙狀態的群眾養成了過有組織、有秩序的文明生活的習慣，也提高了他們的思想認識，使其更傾向於革命。

第四節 ·
民國風俗
變遷的特徵

整個民國時期，由於政治、經濟、地域、教育等因素特別是異質文化交流規律的影響，中西風俗共存共容。但風俗習慣的持續西化才是民國風俗變遷最突出

的特徵。我們很有必要對這一特徵做進一步的研究和總結，大體說來，民國風俗的變化，有以下幾個明顯特點。

首先，是社會上重商風氣已經形成。民國建立後，全國掀起了經商熱潮。它在民國社會中有多種表現：社會各界普遍重視發展商品經濟；商人社會地位超過農、工，已與士並列；全民經商趨勢的隱現；股票熱、房地產熱的興起；商品廣告的興盛等。特別是房地產業的興盛和廣告業的繁榮，更說明了這一點。

當時，房地產業採取的是西方經營方式，既靈活又有效益。房屋租賃、土地房屋買賣、房屋抵押等商業活動非常活躍，以上海為例，在日本發動侵略前，每年房地產的交易額都有數千萬元，一九三一年成交額達一億八千多萬元，達到最高峰。而一九三二年日本對上海的一度進犯，使「此空前之蓬勃現象，轉瞬即為淞滬之戰所毀滅……雖複繼起，終不能恢復『一·二八』以前狀態」[30]。但不管怎樣，民國房地產業在和平時期的興盛，確實反映了世人的經商熱情。

人們重商風氣日盛一日的另一個間接表現，是商品廣告業的繁榮。其形式多種多樣，有報紙廣告，當時的大小報紙都刊登商品廣告，其中《申報》、《大公報》、《新聞報》刊登廣告最多，幾版都有，重要的廣告還登在頭版上，這在今天都不少見。具有代表性的商品廣告，可舉一例來說明，如冠生園的即溶咖啡廣告雲：「咖啡西名（Coffee），此物產自南美洲巴西，功能開胃消食，泰西各國人士餐余酒後最為喜用。多年來吾國人士亦頗愛喝，惜用法手續過繁，於經濟與時間極感不便。敝公司有鑒於此，特設新式機器製造咖啡霜一種，此霜用法簡捷，不用加糖無須火煎，用時開水沖之即成咖啡茶也。每罐售洋二角，可沖二十次」[31]。除報紙廣告外，人們還通過電臺、霓虹燈、路牌、氣球飛機做商業廣告。

其次，是中俗西化具有豐富性和多樣性。這種豐富性與多樣性一是指西俗自身就豐富多彩，具有「國俗」之別，二是指涉及西化的中國風俗的面較廣，幾乎涵蓋了各相關領域。

---

30 《申報》，1936-03-05。
31 《大公報》，1928-05-13。

第一，英、法、美、俄、德等國雖都屬西方國家，但其風俗習慣並不盡同。這些既有聯繫又有區別，多種多樣的西俗卻都在民國落了腳，都對中國人產生著影響，只不過範圍有大有小，程度有深有淺。在這種西俗薰染下的中國風俗，其變化就不趨於單一，而必然呈現多樣化的特點。

第二，民國時期，西俗已涉及中國人的衣、食、住、行、娛樂、婚喪嫁娶、禮儀、教育等各個方面，範圍很廣。

在「衣」上，民國成立後，朝野上下就掀起了「西裝熱」，「洋布、洋傘、洋鞋、呢帽（村民叫荷蘭帽）之類的洋貨，在上層人物的身上以及他們的屋裡一天天增多了」，一般民眾穿西服也屢見不鮮。

特別值得一提的是，此時傳自歐美的編織服裝如毛衣、毛褲、圍脖也在中國盛行開來，深受人們喜愛。繆風華先生寫了《編物大全》等書，介紹編織服裝說：「其法傳自歐美，今日本女子學校手工科，均有此門。由是技術普遍而編物盛行，用途廣闊而裨益民眾，價廉物美而節儉經費，其為切要何言哉」[32]。

在「食」上，西菜，西式糖、煙、酒都大量充斥民國市場，並為很多人所接受，在當時還比較守舊俗的北京，「舊式餑餑鋪，京錢四吊（合南錢四百文）一口蒲包，今則稻香村穀香村餅乾，非洋三四角不能得一洋鐵桶矣。昔日抽煙用木杆白銅鍋，抽關東大葉，今則換用紙煙，且非三炮臺政府牌不禦矣。昔日喝酒，公推柳泉居之黃酒，今則非三星白蘭地啤酒不用矣」[33]。

民國初年，在西洋女子的影響下，中國城市女子還興起了一股吸煙熱，「近數年來，閨人競尚吸紙煙。開風氣之先者，厥為上海，各地效而尤之，幾蔓延全國」[34]。

在「住」上，當時大中城市中，西式住宅已不少見，它可以分為一般民居、

32 繆風華：《編物大全》序言，北京，商務印書館，1935。
33 胡朴安：《中華全國風俗志》下篇卷一，上海，大達圖書供應社，1936。
34 胡朴安：《中華全國風俗志》下篇卷三，上海，大達圖書供應社，1936。

高層公寓和別墅三大類。

在「行」上，汽車、火車和飛機尤其是前兩者已成為人們生活中較重要的交通工具，而鐵路、公路的建設，飛機航線的開闢，也取得了一定的成效。

在娛樂方面，觀話劇、看電影、跳舞、逛公園遊樂場已成為城市居民的主要娛樂活動。民國的電影業，更是繁盛一時。先後建立的製片公司近百家，攝製影片上千部，內容涉及社會、時事、言情、偵探、武打等各方面。民國時拍攝的紀錄片也很多，達上百部，就其內容講，分為風雲人物、風景、戰爭、體育四大類。

在「婚喪嫁娶」方面，「其在婚禮，則吾人所見為新式婚禮，乃由文明結婚而進至集體結婚，完全失去中國舊時嘉禮之風。西洋在禮拜堂內由牧師證婚及用結婚證書，得法律及神權之保障，此俗亦滲入中國婚禮，無異舊時變態婚姻之形式化矣。其在喪禮，亦減而漸至輕微，喪服僅存名義，甚至無哀服僅有黑紗，甚至外觀亦加斬服之名。火葬、公墓在都市上猶可見」[35]。而自由戀愛、結婚，「五四」後也在青年中大為盛行。

在禮儀方面，民國元年政府即公布國民應遵守之禮制，「男子禮為脫帽鞠躬，女子禮為鞠躬。另有相見禮及訪謁儀式，男子十九項，女子三大項；授受儀式十二項；宴會儀式中國者八項，西洋者十一項」[36]。到了一九四三年，戴季陶主持刊印了《北泉禮儀錄》一書，對吉禮、嘉禮、軍禮、賓禮、凶禮進行了詳細規定，其中采西制西俗者甚多。

在教育方面，民國大學、中學較多采西制，女子上大學已不成問題。

第三，中俗西化有「度」和「量」的限制，並隨地域的不同而不同。

這裡的「中俗」只是指一部分中國傳統風俗，而決非全部，前面提到的「風

---

35 鄧子琴：《中國風俗史》，340頁，成都，巴蜀書社，1988。
36 同上書，346頁。

俗西化」中的中西風俗，也是指一部分而非全部。這樣中俗西化的結果是中俗、西俗在很多方面彼此交流、共存共容。

之所以會出現這樣的結局，按胡適的說法，就是，「文化各方面的激烈變動，終有一個大限度，就是終不能根本掃滅那固有文化的根本保守性。這就是古往今來無數老成持重的人們所恐怕要隕滅的『中國本位』。這個中國本位就是在某種固有環境與歷史之下所造成的生活習慣」[37]。胡適進一步解釋說：「如飲食衣服，在材料方面雖不無變化，而基本方式則因本國所有也可以適用，所以至今沒有重大變化：吃飯的，絕不能都改吃『番菜』；用筷子的，絕不能都改用刀叉」[38]。

風俗西化在城市顯於農村，在沿海顯於內地。這是因為城市、沿海地區經濟力、文化程度較強較高，而傳統力量在農村、內地勢力較大。另外，城市和沿海地區的民眾受西方文化的影響較早、程度也較深，而洋人也多集中在那裡。

此外，在民國風俗西化的實踐中，還始終伴隨著理論上的爭辯。對風俗西化的問題民國思想界頗為重視，當時對於這一問題的爭辯，有兩種代表性觀點，即最充分的肯定和有保留的肯定。

第一種意見以陳獨秀和陳序經為代表。

陳獨秀採用直接比較的方法，肯定西俗新俗，抨擊中俗舊俗。他指出，在民族性上，「西洋民族性，惡侮辱，寧鬥死；東洋民族性，惡鬥死，寧忍辱。民族而具如斯卑劣無恥之根性，尚有何等顏面，高談禮教文明而不羞愧！」[39]對於西人恪守法律、淡薄人情的習慣，他也予以稱讚。當時一些人看到西人親戚之間，也「稱貸責償，錙銖必較，違之者不惜訴諸法律」，就「每譏其俗薄而不憚煩」，陳獨秀認為這些人都是見識短淺之輩，認識不到這樣的習俗可以使人避免因私情而違法。

---

37 《大公報》，1935-03-31。
38 同上。
39 陳獨秀：《東西民族根本思想之差異》，《青年雜誌》第1卷，第4號，1915。

在講到夫妻關係時，他說：「西俗愛情為一事，夫婦又為一事。戀愛為一切男女之共性；及至夫婦關係，乃法律關係，權利關係，非純然愛情關係也……親子昆季夫婦，同為受治於法之一人，權利義務之間，自不得以感情之故，而有所損益」[40]。這樣，就可以杜絕封建的血緣家族觀念，使個人權益得到保障。

在父母與子女的關係上，陳獨秀「揚西抑中」的態度也很明確。「西俗成家之子，恆離親而別居，絕經濟之關係……東俗則不然：親養其子，複育其孫，以五遞進，又各納婦，一門之內，人口近百矣；況夫累代同居，傳為佳話。虛文炫世，其害滋多！」[41]

在做了上述比較後，陳獨秀總結說，中國舊俗中屬「惡風」者甚多，而「凡此種種惡風，皆以偽飾虛文任用感情之故」，而多數中國人卻把虛文感情作為風俗淳厚的象徵，這使他很不滿意，「其實施之者多外飾厚親情，內恒憤忌。以君子始，以小人終；受之者習為貪惰，自其生以弱其群耳。以此為俗，何厚之有？」而西俗以法治實利為重，雖不免刻薄寡恩之嫌，但卻可以使人養成獨立的精神，大家也會各守己利，不相侵擾，社會經濟，也會因之井然有序。他疾呼道：「以此為俗，吾則以為淳厚之征也。——即非淳厚也何傷？」

宣傳「全盤西化」論的陳序經，對於中俗西化更是全盤肯定。他說「至於我個人，相信百分之一百的全盤西化，不但有可能性，而且是一個較為完善較少危險的文化的出路」[42]。

當胡適認為他「全盤西化」的說法不妥，以「充分世界化」的口號代之，並告誡人們不要沉溺於是否人人都要吃西菜、是否見了男人也要脫帽子等瑣碎爭論時，陳序經還撰文反駁了胡適，認為中國人在禮貌、飲食等方面的全盤西化也是沒有理由要反對的。

對中俗西化持有保留肯定態度的人居多數，李大釗、蔡元培、梁漱溟、胡

---

40 同上。
41 同上。
42 蔡尚思：《中國現代思想史資料簡編》第3卷，643頁，杭州，浙江人民出版社，1983。

適，甚至主張「中國本位文化」的陶希聖等人都是如此，只是在「量」上有多有少。

李大釗寫了《新的！舊的！》一文，文中列舉了中俗、西俗在中國的並存與矛盾：在禮節上，「……賀年人，有的鞠躬，有的拜跪，有的脫帽，有的作揖」；在婚姻上，「一面立禁止重婚的刑律，一面許納妾的習俗」；在「行」上，一條窄路，「其間竟能容納多時代的器物：也有駱駝轎，也有上貼『借光二哥』的一輪車，也有騾車、馬車、人力車、自轉車、汽車等……新的嫌舊的妨礙，舊的嫌新的危險」[43]。怎樣解決這些矛盾呢？他認為一應增強創造力，增加社會富力；二應培養起新精神，創造一種新生活，使老人青年都能「享享新文明的幸福，嘗嘗新生活的趣味」。在《東西文明根本之異點》中，他把這種肯定新俗西事的思想表達得更明確，認為中國的「靜的文明精神的生活」較之西洋的「動的文明物質的生活」，已處於屈敗之勢，「吾日常生活中之一舉一動，幾莫能逃其範圍，而實際上亦深感其需要，願享其利便。例如火車輪船之不能不乘，電燈電話之不能不用，個性自由只不能不要求，代議政治之不能不采行。凡此種種，皆可以證吾人生活之領域，確為動的文明物質的生活之潮流所延注，其勢濤濤殆不可遏。」[44]

對於西式婚姻、家庭關係，李大釗則持保留態度。

梁漱溟承認現在東方文化較之西方文化，後者占據了主動，處於優勢，西洋民族的物質生活要好於東方民族，甚至斷言：「假使西方的物質文明不來到中國，中國永遠不會產生聲光化電那些種種的物質文明。」[45]但又認為中國的精神生活中總的來說要強於西方，將來一旦在物質文明上中國趕上了西方，中國文化就可以翻身成為一種世界文化。

在風俗的具體內容上，梁漱溟讚揚了西人的守紀習慣、公共觀念和法制精

43 李大釗：《新的！舊的！》，《新青年》第4卷，第5號，1918。
44 蔡尚思：《中國現代思想史資料簡編》第1卷，133頁，杭州，浙江人民出版社，1982。
45 《梁漱溟全集》第4卷，661頁，濟南，山東人民出版社，1991。

神，認為這是中國人所缺乏的，應當虛心學習，予以接受，在家庭倫理方面，他卻不主張中俗西化。

胡適認為中俗西化是很自然的事，主張中國文化應「充分世界化」，也就是充分西化。他說：「以世界文化對於我們中國的關係來講，今天我們日常生活所用的電燈、電話、自來水、火車、汽車及一切衣、食、住、行有關的現代化工具，固然是世界文化的一部分；就是我們原有的手工業製品，許多都是用舶來的原料；我們寫字作文用標點符號；我們實行憲政民選代表；以及一切生活方式思想內容等，無論在鄉村在都市，都免不了受世界文化的影響」[46]。

但是他反對風俗方面的全盤西化，「數量上的嚴格『全盤西化』是不容易成立的。文化只是人民生活的方式，處處都不能不受人民的經濟狀況和歷史習慣的影響，這就是我從前說過的文化惰性。你儘管相信『西菜較合衛生』，但事實上絕不能期望人人都吃西菜，都改用刀叉。況且西洋文化確有不少的歷史因襲的成分，我們不但理智上不願採取，事實上也絕不會全盤採取」[47]。

發表《中國本位的文化建設宣言》的陶希聖、王新命等十位教授，只講「吸收歐美的文化是必要而且應該的。但須吸收其所當吸收，而不應以全盤承受的態度，連渣滓都吸收過來」[48]。何謂必要而且應該的，何謂渣滓，他們並未明言，但可以肯定的是，他們並未把西俗文化全當渣滓，也並未全然反對部分中俗的西化。

綜觀整個民國時期，人們對風俗變化在理論上積極探討，在實踐上基本能取西俗之長，補中俗之短。因為人們認識到了風俗文化的變遷是與文化整體上的中西論爭有關聯的。後者對前者整體上的無形影響是較大的。它能營造出一種良好的氛圍，使人們既勇於學習實踐文明的生活，努力把握國家發展進步的重要命脈，促進社會趨向現代，使自己跨入現代新人的行列，又注意以經過實踐檢驗的

---

46 蔡尚思：《中國現代思想史資料簡編》第5卷，626頁，杭州，浙江人民出版社，1982。
47 同上書，200-201頁。
48 同上書，766頁。

西俗中的「大是」為標準來指導行動，來化中俗、舊俗中的「大非」，而不讓暫時性的社會需求吞沒一切。民國風俗變化的這種特點，是值得今人借鑑的。

參考書目

經典著作和文獻資料

馬克思恩格斯選集.北京：人民出版社，1995

列寧選集.北京：人民出版社，1995

毛澤東選集.北京：人民出版社，1991

中國科學院近代史研究所中華民國史組編.中華民國史資料叢稿.北京：中華書局，1973-1984

中國第二歷史檔案館編.中華民國檔案資料彙編（1-5 輯）.南京：江蘇古籍出版社，1991-1994

蔡尚思主編.中國現代思想史資料簡編.杭州：浙江人民出版社，1982-1983

陝甘寧革命根據地史料選輯.蘭州：甘肅人民出版社，1981

中央檔案館編.中共中央檔選集.北京：中共中央黨校出版社，1982-1991

陳崧編.五四前後東西文化問題論戰文選.北京：中國社會科學出版社，1985

馬芳若編.中國文化建設討論集.上海：文化建設月刊社，1936

科學與人生觀.上海：亞東圖書館，1923

唯物辯證法論戰.北平：民友書局，1934

現代佛教學術叢刊.臺北：大乘文化出版社，1979

張靜廬注.中國現代出版史料甲、乙、丙、丁編.北京：中華書局，1954-1959

中國近代現代叢書目錄.上海：上海圖書館，1979

舒新城編.中國近代教育史資料（上、下）.北京：人民教育出版社，1962

黎難秋主編.中國科學翻譯史料.北京：中國科學技術大學出版社，1996

孫中山全集.北京：中華書局，1981—1986

葛懋春、蔣俊編.梁啟超哲學思想論文選.北京：北京大學出版社，1984

陳獨秀文章選編.北京：三聯書店，1984

胡適選集.天津：天津人民出版社，1991

李大釗文集.北京：人民出版社，1984

魯迅全集.北京：人民文學出版社，1981

蔡元培全集.北京：中華書局，1984

郭沫若全集.北京：人民文學出版社，1986

梁漱溟全集.濟南：山東人民出版社，1989—1992

馮友蘭.三松堂全集.鄭州：河南人民出版社，1986

黃炎培教育文選.上海：上海教育出版社，1985

陶行知全集.成都：四川教育出版社，1991

朱光潛全集.合肥：安徽教育出版社，1987

李達文集.北京：人民出版社，1980

胡繩文集.重慶：重慶出版社，1990

論著目錄

秦孝儀主編.中華民國文化發展史（1-4 冊）.臺灣：近代中國出版社，1981

史全生主編.中華民國文化史（上、中、下）.長春：吉林文史出版社，1990

傅長祿.中國現代文化史略.長春：吉林大學出版社，1991

龔書鐸.中國近代文化探索.北京：北京師範大學出版社，1988

龔書鐸.近代中國與文化抉擇.北京：北京師範大學出版社，1993

戴知賢.十年內戰時期的革命文化運動.北京：中國人民大學出版社，1988

曾景忠主編.中華民國史研究述略.北京：中國社會科學出版社，1992

張憲文主編.中華民國史綱.鄭州：河南人民出版社，1985

龔書鐸總主編、朱漢國分卷主編.中國社會通史·民國卷.太原：山西教育出版社，1996

潘公展主編.五十年來的中國.重慶：勝利出版社，1945

何干之文集（第 2 卷）.北京：北京出版社，1993

徐仲勉、張亦工等.近代中國對民主的追求.合肥：安徽人民出版社，1996

郭金彬.中國科學百年風雲：中國近現代科學思想史論.福州：福建教育出版

社，1991

郭穎頤，雷頤譯.中國現代思想中的唯科學主義.南京：江蘇人民出版社，1989

杜石然等編著.中國科學技術史稿.北京：科學出版社，1983

李迪編著.中國數學史簡編.瀋陽：遼寧人民出版社，1984

袁翰青.中國化學史論文集.北京：三聯書店，1956

孫本文.中國戰時學術.成都：天地出版社，1945

趙洪鈞.近代中西醫論爭史.中西醫結合研究會河北分會，1982

鄭師渠、史革新.近代中西文化論爭的反思.北京：高等教育出版社，1991

唐弢主編.中國觀代文學史簡編.北京：人民文學出版社，1984

賈植芳主編.中國現代文學的主潮.上海：復旦大學出版社，1990

藍海.中國抗戰文藝史.濟南：山東文藝出版社，1984

熊明安.中華民國教育史.重慶：重慶出版社，1990

王奇生.中國留學生的歷史軌跡.武漢：湖北教育出版社，1992

阮榮春、胡光華.中華民國美術史.成都：四川美術出版社，1992

程季華主編.中國電影發展史.北京：中國電影出版社，1981

汪毓和.中國近現代音樂史.北京：人民音樂出版社，1984

陳白塵、董健主編.中國現代戲劇史稿.北京：中國戲劇出版社，1989

方漢奇.中國近代報刊史.太原：山西人民出版社，1981

吉少甫主編.中國出版簡史.上海：學林出版社，1991

王治心.中國宗教思想史大綱.上海：中華書局，1933

高振農.佛教文化與近代中國.上海：上海社會科學院出版社，1992

卿希泰主編.中國道教.北京：知識出版社，1994

邵玉銘.二十世紀中國基督教問題.臺北：正中書局，1980

顧長聲.傳教士與近代中國.上海：上海人民出版社，1981

李世瑜.現代華北秘密宗教.華西協和大學中國文化研究所，1947

無線疑人.一貫道新介紹.北平：北平崇華堂，1940

張錫勤等編著.中國近現代倫理思想史.哈爾濱：黑龍江人民出版社，1984

張豈之、陳國慶.近代倫理思想的變遷.北京：中華書局，1993

胡樸安.中華全國風俗志.上海：上海大達圖書供應社，1936

鄧子琴.中國風俗史.成都：巴蜀書社，1988

嚴昌洪.中國近代社會風俗史.杭州：浙江人民出版社，1992

吳光傑編.歐美禮俗.重慶：商務印書館，1945

賀麟.五十年來的中國哲學.瀋陽：遼寧教育出版社，1989

郭湛波.近五十年中國思想史.北平：人文書店，1936

鄭家棟.現代新儒學概論.南寧：廣西人民出版社，1990

尹達主編.中國史學發展史.鄭州：中州古籍出版社，1985

馬金科、洪京陵.中國近代史學發展敘論.北京：中國人民大學出版社，1994

胡逢祥、張文建.中國近代史學思潮與流派.上海：華東師範大學出版社，
1991

桂遵義.馬克思主義史學在中國的傳播.濟南：山東人民出版社，1992

周一良主編.中外文化交流史.鄭州：河南人民出版社，1986

黃俊英.二次世界大戰中的中外文化交流.重慶：重慶出版社，1991

陳玉剛主編.中國翻譯文學史稿.北京：中國對外翻譯出版公司，1989

黎難秋.中國科學文獻翻譯史稿.北京：中國科學技術大學出版社，1993

黃見德等.西方哲學東漸史.武漢：武漢出版社，1990

王麗娜編著.中國古典小說戲曲名著在國外.上海：學林出版社，1988

鄒振環.影響中國近代社會的一百種譯作.北京：中國對外翻譯出版公司，1996

陳平原.在東西文化碰撞中.杭州：浙江文藝出版社，1987

馮崇義.羅素與中國.北京：三聯書店，1994

王鍾翰主編.中國民族史.北京：中國社會科學出版社，1994

王康主編.社會學史.北京：人民出版社，1992

秋浦.民族學在中國.北京：中國經濟出版社，1993

王文寶.中國民俗學發展史.瀋陽：遼寧大學出版社，1987

高覺敷主編.中國心理學史.北京：人民教育出版社，1985

陳偉.中國現代美學思想史綱.上海：上海人民出版社，1993

徐培汀、裘正義.中國新聞傳播學說史.成都：重慶出版社，1994。

再版後記

　　本套叢書第一版出版於二千年，若再上溯到一九九五年項目正式起動，則距今已有十五年之遙。十五年前的中國，改革開放正進入重要階段。隨著國家現代化建設事業的不斷推進，深層次的文化問題愈益受到普遍關注。人們也越來越意識到，所謂現代化，首先就是人的現代化；而所謂人的現代化，離不開人的道德文化素養的提升，所以，歸根結柢，現代化的實現有賴於文化的現代化。也因是之故，一九九七年黨的十五大報告即提出了建設「有中國特色社會主義的文化」的宏偉目標。報告不僅強調「社會主義現代化應該有繁榮的經濟，也應該有繁榮的文化」，而且強調有中國特色社會主義的文化，「它淵源於中華民族五千年文明史，又植根於有中國特色社會主義的實踐」。學術反映時代。明白了這一點，便不難理解，隨著文化問題自二十世紀八〇年代後期以來的持續升溫，其時中國文化史的研究也發展到了一個新的階段：關注對中國文化總體史的探究。這也正是本叢書當年創意的緣起。

　　本叢書的作者多是來自京內外高校和科研院所的中青年學者。當年既沒有什麼科研經費，也沒有什麼津貼，大家的合作主要是出於共同的學術興趣。整套叢書寫作長達四年之久，尤其是最後一年，幾乎每週末都需要開會討論問題。但大家心態平和，似乎都樂此不疲。當然，說到底，這還要感謝當年比較寬鬆的學術環境，因為那時侯高校沒有如今這樣沉重的量化考核的壓力，作者得以避免產生浮躁的心態和陷入急功近利的怪圈。當年參與本叢書編寫的作者，今天多成了有成就的學者和各單位的學術骨幹，大家有時聚首，說起來都很懷念那一段共事的時光。

由於種種原因，本叢書出版後沒有為更多讀者所熟知，也沒有產生應有的社會效益。二〇〇九年，北京師範大學出版社找到我，認為這套「文化通史」依然有著重要的學術價值，值得向廣大讀者推介，希望能夠將之再版。這一動議讓我看到了北京師範大學出版社對學術與市場雙向的判斷力，和助益學術的執著追求。所以，我當即表示欣然同意。

　　現在本叢書即將出版，我們想利用這個機會，對北京師範大學出版社的大力支持深表感謝。策劃編輯饒濤、李雪潔同志為本叢書出版付出了很多的辛勞；碩士研究生明天、李豔鳳、鞠慧卿同志為本叢書的圖片選取，也做了大量的工作，在此，一併申致謝意。

鄭師渠

於北京師範大學

二〇〇九年五月十五日

亮點書系 . 中國文化通史 A1001020

中國文化通史・民國卷　下冊

主　　　編	鄭師渠
版權策畫	李　鋒
發 行 人	陳滿銘
總 經 理	梁錦興
總 編 輯	陳滿銘
副總編輯	張晏瑞
編 輯 所	萬卷樓圖書股份有限公司
排　　版	菩薩蠻數位文化有限公司
印　　刷	維中科技有限公司
封面設計	菩薩蠻數位文化有限公司

出　　版　昌明文化有限公司

桃園市龜山區中原街 32 號

電話 (02)23216565

發　　行　萬卷樓圖書股份有限公司

臺北市羅斯福路二段 41 號 6 樓之 3

電話 (02)23216565

傳真 (02)23218698

電郵 SERVICE@WANJUAN.COM.TW

大陸經銷

廈門外圖臺灣書店有限公司

　電郵 JKB188@188.COM

ISBN 978-986-496-173-3

2018 年 1 月初版

定價：新臺幣 500 元

如何購買本書：

1. 劃撥購書，請透過以下郵政劃撥帳號：

　帳號：15624015

　戶名：萬卷樓圖書股份有限公司

2. 轉帳購書，請透過以下帳戶

　合作金庫銀行　古亭分行

　戶名：萬卷樓圖書股份有限公司

　帳號：0877717092596

3. 網路購書，請透過萬卷樓網站

　網址 WWW.WANJUAN.COM.TW

大量購書，請直接聯繫我們，將有專人為您

服務。客服：(02)23216565 分機 610

如有缺頁、破損或裝訂錯誤，請寄回更換

國家圖書館出版品預行編目資料

中國文化通史. 民國卷 / 鄭師渠著.-- 初版.
-- 桃園市：昌明文化出版；臺北市：萬卷
樓發行, 2018.01

　冊；　公分

ISBN 978-986-496-173-3(下冊：平裝)

1.文化史　2.中國

630　　　　　　　　　　　　107001809

本著作物經廈門墨客知識產權代理有限公司代理，由北京師範大學出版社（集團）有
限公司授權萬卷樓圖書股份有限公司出版、發行中文繁體字版版權。